U0873512

数字资源索引

序号	数字资源名称	二维码	对应知识点	页码
1	施工图文字部分	二维码	项目 1	035
2	图例	二维码	项目 1	035
3	总平面图	二维码	项目 1	035
4	风平面图	二维码	项目 1	035
5	水平面图	二维码	项目 1	035
6	剖面与详图	二维码	项目 1	036
7	原理图	二维码	项目 1	036
8	水系统图	二维码	项目 1	036
9	风系统图	二维码	项目 1	036
10	典型地铁车站地面设施	二维码	项目 2	044
11	水冷式中央空调系统	二维码	项目 2 项目 4 项目 6	045 142 282
12	中央空调系统虚拟场景	二维码	项目 2	045
13	独立车站供冷控制原理	二维码	项目 2	047
14	集中冷冻站供冷控制原理	二维码	项目 2	047
15	车站公共区空调大系统	二维码	项目 2	051
16	车站公共区火灾排烟模拟	二维码	项目 2	053
17	设备及管理用房小系统	二维码	项目 2	053
18	隧道阻塞工况通风与火灾排烟系统模拟	二维码	项目 2	054
19	站台排热系统	二维码	项目 2	056
20	蒸气压缩式制冷循环	二维码	项目 3	081

续表

序号	数字资源名称	二维码	对应知识点	页码
21	制冷循环	二维码	项目 3	081
22	蒸气压缩式制冷原理	二维码	项目 3	081
23	中央空调机组操作	二维码	项目 3	087
24	风冷式中央空调系统	二维码	项目 3	089
25	制冷剂、载冷剂和润滑油	二维码	项目 3	116
26	中央空调水系统及应用	二维码	项目 4	142
27	离心式水泵工作原理	二维码	项目 4	143
28	卧式离心式水泵	二维码	项目 4	144
29	冷冻水泵及接管工程实例	二维码	项目 4	144
30	管道泵	二维码	项目 4	145
31	管道泵安装实例	二维码	项目 4	145
32	冷冻水系统工作原理	二维码	项目 4	155
33	冷水机组蒸发器接管	二维码	项目 4	155
34	开式冷冻水系统	二维码	项目 4	156
35	闭式冷冻水系统	二维码	项目 4	156
36	同程式系统	二维码	项目 4	157
37	异程式系统	二维码	项目 4	157
38	两管制冷冻水系统	二维码	项目 4	158
39	三管制冷冻水系统	二维码	项目 4	158
40	四管制冷冻水系统	二维码	项目 4	158
41	定流量系统	二维码	项目 4	159

校企合作双元开发新形态信息化教材
高等职业教育“十四五”城市轨道交通机电技术系列教材

城市轨道交通
车站空调与通风系统（智媒体版）

（第2版）

主　编　陈舒萍

西南交通大学出版社
·成　都·

图书在版编目（CIP）数据

城市轨道交通车站空调与通风系统：智媒体版 / 陈舒萍主编. —2 版. —成都：西南交通大学出版社，2022.9

校企合作双元开发新形态信息化教材 高等职业教育“十四五”城市轨道交通机电技术系列教材

ISBN 978-7-5643-8900-0

Ⅰ. ①城… Ⅱ. ①陈… Ⅲ. ①城市铁路－车站设备－空调－高等职业教育－教材②城市铁路－车站设备－通风系统－高等职业教育－教材 Ⅳ. ①U239.5

中国版本图书馆 CIP 数据核字（2022）第 162296 号

校企合作双元开发新形态信息化教材
高等职业教育“十四五”城市轨道交通机电技术系列教材

Chengshi Guidao Jiaotong Chezhan Kongtiao yu Tongfeng Xitong（Zhimeiti Ban）

城市轨道交通车站空调与通风系统（智媒体版）

（第 2 版）

主编 陈舒萍

责任编辑 李华宇
封面设计 何东琳设计工作室

出版发行 西南交通大学出版社
（四川省成都市金牛区二环路北一段 111 号
西南交通大学创新大厦 21 楼）
邮政编码 610031
发行部电话 028-87600564 028-87600533
官网 http://www.xnjdcbs.com
印刷 四川煤田地质制图印刷厂

成品尺寸 185 mm×260 mm
印张 21.25
字数 529 千
版次 2018 年 8 月第 1 版
2022 年 9 月第 2 版
印次 2022 年 9 月第 5 次
定价 58.00 元
书号 ISBN 978-7-5643-8900-0

课件咨询电话：028-81435775

第2版前言

为深入贯彻国务院和教育部关于职业教育的相关文件与精神，进一步深化职业教育的教学改革，提高职业教育人才培养的质量，编者根据高等职业教育的教学特点，结合城市轨道交通机电技术的教学实践，以服务为宗旨，以就业为导向，以培养技能为核心的职业教育理念，在广泛调研的基础上，对《城市轨道交通车站空调与通风系统》进行改版，更新内容，剔除过时知识，增加多媒体素材，打造立体项目化教材。

本书根据专业教学标准，参考 2021 年《国家职业资格目录》中“制冷空调系统安装维修工”职业标准、国家第 4 批“制冷空调系统安装与维修”1+X 证书标准要求以及以地铁真实项目作为载体组织内容和结构。每个项目以“项目背景→必备知识→规范要求→技能与应用”的路线来规划内容的编排；在内容中融入课程思政元素，将科学态度、工匠精神、安全意识、规范意识、责任意识等融入教材；在学法上从“学即能用”的角度展开撰写。

本书以“项目导向、任务驱动、教学做一体化”教学模式为教学组织方向，以城市轨道交通机电维修工作岗位为核心，以工作内容为载体，将整体系统细化成项目，项目内细化为任务，任务更细化为子任务，层层深入，将课程思政元素融入知识学习与技能训练的各个细节中。本书共分为 7 个项目 25 个任务，项目分别为地铁车站空调与通风系统施工图识读、地铁车站空调与通风系统认知、制冷机组运行与维护、空调水系统运行与维护、通风与防排烟系统运行与维护、空气调节系统运行与维护、地铁空调与通风系统运行管理制度。每个项目分为若干任务，每个学习任务均按照“任务目标—案例导入—案例分析—知识链接—任务实施—任务小结”等环节编写。其中“知识链接”环节中，理论知识的讲解以“够用”为原则，深入浅出，透彻明了；“任务实施”环节基于工作过程来编排，符合岗位需求。

本书涉及环控系统的基础知识，如流体力学、热工学基础、制冷原理等，根据岗位必备和职业提升所需，保留适用知识，结合“基础→应用”的内在学习规律，将系统各组成部分按照逻辑关系分解成四大应用模块。应用模块作为桥梁，下联基础，上达整体系统识读与运行维护应用。

本书配套电子课件、动画、视频等信息化资源，着力打造新形态立体项目化教材，结合智慧职教“城市轨道交通机电技术专业教学资源库”平台的城市轨道交通机电技术专业教学资源库建设，动态延伸教材内涵，便于教师在教学过程中实施混合式教学。

本书由广州铁路职业技术学院陈舒萍担任主编（负责编写绪论、项目1、项目2、项目3任务2~4、项目5、项目6及部分数字资源制作）并完成统稿；由广州铁路职业技术学院刘桂兰负责编写项目3任务1、刘超负责编写项目4任务1~5及部分数字资源制作、袁泉负责编写项目7及部分数字资源制作。感谢中铁第四勘察设计院集团有限公司教授级高工车轮飞先生，感谢谭蓉女士、陈健勇先生、黄抗抗先生在改版过程中的无私帮助。本书在编写过程中还参阅了大量书籍与资料，在此对原作者一并表示感谢。

本书可作为高等职业院校城市轨道交通机电技术专业的教材，也可作为相关专业的培训用书，还可作为企业相关人员的学习参考书。

由于编者水平有限，书中难免存在不足之处，恳请业内专家、同仁、广大读者批评指正（编者邮箱：228357554@qq.com）。

编　者

2022年5月于广州

第一版前言

本书根据国家职业教育的要求和城市轨道交通车站机电设备运行管理专业人才培养的需要，从高职教育的目的出发，结合机电设备运行管理岗位的实际需求，将散落在基础和专业课程中的知识点重新整合，遵循知识必须适用的原则，同时考虑高职学生的基础和发展的需要，对轨道交通车站空调与通风系统的理论和实践进行了有机融合。

本书共分 9 个模块。前 7 个模块为空调与通风系统运行管理专业学生必须掌握的专业基础知识，包括制冷原理、空气调节基础、通风与防排烟系统、冷热源设备、空气调节系统、中央空调风系统和空调水系统；后 2 个模块为学生在实际工作岗位必须掌握的技能，包括典型车站空调与通风系统施工图识读和地铁空调与通风系统运行管理。

为了培养生产一线高技能人才，适应城市轨道机电技术复合型人才的需求，本书打破原有培养常规空调专业人才的知识体系，剔除“高、深、尖”的知识，将“流体与热工学基础”“制冷技术”“通风与空调工程”等多门课程进行了整合。根据国家人力资源和社会保障部组织编写的城市轨道交通岗位技能培训教材中对机电设备检修工——环控系统检修的必备知识与技能要求，本书围绕空调检修与管理专业必备基础知识，按照专业内在的逻辑关系重新组织知识内容，注重内容的典型性和针对性，符合由浅入深的原则，符合学生的认知规律，贯彻“重概念理解”“重知识应用”“重技能操作”等指导思想。

本书为广州铁路职业技术学院资助教材，是广州市第三批特色学院——轨道装备制造学院、广东省二类品牌建设“机电设备维修与管理”专业、广东省一流高职院校建设计划成果。

本书可作为高职高专、成人教育城市轨道交通机电技术、建筑设备、空调等专业的教材，选择本书作为教材的教师可根据教学计划选择不同模块灵活组合教学；也可作为相关企业培训教材；还可作为相关领域技术人员参考用书。

本书由广州铁路职业技术学院陈舒萍副教授担任主编并统稿，广州铁路职业技术学院刘桂兰、袁泉、刘超参与编写模块 1，6 的部分内容。

全书得以成稿，在此感谢为本书提供宝贵意见的中铁第四勘察设计院集团有限公司教授级高工车轮飞先生，感谢谭蓉女士和学生陈健勇先生的无私帮助，感谢广州铁路职业技术学院机械与电子学院陈敏教授对本书的整体规划与督促，感谢广州铁路职业技术学院机械与电子学院张杨博士以及万学春老师在本书成稿过程中的无私帮助。

由于编者水平有限，书中难免存在不足之处，恳请业内人士不吝赐教，批评指正。

编　者

2018 年 7 月

续表

序号	数字资源名称	二维码	对应知识点	页码
42	变流量系统	二维码	项目 4	159
43	冷却水系统工作原理	二维码	项目 4	164
44	冷水机组冷凝器及接管	二维码	项目 4	164
45	冷却塔结构组成	二维码	项目 4	165
46	冷却塔工作原理	二维码	项目 4	165
47	冷却塔工程实例	二维码	项目 4	165
48	冷凝水系统工作原理	二维码	项目 4	169
49	风机盘管冷凝水接管演示	二维码	项目 4	169
50	膨胀水箱及配管	二维码	项目 4	171
51	膨胀水箱接管工程实例	二维码	项目 4	171
52	空气调节概念	二维码	项目 6	242
53	空气状态	二维码	项目 6	248
54	在焓湿图中空气状态参数	二维码	项目 6	248
55	空气处理典型过程	二维码	项目 6	248
56	空调系统组成	二维码	项目 6	282
57	空调系统分类	二维码	项目 6	282
58	风机盘管结构	二维码	项目 6	291
59	风机盘管接管工程实例	二维码	项目 6	291

目录

绪　论

【项目导读】

<table>
<tr><td colspan="2">学习任务</td><td>绪论</td></tr>
<tr><td colspan="2">建议学时</td><td>2 学时</td></tr>
<tr><td colspan="2">学习内容</td><td>（1）城市轨道交通概况；
（2）城市轨道交通车站空调与通风系统；
（3）城市轨道交通车站通风空调技术发展展望</td></tr>
<tr><td rowspan="3">目标</td><td>知识目标</td><td>（1）了解城市轨道交通概况；
（2）熟悉城市轨道交通车站空调与通风系统；
（3）了解城市轨道交通车站通风空调技术发展方向</td></tr>
<tr><td>能力目标</td><td>（1）能通过相关媒介收集最新城市轨道交通概况；
（2）能简述典型城市轨道交通车站空调与通风系统的基本形式；
（3）能掌握新技术发展方向并能够自觉去应用新技术</td></tr>
<tr><td>素质目标</td><td>（1）具有严谨认真、实事求是的科学态度；
（2）能自主学习新知识、新技能；
（3）具有较强信息搜集能力，学会查找相关专业资料；
（4）具备创新意识、终身学习的能力及创造性解决问题的能力</td></tr>
<tr><td colspan="2">教学手段与方法</td><td>多媒体教学，并结合实际案例进行讲解、分析和实训练习</td></tr>
</table>

一、城市轨道交通概况

城市轨道交通（简称“城轨”）是指具有固定线路，铺设固定轨道，配备运输车辆及服务设施等的城市交通设施。城市轨道交通是一个范围外延很大的概念，在国际上没有统一的定义。一般而言，广义的城市轨道交通包括城市铁路、有轨电车、地下铁道、轻轨交通、磁悬浮轨道交通等，是一个复杂而庞大的交通系统；狭义的城市轨道交通特指地下铁道、轻轨系统，即本书所指的城市轨道交通。

随着经济社会的发展，城市化进程加快，城市的规模不断扩大，人口增长迅猛。人口向城市积聚是全世界的共同趋势，人口密度增加、机动车数量猛增导致交通阻塞、环境污染、能源匮乏，已经严重影响我国的可持续性发展。因此，探索解决城市交通问题的有效途径是国家迫切需要解决的问题。我国的城市轨道交通建设经历了早期建设、高速发展、建设调整的曲折过程，现已经步入稳定、持续、有序的蓬勃发展阶段。城市轨道交通具有安全、清洁、高效、便捷、准点、运量大等诸多优点，已被我国越来越多的城市规划和实施。我国轨道交通（含港、澳、台地区）建设规模见表 0-1。

表 0-1　我国城市交通建设规模

年度	2010	2011	2012	2013	2014	2015	2020
城市数	15	15	17	19	22	38	79
运营里程/km	1 760	1 970	2 064	2 539	3 137	4 190	> 10 000

截至 2021 年 12 月 31 日，中国内地累计有 50 个城市投运城轨交通线路 9 192.62 km，其中地铁 7 253.73 km，占比 78.9%。2021 年新增洛阳、嘉兴、绍兴、文山州、芜湖 5 个城轨交通运营城市，其中洛阳、绍兴为地铁运营城市，芜湖为跨座式单轨运营城市；另有北京、上海、天津、重庆、广州、深圳、武汉、南京、沈阳、长春、大连、西安、哈尔滨、苏州、郑州、杭州、佛山、宁波、无锡、南昌、青岛、南宁、合肥、石家庄、贵阳、厦门、济南、常州、徐州、株洲等 30 个城市也均有新线或新段开通运营。

2021 年共计新增城轨交通运营线路长度为 1 222.92 km。新增运营线路 39 条，新开既有线路的延伸段、后通段 23 段。新增城轨交通运营线路共涉及 8 种制式。截至 2021 年 12 月 31 日，中国内地城轨交通运营线路制式结构情况如图 0-1 所示。

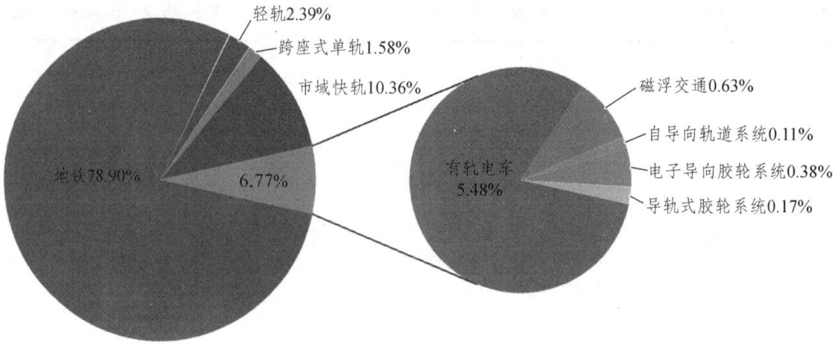

图 0-1　中国内地城轨交通运营线路制式结构情况

（摘自：《中国城市轨道交通协会信息》第 7 期 2021 年 12 月 31 日）

二、城市轨道交通车站空调与通风系统简述

地下轨道交通是一个相对封闭的狭长地下空间，人员聚集，必须通过空调与通风系统创造人工环境，以满足运营需要。同时，地下运行的列车的牵引、制动、设备、人员、照明、广告等散发大量余热，土壤、人员散发大量余湿，以及粉尘、霉菌等均需要通过空调与通风系统进行处理和排放。现代化城市轨道交通车站大都配备了营造舒适环境的中央空调系统，在车站设计、施工、运营的全过程中，中央空调系统的初投资并不算高，但运行过程中能耗高，以耗电量计算，几乎占到城市地下铁道总耗电量的40%左右。因此，节能减排和安全高效运行是所有地铁车站运行维护必须考虑的问题。

城市轨道交通车站的空调与通风系统在轨道交通系统中又称为环境控制系统（简称环控系统），是指在城市轨道交通系统中可以调节指定区域空气的温度、湿度、新风量，组织有害气体排出和排出余热量的空气处理系统。根据城市轨道交通车站建筑型式的不同，空调与通风系统也有不同的型式。车站建筑型式可分为地面高架车站、地面车站和地下车站三种主要型式；按城市轨道交通空调与通风系统服务对象，可分为地面车站（包括地面高架车站）、地下车站、地下区间隧道、主变电所、牵引变电所等。

城市轨道交通的空调与通风系统主要包括以下子系统：隧道通风系统（见图0-2，包括区间隧道通风系统、车站隧道通风系统、隧道洞口射流风机系统、地下配线通风系统）、车站空调与通风系统（见图0-3）、车站空调水系统（见图0-4）、多联空调系统、局部空调与通风系统等。

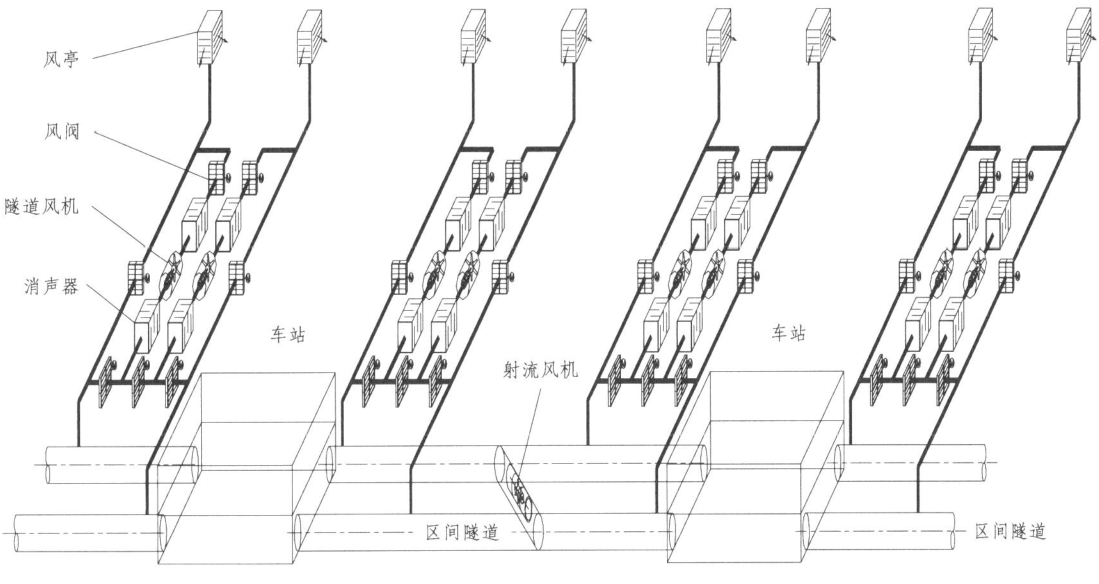

图0-2 隧道通风系统

（隧道通风系统：通过在车站两端设置的隧道风机、风阀、风亭、风道，在区间设置的射流风机，在车站设置的排热风机等，使地铁隧道具备双向的纵向通风能力。基本功能：正常运行时，满足隧道的温度和新风换气要求；列车阻塞在区间时，对该区间进行机械通风换气；区间火灾时，组织该区间纵向排烟）

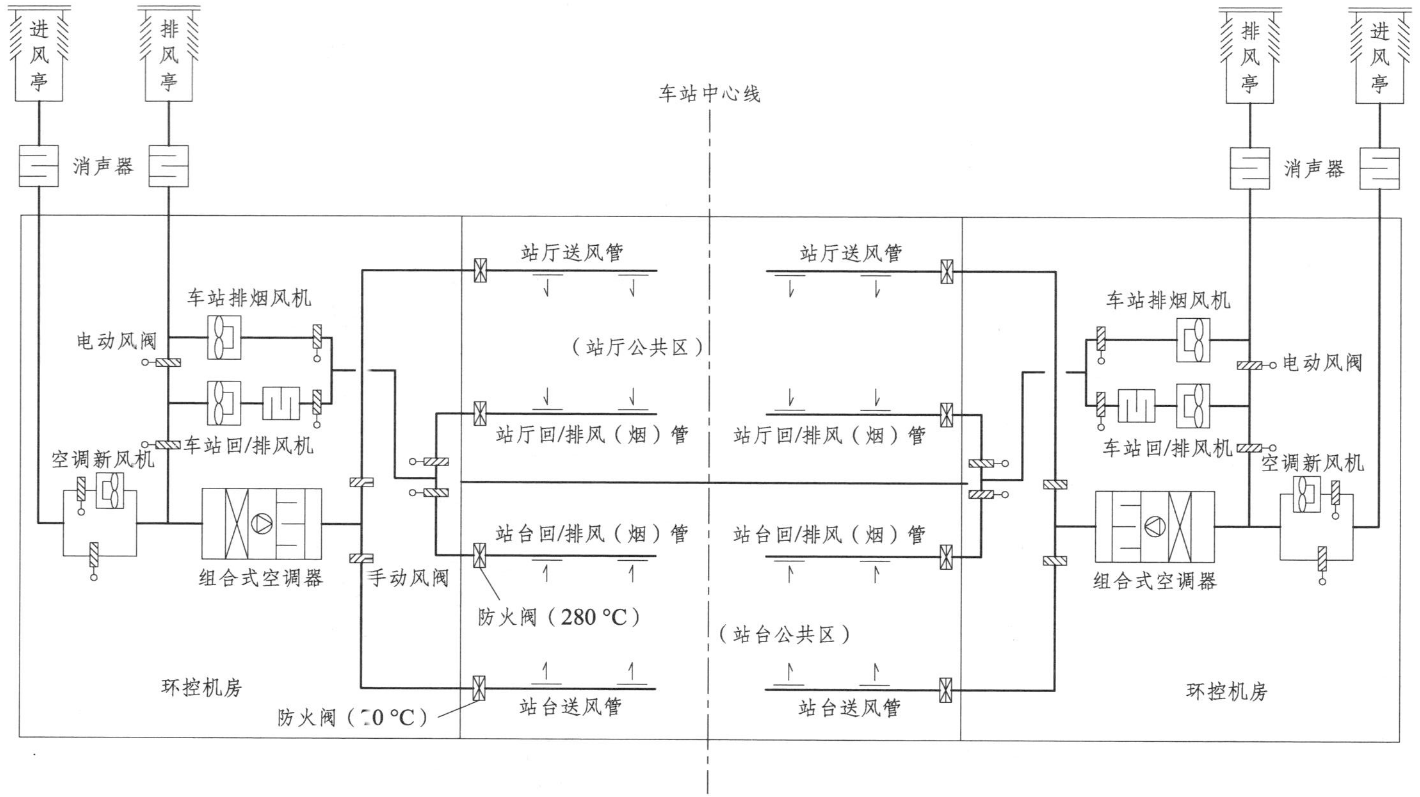

图 0-3　车站空调与通风系统

（车站空调与通风系统：采用组合空调器 + 回排风机的双风机一次回风系统，设小新风机、排烟风机，回排风管兼排烟。根据气候条件，可实现小新风空调、全新风空调、通风及排烟几种运行模式）

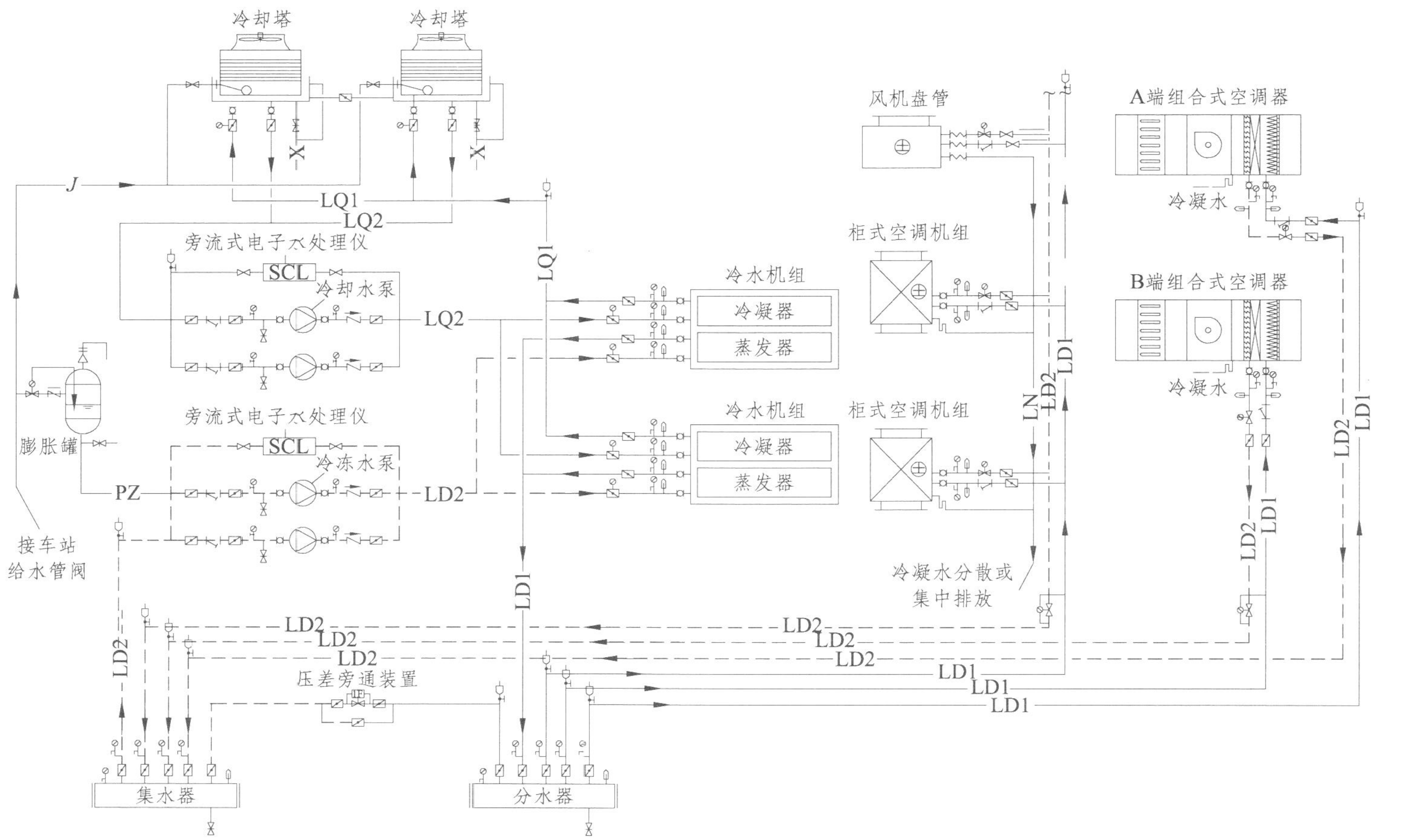

图 0-4　车站空调水系统

（车站空调水系统：通常采用分站供冷方式，每站设置 2 台冷水机组，对应设冷冻水泵、冷却水泵、冷却塔及其他附属设备，采用异程式管路系统）

地下铁道通风系统，按照地铁内部与外界大气的连通方式，分为开式系统和闭式系统；闭式系统通过风阀的开关，可进行开/闭式运行。在闭式系统的基础上，站台设置一道全封闭的站台门（屏蔽门），将车站内部空气与区间隧道相对隔离开来，衍生出屏蔽门式系统。我国长江流域及其以南地区的地下铁道通风系统，普遍采用屏蔽门式系统。

以标准地铁车站空调与通风系统为例，主要系统设备配备见表 0-2 ~ 表 0-4。

表 0-2　标准地铁车站通风空调主要设备配置（6B 车、屏蔽门系统）

设备名称	型号规格	装机功率/kW	台数
隧道风机	轴流风机 №20，60 m^3/s	90	4
排热风机	轴流风机 №18，45 m^3/s	45	2
组合空调器	$L = 60\ 000\ m^3/h$	25	2
回排风机	轴流风机 №14	22	2
排烟风机	轴流风机 №16	37	2
冷水机组	螺杆式 $Q = 700$ kW	150	2
冷冻水泵	清水离心泵	25	2
冷却水泵	清水离心泵	37	2
冷却塔	普通开式冷却塔	15	2
设备管理用房末端	小风机、空调器	45（总）	60
总装机功率	每站	1 117	

表 0-3　标准地铁车站通风空调主要设备配置（6A 车、屏蔽门系统）

设备名称	型号规格	装机功率/ kW	台数
隧道风机	轴流风机 №20，60 m^3/s	90	4
排热风机	轴流风机 №18，50 m^3/s	55	2
组合空调器	$L = 80\ 000\ m^3/h$	30	2
回排风机	轴流风机 №14	27	2
排烟风机	轴流风机 №16	37	2
冷水机组	螺杆式 $Q = 800$ kW	167	2
冷冻水泵	清水离心泵	25	2
冷却水泵	清水离心泵	37	2
冷却塔	普通开式冷却塔	15	2
设备管理用房末端	小风机、空调器	45（总）	60
总装机功率	每站	1 191	

表 0-4　标准地铁车站通风空调主要设备配置（6A 车、安全门系统）

设备名称	型号规格	装机功率 kW	台数
隧道风机	轴流风机 №20，60 m^3/s	90	4
回排/排热风机	轴流风机 №18，50 m^3/s	55	2
组合空调器	$L = 100\ 000\ m^3/h$	45	2
冷水机组	螺杆式 $Q = 1\ 000$ kW	205	2
冷冻水泵	清水离心泵	37	2
冷却水泵	清水离心泵	45	2
冷却塔	普通开式冷却塔	15	2
设备管理用房末端	小风机、空调器	45（总）	60
总装机功率	每站	1209	

综合以上数据，我们可以分析出系统可调节功率占 67% ~ 70%，不可调节功率占 30% ~ 33%；其中通风功率占 53% ~ 56%，制冷功率占 44% ~ 47%。

地铁车站的空调与通风系统的设备、系统容量按照远期（建成 25 年后）的负荷设计，近期运行能耗较大。随着城市轨道交通线路的不断修建，城市用电量增长显著。例如北京，截止到 2020 年底，地铁线路总里程 727 km，用电量高达 16.8 亿 kW · h/年，相当于北京全社会用电量的 1.47%。

轨道交通的能耗主要消耗在列车牵引、通风空调、照明、电扶梯、通信、信号、监控设备等。其中通风空调能耗占 35% ~ 45%（见图 0-5），南方城市更高。一般地铁车站通风空调运行能耗如图 0-6 所示。

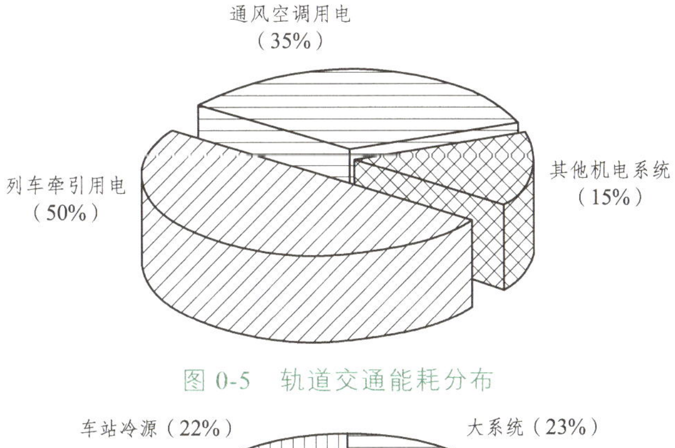

图 0-5　轨道交通能耗分布

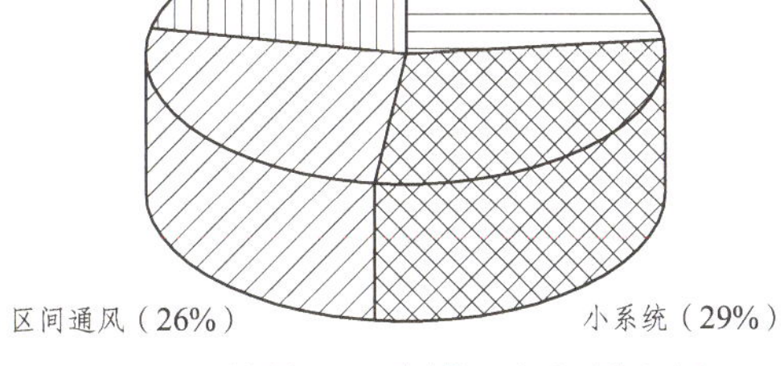

图 0-6　地铁通风空调运行能耗比例

三、技术发展方向展望

城市轨道交通空调与通风系统，在常规智能楼宇中央空调系统外，根据不同地区因地制宜地选择更适合的系统方式。从降低初投资和节省运营成本等方面，众多专业技术人员进行了尝试和实践，有很多的新技术和新设备诞生，并且在一些城市轨道交通车站的运行过程中取得了良好的经济效益和社会效益。主要的创新技术可从以下六个方面来展望。

（1）节能方面，可从系统的合理配置、新型高效制冷主机的应用、冷量的高效输配送、通风与排热排烟系统优化等方面考虑，如采用小型磁悬浮离心机达到高效制冷；采用直接蒸发和蒸发冷凝等技术省去冷冻水和冷却水输送能耗等。

（2）从设计的源头合理简化、优化系统型式和运行模式，包括：车站排热系统的优化、简化、优化控制；车站通风空调大系统运行模式简化；车站通风空调小系统的精细化设计；二线城市空调与通风系统的简化设计，车站大、小系统空调冷源分开设置；车站通风空调大系统采用单端送风、回风；灵活采用分散式“空气-水”系统等。

（3）相关产品的工业化、集成化、自动化、智能化。可从多联空调系统、集成式冷站、机电一体化设备、集成式系统等方面考虑，如通风空调多功能集成设备系统、高效一体化集成式冷冻站、一体化变风量变水量空调器、可调通风型站台门空调与通风系统、蒸发冷却式空调与通风系统等。

（4）探索轨道交通能耗指标和标准体系。根据不同的气候分区、城市等级、线路功能定位、运能、车站类型等因素，将轨道交通车站分类，研究其合理的能耗指标。

（5）研究解决建筑内更高的综合空气品质相关技术，包括综合解决室内空气的含尘量、有机污染物、细菌、CO_2浓度、异味、噪声、温度场、风速场等问题。

（6）运营大数据、既有节能改造、设备物联网等技术。收集、测试运营线路的设计、运营数据，建立大数据库，分析出规律和状态，为节能改造做好技术储备；利用互联网、云平台，搭建网络管理平台，集成“运营管理”“设备维护”“能耗管理”“节能控制”“专家诊断”等功能。研究通风空调设备“物联网”技术的应用，用于远程设备（系统）运行状态监控、运营维护、状态分析等方面。

随着科技的进步，还会有日新月异的技术创新不断涌现。

项目 1

地铁车站空调与通风系统施工图识读

【项目导读】

<table>
<tr><td colspan="2">学习任务</td><td>地铁车站空调与通风系统施工图识读</td></tr>
<tr><td colspan="2">建议学时</td><td>10 学时</td></tr>
<tr><td colspan="2">学习内容</td><td>（1）暖通制图标准与规范；
（2）空调与通风系统施工图识读方法；
（3）典型空调与通风系统施工图识读</td></tr>
<tr><td rowspan="3">目标</td><td>知识目标</td><td>（1）熟悉暖通制图标准与规范内容；
（2）掌握通风与空调工程施工图识读方法</td></tr>
<tr><td>能力目标</td><td>（1）能按照标准规范内容识读工程图纸；
（2）能根据二维工程图纸理解系统在三维空间的定位</td></tr>
<tr><td>素质目标</td><td>（1）具有严谨认真、实事求是的科学工作态度；
（2）能自主学习新知识、新技能；
（3）具有高度的职业责任心和安全意识，遵章守纪、规范操作；
（4）具有团队协作意识、服务意识及协调、沟通、交流能力；
（5）具有较强信息搜集能力，学会查找相关国家标准</td></tr>
<tr><td colspan="2">教学手段与方法</td><td>多媒体教学，并结合实际案例进行讲解、分析和实训练习</td></tr>
</table>

任务 1
解读制图规范

任务目标

掌握暖通制图标准与规范。

案例引入

如何准确识读专业工程图纸？

案例分析

技术人员必须掌握建筑工程图样的绘制和识读方法。如果不会绘图，就无法表达自己的设计构思，而不会读图，也不能理解别人的设计意图。

知识链接

车站空调与通风系统属于民用舒适性空调的范畴，也需要遵循民用建筑空调的标准与规范，空调涉及的规范有 100 多个，包含建筑、节能、消防、制图以及电气、自控等各方面。技术人员要熟悉和掌握空调与通风系统，最简洁明了的方式就是识读工程图纸，将图形与实物结合，就能掌握系统全局，对系统运行中可能出现的问题了然于心。

工程图纸由图文与图样组成。图文与图样包括各种符号、线条及文字说明。工程图样被称为工程界的共同语言，是工程师们交流的基本工具。

为统一空调专业制图规则，符合设计、施工和存档备查的要求，住房和城乡建设部统一制定了《暖通空调制图标准》（GB/T 50114—2010），除遵循此标准外，还必须遵守《总图制图标准》（GB/T 50103—2010）、《建筑制图标准》（GB/T 50104—2010）、《建筑给水排水制图标准》（GB/T 50106—2010）等。

我们平时见到立体图时与看到实物感觉一致，立体图三维立体感强，符合人所处的物质的三维空间，容易看懂，但这种图不能表达实物的真实形状和大小，如图 1-1 所示。而工程图采用正投影方法，将实物分解成多个正投影图来反映一个物体的形状和大小，如图 1-2 所示。

建筑制图的正投影图与机械制图中的三视图是一致的规则，在此不作赘述。本任务仅就与空调相关的制图标准和规范进行解读。

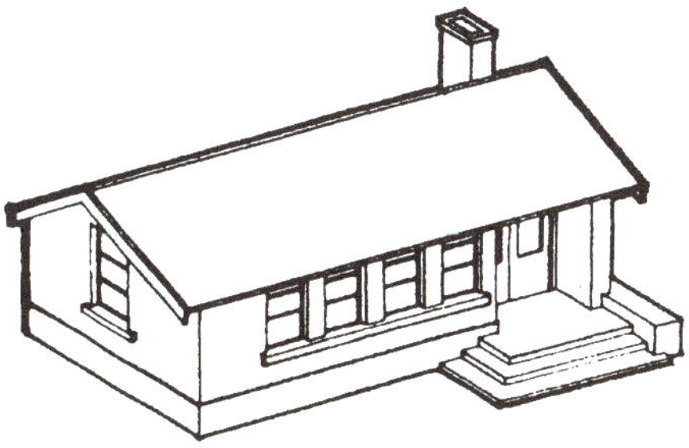

图 1-1　建筑立体图

图 1-2　建筑正投影图

一、比　例

图样的比例是指图样中图形尺寸与实物相应要素的线性尺寸之比。建筑及相关专业绘图的比例要根据图样的用途和复杂程度依据现行《建筑制图标准》规定选择。暖通空调专业制图比例可按照表 1-1 执行。

表 1-1　暖通空调专业绘图所用比例

图　名	常用比例	可用比例
平面图	与工程项目主导专业比例一致（结构、建筑）	
剖面图	1 ∶ 50、1 ∶ 100	1 ∶ 150、1 ∶ 200
局部放大图、管沟断面图	1 ∶ 20、1 ∶ 50、1 ∶ 100	1 ∶ 25、1 ∶ 50、1 ∶ 150、1 ∶ 200
索引图、详图	1 ∶ 1、1 ∶ 2、1 ∶ 5、1 ∶ 10、1 ∶ 20	1 ∶ 3、1 ∶ 4、1 ∶ 15

一般情况，一个图样应选用一种比例，比例宜注写在图名的右侧，字的基准线应取平，比例的字高比图名的字小 1 号或 2 号。除此外，在标题栏中也需要填写上比例。

二、图　线

图线指画在图纸上的线条。通风与空调工程图纸均基于建筑图，因此图纸图线应符合现行《建筑制图标准》和《暖通空调制图标准》的规定。图线的基本宽度 b 和线宽组，应根据图样的比例、类别及使用方式确定。基本宽度 b 宜选用 0.18 mm、0.35 mm、0.5 mm、0.7 mm、1.0 mm。

空调工程图纸采用的线型及其含义，见表 1-2。

表 1-2　线型及其含义

名　称		线　型	线宽	一般用途
实线	粗	▬▬▬▬	b	单线表示的供水管道
	中粗	▬▬▬▬	$0.7b$	本专业设备轮廓、双线表示的管道轮廓
	中	────	$0.5b$	尺寸、标高、角度等标注线及引出线，建筑物轮廓
	细	────	$0.25b$	建筑布置的家具、绿化等，非本专业设备轮廓

续表

名称		线型	线宽	一般用途
虚线	粗		b	回水管线及单根表示的管道被遮挡的部分
	中粗		$0.7b$	本专业设备及双线表示的管道被遮挡的轮廓
	中		$0.5b$	地下管沟，改造前风管的轮廓线，示意性连线
	细		$0.25b$	非本专业虚线表示的设备轮廓等
波浪线	中		$0.5b$	单线表示的软管
	细		$0.25b$	断开界线
单点长画线			$0.25b$	轴线、中心线
双点长画线			$0.25b$	假想或工艺设备轮廓线
折断线			$0.25b$	断开界线

图样中也可以使用自定义图线及含义，但应明确说明，且其含义不应与标准相反。

三、尺寸标注

图样中的尺寸包括四个要素：尺寸界线、尺寸线、尺寸的起止符号和尺寸数字，如图 1-3 所示。

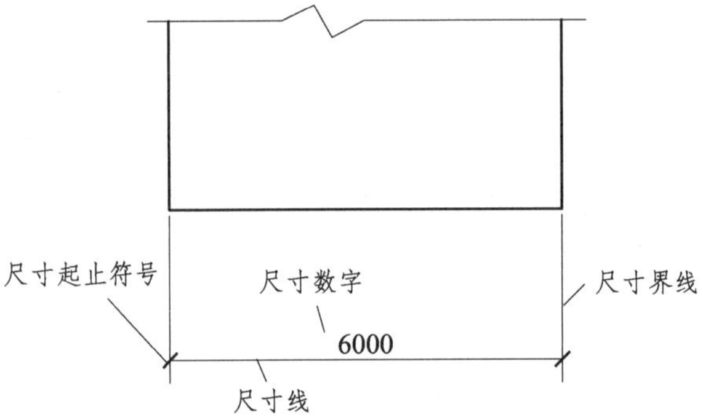

图 1-3　尺寸的组成要素

通风与空调工程图纸的尺寸标注执行现行《建筑制图标准》和《暖通空调制图标准》的规定。暖通空调图纸中有大量的管线，对于管道标高、管径（压力）、尺寸标注可以依据下述执行。

（1）在无法标注垂直尺寸的图样中，应标注标高。标高应以 m 为单位。

（2）标高符号应以直角等腰三角形表示，当标准层较多时，可只标注与本层楼（地）板面的相对标高，如图 1-4 所示。

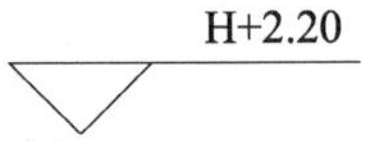

图 1-4　相对标高的标注

（3）水、汽管道所注标高未予说明时，表示管中心标高。水、汽管道标注管外底或顶标高时，应在数字前加“底”或“顶”字样。

（4）矩形风管所注标高应表示管底标高；圆形风管应表示管中心标高。当不采用此方法标注时，应进行说明。

（5）低压流体输送用焊接管道规格应标注公称通径或压力。公称通径的标记由字母“DN”后跟一个以毫米为单位的数值组成，公称压力的代号为“PN”。

（6）输送流体用无缝钢管、螺旋缝或直缝焊接钢管、铜管、不锈钢管，当需要注明外径和壁厚时，用“D（或 ϕ）外径 × 壁厚”表示，如“$D108\times4$”“$\phi108\times4$”。在不致引起误解时，也可采用公称通径表示。

（7）金属或塑料管用“de”表示，如“de100”。

（8）圆形风管的截面定型尺寸以直径符号“ϕ”表示，单位为毫米（mm）。

（9）矩形风管（风道）的截面定型尺寸应以“$A\times B$”表示。“A”应为该视图投影面的边长尺寸，“B”为另一边尺寸。A、B 单位均为毫米。

（10）平面图中无坡度要求的管道标高可标注在管道截面尺寸后的括号内，如“DN32（2.50）”“200 × 200（3.10）”。必要时，应在标高数字前加“底”或“顶”的字样。

（11）水平管道的规格宜标注在管道的上方；竖向管道的规格宜标在管道的左侧。双线表示的管道，其规格可标注在管道轮廓线内，如图 1-5 所示。

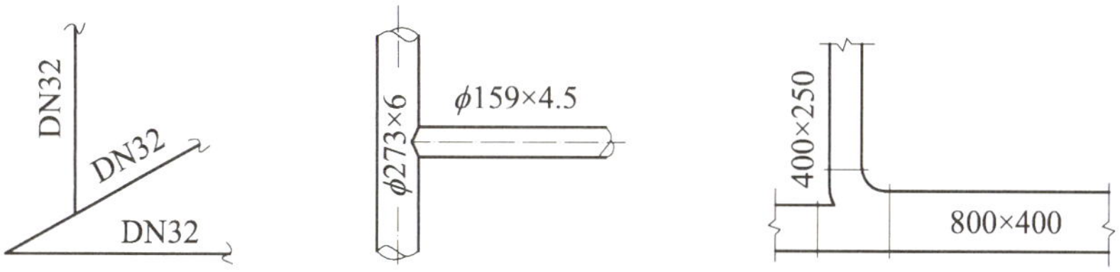

图 1-5　管道截面尺寸的标注

（12）当倾斜管道不处于图 1-6 所示 30° 范围内时，其管径（压力）、尺寸应平行标在管道的斜上方。不采用图 1-6 所示的方法标注时，可用引出线标注。

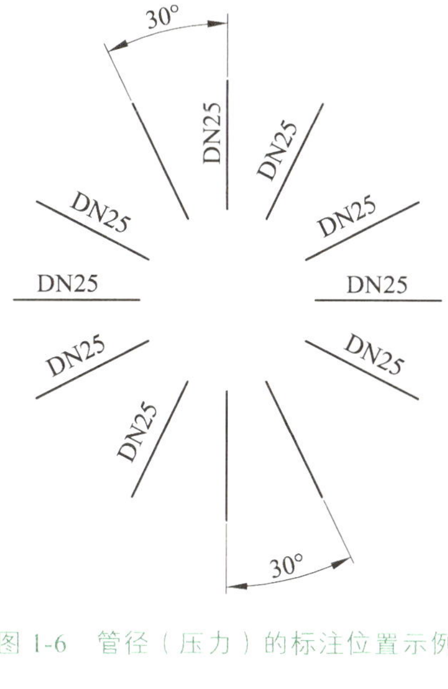

图 1-6　管径（压力）的标注位置示例

（13）多条管线的规格标注方法如图 1-7 所示。

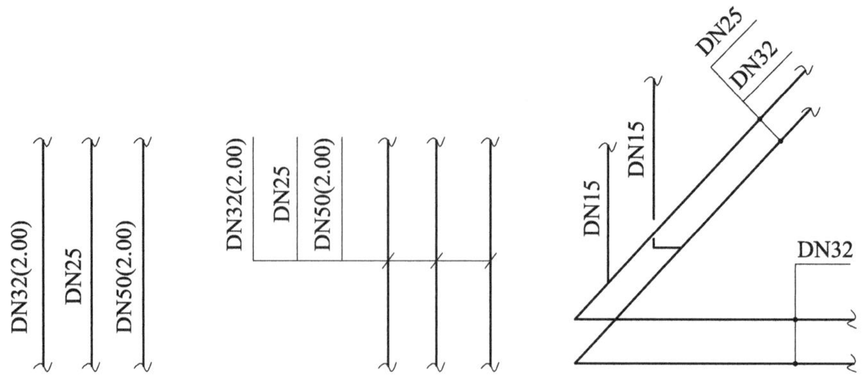

图 1-7　多条管线规格的标注方法

（14）风口的标注方法如图 1-8 所示。

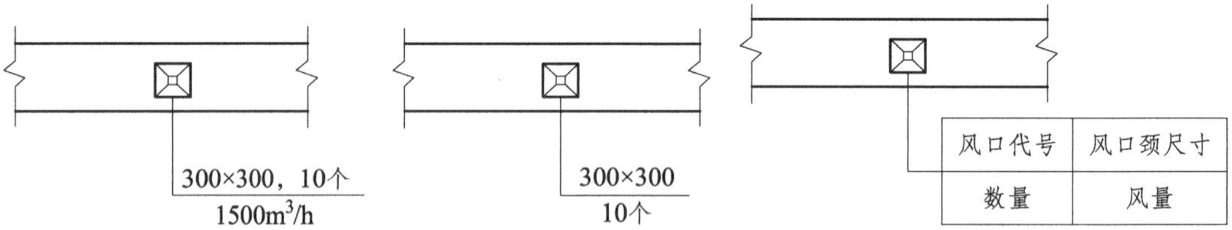

图 1-8　风口、散流器的标注方法

（15）图样中尺寸标注应按现行国家标准的有关规定执行。平面图、剖面图上如需标注连续排列的设备或管道的定位尺寸或标高时，应至少有一个误差自由段，如图 1-9 所示。

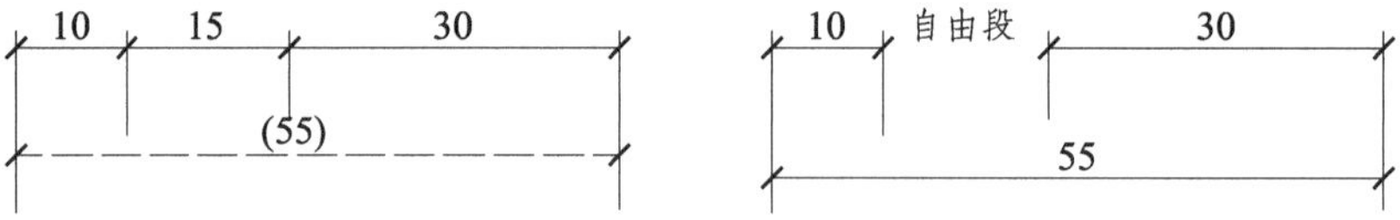

图 1-9　定位尺寸的标注方法

（16）挂墙安装的散热器应说明安装高度。

（17）设备加工（制造）图的尺寸标注应按现行国家标准《机械制图 尺寸注法》（GB/T 4458.4）的有关规定执行、焊缝应按现行国家标准《技术制图 焊缝符号的尺寸、比例及简化表示法》（GB 12212）的有关规定执行。

四、定位轴线

在施工图中通常将房屋的基础、墙、柱和屋架等承重构件的轴线画出并进行编号，便于施工时定位放线，也便于图纸的查阅。这些轴线称为定位轴线。在图纸中一般用细点画线绘制。

定位轴线的编号应标注在轴线端部的圆内，圆用细实线绘制，直径为 8 ~ 10 mm，定位轴线圆的中心应在定位轴线的延长线上。编号应符合一定的规则，横向编号从左至右是 1、2、3…竖向编号从下至上是拉丁字母大写 A、B、C…但 I、O、Z 不得作为轴线编号，字母不够用可附加字母或数字，如图 1-10 所示。

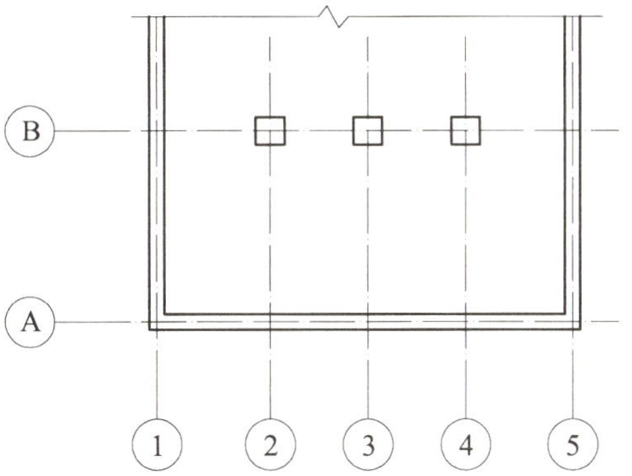

图 1-10　定位轴线编号规则

五、空调与通风工程图样的画法

（一）一般规定

空调与通风工程图样的画法一般规定是各工程、各阶段的设计图纸应满足相应的设计深度要求。

本专业设计图纸应独立编号。在同一套工程设计图纸中，图样线宽组、图例、符号等应一致。在工程设计中，设计图纸的编排顺序依次表示图纸目录、选用图集（纸）目录、设计施工说明、图例、设备及主要材料表、总图、工艺图、系统图、平面图、剖面图、详图等。

图样需用的文字说明，宜以“注:”“附注:”或“说明:”的形式在图纸右下方、标题栏的上方书写，并用“1、2、3…”进行编号。

一张图幅内绘制平、剖面等多种图样时，宜按平面图、剖面图、安装详图，从上至下、从左至右的顺序排列；当一张图幅绘有多层平面图时，宜按建筑层次由低至高，由下至上顺序排列。

图纸中的设备或部件不便用文字标注时，可进行编号。图样中只注明编号，其名称宜以“注:”“附注:”或“说明:”表示。

初步设计和施工图设计的设备表至少应包括序号（或编号）、设备名称、技术要求、数量、备注栏；材料表至少应包括序号（或编号）、材料名称、规格或物理性能、数量、单位、备注栏。

（二）管道和设备布置平面图、剖面图

管道和设备布置平面图、剖面图应以直接正投影法绘制。用于暖通空调系统设计的建筑平面图、剖面图，应用细实线绘出建筑轮廓线和与暖通空调系统有关的门、窗、梁、柱、平台等建筑构配件，并标明相应定位轴线编号、房间名称、平面标高。

管道和设备布置平面图应按假想除去上层板后俯视规则绘制，否则应在相应垂直剖面图中表示平剖面的剖切符号，如图 1-11 所示。

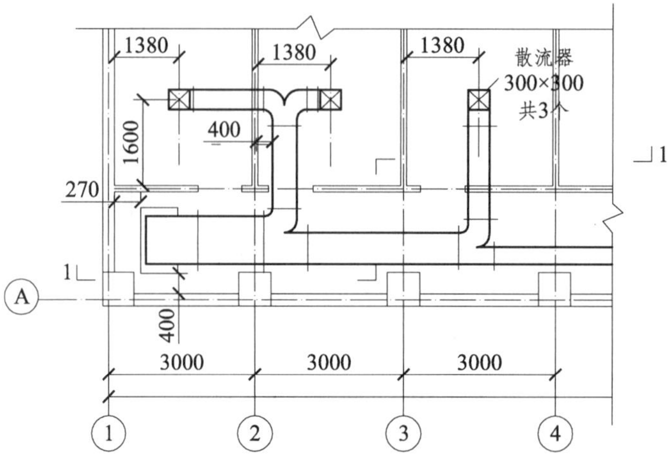

标准层平面图

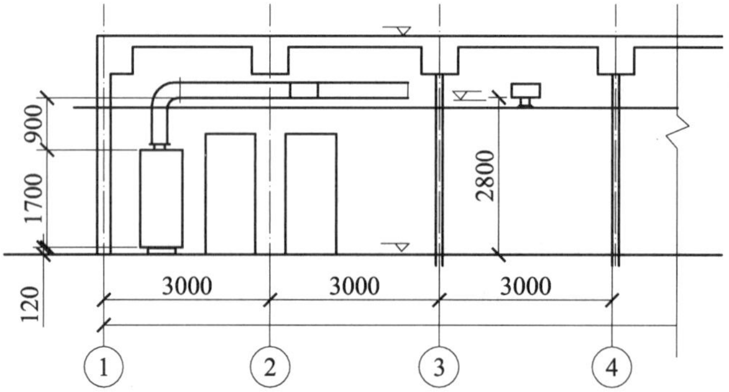

1-1剖面图

图 1-11　平、剖面示例

剖视的剖切符号应由剖切位置线、投射方向线及编号组成，剖切位置线和投射方向线均应以粗实线绘制。剖切位置线的长度宜为 6 ~ 10 mm；投射方向线长度应短于剖切位置线，宜为 4 ~ 6 mm；剖切位置线和投射方向线不应与其他图线相接触；编号宜用阿拉伯数字，标在投射方向线的端部；转折的剖切位置线，宜在转角的外顶角处加注相应编号。

断面的剖切符号用剖切位置线和编号表示。剖切位置线宜为长 6 ~ 10 mm 的粗实线；编号可用阿拉伯数字、罗马数字或小写拉丁字母，标在剖切位置线的一侧，并表示投射方向。

平面图上应标注设备、管道定位（中心、外轮廓）线与建筑定位（轴线、墙边、柱边、柱中）线间的关系；剖面图上应注出设备、管道（中、底或顶）标高。必要时，还应注出距该层楼（地）板面的距离。剖面图应在平面图上尽可能选择反映系统全貌的部位垂直剖切后绘制。当剖切的投射方向为向下和向右，且不致引起误解时，可省略剖切方向线。

建筑平面图采用分区绘制时，空调与通风平面图也可分区绘制。但分区部位应与建筑平面图一致，并应绘制分区组合示意图。

除方案设计、初步设计及精装修设计外，平面图、剖面图中的水、汽管道可用单线绘制，风管不宜用单线绘制。

平面图、剖面图中的局部需另绘详图时，应在平、剖面图上标注索引符号。索引符号的画法如图 1-12 所示。

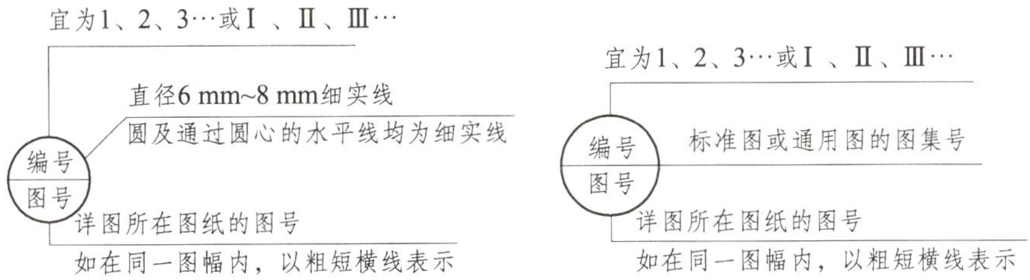

图 1-12　索引符号的画法

当表示局部位置的相互关系时，在平面图上应标注内视符号，如图 1-13 所示。

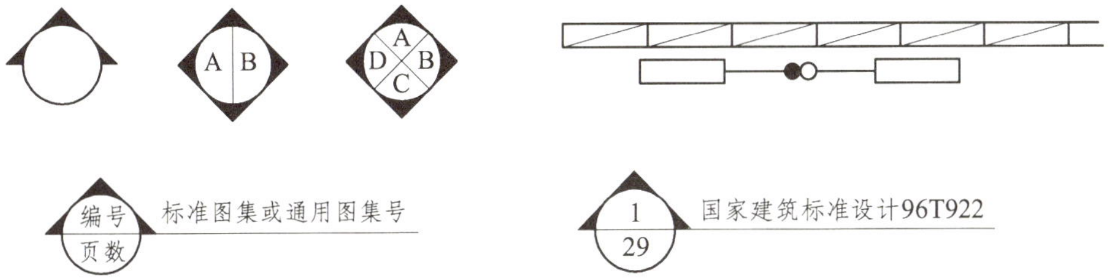

图 1-13　内视符号画法

（三）管道系统图和原理图

管道系统图应能确认管径、标高及末端设备，可按系统编号分别绘制。

管道系统图如采用轴测投影法绘制，宜采用与相应的平面图一致的比例，按正等轴测法或正面斜二轴测法的投影规则绘制，可按现行国家标准《房屋建筑制图统一标准》（GB/T 50001）绘制。在不致引起误解时，管道系统图可不按轴测投影法绘制。基本要素应与平、剖面图相对应。

水、汽管道及通风、空调管道系统图均可用单线绘制。系统图中的管线重叠、密集处，可采用断开画法。断开处宜以相同的小写拉丁字母表示，也可用细虚线连接。

室外管网工程宜绘制管网总平面图和管网纵剖面图。

原理图可不按比例和投影规则绘制，原理图基本要素应与平、剖面图及管道系统图相对应。

一个工程设计中同时有供暖、通风、空调等两个及以上的不同系统时，应进行系统编号，暖通空调系统编号、入口编号，应由系统代号和顺序号组成。系统代号由大写拉丁字母表示（见表 1-3），顺序号由阿拉伯数字表示，如图 1-14 所示。当一个系统出现分支时，可采用图 1-14（b）的画法。

表 1-3　系统代号

序号	字母代号	系统名称	序号	字母代号	系统名称
1	N	（室内）供暖系统	9	H	回风系统
2	L	制冷系统	10	P	排风系统
3	R	热力系统	11	XP	新风换气系统
4	K	空调系统	12	JY	加压送风系统
5	J	净化系统	13	PY	排烟系统
6	C	除尘系统	14	P（PY）	排风兼排烟系统
7	S	送风系统	15	RS	人防送风系统
8	X	新风系统	16	RP	人防排风系统

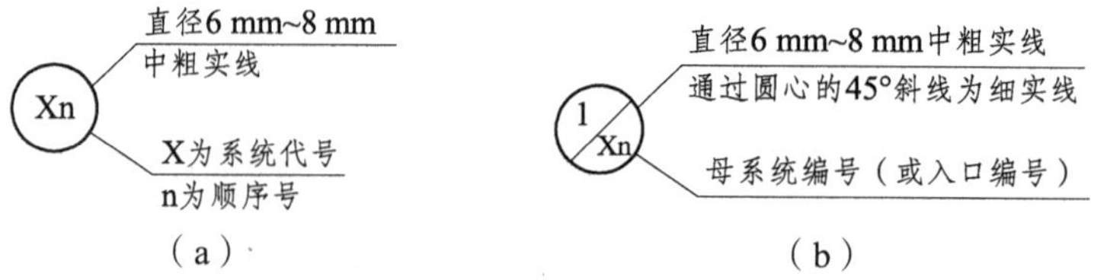

图 1-14 系统代号、编号表示方法

系统编号宜标注在系统总管处。竖向布置的垂直管道系统，应标注立管号，如图 1-15 所示。在不致引起误解时，可只标注序号，但应与建筑轴线编号有明显区别。

图 1-15 立管号的画法

（四）管道转向、分支、重叠及密集处的画法

（1）单线管道转向的画法如图 1-16 所示。

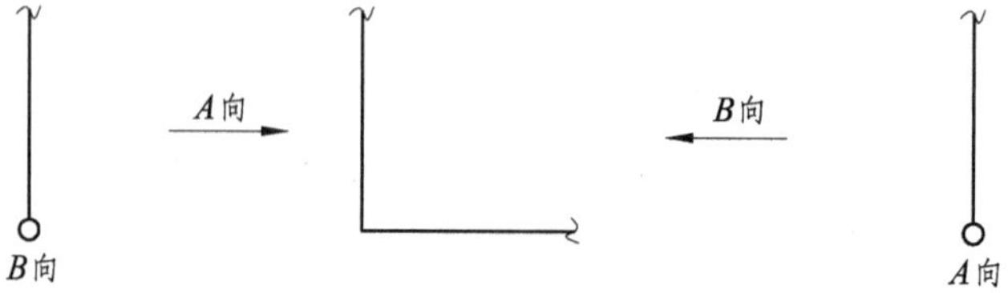

图 1-16 单线管道转向的画法

（2）双线管道转向的画法如图 1-17 所示。

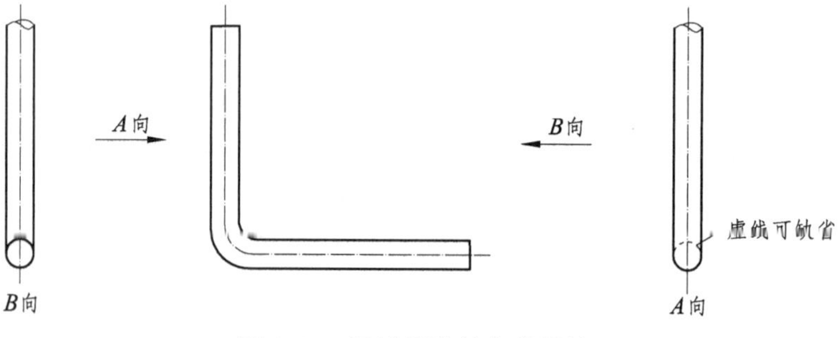

图 1-17 双线管道转向的画法

（3）单线管道分支的画法如图 1-18 所示。

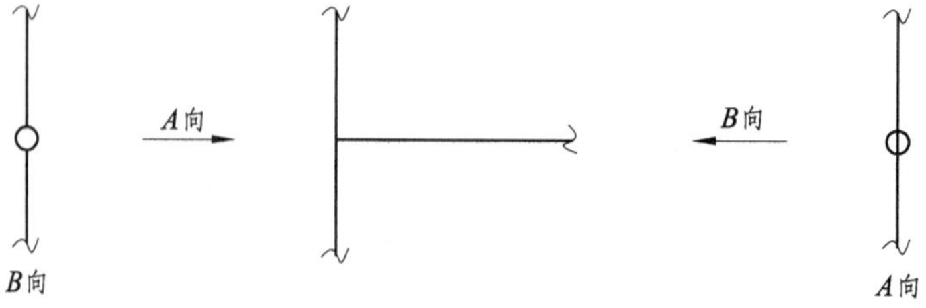

图 1-18 单线管道分支的画法

（4）双线管道分支的画法如图 1-19 所示。

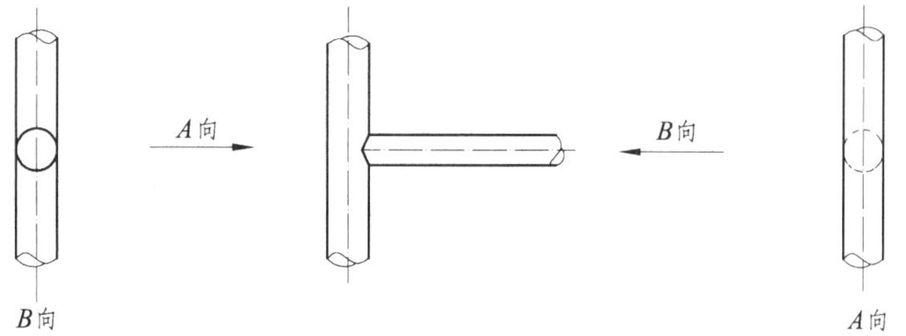

图 1-19　双线管道分支的画法

（5）送风管转向的画法如图 1-20 所示。

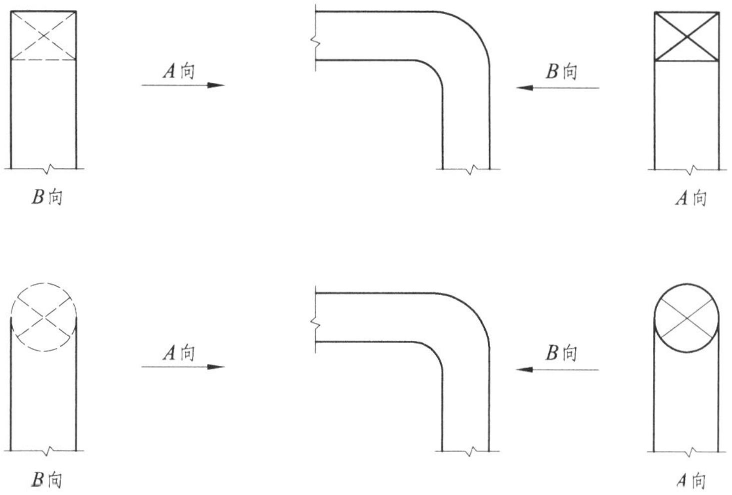

图 1-20　送风管转向的画法

（6）回风管转向的画法如图 1-21 所示。

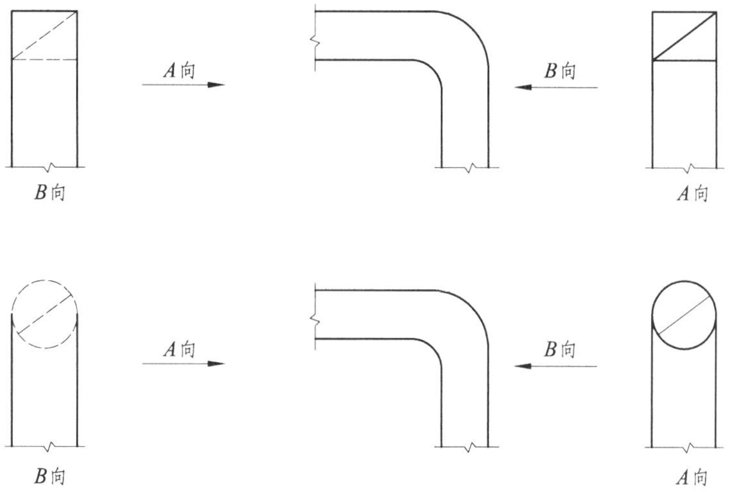

图 1-21　回风管转向的画法

（7）平面图、剖视图中管道因重叠、密集需断开时，应采用断开画法，如图 1-22 所示。

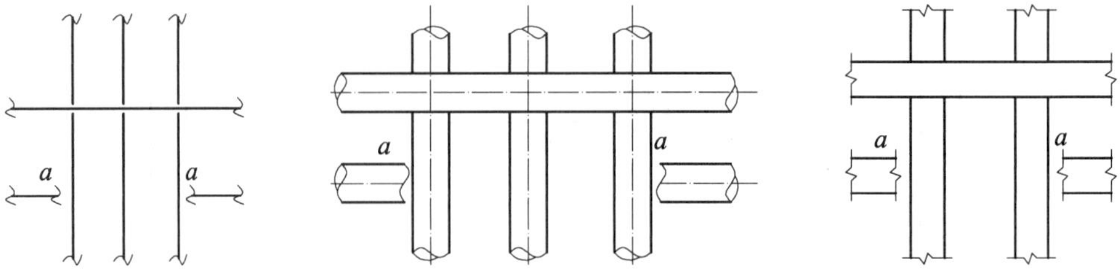

图 1-22　管道断开的画法

（8）管道在本图中断，转至其他图面表示（或由其他图面引来）时，应注明转至（或来自）的图纸编号，如图 1-23 所示。

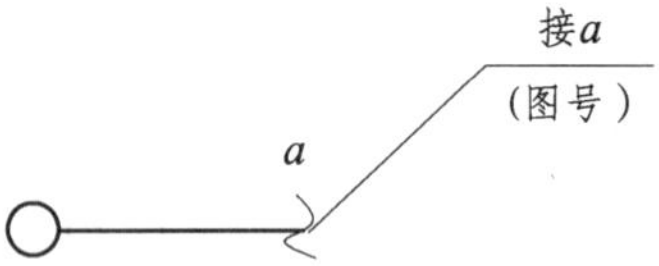

图 1-23　管道在本图中断的画法

（9）管道交叉的画法如图 1-24 所示。

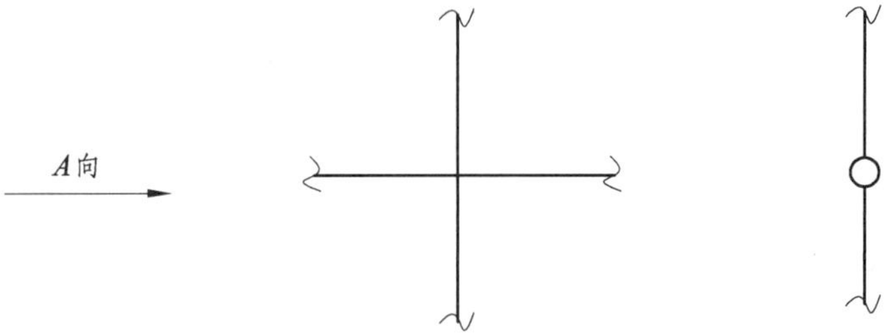

图 1-24　管道交叉的画法

（10）管道跨越的画法如图 1-25 所示。

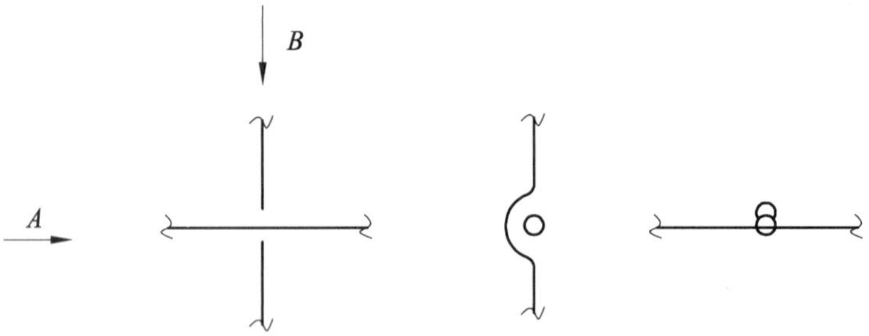

图 1-25　管道跨越的画法

六、暖通空调常用图例

（一）水、汽管道

水、汽管道代号宜按表 1-4 选用。

表 1-4　水、汽管道代号

序号	代号	管道名称	备注
1	RG	采暖热水供水管	可附加 1、2、3 等表示一个代号，不同参数的多种管道
2	RH	采暖回水供水管	可通过实线、虚线表示供回水关系省略字母 G、H
3	LG	空调冷水供水管	—
4	LH	空调冷水回水管	—
5	KRG	空调热水供水管	—
6	KRH	空调热水回水管	—
7	LRG	空调冷、热水供水管	—
8	LRH	空调冷、热水回水管	—
9	LQG	空调冷却供水管	—
10	LQH	空调冷却回水管	—
11	n	空调冷凝水管	—
12	PZ	膨胀水管	—
13	BS	补水管	—
14	X	循环管	—
15	LM	冷媒管	—
16	YG	乙二醇供水管	—
17	YH	乙二醇回水管	—
18	BG	冰水供水管	—
19	BH	冰水回水管	—
20	ZG	过热蒸气管	—
21	ZB	饱和蒸气管	可附加 1、2、3 等表示一个代号，不同参数的多种管道
22	Z2	二次蒸气管	—
23	N	凝结水管	—
24	J	给水管	—
25	SR	软化水管	—
26	CY	除氧水管	—
27	GG	锅炉进水管	—
28	JY	加药管	—
29	YS	盐溶液管	—
30	XI	连续排污管	—

序号	代号	管道名称	备注
31	XD	定期排污管	—
32	XS	泄水管	—
33	YS	溢水（油）管	—
34	R1G	一次热水供水管	—
35	R1H	一次热水回水管	—
36	F	放空管	—
37	FAQ	安全阀放空管	—
38	O1	柴油供油管	—
39	02	柴油回油管	—
40	OZ1	重油供油管	—
41	OZ2	重油回油管	—
42	OP	排油管	—

注：自定义水、汽管道代号应避免与表 1-4 相矛盾，并应在相应图例说明。

水、汽管道阀门和附件的图例宜按表 1-5 采用。

表 1-5　水、汽管道阀门和附件

序号	名称	图例	备注
1	截止阀		—
2	闸阀		—
3	球阀		—
4	柱塞阀		—
5	快开阀		—
6	蝶阀		—
7	旋塞阀		—
8	止回阀		—
9	浮球阀		—
10	三通阀	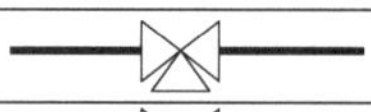	—
11	平衡阀	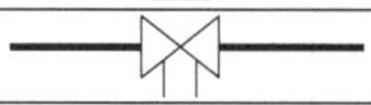	—
12	定流量阀	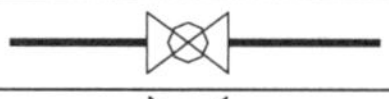	—
13	定压差阀	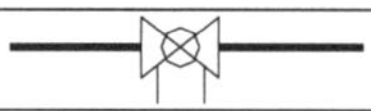	—
14	自动排气阀	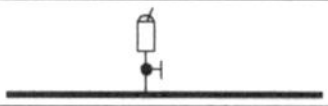	—
15	集气罐、放气阀		—

续表

序号	名称	图例	备注
16	节流阀		—
17	调节止回关断阀		水泵出口用
18	膨胀阀		—
19	排入大气或室外		—
20	安全阀	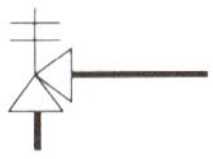	—
21	角阀	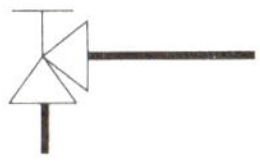	—
22	底阀		—
23	漏斗		—
24	地漏		—
25	明沟排水		—
26	向上弯头		—
27	向下弯头		—
28	法兰封头或管封		—
29	上出三通	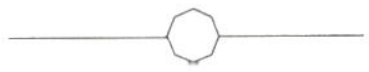	—
30	下出三通	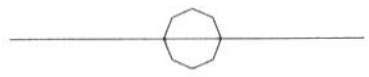	—
31	变径管		—
32	活接头或法兰连接		—
33	固定支架		—
34	导向支架	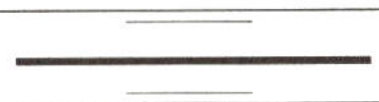	—
35	活动支架		—
36	金属软管		—
37	可曲挠橡胶软接头	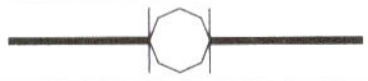	—
38	Y形过滤器		—
39	疏水器		—
40	减压阀	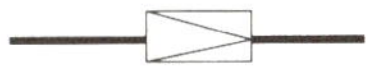	左高右低
41	直通型（或反冲型）除污器	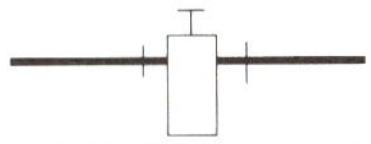	—
42	除垢仪		—

序号	名称	图例	备注
43	补偿器	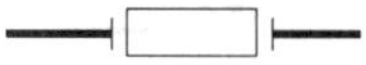	—
44	矩形补偿器		—
45	套管补偿器	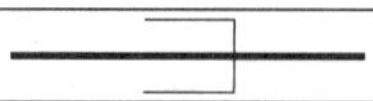	—
46	波纹管补偿器	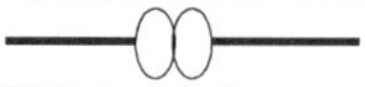	—
47	弧形补偿器		—
48	球形补偿器		—
49	伴热管		—
50	保护套管	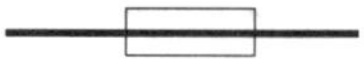	—
51	爆破膜		—
52	阻火器		—
53	节流孔板、减压孔板	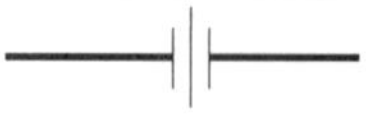	—
54	快速接头	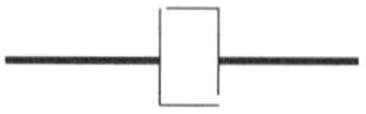	—
55	介质流向		在管道断开处时，流向符号宜标注在管道中心线上，其余可同管径标注位置
56	坡度及坡向	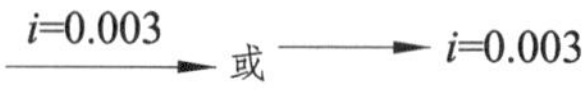	坡道数值不宜与管道起、止点标高同时标注，标注位置同管径标注位置

（二）风道

风道代号宜按表 1-6 采用。

表 1-6　风道代号

序号	代号	风道名称	备注
1	SF	送风管	—
2	HF	回风管	一、二次回风可附加 1、2 区别
3	PF	排风管	—
4	XF	新风管	—
5	PY	消防排烟风管	—
6	ZY	加压送风管	—
7	P（Y）	排风排烟兼用风管	—
8	XB	消防补风风管	—
9	S（B）	送风兼消防补风风管	—

注：自定义风道代号应避免与表 1-6 相矛盾，并应在相应图面说明。

风道、阀门及附件的图例宜按表 1-7 采用。

表 1-7　风道、阀门及附件图例

序号	名称	图　例	备　注
1	矩形风管	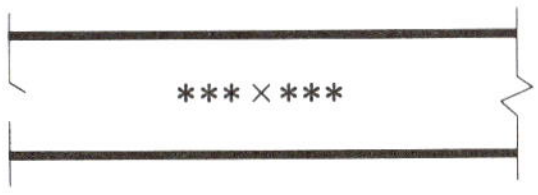	宽×高（mm）
2	圆形风管		φ直径（mm）
3	风管向上		—
4	风管向下		—
5	风管上升摇手弯	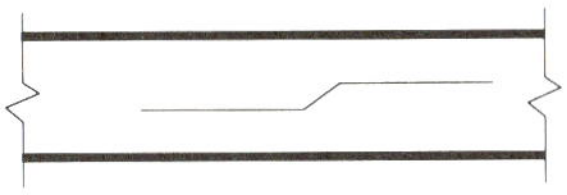	—
6	风管下降摇手弯	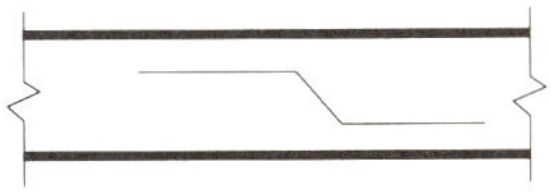	—
7	天圆地方	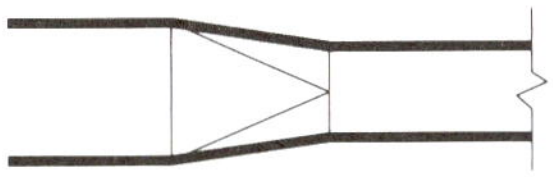	左接矩形管，右接圆形管
8	软风管		—
9	圆弧形弯头	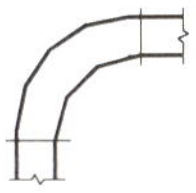	—
10	带导流片的矩形弯头	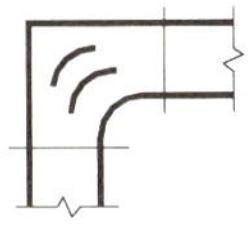	—
11	消声器	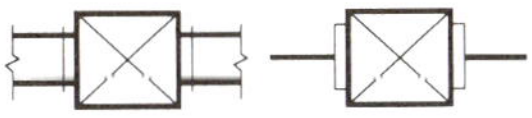	—
12	消声弯头	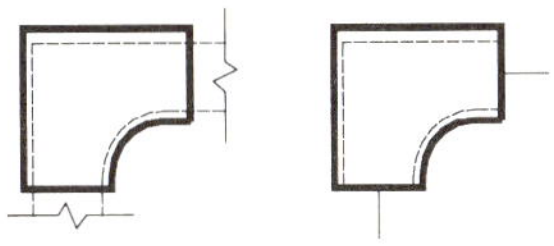	—
13	消声静压箱		—
14	风管软接头	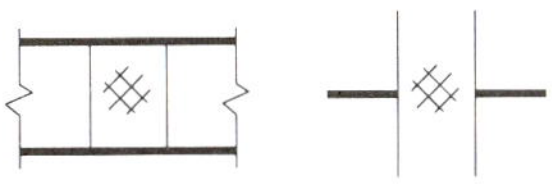	—

序号	名称	图 例	备 注
15	对开多叶调节风阀	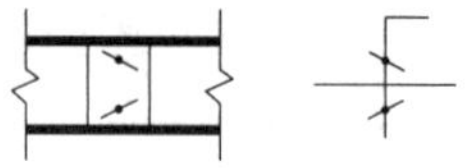	—
16	蝶阀	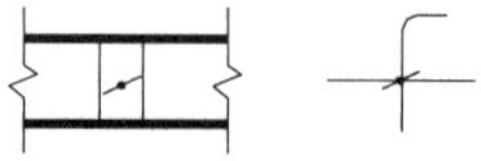	—
17	插板阀	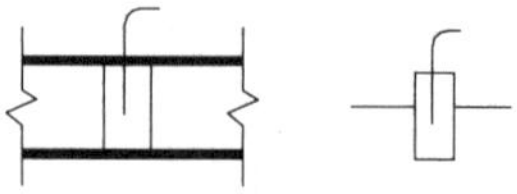	—
18	止回风阀	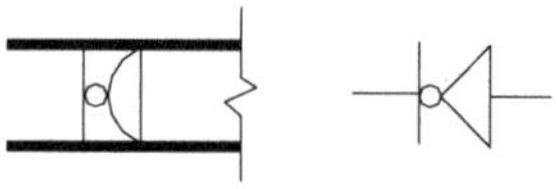	—
19	余压阀	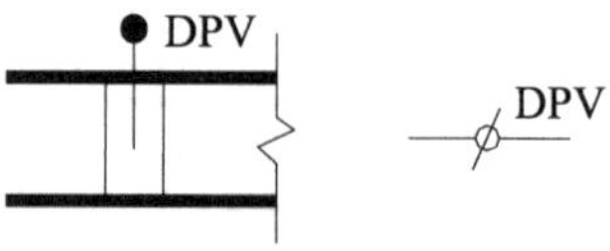	—
20	三通调节阀	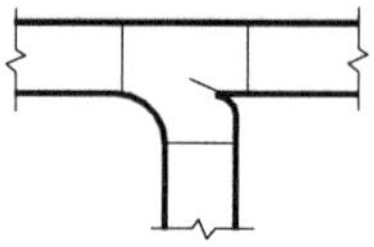	—
21	防烟、防火阀	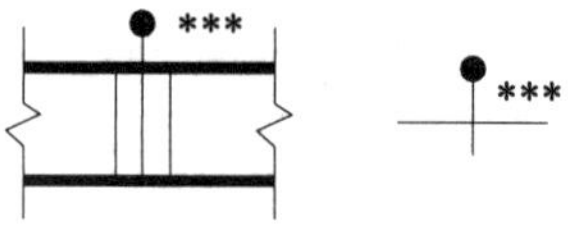	***表示防烟、防火阀名称代号，代号说明另见表 1-8 和表 1-9 防烟、防火阀功能（1）（2）
22	方形风口	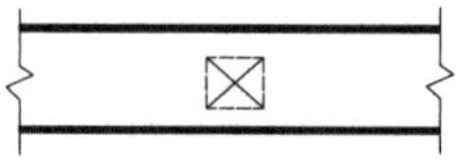	—
23	条缝形风口	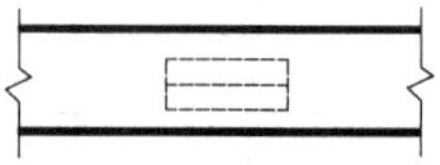	—
24	矩形风口	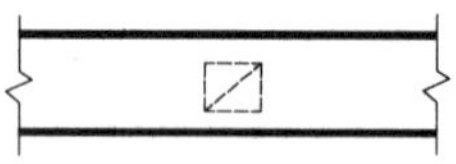	—
25	圆形风口	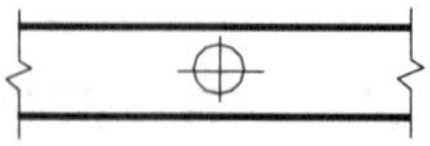	—
26	侧面风口	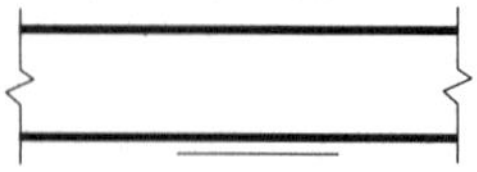	—

续表

序号	名称	图 例	备 注
27	防雨百叶	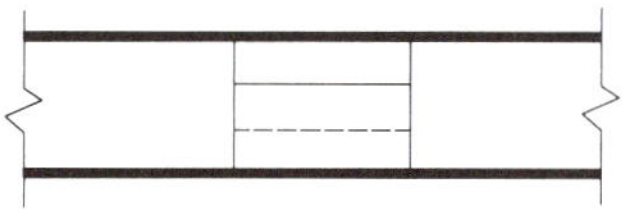	—
28	检修门	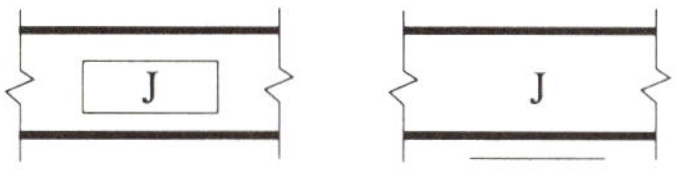	—
29	气流方向		左为通用表示法，中表示送风，右表示回风
30	远程手控盒	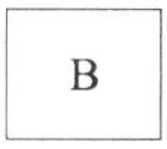	防排烟用
31	防雨罩		—

表 1-8 防烟、防火阀功能（1）

阀体中文名称	阀体代号	防烟、防火阀功能代号										
		1	2	3	4	5	6[*1]	7[*2]	8[*2]	9	10	11[*3]
		功 能										
		防烟防火	风阀	风量调节	阀体手动	远程手动	常闭	电动控制一次动作	电动控制反复动作	70 °C 自动关闭	280 °C 自动关闭	阀体动作反馈信号
70 °C 防烟防火阀	FD[*4]	√	√		√					√		
	FVD[*4]	√	√	√	√					√		
	FDS[*4]	√	√							√		√
	FDVS[*4]	√	√	√	√					√		√
	MED	√	√	√	√			√		√		√
	MEC	√	√		√		√	√		√		√
	MEE	√	√	√	√				√	√		√
	BED	√	√	√	√	√		√		√		√
	BEC	√	√		√	√	√	√		√		√
	BEE	√	√	√	√				√	√		√

表 1-9 防烟、防火阀功能（2）

阀体中文名称	阀体代号	防烟、防火阀功能代号										
		1	2	3	4	5	6[*1]	7[*2]	8[*2]	9	10	11[*3]
		功能										
		防烟防火	风阀	风量调节	阀体手动	远程手动	常闭	电动控制一次动作	电动控制反复动作	70 °C 自动关闭	280 °C 自动关闭	阀体动作反馈信号
		√	√		√						√	
	FVDH	√	√	√	√						√	
	FDSH	√	√		√						√	√
	FVSH	√	√	√	√						√	√
	MECH	√	√		√		√	√			√	√
	MEEH	√	√	√	√				√		√	√
	BECH	√	√		√	√	√	√			√	√
	BEEH	√	√	√	√	√			√		√	√
板式排烟口	PS	√			√	√	√	√			√	√
多叶排烟口	GS	√			√	√	√	√			√	√
多叶送风口	GP	√			√	√	√	√		√		√
防火风口	GF	√			√					√		

注：① 除表中注明外，其余均为常开型，且所用阀体在动作后均可手动复位。
② 消防电源（24 V DC），由消防中心控制。
③ 阀体需要符合信号反馈要求的接点。
④ 若仅用于厨房烧煮区平时排风系统，其动作装置的工作温度应当由 70 °C 改为 150 °C。

风口和附件的代号见表 1-10。

表 1-10 风口和附件代号

序号	代号	名称	备注
1	AV	单层格栅风口，叶片垂直	
2	AH	单层格栅风口，叶片水平	
3	BV	双层格栅风口，前组叶片垂直	
4	BH	双层格栅风口，前组叶片水平	

序号	代号	名　称	备　注
5	C*	矩形散流器，*为出风口数量	
6	DF	圆形平面散流器	
7	DS	圆形凸面散流器	
8	DP	圆盘形散流器	
9	DX*	圆形斜片散流器，*为出风面数量	
10	DH	圆环形散流器	
11	E*	条缝形风口，*为条缝数	
12	F*	细叶形斜出风散流器，*为出风面数量	
13	FH	门铰形细叶回风口	
14	G	扁叶形直出风散流器	
15	H	百叶回风口	
16	HH	门铰形百叶回风口	
17	J	喷口	
18	SD	旋流风口	
19	K	蛋格形风口	
20	KH	门铰蛋格式回风口	
21	L	花板回风口	
22	CB	自垂百叶	
23	N	防结露送风口	冠于所用类型风口代号前
24	T	低温送风口	冠于所用类型风口代号前
25	W	防雨百叶	
26	B	带风口风箱	
27	D	带风阀	
28	F	带过滤器	

（三）暖通空调设备的图例

暖通空调设备的图例宜按表 1-11 采用。

表 1-11　暖通空调设备图例

序号	名称	图例	备注
1	散热器及手动放气阀		左为平面图画法，中为剖面图画法，右为系统图、Y 轴测图画法
2	散热器及控制阀	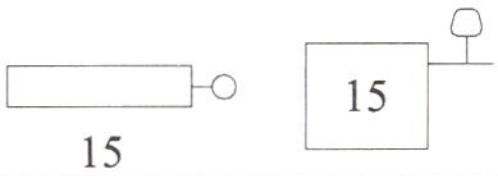	左为平面图画法，右为剖面图画法

续表

序号	名称	图例	备注
3	轴流风机	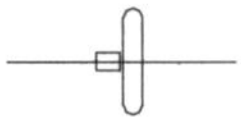	
4	轴（混）流式管道风机	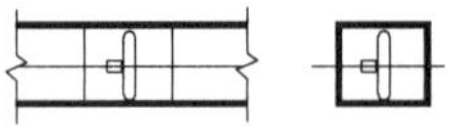	
5	离心式管道风机	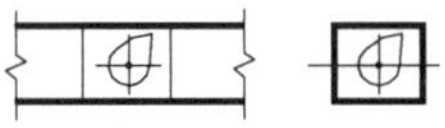	
6	吊顶式排气扇		
7	水泵	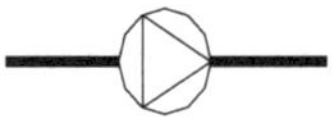	
8	手摇泵	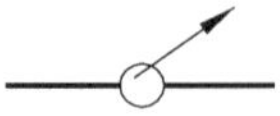	
9	变风量末端	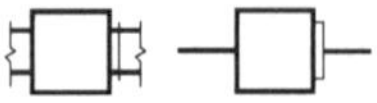	
10	空调机组加热、冷却盘管		从左到右分别为加热、冷却及双功能盘管
11	空气过滤器		从左到右分别为粗效、中效及高效
12	挡水板		
13	加湿器		
14	电加热器		
15	板式换热器	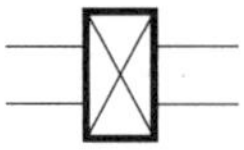	
16	立式明装风机盘管		
17	立式暗装风机盘管		
18	卧式明装风机盘管	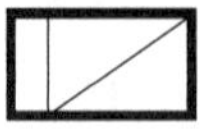	
19	卧式暗装风机盘管	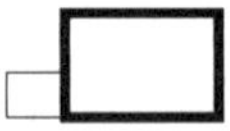	

续表

序号	名称	图例	备注
20	窗式空调器	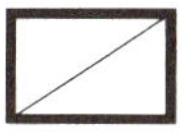	
21	分体空调器	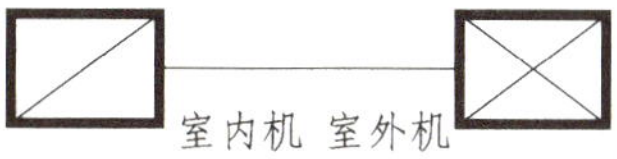	
22	射流诱导风机	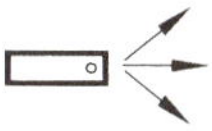	
23	减振器		左为平面图画法，右为剖面图画法

（四）调控装置及仪表

调控装置及仪表的图例宜按表 1-12 采用。

表 1-12　调控装置及仪表图例

序号	名称	图例
1	温度传感器	T
2	湿度传感器	H
3	压力传感器	P
4	压差传感器	ΔP
5	流量传感器	F
6	烟感器	S
7	流量开关	FS
8	控制器	C
9	吸顶式温度感应器	
10	温度计	
11	压力表	
12	流量计	

续表

序号	名称	图例
13	能量计	
14	弹簧执行机构	
15	重力执行机构	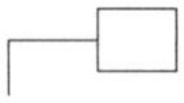
16	记录仪	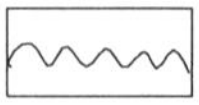
17	电磁（双位）执行机构	
18	电动（双位）执行机构	
19	电动（调节）执行机构	
20	气动执行机构	
21	浮力执行机构	
22	数字输入量	DI
23	数字输出量	DO
24	模拟输入量	AI
25	模拟输出量	AO

注：各种执行机构可与风阀、水阀组合表示相应功能的控制阀门。

任务小结

本任务主要目的是熟悉制图标准与规范，能够将标准规范与自己接触的工程图纸各要素进行有机的结合来识读工程图纸内容。

任务 2 识读典型施工图

任务目标

能够根据读图方法快速掌握系统组成与工作原理。

案例引入

以广州某地铁站空调与通风施工图为例进行识读。

案例分析

空调与通风系统工程图识读需要识图人员已掌握空调专业知识和制图标准，掌握了图纸基本要素。识图人员过程中，识图人员根据识图方法原理，分析图纸、理解图纸，充分发挥形状思维和空间想象能力，根据图面内容，在脑海中将二维图形转换成三维立体空间实体。

知识链接

一、空调通风施工图的特点

空调与通风系统工程图有自身的特点，了解其特点，有助于我们对图纸的认知，识图会更容易。主要特点如下：

（一）图例符号性

工程图中的图形不反映实物的具体形状与结构，按国家专业制图标准中统一符号来表示。因此，读图者需掌握相关图例符号代表的含义。

（二）循环管路相对独立

在空调与通风工程图中，制冷循环、空气循环和水循环系统均相对独立，又有机结合成整体系统。有些工程图将风系统和水系统绘制在同一平、剖面中，有些设计图将其分开绘制。因此，识读图纸时应分开阅读，又要互相补充，综合理解。

（三）循环的完整性

空调与通风系统，无论风、水系统，都可以称为循环，通过风、水管路与设备相连。例如冷冻水系统循环，如图 1-26 所示。

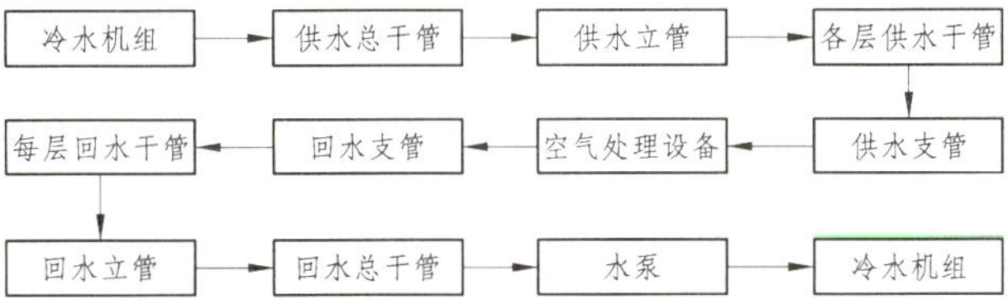

图 1-26　冷冻水循环系统

风系统的环路也可以描述成如图 1-27 所示。

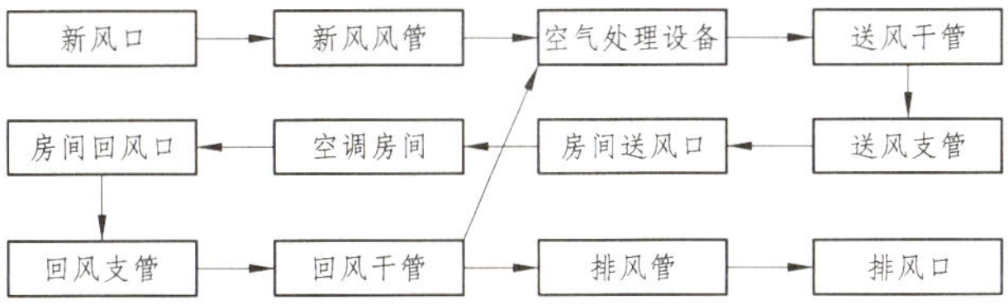

图 1-27　风管系统图

对于风管系统，可以从空气处理设备开始阅读，逆风流动方向看到新风口，顺风方向看至房间，再至回风干管、空气处理设备，一部分进空气处理设备，另一部分排至室外。当然也可以以房间为中心，研究风的来源与去向。

（四）系统的复杂性

空调与通风系统中的主要设备，如冷水机组、空气处理设备等，安装位置需与建筑协调。建筑内部的风、水管系统在空间上纵横交错，在同一平面表达中，管道重叠、交叉非常多，因此，读图必须全面通读平面图、剖面和详图以及轴测图，才可以对系统有全面了解。

（五）与建筑专业的密切相关性

因为空调与通风系统依托于具体的建筑物，要读懂空调与通风系统的图纸，必须对建筑物有所了解，才能掌握空调与通风设备、管线、配件的安装定位。

二、空调与通风施工图的识图方法

各种图样是由线型与符号组成。首先要记住图纸上所用的线型与符号所代表的含义，其次根据线型与符号判断图纸各要素之间的相互关系；掌握视图的投影规则，结合多个视图进行阅读和分析，才可准确构建出建筑或构筑物的三维立体形象；分析视图中的虚实线的变化，从而掌握图形表达中的层次关系。

具体读图时，应首先对照图纸目录，检查图纸是否完整。每张图纸的名称是否与图纸目录的图名相同，确定无误后再正式读图。通常首先看设计说明书，然后对整套图样粗略过一遍，在头脑中有一个整体的轮廓，再按顺序读平面图、剖面图、系统图、详图等。在读图时也可以对图样交叉识读，如读平面图时可参照系统图及其他图，如有不懂的地方，可不必纠结，先放下，往下继续读图。有时一张图看不懂，看到后面再返回来会有恍然大悟之感。当然必须勤快地查阅有关资料，不能马马虎虎，似懂非懂。有些工程图由于种种原因会出现一些错误，在读图时要将专业知识融入，一般明显的错误容易找，也有一些隐藏的错误需要依靠读图人员的知识背景和经验。作为新人，读图时要养成查阅资料的习惯，也可请教同行。

一般识图方法与步骤：

（1）掌握图形中的图例含义；

（2）看标题栏，掌握图形的内容，

（3）从平面图开始，分析图纸内容，初步了解图上的设备管道等构成情况及相互关系；

（4）结合立面图、侧立面图、剖面图，分析平面图中无法表达的内容；

（5）综合所有视图上的内容，在头脑中建构出比较复杂的空间物体或系统的结构和形象。

三、典型地铁空调与通风系统施工图构成

典型地铁空调与通风系统工程图一般由两大部分组成：文字部分和图形部分。文字部分包括图纸目录、图例、设计施工说明、设备及主要材料表等；图形部分包括基本图和详图。其中基本图包括空调与通风系统的风平面图、水平面图、剖面图、原理图、轴测图等；详图包括系统中某局部或某构件的放大图、加工图、施工图等，详图采用国家颁布的标准图集中的图纸需要附加说明。

（一）文字部分

详见二维码内容。

施工图文字部分　　图例　　总平面图

（二）图纸部分

图纸部分主要包括平面图、剖面图、系统图、详图等。其中平面图包括建筑物各层空调与通风系统平面图、空调机房平面图、制冷机房平面图等。有时各层空调与通风系统平面图包含本层空调机房平面图，无须另外单列，如何划分是根据具体项目由设计者来编排。

1．空调与通风系统平面图

空调与通风系统平面图主要说明空调系统的设备、风管布置、冷热水管道布置、凝结水管道布置等内容。可参考二维码数字资源。

风平面图　　水平面图

（1）风系统：风管一般用双线绘出，包括风管系统构成、布置及风管上各部件、设备的位置，并且注明系统编号、送回风的空气流动方向。

（2）水系统：水管一般用单线绘出，包括冷热水管道、凝结水管道的构成、布置及水管上各部件、设备的位置，并注明冷热水管内水流方向、坡度等。

（3）空气处理设备：主要是设备轮廓及位置。

（4）尺寸标注：各种管道、设备、部件的尺寸大小、定位及设备的基础尺寸；各设备、部件的名称、型号、规格。有些图纸用编号表示，单列编号表达设备、部件具体型号规格。

2．空调机房平面图

空调机房平面图如图 1-28 所示，内容如下：

（1）空气处理设备：在空调机房平面图注明标准图集或产品样本要求采用的空调器或空调器组合段代号，组合式空调器内风机、加热段、表冷器、加湿器等设备的型号、数量，以及该空气处理设备的定位尺寸。

（2）风管系统：用双线表示，包括与空调箱相连接的送风管、回风管、新风管。

（3）水管系统：用单线表示，包括与空调箱相连接的冷热水管道、凝结水管道。

（4）尺寸标注：指机房各设备、管道、部件的尺寸大小、定位尺寸，还有消声设备、柔性软接、防火阀、调节阀的位置尺寸。

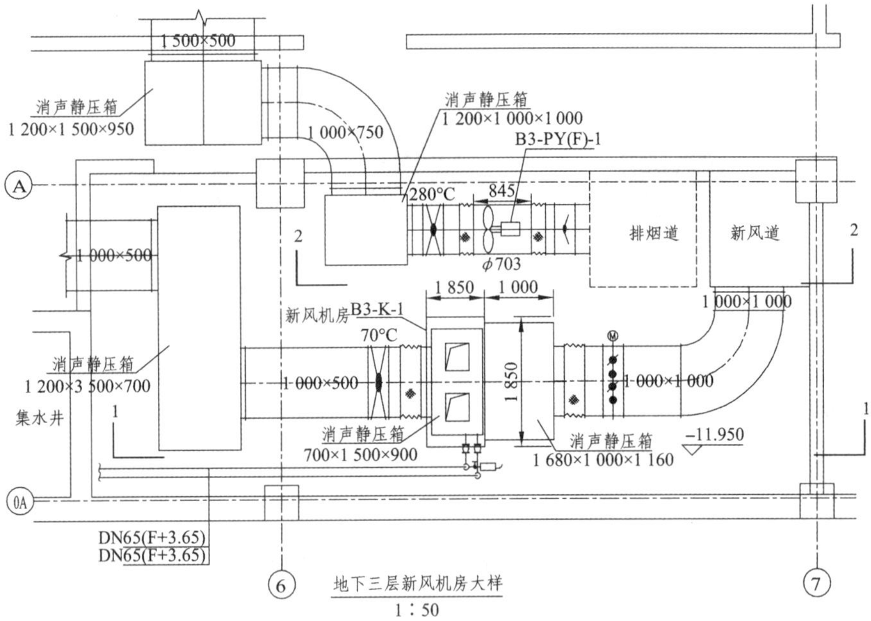

图 1-28　某空调机房平面大样图

3．制冷机房平面图

制冷机房与空调机房是两个不同的概念，制冷机房内的制冷主机为空调机房内的空气处理设备提供冷媒或热媒，即空调机房中的空气处理设备连接的冷热水管就是来自制冷机房中的主机设备，冷媒来自主机的蒸发器，热媒来自机房的制热设备（如锅炉）。经空气处理设备的热交换后，冷热媒又会回到制冷机房，不断循环。制冷机房的平面图主要包括制冷机组型号和台数、锅炉、冷冻水泵、冷却水泵的型号和台数、机房冷（热）媒管道的布置、机房设备、管路上的配件（过滤器、阀门等）的尺寸大小和定位尺寸，如图 1-29 所示。

4．剖面图

剖面图与平面图相呼应，平面图上无法表达的一般用剖面图来表达。与平面图对应，有风系统剖面图、空调机房剖面图、制冷机房剖面图等。剖切的位置在平面图上以剖切符号标识。一般剖面图会标注设备、管道、配件的标高，可参看本项目相关内容，如图 1-30 所示。

剖面与详图　　原理图　　水系统图　　风系统图

5．系统图

系统图可采用轴测图绘制，作用是表达系统的构成、走向、尺寸和型号规格。具体来讲，系统的轴测图上应包括系统中的设备、配件的型号、尺寸、定位、数量以及连接于各设备之间的管道在空间上的弯曲、交叉、走向、尺寸、定位等。一般风系统采用轴测图比较多。空调系统的水系统，在不引起歧义的情况下，一般用系统原理图代替系统轴测图，如图 1-31 所示。

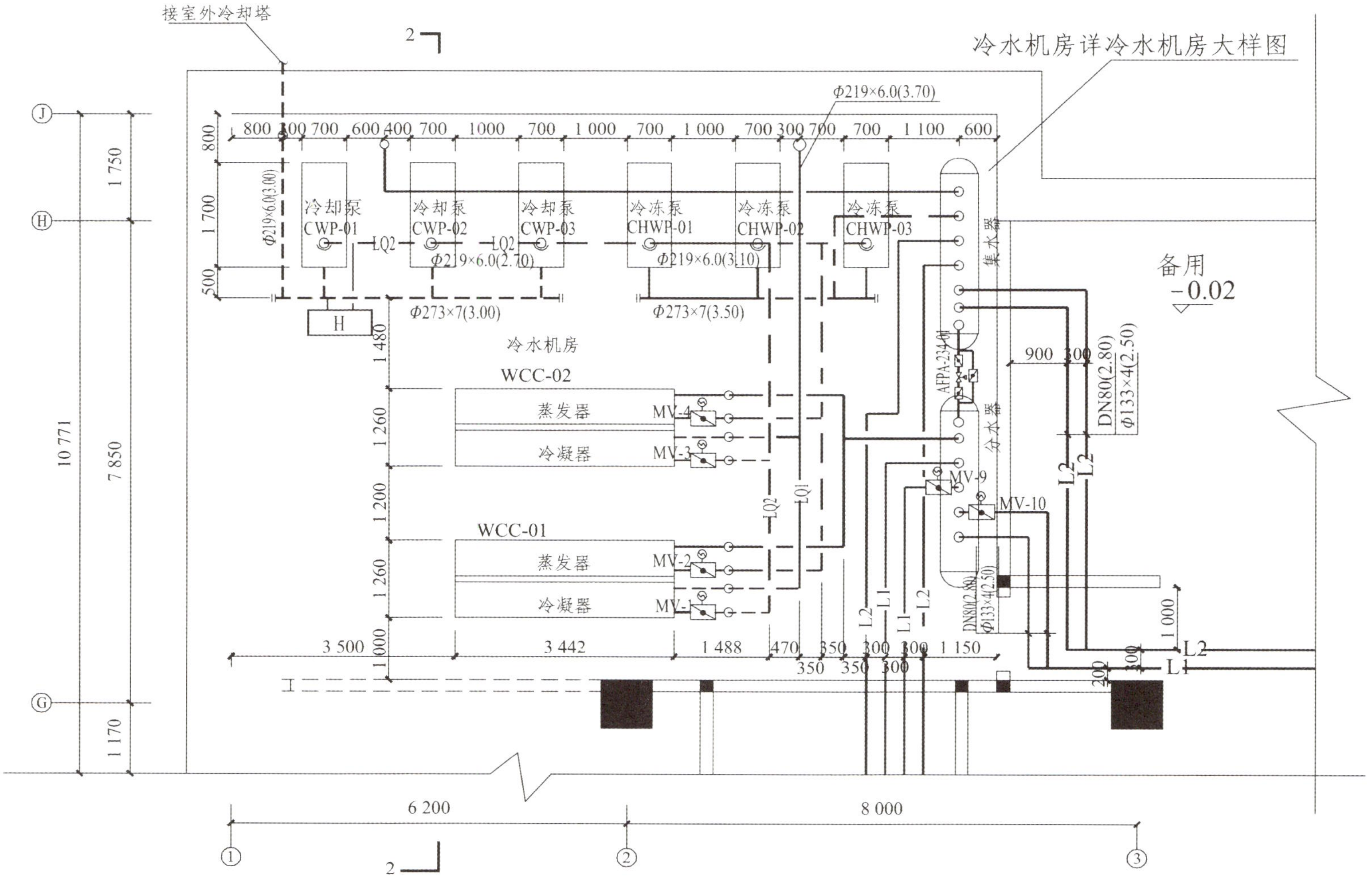

图 1-29　某地铁工程 A 端制冷机房平面图（局部）

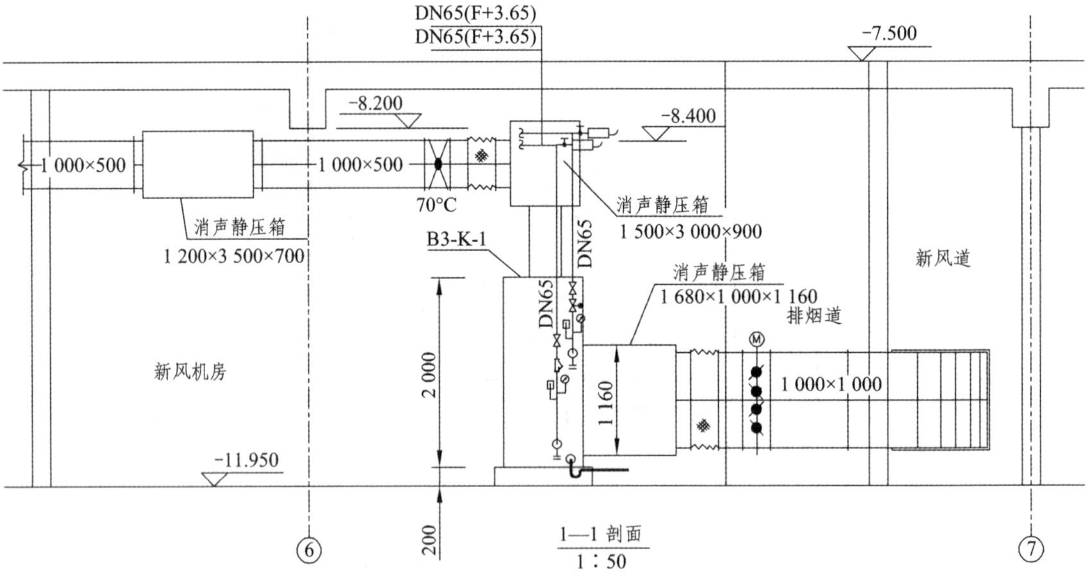

（a）

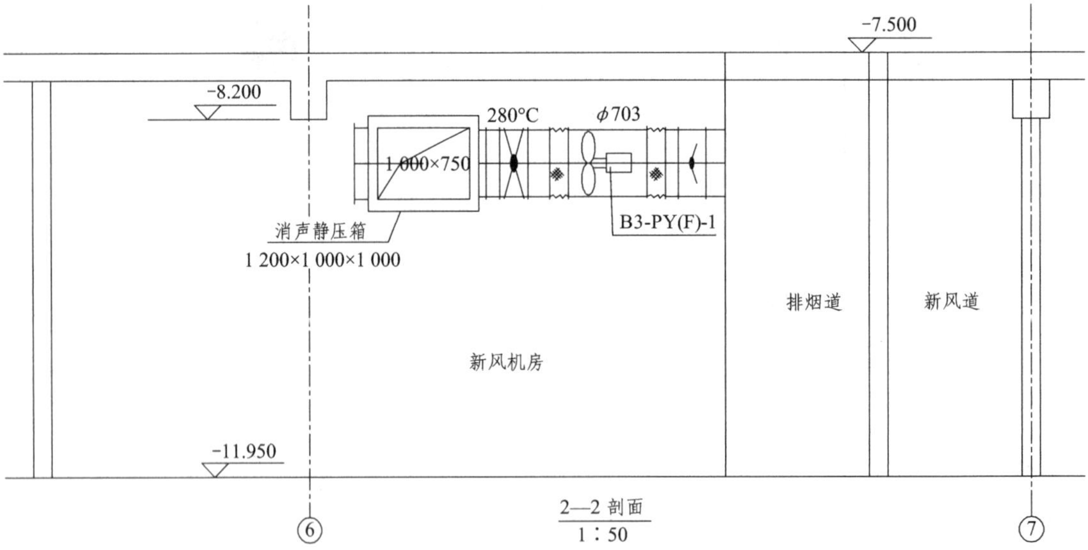

（b）

图 1-30　某空调机房剖面图

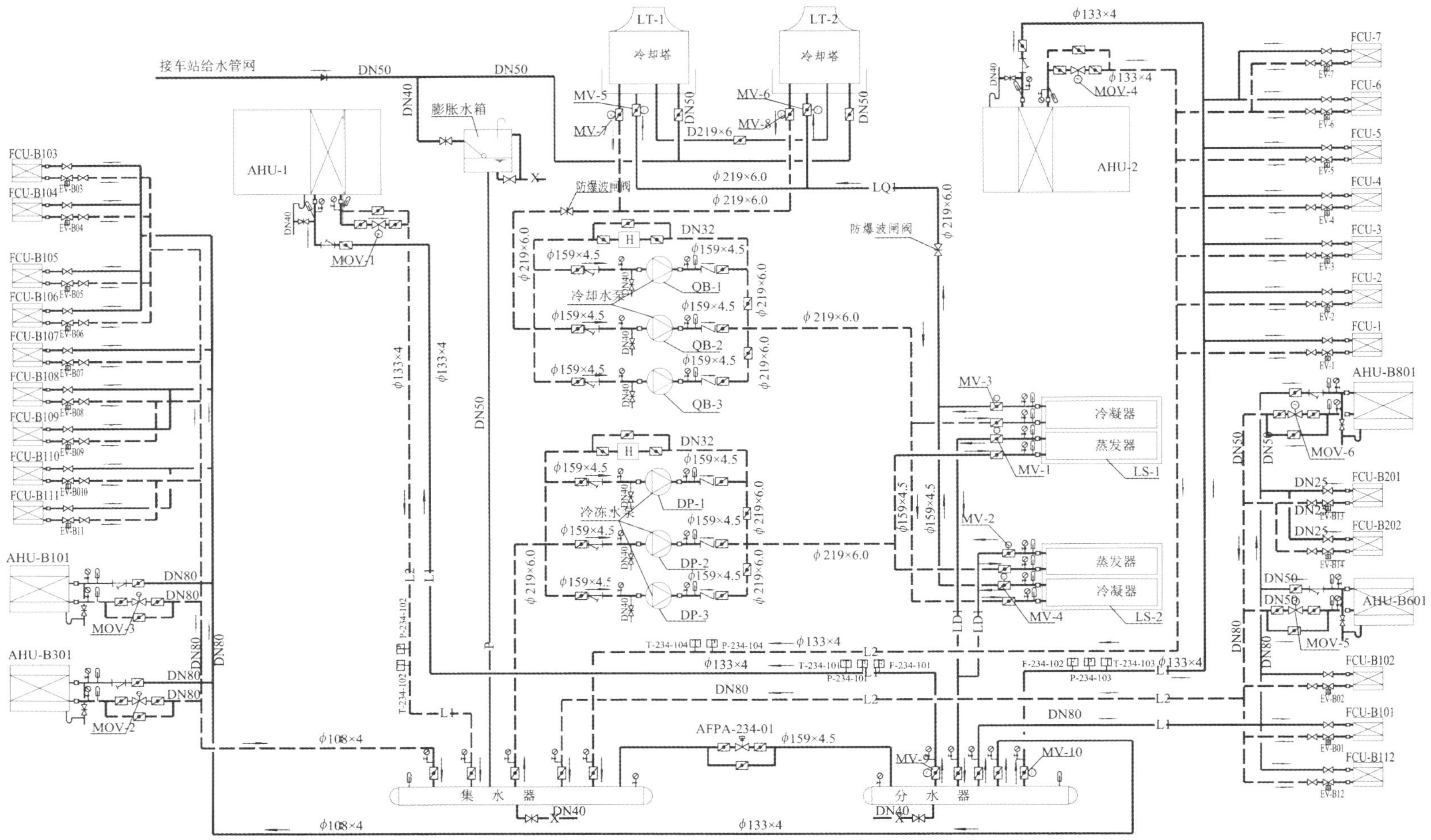

图 1-31　某地铁车站空调与通风水系统原理图

6. 详图

空调与通风系统施工图的详图比较多，有设备安装详图、管道安装详图、设备和部件的结构详图等，部分详图可以参照标准图集选用，如空气处理设备接管详图（见图 1-32）、风机盘管接管详图（见图 1-33）。详图是对图纸关键节点的详细表达。

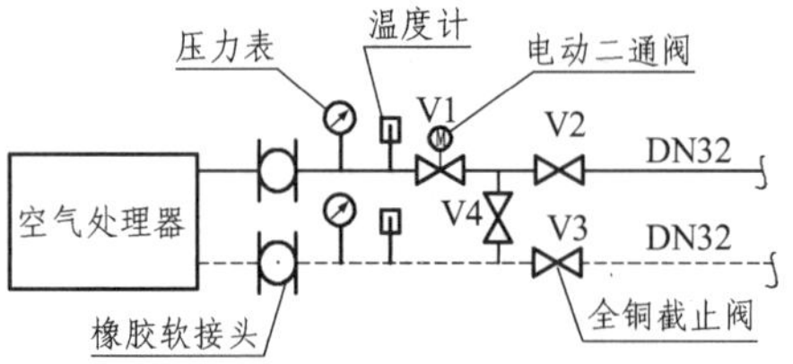

图 1-32　空气处理设备接管详图

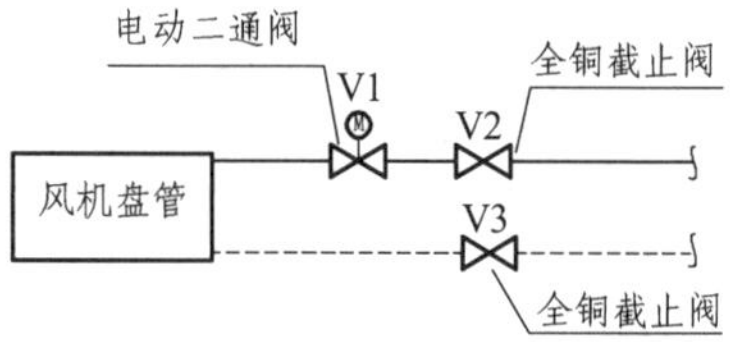

图 1-33　风机盘管接管详图

以上是空调与通风系统施工图的主要组成部分。使用者通过阅读图纸，完整、全面、准确地理解设计者的意图，了解施工者的施工和安装过程。运行管理者也可以获取维护、维修保养的理论依据。

任务实施

1. 任务准备

（1）实训设备：个人计算机；
（2）实训工具：比例尺、直尺、铅笔等；
（3）实训资料：教材、广州某地铁工程图纸（见二维码数字资源）；
（4）辅助材料：纸张。

2. 实施步骤

（1）实训任务分组；
（2）文字部分识读；
（3）图形部分识读；
（4）总结汇报。

3. 实训报告

结束任务后，根据实训内容编制实训报告（格式见附录 E），并提交给指导老师批阅。

任务小结

学生通过本任务学习，熟悉制图标准与规范，掌握识图方法，并通过具体工程图识读实训，掌握工程图纸具体内容，为接下来的学习打下基础。

思考题

1. 试述空调通风施工图组成。
2. 试述空调通风施工图识图方法与步骤。
3. 试述空调通风施工图的特点。
4. 对某典型通风空调施工图进行识读，能够熟练掌握图样表达的含义。

项目 2

地铁车站空调与通风系统认知

【项目导读】

<table>
<tr><td colspan="2">学习任务</td><td>地铁车站空调与通风系统认知</td></tr>
<tr><td colspan="2">建议学时</td><td>12 学时+1 周课内实训</td></tr>
<tr><td colspan="2">学习内容</td><td>（1）地铁车站空调与通风系统分类；
（2）地铁车站空调与通风系统组成；
（3）地铁车站空调与通风系统原理；
（4）地铁车站空调与通风系统模块化分解</td></tr>
<tr><td rowspan="3">目标</td><td>知识目标</td><td>（1）了解车站空调与通风系统在地铁中的作用；
（2）掌握地铁车站空调与通风系统的分类；
（3）掌握地铁车站空调与通风系统的组成；
（4）掌握地铁车站空调与通风系统工作原理；
（5）掌握地铁空调与通风系统各组成模块及其有机联系</td></tr>
<tr><td>能力目标</td><td>（1）能理解车站空调与通风系统在地铁中的作用；
（2）能根据不同地铁建筑分析采用何种系统形式；
（3）能熟练描述或分析系统的工作原理；
（4）能完全认知系统各组成部分；
（5）能完全掌握各组成部分之间的联系逻辑</td></tr>
<tr><td>素质目标</td><td>（1）具有严谨认真、实事求是的科学工作态度；
（2）能自主学习新知识、新技能；
（3）具有高度的职业责任心和安全意识，遵章守纪、规范操作；
（4）具有团队协作意识、服务意识及协调、沟通、交流能力；
（5）具有较强信息搜集能力，学会查找相关国家标准</td></tr>
<tr><td colspan="2">教学手段与方法</td><td>多媒体教学，并结合实际案例进行讲解、分析和实训练习</td></tr>
</table>

现代地铁运行的环境处于地面以下，要营造一个舒适环境，必然要考虑用人工方法来解决环境问题。地铁的舒适环境的营造依赖于中央空调系统、通风系统、防排烟系统，因此有些学者将以上系统统称为地铁环境控制系统，简称环控系统，本书统一采用空调与通风系统（涵盖防排烟系统）的说法。

地铁空调与通风系统的主要作用是对地铁的环境空气进行处理，在地铁正常运行期间为乘客提供良好的乘车环境，并为工作人员提供必要的安全、卫生、舒适的环境条件；同时对车站各种设备和管理用房按工艺和功能要求提供满足要求的环境条件；为列车和设备的运行提供良好的工作条件；当地铁发生火灾毒气事件时，系统能提供新鲜空气，及时排除有害气体，为人员撤离事故现场创造条件。

地铁空调与通风系统必须满足以下基本要求：

（1）列车正常运行时，系统保证地铁内部空气环境在规定的标准范围内；

（2）列车阻塞在区间隧道时，系统能确保隧道内空气流通；

（3）列车在区间隧道发生火灾事故时，具备防灾、排烟、通风功能；

（4）车站内发生火灾事故时，具备防灾、排烟、通风功能。

任务 1 分析地铁车站空调与通风系统原理

任务目标

了解地铁车站空调与通风系统的分类和组成，通过分析地铁车站空调与通风原理图，达到理解地铁车站空调与通风系统运行原理的目的。

案例引入

屏蔽门系统和非屏蔽门系统是如何运行的？如果地铁发生火灾，系统该如何处理？

案例分析

地铁是较为特殊的建筑系统，一般由车站和区间隧道组成。车站又由站厅层、站台层及站台板下层三部分组成，从功能上车站又可分为车站公共区和设备管理用房两部分。因此，地铁建筑具有面积大、空间广、区域应用功能复杂、区域间无隔断、人员流动性大等特点，不同的建筑功能区域有多种发热源，如人体散热、站场设备散热、列车散热、外界空气带入热量等，负荷常处于较快变化状态；空气中的粉尘、有害物质及人员呼出的 CO_2 必须进行过滤和排放；在火灾等特殊紧急情况需及时提供通风排烟。地铁空调与通风系统可以实现以上功能。

知识链接

地铁空调与通风系统按车站建筑型式分为地面高架车站系统、地面车站系统和地下车站系统3种系统形式。按环境控制对象可分为地面车站（含地面高架车站）系统、地下车站系统、地下区间隧道系统、主变电站和牵引变电站系统等。其中地下车站空调与通风系统又分为屏蔽门系统和非屏蔽门系统。非屏蔽门系统按地铁系统与地面通风风道的连接方式，又分为闭式系统和开式系统。

屏蔽门系统是在站台与区间隧道之间设置完全隔断、可以移动的屏蔽门，列车停站时屏蔽门与列车门一一对应打开，列车出站时屏蔽门关闭。这一物理屏障将巨大的列车产热拒之于车站之外，站内采用空调制冷系统，保证站内温度符合标准，而区间隧道则利用列车运行活塞风，通过风井与室外进行通风换气，满足区间通风要求。采用这种系统制式的有上海 1号、8号、9号、10号线工程及深圳地铁一期工程等。

非屏蔽门系统是指在物理结构上地铁车站与区间隧道相连通的系统。非屏蔽门系统主要采用闭式系统，即夏季空调季节时，整个地下区间及车站除两端隧道洞口、车站出入口和空调小新风外，地下车站及区间基本与外界相隔绝的一种空调通风方式。闭式系统可根据全年气温变化，转为开式系统运行。

一、城市轨道交通空调与通风系统组成

城市轨道交通空调与通风系统主要由以下子系统组成：隧道通风系统（包括区间隧道通风系统、车站隧道通风系统、隧道洞口射流风机系统、地下配线通风系统）、车站空调与通风系统、空调供冷系统、多联空调系统、局部空调与通风系统等；按照地铁内部与外界大气的连通方式，可分为开式系统和闭式系统；闭式系统通过风阀的开关，可进行开/闭式运行。在闭式系统的基础上，站台设置一道全封闭的站台门（屏蔽门），将车站内部空气与区间隧道相对隔离开来，衍生出屏蔽门式系统。我国长江流域及其以南地区的地下铁道通风系统，普遍采用屏蔽门式系统。

其中，地下车站的站厅、站台公共区域的空调与通风系统称为车站通风空调大系统；车站设备和辅助管理用房空调与通风系统（包括防排烟系统）、主变电所和牵引变电所空调与通风系统称为车站通风空调小系统。地面车站和高架车站公共区域由于散热散湿条件好，通常其站厅、站台公共区域无须设置通风空调大系统，只设有通风空调小系统。其他还有空调制冷循环水系统、隧洞口空气幕系统、折返线通风系统等。

（一）屏蔽门式空调与通风系统的组成

典型屏蔽门式空调与通风系统由车站空调与通风系统和隧道通风系统两部分组成，见表2-1。

表2-1　典型屏蔽门式空调与通风系统的组成

车站空调与通风系统	车站公共区空调与通风系统（兼排烟） 车站设备及管理用房空调与通风系统（兼排烟） 空调供冷系统
区间隧道通风系统	区间隧道活塞风系统 区间机械通风系统（隧道风机和射流风机系统） 车站区间排热系统（UPE/OTE系统）

（二）非屏蔽门式闭式空调与通风系统的组成

典型闭式空调与通风系统由车站空调与通风系统和隧道通风系统两部分组成，见表 2-2。

表 2-2　典型闭式空调与通风系统的组成

车站空调与通风系统	车站公共区空调与通风系统（兼排烟） 车站设备及管理用房空调与通风系统（兼排烟） 空调供冷系统
隧道通风系统	区间隧道活塞风系统（含迂回风道） 区间隧道机械通风系统

（三）非屏蔽门式开式空调与通风系统的组成

列车行驶时的活塞作用与外界通风换气来控制内部热湿环境，排除余热、余湿，这种通风形式称为开式系统，可根据季节的变化需要转换开/闭式运行。

二、原理分析

地铁空调与通风系统一般以车站中心线为分界对称布局。图 2-1 所示为典型岛式车站的平面布局图。下面所列的典型车站空调与通风系统仅表示出车站单侧布置，对称部分未表示出。

为营造地铁舒适环境，必须将地下空间产生的热与湿排到环境中，从而维持地铁内部环境的温度、湿度、空气速度及空气洁净度。典型水冷式中央空调的换热过程如图 2-2 所示。地铁建筑物内的热量通过五个介质循环、四次热交换排放到室外去，从而实现建筑物内部的制冷。

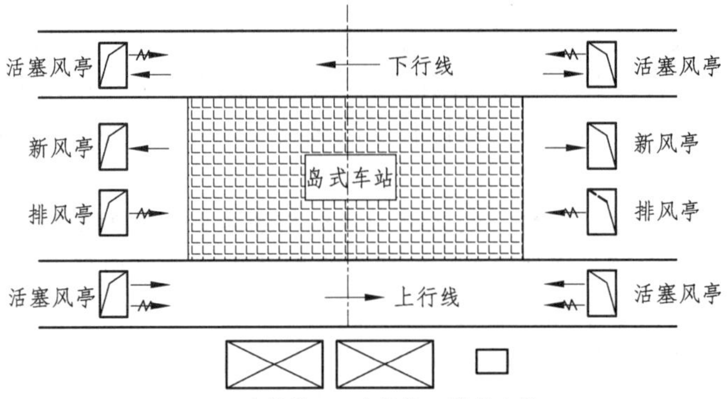

图 2-1　典型岛式车站平面布局图

典型地铁车站地面设施

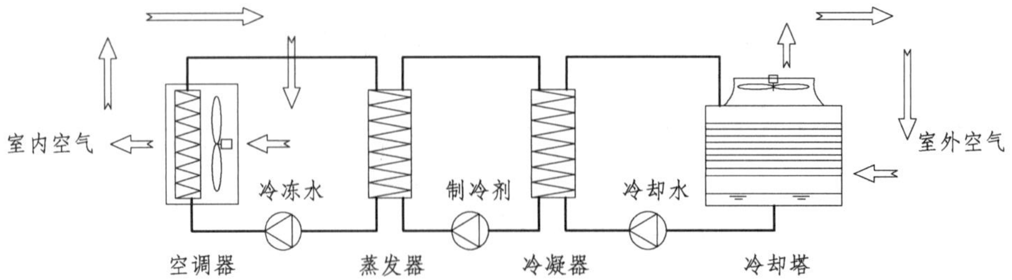

图 2-2　典型水冷式中央空调的换热过程

热量转移的途径如图 2-3 所示。

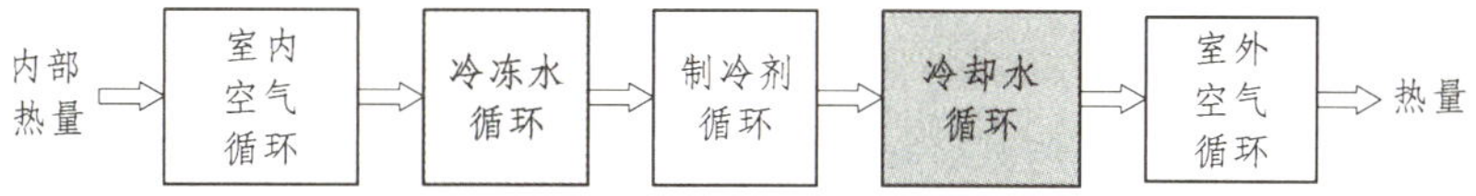

图 2-3　热量转移途径

在制冷过程中，热量转移与冷量转移是同时进行的，方向相反，如图 2-4 所示。

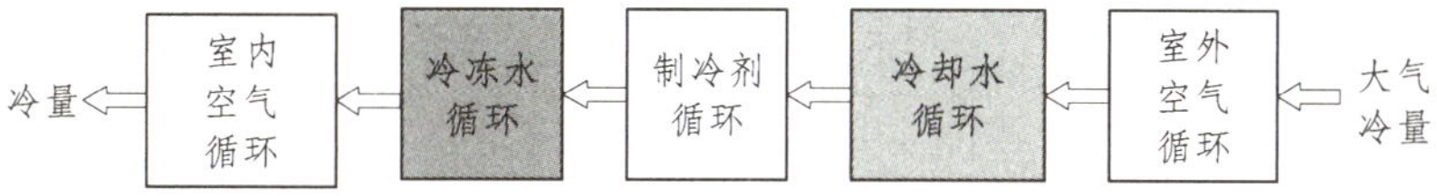

图 2-4　冷量转移途径

（一）供冷系统

空调冷源循环水系统原理如图 2-5 所示。典型独立车站冷源供水系统图如图 2-6 所示。

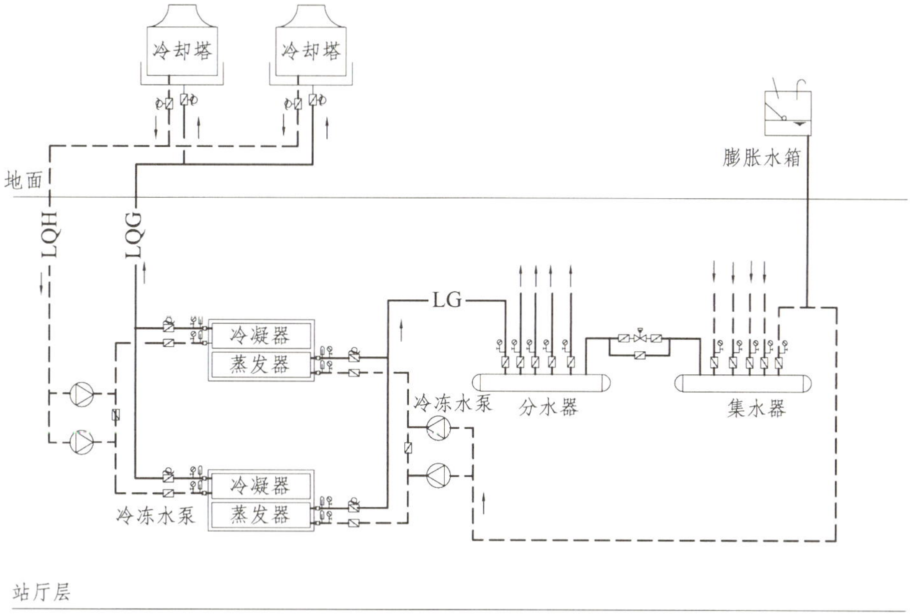

图 2-5　空调循环水系统原理图

水冷式中央空调系统　　中央空调系统虚拟场景

城市轨道交通车站的制冷系统主要有两种形式：独立车站供冷系统和集中供冷系统。

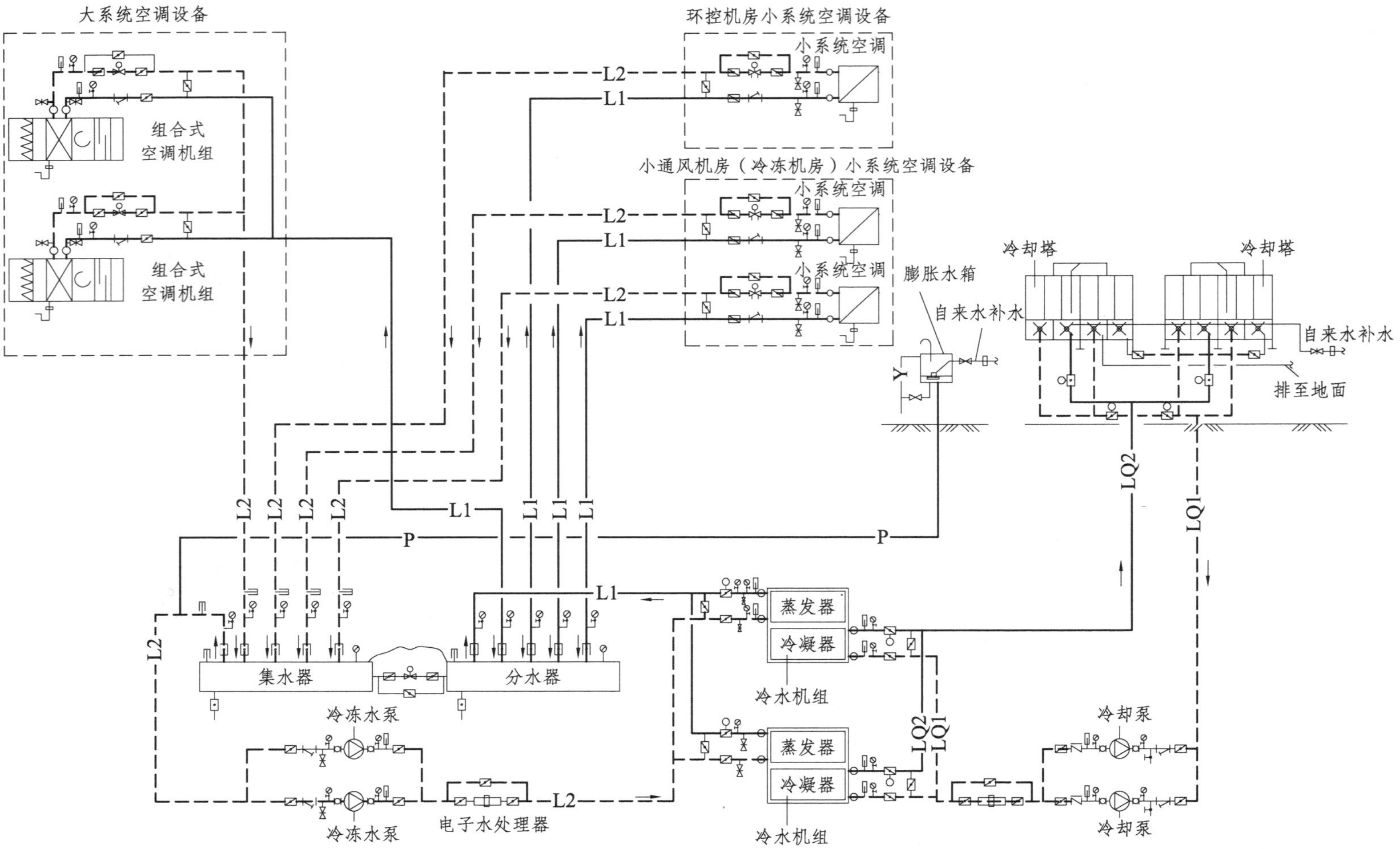

图 2-6　典型独立车站冷源供水系统图

1. 独立供冷系统

独立车站供冷系统是指每个车站内独立设置冷水机组，通过冷冻水泵将二次冷源供给车站大系统空调或车站小系统空调，空调末端采用大组合空调柜、小空调柜及风机盘管等设备。冷水机组、冷冻水泵、冷却水泵和冷却塔是一一对应的。制冷主机蒸发器制备 7 °C 冷冻水，经冷冻水泵、分水器及站内冷冻水管提供给车站大小系统组合式空调器、柜式空调器和风机盘管进行热交换，水温升至 12 °C，经站内冷冻水管及集水器回到冷水机组蒸发器，形成冷冻水循环。以广州地铁 1 号线某车站供冷系统为例，其系统设备配置和原理如图 2-7 所示。地下车站配置了两台 19XL 系列离心式冷水机组，大、小系统的冷水机组分开设置。运营时段内小系统的空调冷源由大系统冷水机组提供，非运营时段内由小系统的活塞式冷水机组提供。

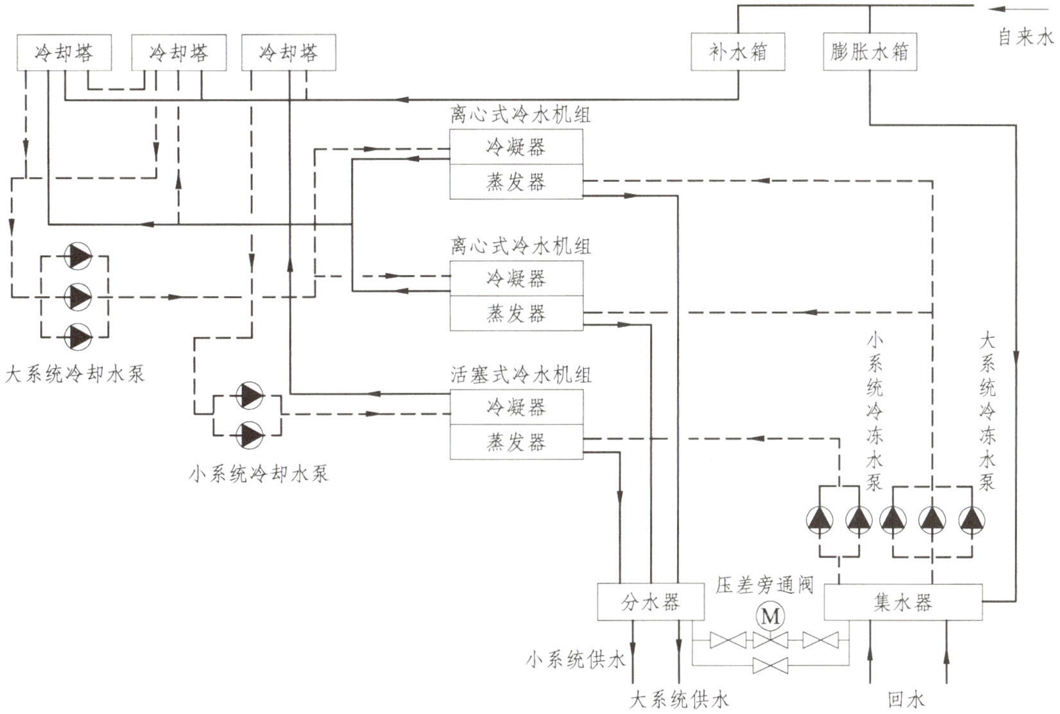

图 2-7 广州地铁 1 号线某车站独立供冷系统示意图

独立车站供冷控制原理　集中冷冻站供冷控制原理

2. 集中供冷系统

集中供冷是指将制冷机组、联动设备及其他辅助设备集中设置在集中冷冻站，通过室外管廊、地沟架空、区间隧道敷设冷冻水管，用二次水泵将冷冻站制备的冷冻水长距离输送到车站空调大系统末端，以满足多个车站所需的冷量，如图 2-8 所示。例如，广州地铁 2 号线全线有 4 个冷冻站，分别为北部冷冻站、海珠广场冷冻站、鹭江冷冻站、赤沙冷冻站，其中火车站至纪念堂的 3 个站是由北部冷冻站供冷，公园前至江南西的 4 个站是由海珠广场冷冻站供冷，晓港至赤岗的 5 个站是由鹭江冷冻站供冷，磨碟沙至琶洲的 3 个站是由赤沙冷冻站供冷。

冷冻站制冷机房内布置了 3 台水冷式冷水机组及相应的冷冻水一次泵、冷冻水二次泵、冷却水泵，同时配用冷却塔。冷却塔布置在冷冻站屋顶或相关建筑上面。

制冷主机蒸发器制备 7 °C 冷冻水，经冷冻水一次泵、分水器、冷冻水二次泵、分水器、站内及区间冷冻水管提供车站相关空调器进行热交换，水温度升至 12 ~ 17 °C，经站内及区间冷冻水管、集水器回到冷水机组蒸发器，形成冷冻水循环。

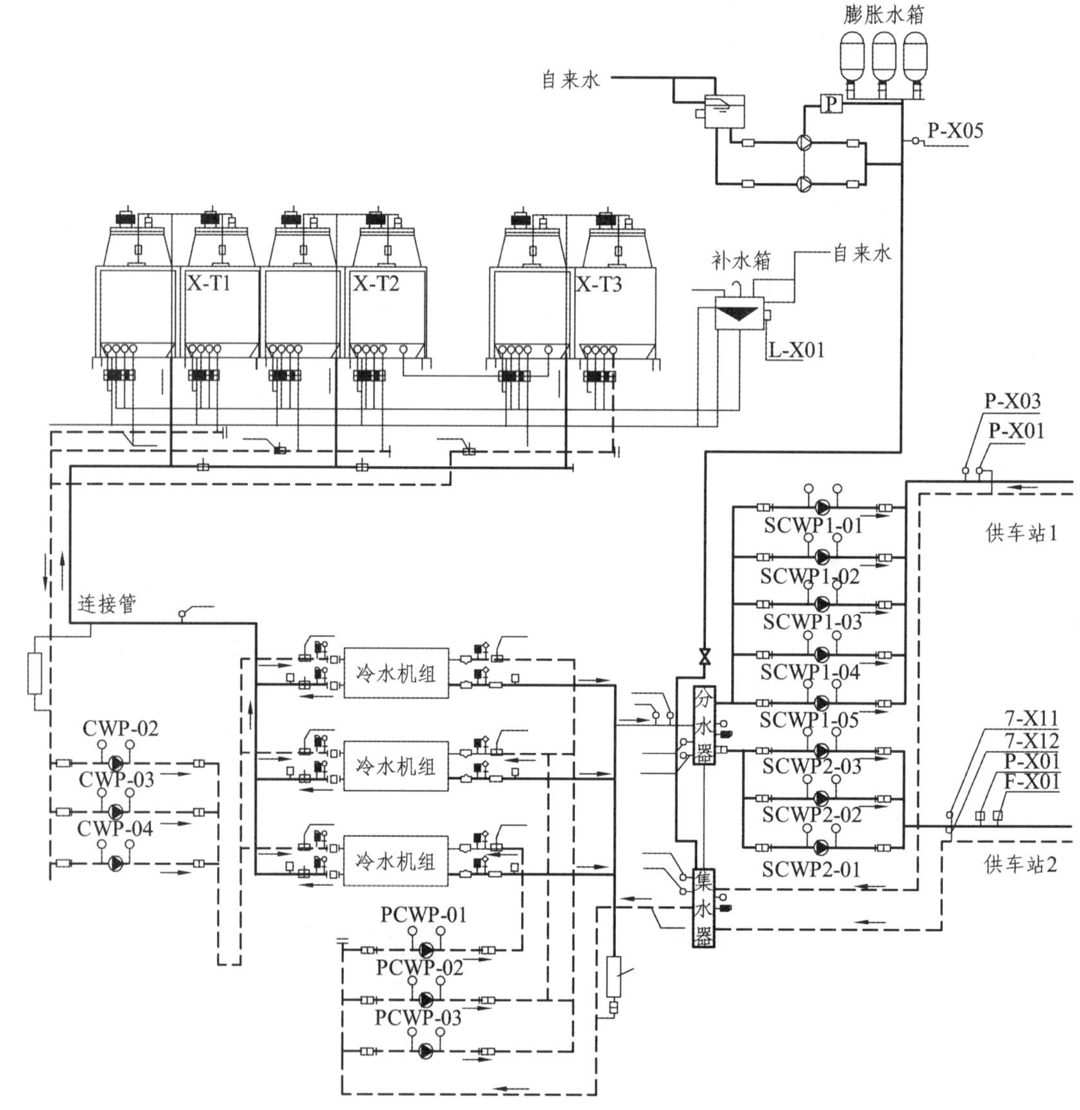

图 2-8　集中供冷系统示意图

（二）公共区与管理用房空调与通风系统

按照是否设置屏蔽门，空调与通风系统的设置是不同的。图 2-9 所示为不设屏蔽门的典型车站空调与通风系统原理图，图 2-10 所示为设置屏蔽门的典型车站空调与通风系统原理图。

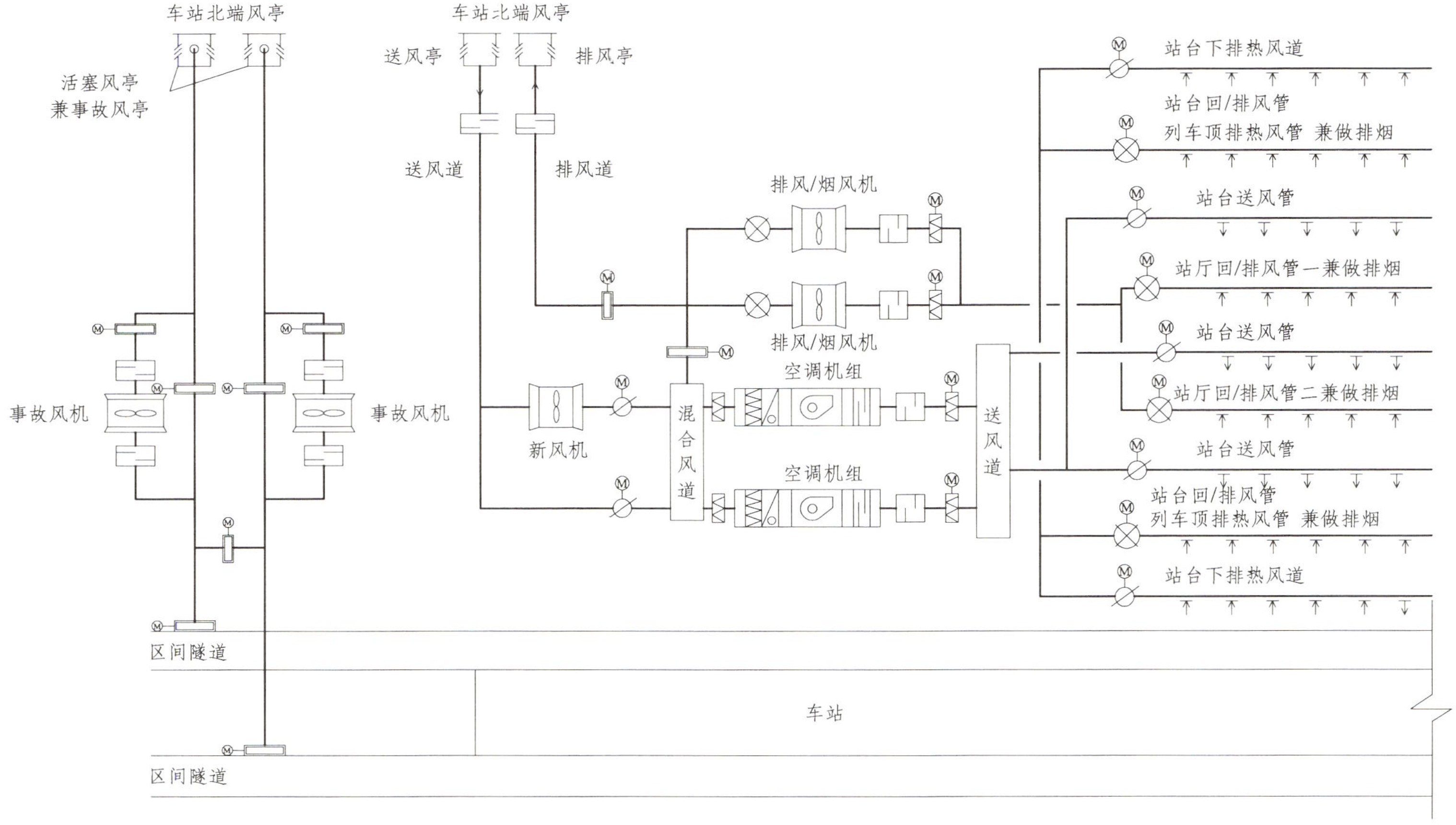

图 2-9 典型车站空调与通风系统原理图（非屏蔽门系统）

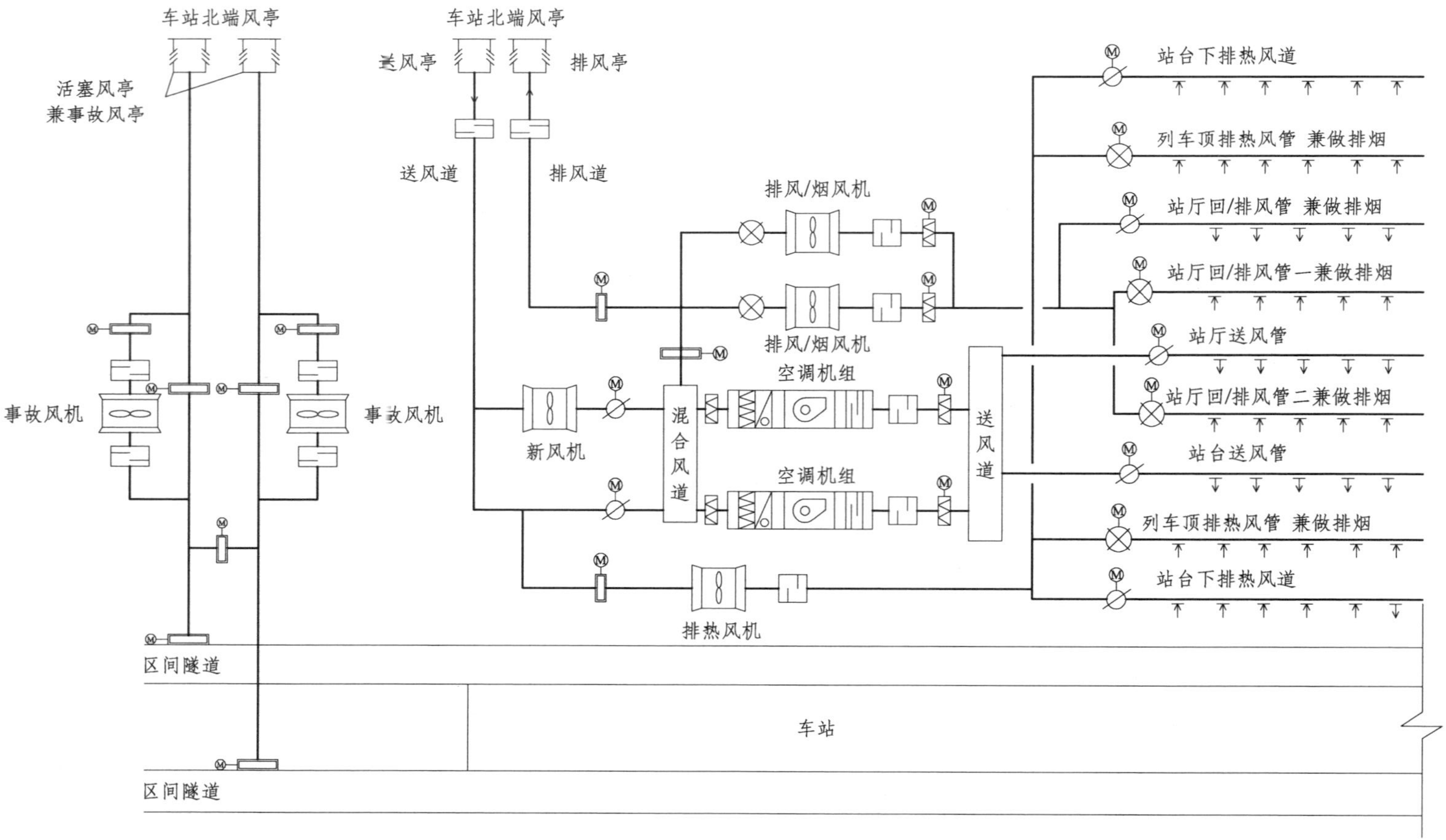

图 2-10 典型车站空调与通风系统原理图（屏蔽门系统）

地下车站的站厅、站台公共区域的空调与通风系统称为车站通风空调大系统，如图 2-11 所示。站厅层空调通风平面示意图如图 2-12 所示，站台层空调通风平面示意图如图 2-13 所示。

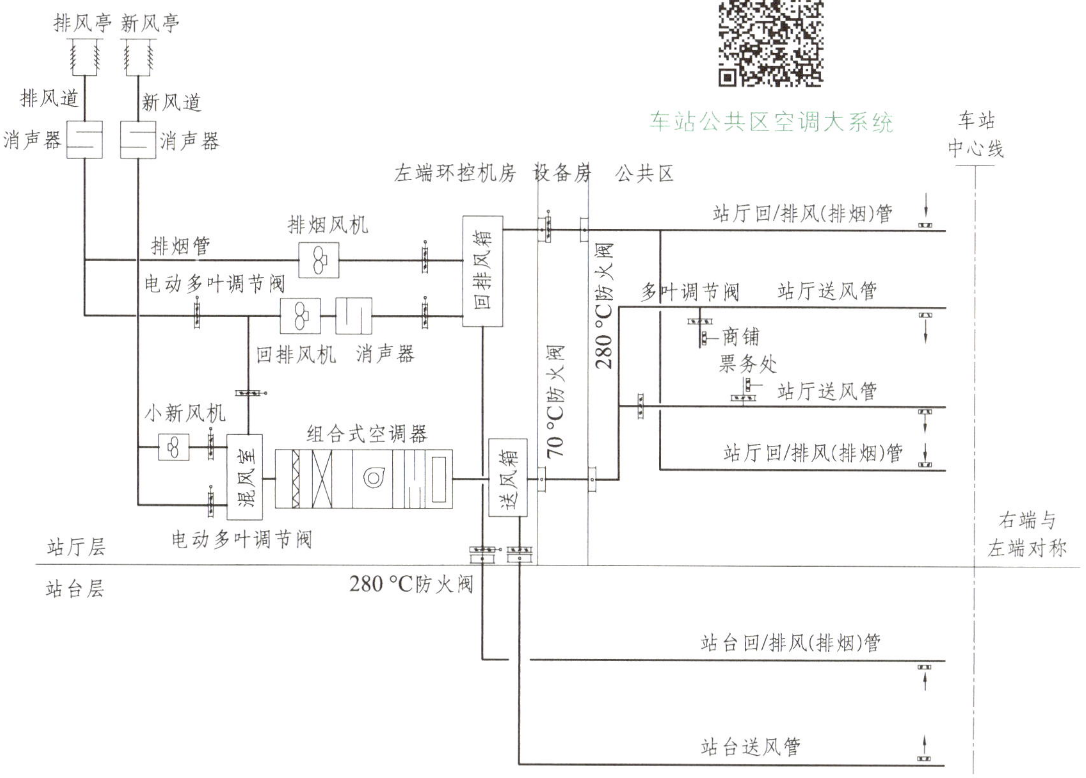

图 2-11　车站公共区空调与通风系统（大系统）

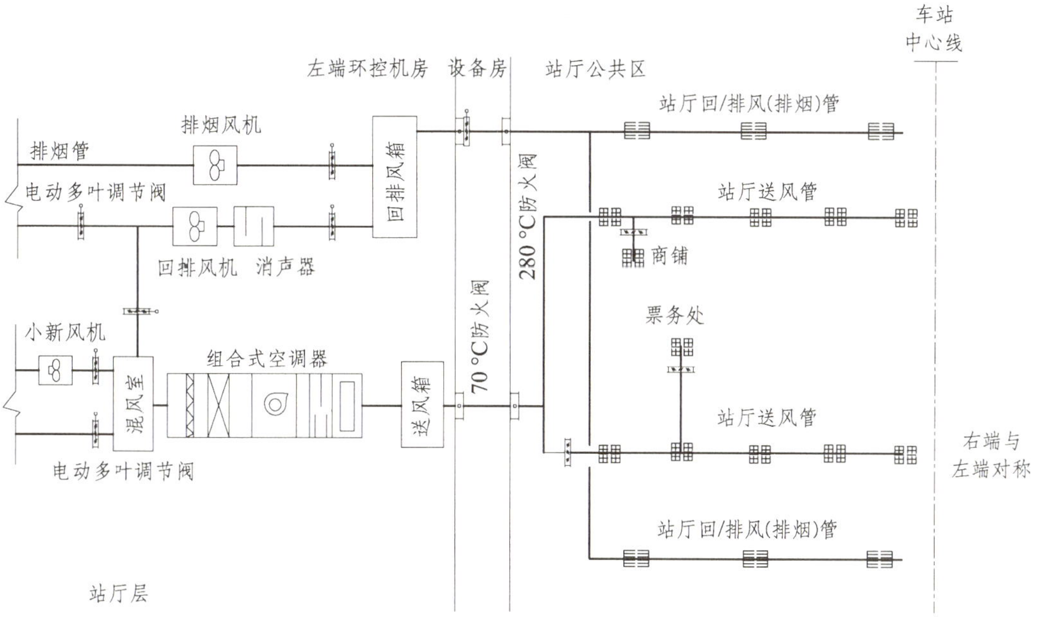

图 2-12　站厅层空调通风平面示意图

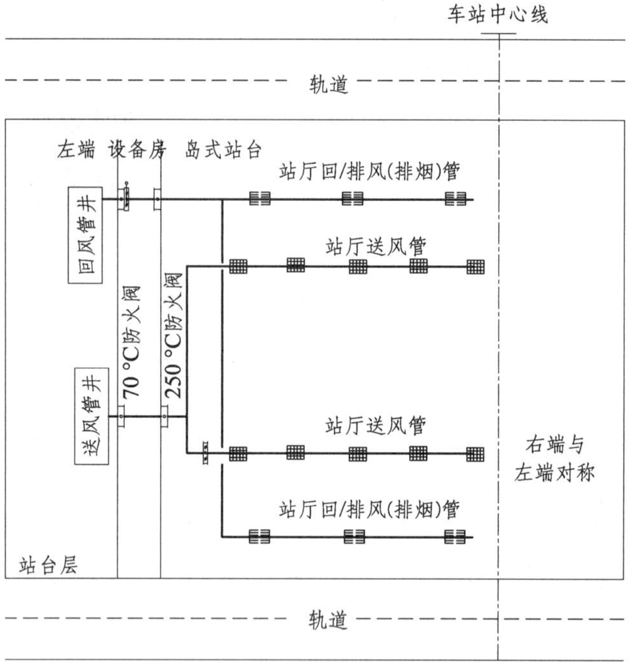

图 2-13 站台层空调通风平面示意图

当车站公共区发生火灾时，应立即停止车站空调水系统，转换车站大系统进入火灾模式。空调与通风系统迅速排除烟气，同时为乘客提供一定的迎面风速，诱导乘客迎风疏散至安全区域。车站公共区火灾又分为站厅层火灾和站台层火灾两种情况。

（1）站台层火灾：利用站台排烟系统将烟气经排风井排至地面，为保证站厅站台连通口处具有一定的向下气流风速，应打开屏蔽门，利用隧道通风系统（车站两端隧道风机排风未标出）加强排风，乘客迎风从站台与站厅的连接楼梯，经站厅疏散至地面，如图 2-14 所示。

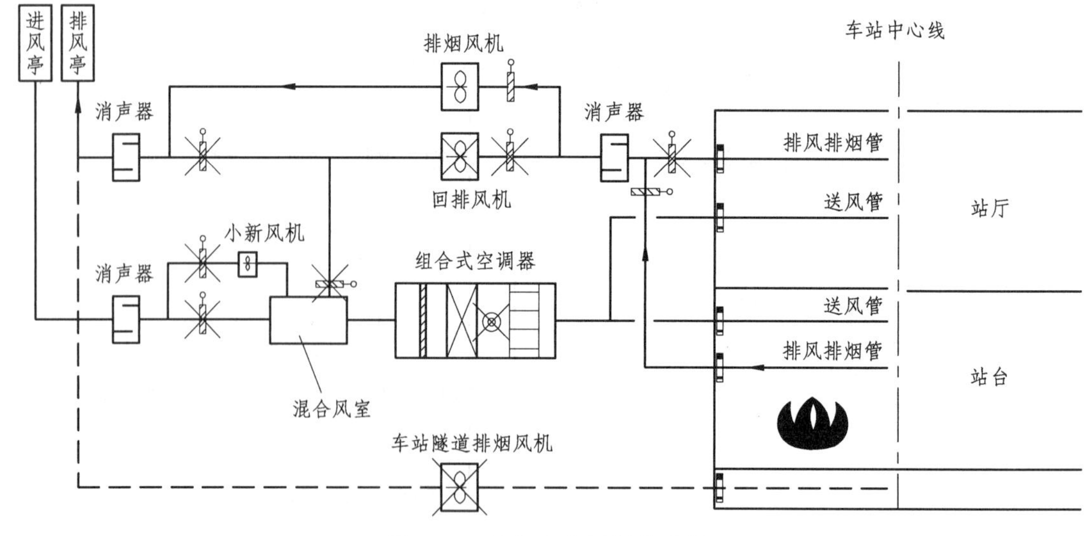

图 2-14 站台火灾运行模式图

车站公共区火灾排烟模拟

（2）站厅层火灾：当站厅层发生火灾时，站厅排烟风机进行排烟，关闭站厅层送风及站台层送、排风，新风是通过站厅层的负压从出入口引入站厅层，乘客将迎着新风方向从出入口疏散至地面，其运行模式如图 2-15 所示。

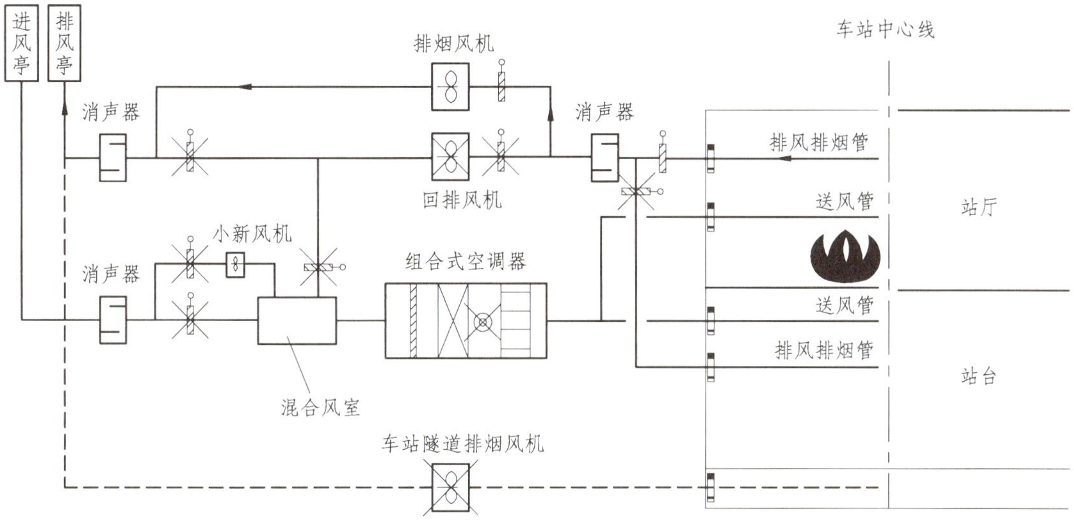

图 2-15　站厅火灾运行模式图

车站设备和辅助管理用房空调与通风系统（包括防排烟系统）、主变电所和牵引变电所空调与通风系统等称为车站通风空调小系统。地铁设备管理用房需根据实际布置情况，会设置多个空调小系统。一般排烟和排风风管尽量合用，有条件宜单独设置排烟风机和排风机。图 2-16 所示为某局部的车站设备及管理用房空调与通风系统。

设备及管理用房小系统

正常运行时，车站设备及管理用房空调与通风系统能为车站工作人员提供舒适的工作环境条件，并为车站设备运行提供所需的工艺环境条件。

当车站设备及管理用房区域发生火灾时，系统能及时排除烟气或进行防烟防火的分隔。车站设备管理用房区域设置小系统，防排烟系统主要有以下三类。

（1）气体灭火系统保护范围内的房间。当火灾自动报警系统确认发生火灾时，由消防联动控制系统先控制关闭该保护区的送、排风管上的防火阀，然后喷洒灭火气体，待达到设计要求的淹没时间后消防人员进入保护区内确认已灭火，再将通风系统转换到相应的排除灭火气体模式并恢复至正常模式。

（2）建筑面积大于 50 m^2 的房间（经常有人，已设置机械排烟）。当火灾自动报警系统确认某房间发生火灾时，消防联动控制系统将服务于该房间的环控系统转换到相应的预定排烟模式，同时房间外的走道排烟系统及楼梯间、车站控制室加压送风系统将被系统启动，走道内的排烟补风系统启动，消防人员进入该着火区域利用有效的消防灭火设备进行灭火。

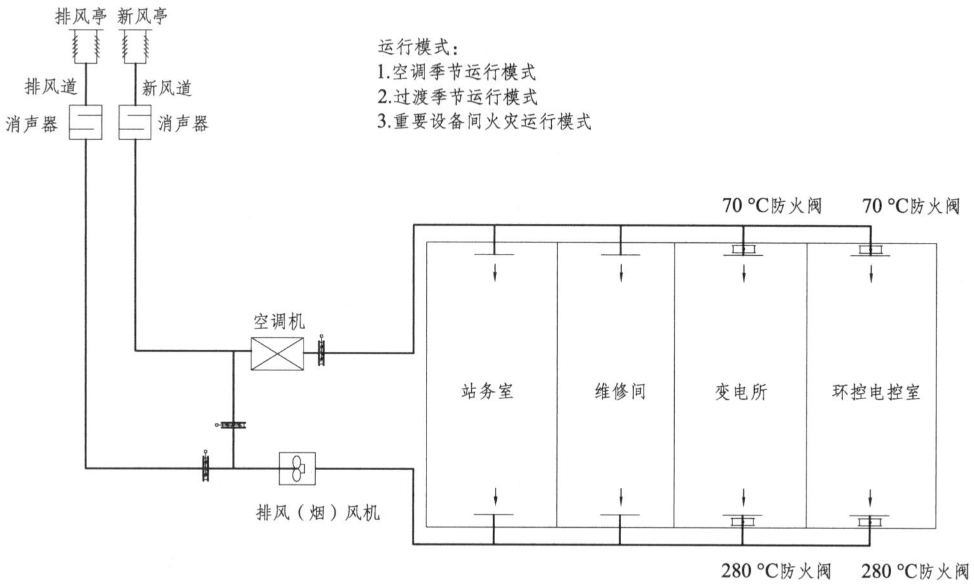

图 2-16　设备及管理用房（局部）空调与通风系统（小系统）

（3）建筑面积小于 50 m^2 的房间（一般不设置机械排烟）。每个房间送、排风管上均设有 70 ℃ 熔断式防火阀进行防火隔断。火灾发生时，着火房间外的走道排烟系统及楼梯间加压送风系统将会被启动，进行走道排烟，同时启动走道内的排烟补风系统。

（三）隧道通风系统

地铁隧道通风系统可分为区间隧道通风系统和车站隧道通风系统两部分。区间隧道是指车站与车站之间的隧道空间，车站隧道是指由屏蔽门与隧道结构围蔽的列车停靠站台的隧道空间。

隧道阻塞工况通风与火灾排烟系统模拟

列车正常运行时，隧道通风系统排除隧道内的余热与余湿，控制隧道内空气温度不超标，一般不超过 40 ℃，同时保证隧道内空气压力变化率满足相关设计标准要求。区间隧道正常运行通风系统原理如图 2-17 所示。

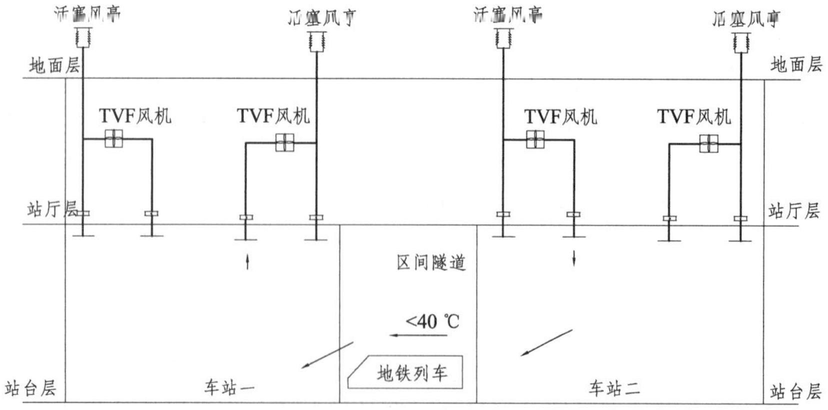

TVF风机—TUNEL VENTILATION FAN(隧道通风机）

图 2-17　区间隧道正常运行工况通风系统

列车阻塞在区间隧道时，系统应能向阻塞区间提供一定的通风量，保证列车空调器等设备的正常运行环境温度和为乘客提供足够的新风量。

列车在区间隧道发生火灾时，系统应能及时排除烟气，控制烟气流动方向，并诱导乘客迎风向安全区疏散，如图 2-18 所示。

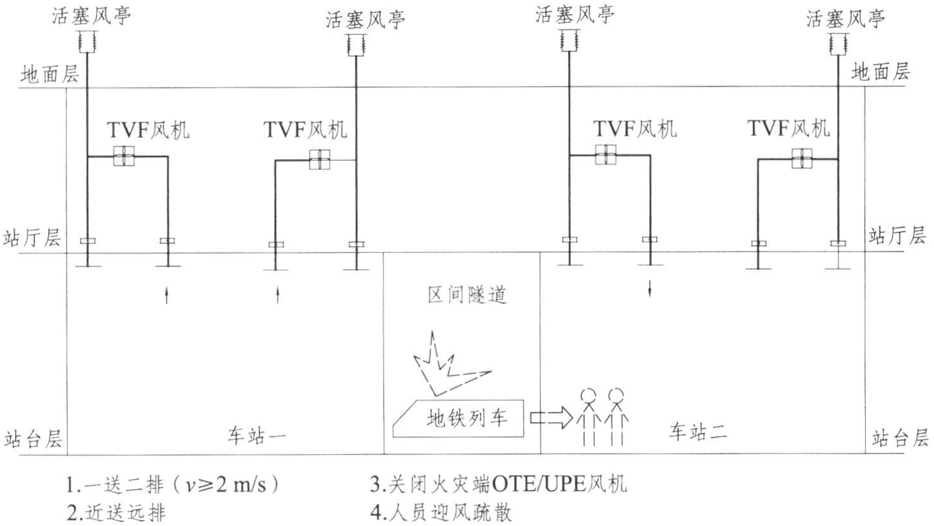

图 2-18　隧道火灾排烟系统示意图

火灾情况下，隧道通风系统应能迅速排除烟气和向乘客及消防人员提供必要的新鲜空气，并有一定的迎面风速，疏导乘客安全撤离。列车在区间隧道火灾时的处理过程如下：

列车火灾处理流程如图 2-19 所示，当列车在区间运行过程中发生火灾，列车尽量驶向前方车站，在前方车站疏散乘客，利用前方车站隧道排风系统排除烟气，并用灭火设备灭火；

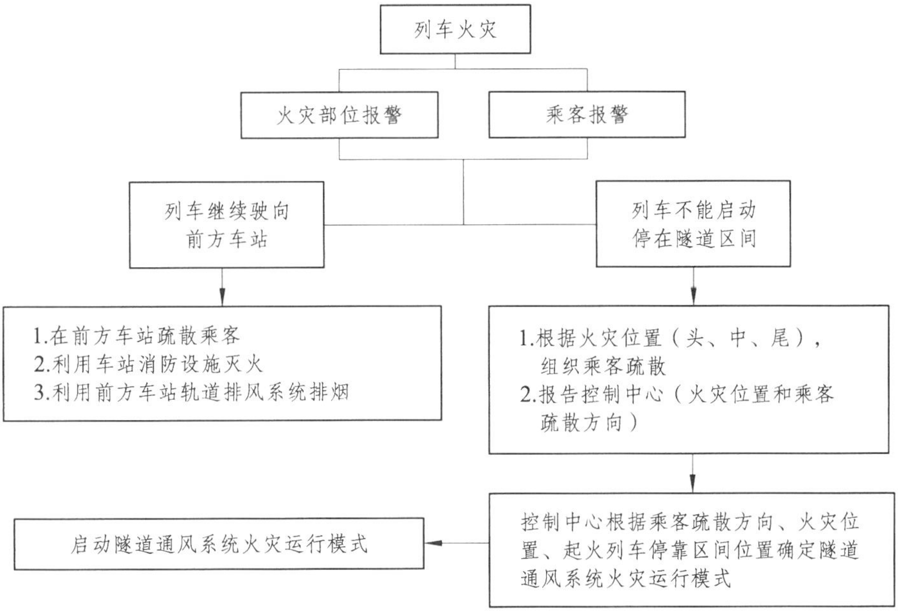

图 2-19　列车火灾处理流程

若出现列车不能运行到前方车站而停在区间隧道内时，列车监控驾驶员将根据列车火灾位置组织疏散乘客，同时通过通信系统向控制中心、车站报告列车灾情和多数乘客疏散的方向情况，控制中心根据多数乘客撤离方向、列车火灾位置和列车所在区间位置，确定相应的隧道通风系统火灾运行模式并启动进行火灾通风。

当列车与控制中心和车站失去联络时应按车头着火的情况处理，一般按与行车一致的方向送风；当区间内运行的着火列车行驶到前方车站或停靠在站台的列车发生火灾时，由隧道通风系统按相应火灾模式进行排烟，车站则按照站台火灾模式协助排烟。

车站隧道通风系统是指隧道的排热系统。当列车停靠站台时，刹车会产生大量的热，车辆空调冷凝器也会排放热，因此这里的车站隧道通风系统指的是站台排热系统，如图 2-20 所示。

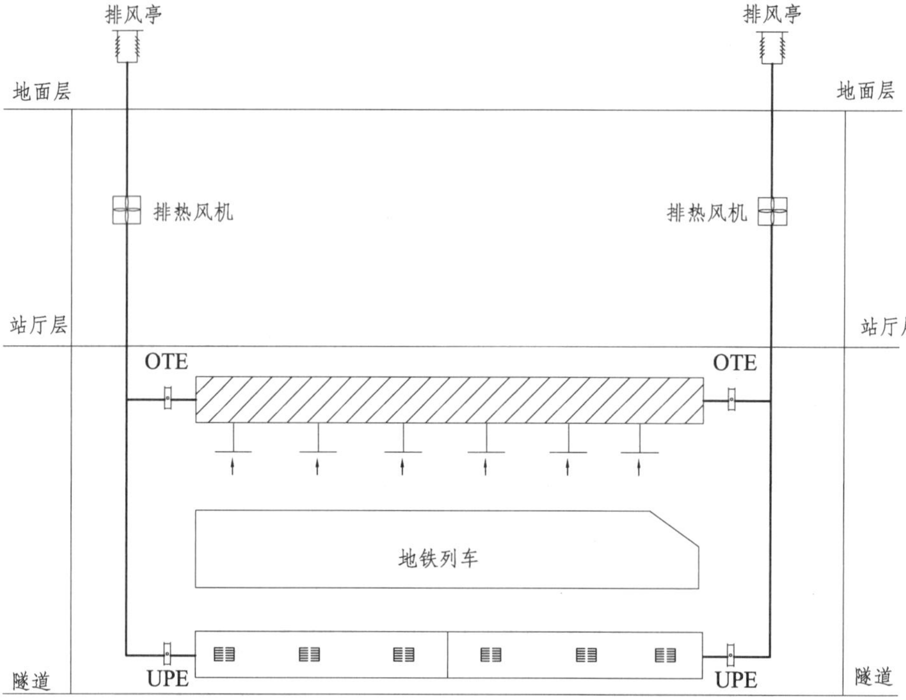

图 2-20　站台排热系统

地铁建筑事故防灾的原则是“预防为主、防消结合”，地铁空调与通风系统按全线同一时间内发生 1 次火灾考虑，换乘站按站内同一时间内发生 1 次火灾考虑。全线所有建筑物设置火灾自动报警及消防联动和防排烟联动控制系统，火灾自动报警系统的控制指令具有优先权。发生火灾时，FAS（火灾自动报警系统）发出相应的火灾模式信号，如果这时系统处于自动状态，则自动启动对应的火灾模式。可以在人工界面上人工干预启动火灾模式，如果计算机死机，还可以在消防联动盘上手动启动模式。大系统火灾模式时，各小系统将自动处于停机状态，关闭风阀，减少串烟。火灾结束，按火灾恢复指令按钮，系统恢复正常工况。

站台排热系统

任务实施

1. 任务准备

（1）实训设备：个人计算机；

（2）实训工具：绘图工具、铅笔等；

（3）实训资料：教材、现行制图标准等；

（4）辅助材料：A4 纸张等。

2. 实施步骤

（1）实训任务分组；

（2）图纸绘制；

（3）原理分析；

（4）总结汇报。

3. 实训报告

结束任务后，根据实训内容，编制实训报告（格式见附录 E），并提交给指导老师批阅。

任务小结

本任务可以安排 1 周左右实训，做一体化教学，学中做，做中学。让学生熟悉地铁空调与通风系统的分类及组成，并通过原理图的绘制，掌握空调与通风系统原理，并能够在不同的状况下进行运行模式切换。

任务 2 地铁车站空调与通风系统项目分解

任务目标

引导学生进行系统化整为零的分解，能独立完成系统相对独立系统的划分，并理解相互之间的有机联系。

案例引入

以某地铁空调与通风系统为例。

案例分析

能够依据系统工作原理对系统项目进行分解。

知识链接

见任务 1。

任务实施

1. 任务准备

（1）实训设备：参照实际运行的地铁空调与通风系统（有条件可以与当地地铁运营管理部门联系现场参观学习）；

（2）实训工具：铅笔、尺子、纸张若干；

（3）实训资料：教材、思维导图等；

（4）辅助材料：无。

2. 实施步骤

让学生根据任务 1 中的系统原理，独立完成地铁空调与通风系统整体项目分解的思维导图。在绘制思维导图过程中，学会系统的组成、相对独立分系统的有机联系及工作原理。

任务小结

本任务做一体化教学，学中做，做中学。让学生熟悉地铁空调与通风系统的分类及组成，并通过思维导图的绘制，掌握空调与通风系统原理。

思考题

1. 有条件可联系当地地铁运营管理部分进行现场参观学习。
2. 根据本书数字化资源进行识读训练。

项目 3

制冷机组运行与维护

【项目导读】

学习任务		制冷机组运行与维护
建议学时		12 学时
学习内容		（1）制冷机组的分类和组成； （2）制冷剂、冷冻机油、载冷剂； （3）运行管理； （4）设备检修
目标	知识目标	（1）掌握制冷机组的分类、特点及适用范围； （2）掌握制冷机组各组成部分的结构特征及控制原理； （3）熟悉制冷剂的种类及更新换代； （4）熟悉冷冻润滑油和载冷剂的特性及作用； （5）熟悉操作规程； （6）熟悉检修规程
	能力目标	（1）能用专业术语描述制冷机组各组成部分的结构特征； （2）能熟练掌握制冷机组的适用范围； （3）能联系实际掌握节流装置的控制原理； （4）能熟练掌握目前使用制冷剂、载冷剂、润滑油的特性； （5）能按照操作规程进行机组操作； （6）能根据具体机组运行现象判断故障原因并熟悉如何检修
	素质目标	（1）具有严谨认真、实事求是的科学态度； （2）能自主学习新知识、新技能； （3）具有系统观念，能够整体看待系统运行； （4）具有高度的职业责任心和安全意识，遵章守纪、规范操作； （5）具有较强信息搜集能力，学会查找相关国家标准； （6）团队协作和吃苦耐劳的精神
教学手段与方法		多媒体教学，并结合实际空调案例进行讲解、分析和实训练习

任务 1
理解制冷基础

任务目标

通过对制冷基础知识的学习，理解空调系统制冷机组的工作原理。

案例引入

制冷机组的工作原理是什么？

案例分析

制冷机组的运转依赖于制冷工质在制冷循环中的不断的状态变化，从而达到吸热和放热的目的，将室内的热量转移至大自然。

知识链接

轨道交通车站属于大型建筑，其空调与通风系统涉及热工学、制冷原理等基础知识，轨道交通车站空调系统维护人员需要有一定的知识储备，才能够在工作中解决系统运行中出现的专业技术问题。

本部分内容主要介绍空调制冷涉及的工质状态参数及应用、热力系统、热力过程、热力循环、单级压缩蒸气制冷循环的压焓图及性能分析。

热力学是研究与热现象有关的能量转换规律的一门学科。工程热力学是从工程应用的角度研究热能与机械能相互转换的规律，如图 3-1 所示。热力学第一、二定律是分析各种热力过程的依据，也是分析各种热力设备的理论基础。

热电厂（热能→机械能）

汽车（热能→机械能）

飞机（热能→机械能）

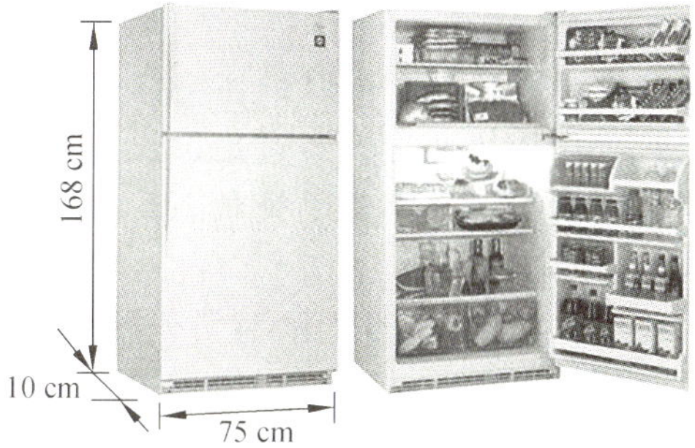

冰箱（机械能→热能）

图 3-1　能量转换实例

一、工质状态及状态参数认知

热能与机械能之间的转换必须借助相关的转换设备和载体。设备一般是指热力设备（热机），而载体一般是指工质，即能够装载能量的物质。因此，能量与物质实质上是不可分割的，能量是物质运动的量度。

工质是多种多样的，有气态、液态、固态。液态与气态具有良好的热膨胀性和流动性，如水、水蒸气、湿空气、烟气、制冷剂等在工程上应用广泛。

在热力设备中，能量的相互转换与转移是通过工质吸热或放热、膨胀或压缩等变化来实现的。例如，锅炉中燃料燃烧生成的高温烟气将锅筒中的水加热成为高温热水，即高温烟气与水之间的温差导致热量的转移。从上述例子可看出，工质（如烟气）在热量转移过程中，其温度、压力等物理性质发生改变，为表示状态前后的变化，我们将工质在某一瞬间表现出来的宏观热力性质状态称为热力状态或状态，用来描述状态的各宏观物理量，称为工质的状态参数，简称状态参数。

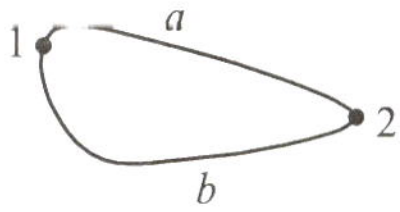

图 3-2　工质状态变化过程

工质的状态由工质的状态参数来描述。工质状态发生变化，其状态参数也相应发生变化。工质发生状态变化的终状态参数变化值仅与初、终状态有关，而与工质状态变化的途径无关，如图 3-2 所示。因此，状态参数的数学特征是点函数，即

$$\int_1^2 \mathrm{d}x = x_2 - x_1 \tag{3-1}$$

$$\oint \mathrm{d}x = 0 \tag{3-2}$$

式中　x——工质的某一状态参数。

总结状态参数的特征如下：① 状态确定，则状态参数也确定，反之亦然；② 状态参数的积分特征：状态参数的变化量与路径无关，只与初、终态有关。

常用的状态参数有温度（T）、压力（p）、比体积 v（密度ρ）、内能（U）、焓（H 或 i）、熵（S）等，其中只有温度（T）、压力（p）、比体积 v（密度ρ）可以通过仪器、仪表等直接或间接测量，称之为基本状态参数，其他参数只能由基本状态参数间接计算求得，称为导出参数。

（一）温度

宏观角度看，温度可以描述物体的冷热程度。如两个存在温差的物体互相接触，冷物体变热，热物体变冷，经过足够长时间，两物体温度趋于一致。则说明两物体的冷热程度是相同的，即处于热平衡状态。微观角度看，温度实际上是表示大量分子热运动的强烈程度。

如果两个热力学系统中的每一个都与第三个热力学系统处于热平衡（温度相同），则它们彼此也必定处于热平衡，这一结论称“热力学第零定律”，如图 3-3 所示。它为建立温度概念提供了实验基础。

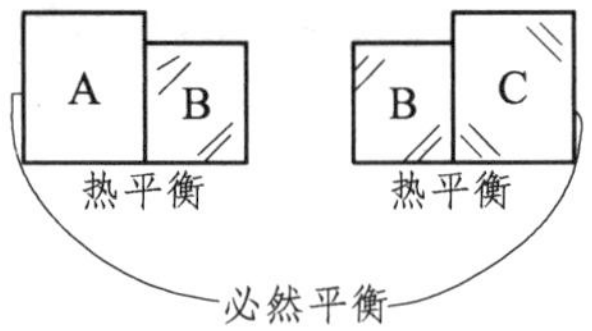

图 3-3 热力学第零定律

该定律反映了处在同一热平衡状态的所有的热力学系统都具有一个共同的宏观特征，这一特征是由这些互为热平衡系统的状态所决定的一个数值相等的状态函数，这个状态函数被定义为温度。而温度相等是热平衡的必要条件。

因此，根据热力学第零定律，可以得出以下结论：

（1）可以通过使两个体系相接触，并观察这两个体系的性质是否发生变化而判断这两个体系是否已经达到热平衡。

（2）当外界条件不发生变化时，已经达成热平衡状态的体系，其内部的温度是均匀分布的，并具有确定不变的温度值。

（3）一切互为平衡的体系具有相同的温度，所以一个体系的温度可以通过另一个与之平衡的体系的温度来表示，也可以通过第三个体系的温度来表示。

温度的高低用温标来衡量，目前国际上用得较多的温标有三种，华氏温标 T_{f}（单位 F）、摄氏温标 t（单位 °C）、绝对温标（又称开氏温标）T（单位 K）。

温标之间的关系如下：

$$T_{\mathrm{f}} = 32 + \left(\frac{9}{5}\right)t \tag{3-3}$$

$$T = t + 273.15 \tag{3-4}$$

温度不能直接测量，只能通过物体随温度变化的某些特性来间接测量。测量温度的仪表有普通温度计、热电偶温度计、双金属温度计、红外线温度计。

（二）压力

宏观角度看，压力是指垂直作用于容器壁单位面积的力，也称为压强，一般用 p 表示。微观角度看，气体分子运动学说认为，气体的压力是气体分子做不规则运动时撞击容器壁的结果。由于气体分子撞击频繁，人们不可能分辨出气体单个分子的撞击作用，只能观测到大量分子撞击的平均结果。将压力的宏观量与微观量联系来看，表明气体压力的内在本质。

国际单位制（SI）规定压力单位是帕斯卡，即 Pa。常用压力单位换算见表 3-1。

实际工作中，压力大小通过各种压力表来测量。压力表的工作原理是根据力的平衡原理来进行测量，如利用弹簧的弹力、液柱的重力或活塞上的载荷去平衡工质的压力，从而可测量工质的压力。

表 3-1　常用压力换算单位

压力名称	帕斯卡（Pa）	标准大气压（atm）	工程大气压（at）	米水柱高（mH_2O）	毫米汞柱高（mmHg）
帕斯卡	1	$9.869\,23\times10^{-6}$	$1.019\,72\times10^{-5}$	$1.019\,72\times10^{-4}$	$7.500\,62\times10^{-3}$
标准大气压	101 325	1	1.033 23	10.332 3	760
工程大气压	98 066.5	0.967 841	1	10	735.5519
米水柱高	9 806.65	$9.678\,41\times10^{-3}$	1.000×10^{-1}	1	73.555 9
毫米汞柱高	133.332	$1.315\,79\times10^{-3}$	$1.359\,5\times10^{-3}$	0.013 595	1

需要注意的是，几乎所有的这些压力测量都是在当时当地的大气环境中进行的，受到当地大气压力的影响，故所测量显示的压力值并不是工质的实际压力（又称绝对压力），而是工质的实际压力与当地大气压力的差值，称为相对压力，相对压力随大气压力的变化而变化。只有工质的绝对压力 p 是定值，才能表示工质的压力状态参数。图 3-4 所示为典型压力测量装置，图中 p_b 表示大气压力，p 表示绝对压力，p_e 表示表压力，p_v 表示真空度。

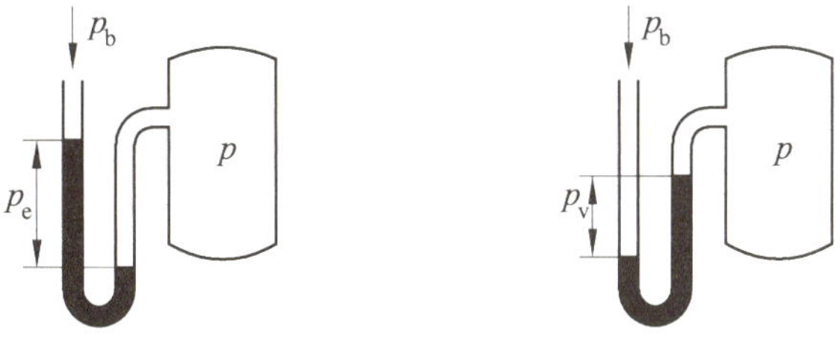

图 3-4　压力测量装置

绝对压力 p、相对压力（表压力 p_e 或真空度 p_v）、大气压力 p_b 之间的关系如图 3-5 所示。

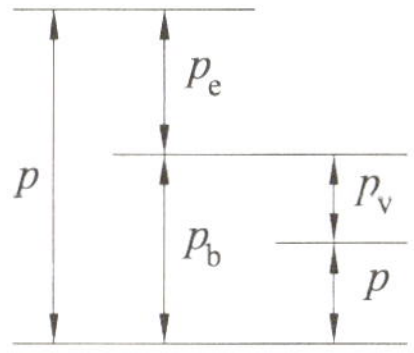

图 3-5　各压力之间的关系

当 $p>p_b$ 时，则通过该装置测量的是表压力 p_e，$p=p_e+p_b$；

当 $p<p_b$ 时，则通过该装置测量的是真空度 p_v，$p=p_b-p_v$。

【例 3-1】　某蒸气锅炉压力表读数 $p_e=3.23\ \text{MPa}$，凝汽器真空表读数 $p_v=90\ \text{MPa}$。若大气压力为 1 个标准大气压，试求锅炉与凝汽器中蒸气的绝对压力。

解　大气压力 $p_b=101\,325\ \text{Pa}=0.101\,325\ \text{MPa}$

锅炉中蒸气的绝对压力 $p=p_e+p_b=3.23+0.101\,325=3.331\,325\ (\text{MPa})$

凝汽器中蒸气的绝对压力 $p=p_b-p_v=101.325-90=11.325\ (\text{kPa})$

（三）比体积与密度

单位质量的工质占有的体积称为比体积。用符号 v 表示，单位符号为 m^3/kg。物理上常用密度 ρ 来表达，单位体积的工质所具有的质量称为密度，用符号 ρ 表示，单位符号为 kg/m^3。比体积与密度互为倒数关系。即 $\rho v=1$。因此，对于同一种工质，比体积与密度不是独立的状态参数，而是一致的结果，知其一即可。

（四）内　能

系统的内部储存能又称内能、热力学能。内能是储存在系统内部的能量，它与系统内工质内部粒子的微观运动和粒子的空间位置有关，是状态参数，是热力状态的单值函数，是下列各种能量的总和：

（1）分子热运动形成的内动能。它是温度的函数。

（2）分子间相互作用形成的内位能。它是比体积和温度的函数。

（3）维持一定分子结构的化学能、原子核内部的原子能及电磁场作用下的电磁能等。

内能用 U 表示，是广延参数，单位符号为 J 或 kJ；u 是单位质量的内能，是比参数，单位符号为 J/kg 或 kJ/kg。

$$\Delta U = \int_1^2 \mathrm{d}U = U_2 - U_1 \tag{3-5}$$

即

$$\oint \mathrm{d}U = 0 \tag{3-6}$$

（五）焓

焓是热力学中表征物质系统能量的一个重要状态参量，常用符号 H 表示，单位符号为 J 或 kJ；焓的物理意义是系统中热力学能 U 再附加上 pV 这部分能量的一种能量。一定质量的物质按定压可逆过程由一种状态变为另一种状态，焓的增量便等于在此过程中吸入的热量。单位质量的焓称比焓，用符号 h 表示，单位符号为 J/kg 或 kJ/kg。

$$H = U + pV \tag{3-7}$$

$$h = u + pv \tag{3-8}$$

式中　U——物质的内能，J 或 kJ；

p——压力，Pa；

V——体积，m^3；

u——比内能，J/kg 或 kJ/kg；

v——比体积，m^3/kg。

由于 U、p、V 都是状态函数，通过不同的状态函数的线性组合构成一个新的状态函数，所以 $U + pV$ 也是状态函数。热力学中定义一个新的状态函数——焓（enthalpy），用符号 H 表示。焓是系统的状态函数，与变化的途径无关，只要系统的状态确定，焓就有唯一确定的值。焓虽然是通过非体积功的等压变化引出的，但在其他过程也存在焓。焓不是守恒量，如氢气和氧气在绝热钢瓶中反应生成水，$Q = W = 0$，$\Delta U = 0$，即热力学能守恒，但过程非等压。

因为　　$p_2 > p_1$

所以　　$\Delta H = \Delta U + (p_2 - p_1)V > 0$

焓不守恒。焓的适用范围与热力学能一样，其绝对值无法确定。焓有如下应用：

（1）系统吸热，焓值升高；放热，焓值降低。

（2）对于均匀系统的简单状态变化，由于吸热时系统的温度升高，高温物质的焓要高于低温物质的焓。

（3）对于相变化，如固体变为液体、固体变为气体及液体变为气体都要吸收热量，所以同种物质的不同聚集状态在同一温度下的焓值不相等，$H_{固} < H_{液} < H_{气}$。

（4）对于等温下的化学反应，若反应吸热，化学反应后产物的焓高于反应物的焓；若反应放热，化学反应后产物的焓应低于反应物的焓。

（六）熵

熵是热力学中表示物质状态的参数，物理意义是用来度量系统混乱程度。用符号 S 表示，单位符号为 J/K。单位质量的工质的熵称比熵，用 s 表示，单位符号为 J/（kg·K）。熵是根据热力学第二定律引出的一个反映自发过程不可逆性的物质状态参量。在孤立系统中，系统与环境没有能量交换，系统总是自发地向混乱度增大的方向变化，总使整个系统的熵值增大，此即熵增原理。摩擦使一部分机械能不可逆地转变为热，使熵增加，所以说整个宇宙可以看作一个孤立系统，是朝着熵增加的方向演变的。如某自发热力过程，热量 Q 由高温（T_1）物体传至低温（T_2）物体，高温物体的熵减少 $dS_1 = \frac{dQ}{T_1}$，低温物体的熵增加 $dS_2 = \frac{dQ}{T_2}$，将两个物体组合成一个系统，则熵的变化是 $dS = dS_2 - dS_1 > 0$，熵是增加的。

二、热力系统

在工程热力学中，通常把研究对象从周围物体（外界或环境）中分离出来，并分析研究对象与周围物体（外界或环境）之间的能量和物质的交换，这种人为分离出来的研究对象称为热力系统，简称热力系或系统。系统与外界或环境之间的分界面称为边界。边界可以是实际存在的，也可以是假想的虚拟边界；可以是固定的，也可以是变化或运动的。

如图 3-6（a）中，取气缸中的气体作为研究对象，缸体所封闭的气体就是一个热力系统，而由缸内壁与运动的活塞构成缸内气体与外界环境的真实存在的边界，且活塞边界是运动的；图 3-6（b）是汽轮机工作原理示意图，我们取汽轮机外壳及进出口截面所包围的部分作为热力系统，边界部分即为图中虚线所示，部分边界（如汽轮机外壳部分）是真实存在的，而汽轮机入口 1 和出口 2 的截面却是虚拟的边界。

热力系统可分为闭口系统和开口系统。闭口系统是指与外界无物质交换热力系统，如图 3-6（a）中的缸体内气体，没有物质通过边界，系统质量保持恒定，因此闭口系统有时又称为控制质量系统；开口系统通常会有一个固定的空间范围，体积不变，又称为控制体积系统。与外界有物质交换，系统物质通过边界，质量可以变化，也可不变，如图 3-6（b）所示。

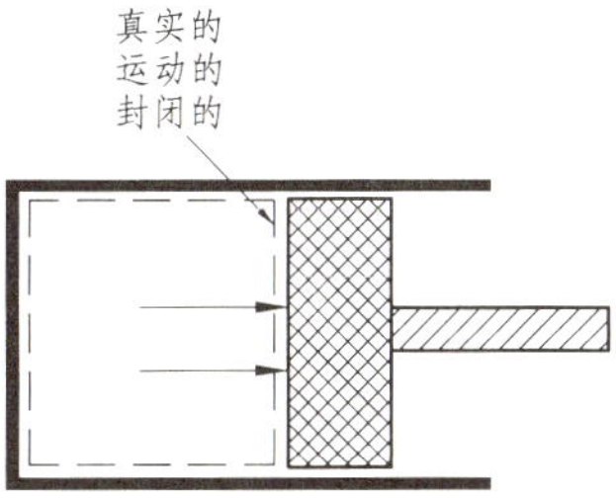

（a）封闭系统

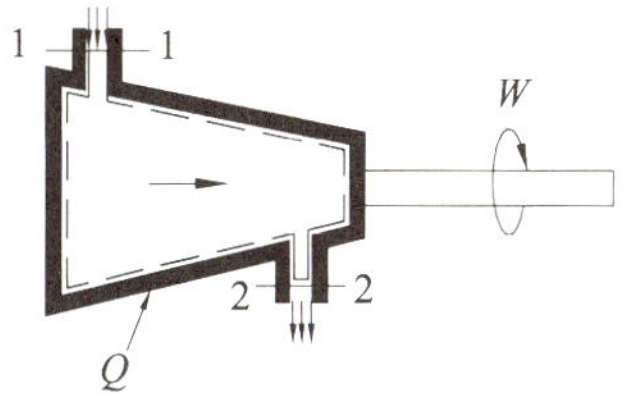

（b）开口系统

图 3-6　热力系统示意图

热力系统可分为绝热系统和孤立系统。绝热系统是指与外界无热量交换的系统，但可以有功和物质交换，如用隔热材料包裹起来的系统，就是绝热系统；孤立系统与外界没有物质交换和能量（包括功和热量）交换。

在工程，最常见的热力系统是简单可压缩的系统，即系统与外界之间功的交换只有体积变化功（膨胀或压缩做功）这一种形式。

三、热力过程

（一）热力过程

处于平衡状态的一个热力系统具有确定的宏观特性参数，如果通过系统与外界的边界发生能量传递或系统内部有新的不平衡势产生，则处于平衡状态的热力系统必然偏离平衡态，发生状态变化，直至新的平衡状态的出现。我们称这种由于系统与外界相互作用而引起的热力系统由一个平衡状态经过连续的中间状态变化达到另一个新的平衡状态的全过程，称为热力过程，简称过程。任何热力过程的始状态和终状态都是平衡状态，如果中间状态处处平衡，则该热力过程称为平衡过程。反之，如果中间状态存在不平衡状态，则为不平衡过程。

在不受外界影响的条件下（重力场除外），如果系统的状态参数不随时间变化，则该系统处于平衡状态。系统状态参数发生改变是由于存在不平衡势。常见的不平衡势有温差、压差、化学反应、重力势差等。平衡的本质就是不存在不平衡势。

（二）准静态过程

热力过程实质上是热力系统在不平衡势差的作用下，由一个平衡态向另外一个平衡态变化的过程。变化过程中，系统与外界之间就存在能量的转换与传递。平衡状态下状态不变化，能量不能转换，但非平衡状态又无法简单描述。因此，热力学引入准静态（准平衡）过程。一般过程如图 3-7 所示。

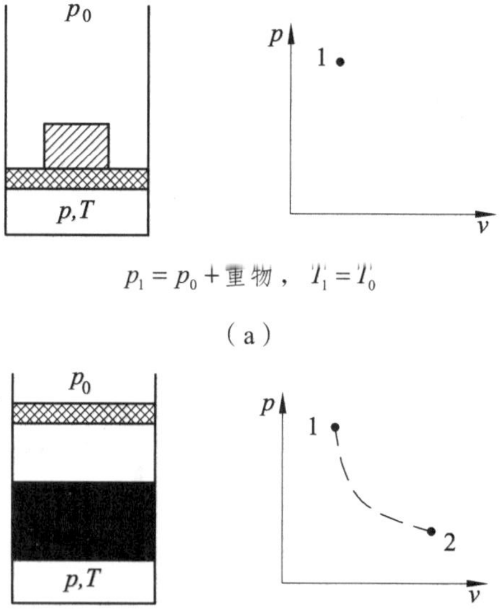

$p_1=p_0+$重物，$T_1=T_0$

（a）

突然去掉重物，$p_2=p_0$，$T_2=T_0$

（b）

图 3-7　一般过程

假如重物有无限多层，每次只去掉无限薄一层，系统随时接近于平衡态，如图 3-8 所示。

若系统从一个平衡状态连续经过无数个中间的平衡状态过渡到另一个平衡状态，即过程中系统偏离平衡状态无限小并且随时恢复平衡状态，过程均匀缓慢且无任何突变，这样的过程称为准平衡过程或准静态过程。

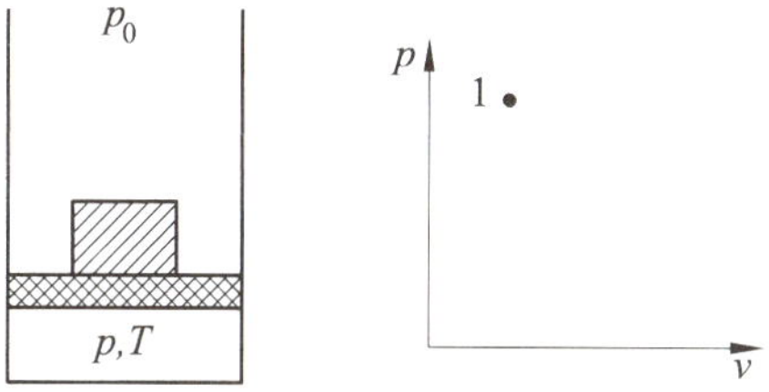

$p_1 = p_0 +$ 重物， $T_1 = T_0$

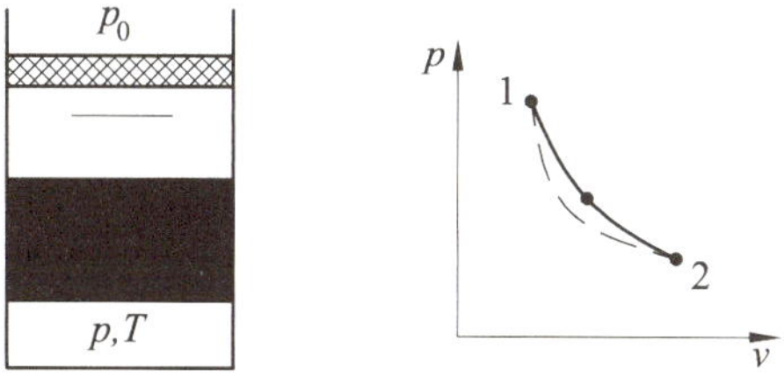

图 3-8　准静态过程

准静态过程中的每一中间状态都处于平衡态。任何过程进行时必然破坏原来的平衡，使系统处于非平衡态。准静态过程既是平衡，又是变化；既可以用状态参数描述，又可进行热功转换。理论上准静态过程应无限缓慢。在工程上，如果满足破坏平衡所需时间（外部作用时间）远大于恢复平衡所需时间（弛豫时间）即可认为该热力过程为准静态过程。

要使系统达到新的平衡态需要一定的时间，称为弛豫时间。例如，在气体中压强趋于平衡是分子碰撞、互相交换动量的结果，弛豫时间为 10 ~ 16 s。若过程进行的时间与弛豫时间相比很长时，它的每一个中间态都非常接近平衡态；若过程进行得无限缓慢时，其中间状态便无限接近平衡态。因此，准静态过程是实际过程的极限，这种极限情况虽然不可能完全实现，但可以无限接近。凡是同弛豫时间相比进行得足够缓慢的过程，都可以当作准静态过程来处理。例如，转速 $n = 1\,500$ r/min 的四冲程内燃机的整个压缩冲程的时间为 2×10^{-2} s，与压强的弛豫时间相比，可认为这一过程进行得足够缓慢，因而可以近似地将它当作准静态过程来处理。

（三）可逆过程

可逆过程是指热力学系统在状态变化时经历的一种理想过程。热力学系统由某一状态出发，经过某一过程到达另一状态后，如果存在另一过程，它能使系统和外界完全复原，即使系统回到原来状态，同时又完全消除原来过程对外界所产生的一切影响，则原来的过程称为可逆过程。反之，如果无论采用何种办法都不能使系统和外界完全复原，则原来的过程称为不可逆过程。当可逆过程改变系统状态时，系统与外界的熵的总量改变为零；当系统经不可逆过程改变状态后熵总是增加的。

可逆过程总是准静态的，但反过来不一定成立。例如，在一个器壁存在摩擦的圆柱体容器中，对圆柱体和活塞之间的气体进行无穷小的压缩，这一过程是准静态的，但不是可逆的。虽然这个系统只是从平衡态发生了一个无穷小的改变，因摩擦产生的热量损耗是不可逆的，仅仅把活塞向相反方向移动无穷小的距离也无法将这些热量还原，由此可知存在能量耗散的准静态过程不是可逆过程，如自然界中经常发生的热传导、气体的自由膨胀、扩散等都是不可逆过程。过程不可逆的根本原因是存在不平衡势差和耗散效应，即通过摩擦使功变热的效应，如摩阻、电阻、弹性变形、磁阻等。无耗散效应的准静态过程称为可逆过程。

如图 3-9 所示，当气缸内的气体膨胀对外做功，全部用于推动飞轮旋转，功转换为飞轮的动能。当活塞运行到下止点后，飞轮由于存在惯性使活塞逆行，对气缸内气体进行压缩，压缩最终使外界和系统都恢复到初始状态，在整个过程中不存在任何不可逆的耗散，这就是一个可逆过程。

因此，要实现可逆过程必须同时具备下列条件：一是过程必须是准静态过程，即热力系统内部和外部恒平衡；二是过程中无任何温差传热、摩擦等耗散效应。因此，可逆过程一定是准静态过程，但准静态过程未必是可逆过程。

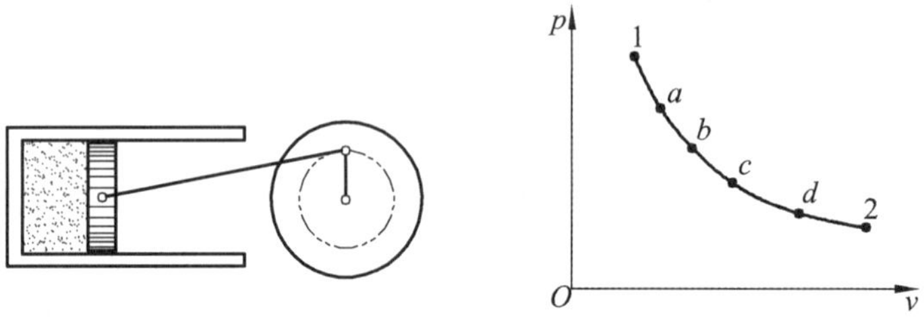

（a）可逆过程装置　　（b）可逆过程 p-v 图

图 3-9　可逆过程

引入可逆过程的意义是因为准静态过程是实际过程的理想化过程，但并非最优过程，可逆过程是最优过程；可逆过程的功与热完全可用系统内工质的状态参数表达，可不考虑系统与外界的复杂关系，易分析；实际过程不是可逆过程，但为了研究方便，先按理想情况（可逆过程）处理，用系统参数加以分析，然后考虑不可逆因素加以修正。

四、热力学定律

（一）热力学第一定律

19 世纪 30—40 年代，迈尔·焦耳（德国医生）发现并确定了能量转换与守恒定律。热力学第一定律是能量转换与守恒定律的一种表达方式，是指在一个热力学系统内，能量可以转换，即可以从一种形式转变成另一种形式，但不能自行产生，也不能被毁灭。在热力学中，系统发生变化时，设与环境之间交换的热为 Q，与环境交换的功为 W，可得热力学能（又称内能）的变化为 $\Delta U = Q + W$。热力学第一定律可表述为热可以变为功，功也可以变为热，在相互转变时能的总量是不变的。根据热力学第一定律，为了获得机械能，则必须花费热能或其他形式能量，即第一类永动机是不可能实现的。

1．系统的储存能

系统储存的能量称为储存能，它有内部储存能与外部储存能之分。

1）内部储存能（又称内能、热力学能）

$$\Delta U=\int_1^2 \mathrm{d}U=U_2-U_1 \tag{3-9}$$

$$\oint \mathrm{d}U=0 \tag{3-10}$$

2）外部储存能

需要用系统外的参考坐标系测量的参数来表示的能量，称为外部储存能。它包括系统的宏观动能和重力位能。

重力位能 E_{p} 是系统工质与外力场的相互作用所具有的能量。

$$E_{\mathrm{p}}=mgz \tag{3-11}$$

式中　z——工质在参考坐标系中的高度，m。

宏观动能 E_{k} 是以外界为参考坐标的系统宏观运动所具有的能量。

$$E_{\mathrm{k}}=\frac{1}{2}mc^2 \tag{3-12}$$

式中　c——工质的运动速度，m/s。

3）系统总储存能（简称总能）

$$E=U+E_{\mathrm{k}}+E_{\mathrm{p}} \tag{3-13}$$

或

$$e=u+e_{\mathrm{k}}+e_{\mathrm{p}} \tag{3-14}$$

对于没有宏观运动，并且高度为零的系统，系统储存能就等于内能，即

$$E=U \tag{3-15}$$

或

$$e=u \tag{3-16}$$

2．能量的传递与转化

做功和传热是能量传递的两种方式，因此功量与热量都是系统与外界所传递的能量，而不是系统本身的能量，其值并不由系统的状态确定，而是与传递时所经历的具体过程有关。所以，功量和热量不是系统的状态参数，而是与过程特征有关的过程量，称为迁移能。例如，系统与外界热源存在热量交换；系统与外界功源存在做功；系统与外界质源通过物质传递的能量。

1）功

当热力系统与外界存在压力差时，系统通过边界与外界之间相互传递的能量称为功。功是描述物体状态改变过程的物理量，是能量变化的量度。做功与物体的宏观位移有关，做功过程中往往伴随着能量形态的变化。

做功的种类：

（1）膨胀功 W 是在力差作用下，通过系统容积变化与外界传递的能量。膨胀功是热变功

的源泉。单位符号为 J，1 J = 1 N · m。一般规定系统对外做功为正，外界对系统做功为负。

（2）轴功 W 是通过轴系统与外界传递的机械功。要注意的是，刚性闭口系统轴功不可能为正，轴功来源于能量转换。

我们以膨胀功的例子来看功的大小的确定。如图 3-10 所示，封闭的气缸带活塞，缸内气体压力为 p，外界压力为 $p_{外}$。该系统是一个准平衡过程，当缸内气压大于外界压力时，气缸内气体膨胀，活塞向外移动一微小距离 dl，假设活塞横截面积为 A，则气缸体积增加一微小量 dV，活塞向外移动对外界做元功 δW。

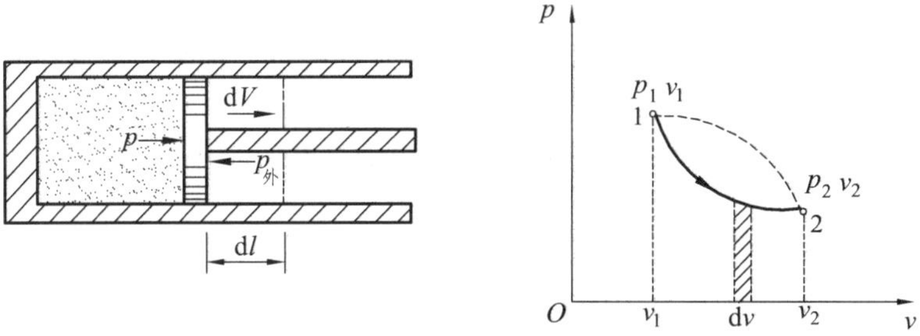

（a）气体膨胀做功（准平衡过程）（b）压容图（示功图）

图 3-10 气体膨胀做功示意图

则

$$\delta W = p_{外} A \mathrm{d}l = p_{外} \mathrm{d}V \tag{3-17}$$

由于过程为可逆过程，则系统内外压力始终处于平衡状态，因此

$$\delta W = p \mathrm{d}V \tag{3-18}$$

式（3-18）表明：系统体积发生微小变化所做的元功只与系统压力和体积的增量有关。如系统体积从 V_1 变化到 V_2 时，系统对外做功为

$$W = \int_1^2 p \mathrm{d}V \tag{3-19}$$

单位质量工质所做的膨胀功称为比膨胀功，用 w 表示

$$\delta w = p \mathrm{d}v \tag{3-20}$$

$$w = \int_1^2 p \mathrm{d}v \tag{3-21}$$

热力学中经常使用 p-v 图，即压力为纵坐标，比体积为横坐标的压容图，图上任何一点都代表系统的一个平衡状态，每一条曲线代表系统的一个热力过程，并且是可逆的。过程线与横坐标之间的曲边梯形面积则表示过程中系统与外界交换的比功，p-v 图又称为示功图。

如果只给初始状态和终了状态并不能确定功的大小，必须是从初始状态到终状态之间的变化轨迹（即过程曲线）才可以在示功图上形成封闭的区域，从而确定功的大小。如图 3-10（b）所示，状态 1 到状态 2 不同的过程所做功的大小是不一样的。

2）热　量

传热是相互接触的物体间存在温差时发生的能量传递过程。传热用热量来量度，热量是指在温差作用下，系统与外界通过界面传递的能量。一般规定系统吸热热量为正，系统放热热量为负。单位符号为 J 或 kJ。工程上还习惯用卡（cal）或千卡（kcal）作为热量的单位。然而根据《中华人民共和国法定计量单位》的规定，卡和千卡未被列为法定单位。1 cal = 4.183 J 。

热量传递特点是传递过程中能量的一种形式，与热力过程有关。

功量与热量分别是系统与外界之间通过界面所传递的两种不同形式的能量。功与热量是可以互相转换的。消耗一定的功必然产生一定量的热；反之，为获得一定量的功必然要消耗一定量的热量。工程上，功与热不能直接转换，必须通过一定的系统介质（即工质）来完成。

在可逆过程中，热量的表达式为

$$\delta Q = T\mathrm{d}S \tag{3-22}$$

式中　S——熵，J/K 或 kJ/K。

微元可逆过程热量的表达式为

$$\delta q = T\mathrm{d}s \tag{3-23}$$

式中　s——比熵，J/（kg·K）或 kJ/（kg·K）。

热力学中也使用 T - s 图，即以热力学温度 T 为纵坐标，比熵 s 为横坐标的温熵图。如图 3-11 所示，图上的每一点代表一个平衡状态，每一条曲线代表系统的一个热力过程，并且是可逆的。过程线与横坐标之间的曲边梯形面积则表示过程中系统与外界交换的热量。T - s 图又称为示热图。

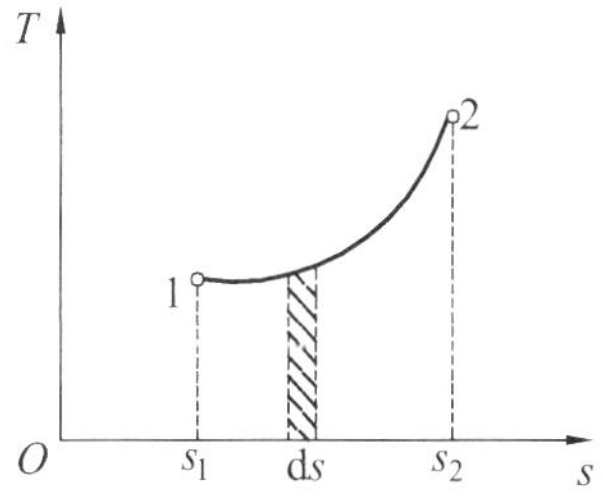

图 3-11　温熵图（示热图）

在热力学中，压容图与温熵图具有同等重要的实用价值。

根据热量微元公式可知，$\mathrm{d}s = \dfrac{\delta q}{T}$，而 T 恒为正值，因此在可逆过程中，若 $\mathrm{d}s > 0$，则 $\delta q > 0$，过程中工质的熵增加，外界对工质加热；若 $\mathrm{d}s < 0$，则 $\delta q < 0$，过程中工质的熵减少，系统对外界放热；$\mathrm{d}s = 0$，表示系统工质与外界无热量传递。

3）比热容

比热容是单位质量的某种物质升高单位温度所需的热量。其国际单位制中的单位符号是 kJ/（kg·°C）或 kJ/（kg·K），即令 1 kg 物质的温度上升（或下降）1 °C（K）所需的能量。通常用符号 C 表示。

假设某物体质量为 m（kg），当其吸收热量 Q（kJ），温度由 T_1（K）升高到 T_2（K），则该物质的比热容 C 表达式为

$$C = \frac{Q}{m(T_2 - T_1)} \tag{3-24}$$

如果已知物质的比热容 C，质量为 m（kg）的物质被加热或冷却，温度从 T_1（K）升高（或降低）到 T_2（K），则该物质吸收（或放出）热量 Q 表达为

$$Q = mC(T_2 - T_1) \tag{3-25}$$

物质的比热容与所进行的过程有关。在工程应用上常用的有定压比热容 C_p、定容比热容 C_V 和饱和状态比热容三种。定压比热容 C_p 是单位质量的物质在压力不变的条件下，温度升高或下降 1 °C 或 1 K 所吸收或放出的能量。定容比热容 C_V 是单位质量的物质在容积（体积）不变的条件下，温度升高或下降 1 °C 或 1 K 吸收或放出的内能。饱和状态比热容是单位质量的物质在某饱和状态时，温度升高或下降 1 °C 或 1 K 所吸收或放出的热量。

水的比热容为 4.187 kJ/（kg · K），干空气的定压比热容为 1.01 kJ/（kg · K），水蒸气的定压比热容 1.84 kJ/（kg · K）。对于相同质量的不同物质，如果升高（或降低）的温度相同，比热容大的物质需要吸收或放出的热量更多。比热容与物质性质有关，还与物质所处的温度有关，严格说，温度有变化，比热容也会变化。但实际工程上，温度变化范围不大或要求计算精度不高的情况下，可将比热容视为定值。

4）显热与潜热

对固态、液态或气态的物质进行加热或冷却时，物质的相态不发生改变，但物质的温度会发生改变（升温或降温），这个过程中物质所吸收和放出的热量称为显热。直观看，是有明显的冷热感觉。如在标准大气压下对水进行加热，水温度升高，水随温度升高所获得的热量就是显热；同理，将 100 °C 水冷却到 0 °C，仍然没有改变水的相态，所释放出的热量也是显热。因此，显热只影响温度的变化而不引起物质形态的变化。如机房中计算机或程控交换机的发热量很大，它属于显热。

对固态、液态或气态的物质进行加热或冷却时，物质的相态发生改变，但物质的温度维持在某个温度不变化，这个相变过程中物质所吸收和放出的热量称为潜热。如对液态的水加热，水的温度升高，当达到沸点时，虽然热量不断地加入，但水的温度不升高，一直停留在沸点，加进的热量仅使水变成水蒸气，即由液态变为气态。如计算机房中工作人员人体发热以及换气带进来的空气含湿量，这些热量称为潜热。常见的相变过程有物质的汽化与凝结、凝固与熔解、升华与凝华。在这些相变过程中也伴随吸热与放热现象，吸收和放出的热量也是潜热，分别称为汽化热与凝结热、凝固热与熔解热、升华热与凝华热。

3. 热力学第一定律的基本能量方程式

热力学第一定律的能量方程式就是系统变化过程中的能量平衡方程式，任何系统、任何过程均可根据以下原则建立能量方程式：

进入系统的能量 − 离开系统的能量 = 系统中储存能量的增加

1）闭口系统的能量方程

闭口系统的能量方程是热力学第一定律在控制质量系统中的具体应用，是热力学第一定律的基本能量方程式。

设闭口系统中工质从外界吸热 Q 后，从状态 1 变化到状态 2，同时对外做功 W，则

$$Q - W = E_2 - E_1 = \Delta E \tag{3-26}$$

$$Q = \Delta E + W \tag{3-27}$$

式（3-26）和式（3-27）就是闭口系统的能量方程式。

对于控制质量的闭口系统来说，常见的情况是在状态变化过程中，系统的宏观动能与位能的变化为零，或可以忽略不计，因此常见的闭口系统的能量方程是

$$Q = \Delta U + W \tag{3-28}$$

若闭口系经过一个微元过程，则能量方程为微分形式

$$\delta Q = \mathrm{d}U + \delta W \tag{3-29}$$

对于 1 kg 工质，能量方程式为

$$q = \Delta u + w \tag{3-30}$$

$$\delta q = \mathrm{d}u + \delta w \tag{3-31}$$

对于循环

$$\oint \delta Q = \oint \mathrm{d}U + \oint \delta W \tag{3-32}$$

$$\oint \mathrm{d}U = 0 \tag{3-33}$$

$$\oint \delta Q = \oint \delta W \tag{3-34}$$

式（3-28）~式（3-34）适用于闭口系统各种过程（可逆或不可逆）及各种工质（理想气体、实际气体或液体）。

【例 3-2】 有一闭口系统从外界吸收的热量为 1 000 kJ，吸热后对外做的膨胀功为 700 kJ，试计算该闭口系统热力学能的变化量。

解 由题意可知，$Q = 1\,000$ kJ，$W = 700$ kJ，根据闭口系统 $Q = \Delta U + W$ 可知

$$\Delta U = Q - W = 1\,000 - 700 = 300 \text{ kJ}$$

表明外界传入闭口系统的 1 000 kJ 热量，一部分用作对外做膨胀功 700 kJ，另一部分使系统内能增加 300 kJ。

2）开口系统能量方程式

实际热力设备中的能量转换往往是工质在热力装置中循环不断地流经各相互衔接的热力设备，完成不同的热力过程后才能实现能量转换。因此分析这类热力设备时，常采用开口系即控制容积的分析方法。

图 3-12 中的开口系统在 dt 时间内进行了一个微元过程：有 dm_1 的微元工质流入进口截面 1—1，有 dm_2 的微元工质流出出口截面 2—2；系统从外界接受热量 dQ；系统对机器做内部功 dW_i。

W_i 表示工质在机器内部对机器所做的功，而轴功 W_s 为 W_i 的有用功部分，两者的差为机器各部分的摩擦损失。

（1）进入系统的能量：$\mathrm{d}E_1 + p_1\mathrm{d}V_1 + \delta Q$；

（2）离开系统的能量：$\mathrm{d}E_2 + p_2\mathrm{d}V_2 + \delta W_i$；

（3）控制容积系统储存能量的增加量：$\mathrm{d}E_{cv}$。

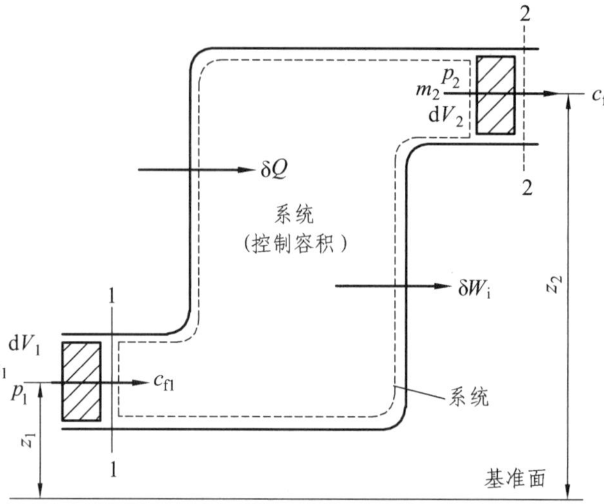

图 3-12　开口系统

根据热力学第一定律的基本能量方程式

进入系统的能量－离开系统的能量＝系统中储存能量的增加

可得　$(\mathrm{d}E_1 + p_1\mathrm{d}V_1 + \delta Q) - (\mathrm{d}E_2 + p_2\mathrm{d}V_2 + \delta W_{\mathrm{i}}) = \mathrm{d}E_{\mathrm{cv}}$

则　$\delta Q = \mathrm{d}E_{\mathrm{cv}} + (\mathrm{d}E_2 + p_2\mathrm{d}V_2) - (\mathrm{d}E_1 + p_1\mathrm{d}V_1) + \delta W_{\mathrm{i}}$

因为　$E = me,\ V = mv$

$$e = u + \frac{1}{2}c_{\mathrm{f}}^2 + gz$$

$$h = u + pv$$

所以

$$\delta Q = \mathrm{d}E_{\mathrm{cv}} + \left(h_2 + \frac{1}{2}c_{\mathrm{f2}}^2 + gz_2\right)\delta m_2 - \left(h_1 + \frac{1}{2}c_{\mathrm{f1}}^2 + gz_1\right)\delta m_1 + \delta W_{\mathrm{i}} \tag{3-35}$$

式（3-35）为开口系统能量方程的一般表达式。

开口系统能量方程式在几种常见热力设备中的应用如下：

（1）动力机：利用工质的膨胀而获得机械功的设备，如汽轮机、燃气涡轮等。能量变化如图 3-13（a）所示。

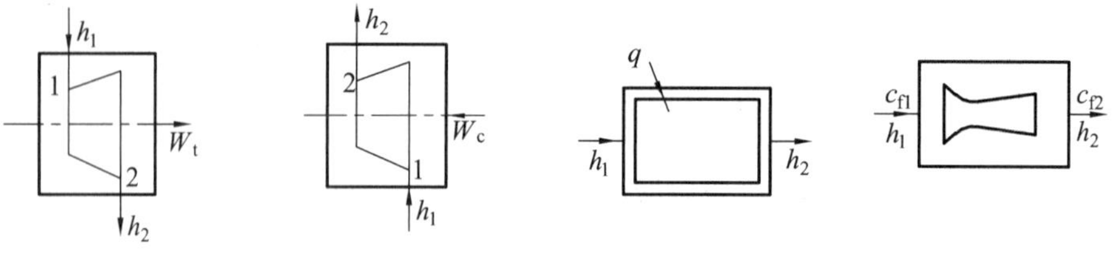

（a）动力机　（b）压气机　（c）热交换设备　（d）喷管

图 3-13　常见热力设备

根据图 3-13（a）可列出如下开口系统稳定流能量方程式

$$W_i = h_1 - h_2 = W_t \tag{3-36}$$

根据式（3-35）可知，在汽轮机等动力机中，系统所做的功等于工质焓的减少。

（2）压气机：消耗机械功而获得高压气体的设备。根据图 3-13（b）可列出如下开口系统稳定流能量方程式

$$-W_i = h_2 - h_1 = -W_c \tag{3-37}$$

压气机绝热压缩所消耗的轴功等于工质焓的增加。

（3）热交换设备：以热量交换为主要工作方式的设备，如锅炉、空气加热器、蒸发器、冷凝器等。根据图 3-13（c）可列出如下开口系统稳定流能量方程式

$$q = h_2 - h_1 \tag{3-38}$$

在锅炉等热交换设备中，工质所吸收的热量等于焓的增加。

（4）喷管：用以使气流加速的一种短管称为喷管。根据图 3-13（d）可列出如下开口系统稳定流能量方程式

$$\frac{1}{2}c_{f2}^2 - \frac{1}{2}c_{f1}^2 = h_1 - h_2 \tag{3-39}$$

在喷管中，工质动能的增加等于其焓的减少。

（二）热力学第二定律

热力学第一定律表述了在热力过程中各项能量的转换和转移必须遵循能量守恒的规律，它指出了各项能量之间的数量关系，但对于能量转换的方向，热力过程在什么条件下能够进行及进行到何种程度却没有表述。热力学第二定律描述能量转换和转移时的方向、条件及限度问题。

自然界中的一切热力过程均有方向性和不可逆性。例如，机械能可以全部转变为热能，不需要任何的条件就可以进行。反之，热能却不能无条件地全部转变为机械能。再如，热量传递过程中，热量可以无条件地由高温物体传向低温物体，却不能无条件地从低温物体传向高温物体，必须消耗一定的能量来辅助完成热量的逆向传递。

我们把不需要任何外界作用而可以自动进行的过程称为自发过程。自发过程都具有方向性，如水自发地由高处流向低处，热量自发地由高温物体传向低温物体。气体的扩散、混合等现象均属于自发过程。反之，那些不能无条件进行的过程称为非自发过程。它是自发过程的逆过程，它的进行需要一定条件，付出一定的代价。例如，热量由低温传向高温需要消耗功等。可见，自发过程是不可逆过程。

1. 热力学第二定律经典描述

热力学第二定律揭示了一切热过程进行的方向、条件和限度。对于不同的热过程，热力学第二定律有不同的表述方法，下面介绍两种经典表述。

1）克劳修斯表述

不可能将热量从低温物体传向高温物体而不引起其他变化。这是克劳修斯于 1850 年提出的，它从热量传递的角度来表述热力学第二定律。它指出热量只能自发地从高温物体传向

低温物体，但热量不能自发由低温物体传向高温物体，要花费一定的代价。例如，制冷装置就是消耗了一定的机械能作为实现热量从低温物体传向高温物体的补偿代价。

2）开尔文-普朗克表述

不可能从单一热源取热，并使之完全转变为功而不引起其他影响。这是从热工转换的角度来表述热力学第二定律，开尔文在 1851 年提出，普朗克在 1897 年发表了相同内容的表述，通常称为开尔文-普朗克表述。

人们把从单一热源取热并使之完全转变为功的热机成为“第二类永动机”。如果这样的热机存在，就可以无偿地利用大气环境和海洋中的能量转变功而永不停息，这显然是不可能的，它没有违反热力学第一定律，没有创造能量，转变过程符合能量守恒，但它违反了热力学第二定律的开尔文-普朗克表述。为此，热力学第二定律也可以表述为“第二类永动机是不可能存在的”或单热源热机不做功。

热力学第二定律的上述两种表述从不同的角度反映了热过程的方向性，实质上是统一的，如果违反了其中一种表述，也必然违反另一种表述。

2．热力循环

所有的热力过程必须同时符合热力学第一定律和第二定律才能实现。由热力学第一定律可知，通过工质的体积膨胀可以将热能转变为机械能，但是单一的膨胀过程做功有限，要想连续地使热能转变为机械能，必须使膨胀后的工质恢复到原来的状态，重新具有做功能力。工质经过一系列的状态变化，又重新回到最初状态的全部过程称为热力循环，简称循环。若组成循环的所有过程均为可逆过程，则该循环为可逆循环，否则为不可逆循环。可逆循环在状态参数坐标图上表示为一条封闭的曲线。根据循环所产生的不同效果，可分为正向循环和逆向循环。

1）正向循环及其热效率

将热能转变为机械能的循环称为正向循环。热力发动机都是按正向循环工作的，所以正向循环又称为动力循环或热机循环，图 3-14 表示 1 个正向循环。

在正向循环中，系统经历 1—2—3 的膨胀过程从高温热源 T_1 吸收热量 Q_1，对外做功 W。为实现循环，系统还要经历 3—4—1 的压缩过程，在此过程中，系统向低温热源 T_2 放热 Q_2。由图 3-14 可以看出，膨胀过程 1—2—3 所做的功大于 3—4—1 压缩过程消耗的功，膨胀功与压缩功的差值在 p-v 图用循环曲线 1—2—3—4—1 围成的面积表示。

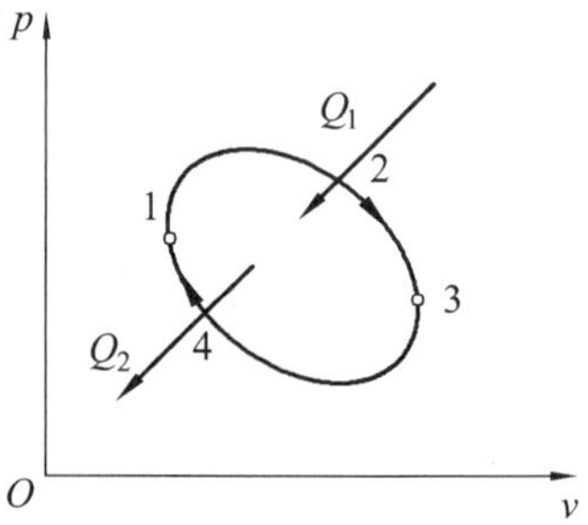

图 3-14　正向循环

系统经历一个循环回到初始状态，热力学能变化为零，即 $\oint \mathrm{d}U = 0$，根据热力学第一定律能量方程

$$\oint \delta Q = \oint \mathrm{d}U + \oint \delta W = \oint \delta W \tag{3-40}$$

式（3-40）表明循环净功等于循环净热量。

$$Q_1 - Q_2 = W \tag{3-41}$$

在正向循环中，工质从热源得到的热量不能全部转变为机械能，所获得的机械能与吸收

的热量之比称为热效率。工程上，将循环净功W与从高温热源的吸热量Q_1之比称为热效率，以η_t表示

$$\eta_t = \frac{W}{Q_1} = \frac{Q_1 - Q_2}{Q_1} = 1 - \frac{Q_2}{Q_1} \tag{3-42}$$

热效率反映了热能转变为机械能的程度大小。热效率越高，热能转换成机械能越大，循环的经济性越好。但实际的循环中，热效率η_t总是小于 1 的，即热能不可能全部转变为机械能。

2）逆向循环和工作系数

逆向循环是消耗机械能（或其他能量），将热量从低温热源传递到高温热源的循环。如制冷装置及供暖的工作循环。在p-v图上，逆向循环是按逆时针方向进行的，如图 3-15 所示。1—4—3 为膨胀做功过程，工质从低温热源吸收热量Q_2；3—2—1 为消耗功的压缩过程，并向高温热源放出热量Q_1。循环中消耗净功为W。

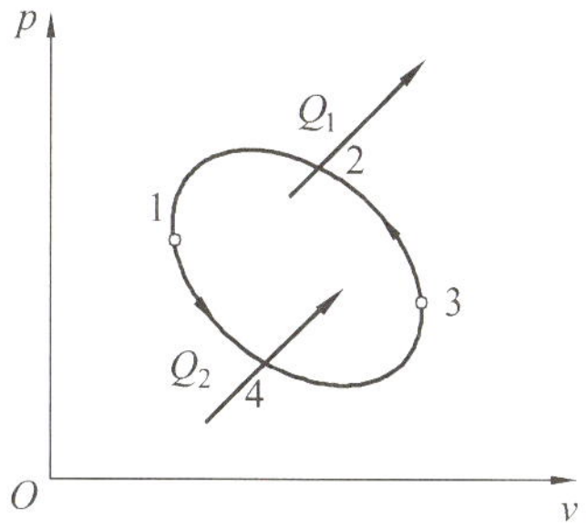

图 3-15　逆向循环

由热力学第一定律能量方程

$$\oint \delta Q = \oint \mathrm{d}U + \oint \delta W \tag{3-43}$$

即
$$Q_1 - Q_2 = W \quad 或 \quad Q_1 = Q_2 + W$$

可见，逆向循环中向高温热源放出热量Q_1，来自从低温热源的吸热量Q_2和消耗的循环净功W。消耗功是完成逆向循环的必要条件。

逆向循环的经济性通常用工作系数来表示，工作系数是逆向循环的收益与代价的比值，在制冷循环中目的是将热量从低温空间取出，排向温度较高的大气。供暖装置（热泵）是从大气中取热，送至温度较高的屋内，从而达到取暖的目的。

制冷装置的工作系数称为制冷系数，用ε表示：

$$\varepsilon = \frac{Q_2}{W} = \frac{Q_2}{Q_1 - Q_2} \tag{3-44}$$

供暖的工作系数称为供热系数，用ε'表示：

$$\varepsilon' = \frac{Q_1}{W} = \frac{Q_1}{Q_1 - Q_2} \tag{3-45}$$

3）可逆循环与不可逆循环

循环依据可逆性分为可逆循环与不可逆循环。全部由可逆过程组成的循环称为可逆循环。系统经历一个可逆循环后，整个系统与外界都恢复到原态，而不留下任何改变。一切可逆循环均为理想循环。

如果循环中有部分过程或者全部过程是不可逆的，就是不可逆循环。不可逆循环中存在一定的内外耗散。实际循环严格地讲均属于不可逆循环。

4）卡诺循环

热力学第二定律指出，热机的热效率不可能达到100%，那么在确定的工作条件下热机的工作效率可能达到的最大限度是多少？1824年法国工程师卡诺（Carnot）提出了一种理想的热机工作循环——卡诺循环。

卡诺循环是由两个定温过程和两个可逆绝热过程组成的可逆循环，如图3-16所示。

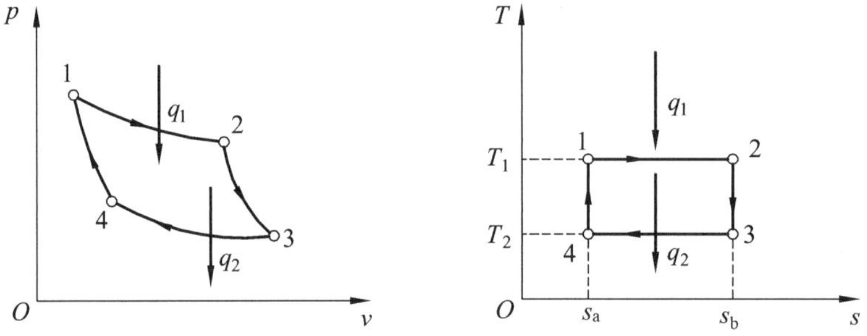

（a）压容图　　　　（b）温熵图

图3-16　卡诺循环示意图

图3-16中，1—2为定温吸热过程，系统从高温热源T_1吸热q_1；2—3为绝热膨胀过程，系统对外做功；3—4为定温放热过程，系统向低温热源T_2放出热量q_2；4—1为绝热压缩过程，外界对系统做功。由T-s图得出

$$q_1 = T_1(S_b - S_a) \tag{3-46}$$

$$q_2 = T_2(S_b - S_a) \tag{3-47}$$

代入式（3-42），可得卡诺循环的热效率为

$$\eta_{tc} = \frac{w}{q_1} = 1 - \frac{q_2}{q_1} = 1 - \frac{T_2(s_b - s_a)}{T_1(s_b - s_a)} = 1 - \frac{T_2}{T_1} \tag{3-48}$$

由式（3-48）可得出如下结论：

（1）卡诺循环的热效率只取决于高温热源的温度T_1与低温热源的温度T_2，而与工质的性质无关。提高高温热源的温度T_1，或降低低温热源的温度T_2，都可以提高热效率。

（2）因为$T_2 > 0$，所以热效率总小于1。

（3）若$T_1 = T_2$，即只有单一热源提供热量进行循环做功是不可能的。

5）逆卡诺循环

沿卡诺循环的反向进行，即为逆卡诺循环，如图3-17所示。图中，2—3为定温吸热过程，系统从低温热源T_2吸收热量q_2；3—4为定熵压缩过程；4—1为定温放热过程，系统向高温热源T_1放热q_1；1—2为定熵膨胀过程。同样可得逆卡诺循环的工作系数。

理想制冷循环的制冷系数

$$\varepsilon_c = \frac{q_2}{w} = \frac{q_2}{q_1 - q_2} = \frac{T_1(s_b - s_a)}{T_1(s_b - s_a) - T_2(s_b - s_a)} = \frac{T_2}{T_1 - T_2} \tag{3-49}$$

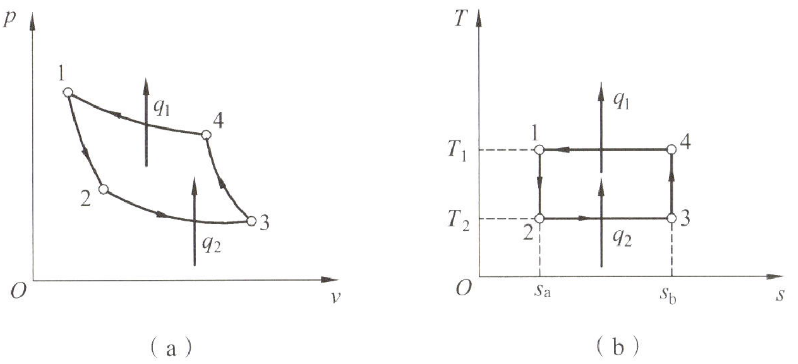

图 3-17　逆卡诺循环示意图

理想供热循环的供热系数

$$\varepsilon_c' = \frac{q_1}{w} = \frac{q_1}{q_1 - q_2} = \frac{T_1}{T_1 - T_2} \tag{3-50}$$

由以上分析可见：

（1）逆卡诺循环的工作系数与工质性质无关，只取决于高温热源 T_1 和低温热源 T_2 的温度。

（2）制冷系数随低温热源温度 T_2 升高及高温热源温度 T_1 降低而增大。

（3）供热系数总大于 1，并随高温热源温度 T_1 降低及低温热源温度 T_2 升高而增大。

6）卡诺定理

卡诺定理的内容包括：

定理一：在相同的高温热源和低温热源间工作的一切热机以可逆热机的热效率为最高。下面利用反证法证明。如图 3-18 所示，任意热机 E 与可逆热机 R 工作于同温热源 T_1、T_2 之间，假设 E 的热效率大于可逆机 R，即 $\eta_E > \eta_R$，则在获得相同功量时，E 的吸热量 Q_1 要小于 R 的吸热量 Q_1'，即 $Q_1' > Q_1$。

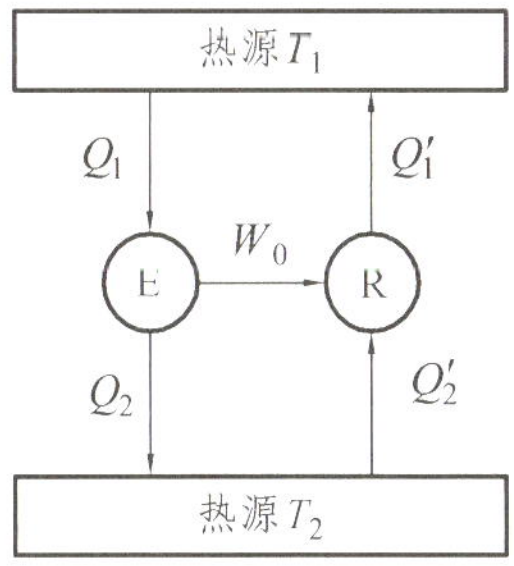

图 3-18　卡诺定理证明

让可逆机 R 按逆循环工作，利用不可逆热机 E 带动 R 工作即可得

$$W_0 = Q_1 - Q_2 = Q_1' - Q_2'$$

按照假设 $Q_1' > Q_1$，则 $Q_2' - Q_2 > 0$。

可得出结论：不可逆热机 E 与可逆机 R 联合工作的结果，使热量 $Q_2' - Q_2$ 自动从低温热源 T_2 流向高温热源 T_1，这违反了热力学第二定律，$\eta_E > \eta_R$ 是不对的。若 $\eta_E = \eta_R$，则 E 与 R 联合工作的结果是使工质、高温热源、低温热源都恢复到初态而不留下任何变化，这与 E 是不可逆机的假设相反。唯一的可能是 $\eta_R > \eta_E$，则定理一得证。

定理二：在相同的高温热源和低温热源间工作的一切可逆热机，其热效率相等。

其证明同样可以采用反证法，思想与定理一相同，不再赘述。

卡诺循环与卡诺定理在热力学的研究中具有重要的意义，它解决了热效率的极限问题，指出了提高热效率的途径。卡诺循环在实际工程中是不能实现的，它的指导意义在于改进实际热机循环的方法是使其尽可能地接近卡诺循环。

【例 3-3】 某热机在高温热源 1 000 K 和低温热源 300 K 之间工作。问能否实现对外做功 1 000 kJ，向低温热源放热 200 kJ。

解 计算该热机从高温热源吸收热量

$$Q_1 = Q_2 + W = 1\ 200\ \text{kJ}$$

该热机的热效率

$$\eta_t = \frac{W}{Q_1} = \frac{1\ 000}{1\ 200} = 0.833$$

在相同条件下工作的可逆热机的热效率

$$\eta_{tc} = 1 - \frac{T_2}{T_1} = 1 - \frac{300}{1\ 000} = 0.7$$

$\eta_t > \eta_{tc}$，显然这一结果违反了卡诺定理，因此是不能实现的。

【例 3-4】 冬季利用热泵为房屋供暖，使室内温度保持 20 °C，需向室内供热 3 000 W，室外环境温度为 − 5 °C，试求带动该热泵工作需要的最小功耗是多少？

解 热泵按逆卡诺循环工作时耗功最小，此时供热系数

$$\varepsilon_c' = \frac{T_1}{T_1 - T_2} = \frac{20 + 273}{(273 + 20) - (273 - 5)} = \frac{295}{25} = 11.8$$

带动热泵的最小耗功

$$W_{min} = \frac{Q_1}{\varepsilon_c'} = \frac{3\ 000}{11.8}\ \text{W} = 254.2\ \text{W}$$

五、制冷循环过程

制冷就是使自然界的某物体或空间温度达到低于周围环境温度，并在一定时间内维持该温度。实现制冷可采用天然冷源和人工冷源两种途径。

天然冷源如深井水或天然冰，能冷却物体或空间的空气。天然冷源具有价廉和不需要复杂技术设备等优点，但受时间、地区等条件限制，而且不宜用来大量获取 0 °C 以下温度。

19 世纪中叶，第一台机械制冷装置问世，人们开始采用人工冷源。利用人工方法，依靠一定的机械装置，通过工质的状态变化，消耗一定的能量（电能、热能、太阳能等）来达到人工制冷的目的称为人工制冷。人工制冷的方法及所能达到的温度范围见表 3-2。

空气调节用制冷机组主要采用液体气化制冷法，其中包括蒸气压缩式制冷、蒸气喷射式制冷等，能够达到普通制冷范围。本书重点讲述蒸气压缩式制冷（单级）。

蒸气压缩式制冷的实质是利用制冷剂（俗称冷媒或雪种）从低温房间（物体）不断吸走热量，以维持其低温（低于房间周围环境温度），并将热量转移到高温物体（环境介质）中的一种逆向循环。夏季空调一般采用制冷循环，冬季空调一般采用制热循环。

表 3-2　人工制冷的方法及温度范围

人工制冷方法	制冷原理	温度范围	制冷工质	制冷范围
蒸气压缩式制冷	利用液体气化时吸热的原理	环境温度～−153.15 °C	氟利昂 氨水 溴化锂溶液 碳氢化合物	普通制冷
吸收式制冷	利用液体气化时吸热的原理			
蒸气喷射式制冷	利用喷射器来引射气体提高蒸气压力			
气体绝热膨胀制冷	利用高压气体膨胀时吸热使空间温度降低原理制冷	−153.15～−268.94 °C	空气 甲烷 氮气 氧气	深度制冷
绝热放气制冷	利用刚性容器中高压气体绝热放气时温度降低的原理制冷			
半导体制冷	也称热电制冷，是利用金属的温差电效应，在两种不同金属组成的热电偶中通电流，在不同结点中产生吸热和放热效应来制冷			
磁制冷	利用顺磁性物质绝热去磁过程中温度会降低的磁热效应来制冷	−268.94 °C以下	氦气	低温和超低温制冷

单级压缩蒸气制冷装置主要由压缩机、冷凝器、节流阀和蒸发器组成，其装置原理如图 3-19 所示。

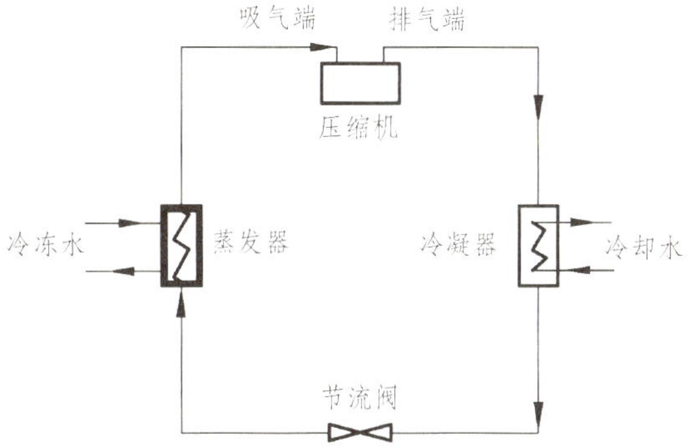

图 3-19　蒸气压缩式制冷装置

蒸气压缩式制冷循环　　制冷循环　　蒸气压缩式制冷原理

蒸气压缩制冷循环的工作原理是由制冷压缩机抽吸从蒸发器流过来的低压、低温制冷剂蒸气，经压缩机压缩成高压、高温蒸气而排出，这样就把制冷剂蒸气分成了高压区和低压区。

从压缩机的排出口至节流元件的入口端为高压区，该区压力称高压压力或冷凝压力，温度称为冷凝温度。从节流元件的出口至压缩机的吸入口为低压区，该区压力称为低压压力或蒸发压力，温度称为蒸发温度。正是由于压缩机造成的高压和低压之间的压力差，才使制冷剂在系统内不断地流动。一旦高、低压之间的压力差消失，即高低压平衡，制冷剂就停止了流动。高压区和低压区压力差的产生及压力差的大小，完全是压缩机压缩蒸气的结果，压缩机一旦失去推动压缩蒸气的能力，即形成的压力差很小，制冷循环也就不存在了。压缩机不停地运转是靠消耗电能或机械能来实现的。蒸气压缩式制冷循环可概括为下面 4 个过程。

（1）蒸发过程：液体制冷剂经节流元件流入蒸发器后，由于压力的降低，开始沸腾汽化，其汽化（蒸发）温度与压力有关。液体汽化过程中，吸收周围介质（水、空气或物品）的热量，这些介质由于放出热量而温度降低，实现了制冷的目的。液体的汽化是一个逐渐的过程中，最终所有的液体变为干饱和蒸气，继而流入压缩机的吸气口。

（2）压缩过程：为维持一定的蒸发温度，制冷剂蒸气必须不断地从蒸发器引出，从蒸发器出来的制冷剂蒸气被压缩机吸入并被压缩成高压气体，由于压缩过程中，压缩机要消耗一定的机械能，机械能在此过程中转换为热能，所以制冷剂蒸气的温度有所升高，制冷剂蒸气呈过热状态。

（3）冷凝过程：从制冷压缩机排出的高压制冷剂蒸气，在冷凝器放出热量，把热量传给它周围的介质——水或空气，从而使制冷剂蒸气逐渐冷凝成液体。在冷凝器中，制冷剂蒸气向介质散发热量有两个基本条件：一是制冷剂蒸气冷凝时的温度一定要高于周围介质的温度，保持适当的温差；二是根据压缩机送入冷凝器的制冷剂蒸气的多少，冷凝器要有适当的管长和面积，以保证制冷蒸气能在冷凝器中充分冷凝。

（4）节流过程：从冷凝器出来的制冷液体经过降压设备（如节流阀、膨胀阀等）减压到蒸发压力。节流后的制冷剂温度也下降到蒸发温度，并产生部分闪发蒸气。节流后的气流混合物进入蒸发器进行蒸发过程。

六、制冷循环压焓图表述

压缩制冷装置中的制冷剂（俗称冷媒、雪种）常用的有氨（R717）和氟利昂等。氟利昂有 R11（一氟三氯甲烷）、R22（二氟一氯甲烷）、R23（三氟甲烷）、R134a（四氟乙烷）、R123（三氟二氯乙烷）等。

在进行制冷循环的热力分析时，通常借助制冷剂热力性质表或 $\lg p$-h 图来确定其状态参数。制冷剂的热力性质表的编制方法有三种形式：按温度排列的饱和液体和蒸气的热力性质表；按压力排列的饱和液体和蒸气的热力性质表；按压力和温度排列的过热蒸气热力性质表。可查询相关专业资料获取。而更直观的表述制冷循环的是压焓图（$\lg p$-h 图）。如图 3-20 所示，以制冷循环工质——制冷剂的焓为横坐标，压力为纵坐标，为了缩小幅面，压力采用对数刻度（但图上读取的仍是压力值，而不是压力的对数值）。

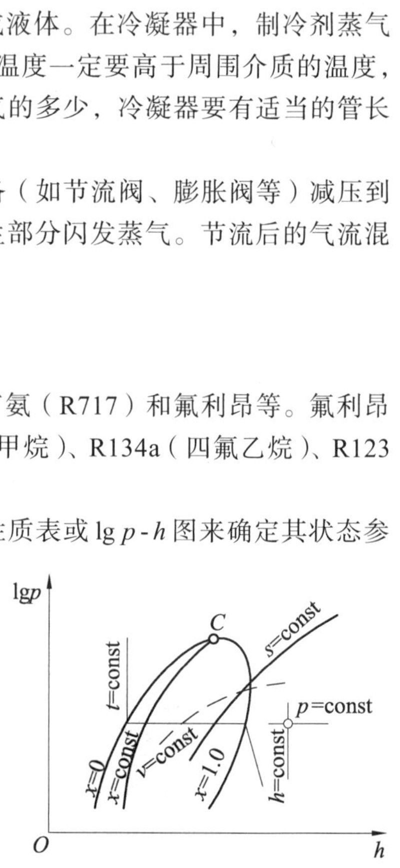

图 3-20　压焓图（$\lg p$-h 图）

在 $\lg p$-h 图中，饱和液体线（$X=0$）与干饱和蒸气线

（$X=1$）相交于临界点 C。整个图分成三个区，下界区（$X=0$）左侧为过冷液体（或未饱和液体）区；下界线与上界线（$X=1$）之间是湿蒸气区，上界线的右侧为过热蒸气区。图中共有六组状态参数线簇，介绍如下：

（1）定压线簇：定压线是一组水平线。

（2）定焓线簇：定焓线是一组垂直线。

（3）定温线簇：定温线在过冷液体区是一组近似垂直线，在湿蒸气区是一组水平线，与相应的定压线重合；在过热蒸气区是一组斜向下的曲线。

（4）定比体积线簇：定比体积线在湿蒸气区是一组向右上方倾斜的曲线，在过热蒸气区是向右上方倾斜的幅度更大。

（5）定熵线簇：定熵线是一组向右上方倾斜的曲线，其斜率比定比体积线的斜率大。

（6）定干度线：定干度线只在湿蒸气区内绘出，是一组自临界点向下发散的曲线，由 $X=0$ 线逐渐增大至 $X=1$ 线。

常见制冷剂 R22（二氟一氯甲烷）、R134a（四氟乙烷）、R717（氨）的 $\lg p$-h 图见附录 A、附录 B、附录 C。

1．单级压缩蒸气制冷理论循环在 $\lg p$-h 图上的表示

如图 3-21 所示，状态点 1：压缩机的吸气状态点。由蒸发压力 p_0 的定压线与 $X=1$ 的饱和蒸气线的交点可确定状态点 1。

状态点 2：压缩机的排汽状态点。由过点 1 的定熵线与冷凝压力 p_k 的定压线的交点可确定状态点 2。1—2 过程：表示制冷剂蒸气在压缩机进行绝热压缩的过程。

状态点 4：冷凝器的出口状态点。由定压线 p_k 与 $X=0$ 的饱和液体线的交点确定 4。2—3—4 过程：表示制冷剂在冷凝器中的定压冷却过程（2-3）、凝结（3-4）过程。

状态点 5：蒸发器进口的状态点。由过点 4 的垂直线与 p_0 的定压线的交点确定点 5。4—5 过程：表示制冷剂在节流阀中绝热节流过程。5—1 过程：表示制冷剂在蒸发器内进行定压蒸发吸热过程。

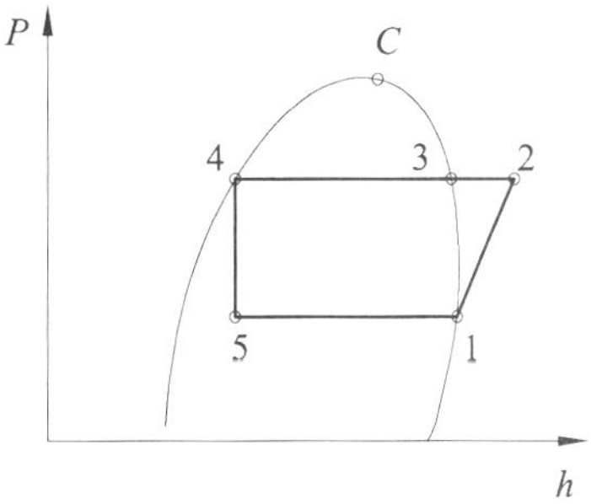

图 3-21 单级压缩蒸气制冷理论循环 P-H 图

2．单级压缩蒸气制冷理论循环性能分析

（1）制冷剂在蒸发器内吸收低温物体的热量 q_0：

$$q_0 = h_1 - h_5$$

（2）制冷剂在冷凝器内向外界环境排出的热量 q_k：

$$q_k = h_2 - h_4$$

（3）循环净功 w_0：

$$w_0 = h_2 - h_1$$

（4）制冷系数 ε_0：

$$\varepsilon_0 = \frac{q_0}{w_0} = \frac{h_1 - h_5}{h_2 - h_1}$$

【例 3-5】 以 R134a 为制冷剂的单级压缩制冷理论循环，蒸发温度为 − 20 °C，冷凝温度 40 °C，求：理论循环的制冷系数。

解 根据题意，查 R134a 的热力性能表及 lg p-h 图可得

$$p_0 = 133\ \text{kPa} \qquad h_1 = 235.8\ \text{kJ/kg}$$

$$p_k = 1\ 017\ \text{kPa} \qquad h_2 = 280.3\ \text{kJ/kg}$$

$$h_4 = h_5 = 105.7\ \text{kJ/kg}$$

故可求得

$$q_0 = h_1 - h_5 = 235.8 - 105.7\ (\text{kJ/kg}) = 1\ 301\ (\text{kJ/kg})$$

$$w_0 = h_2 - h_1 = 280.3 - 235.8\ (\text{kJ/kg}) = 44.5\ (\text{kJ/kg})$$

$$\delta_0 = \frac{q_0}{w_0} = \frac{130.1}{44.5} = 2.92$$

3．液体过冷的单级压缩蒸气制冷循环

制冷剂在冷凝器中液化后、进入节流机构之前，将液态制冷剂再降温成为过冷液体的做法称为液体过冷制冷循环。带有液体过冷的制冷系统能增加制冷量。

如图 3-22 所示，图中 1—2 是压缩机等熵压缩，2—3 是冷凝器的等压放热，3—3′是过冷器或过冷段的等压传热，3′—4 是节流阀的等焓节流，4—1 是蒸发器的等压吸热。

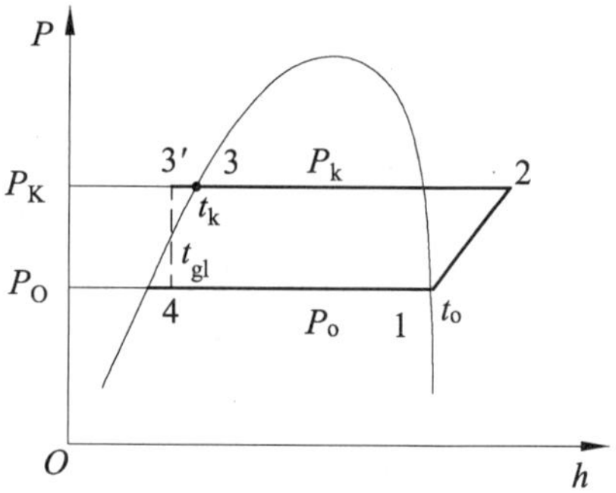

图 3-22　带液体过冷的制冷系统压焓图

制冷系统实现液体过冷的方法有冷凝器后装过冷器；设计、选型时，适当增大冷凝器面积；制冷系统中设置回热器，采用回热循环。

制冷系统带过冷可提高单位质量制冷量，但耗功量不变，制冷系数增大。

4．蒸气过热的单级压缩蒸气制冷循环

制冷剂在蒸发器中气化后、继续吸热升温，使压缩机吸气温度高于其饱和温度的做法称为蒸气过热。制冷系统带蒸气过热能够保证压缩机吸入的制冷剂蒸气是干蒸气。

如图 3-23 所示，图中 1′—2 是压缩机的等熵压缩，2—3 是冷凝器的等压放热，3—4 是节流阀的等焓节流，4—1 是蒸发器的等压吸热，1—1′ 是过热段的等压传热。

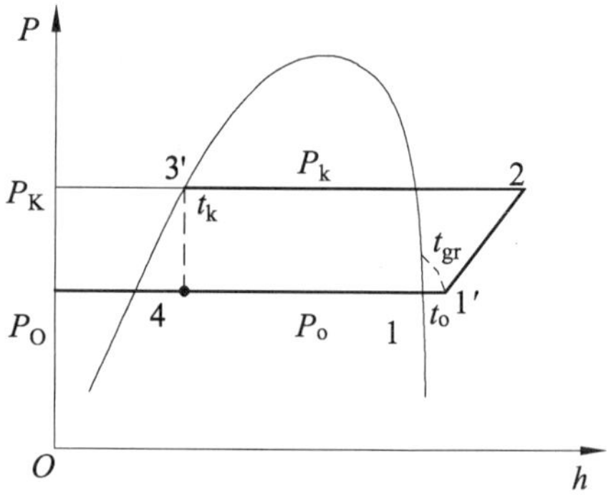

图 3-23　带蒸气过热的制冷系统压焓图

制冷系统实现蒸气过热的方法有使蒸发器实际面

积大于设计所需面积，过热段吸收的热量来自被冷却的介质（如空调房间空气或被冷却物质），是有效过热；如果由于蒸发器与压缩机间的连接管道吸取外界环境热量，则过热吸收热量来自被冷却介质以外，无制冷效果，因此称为有害过热；如果系统中设置回热器，也属于有害过热，但由于过冷过程伴随，因此利弊随行。

制冷系统存在有害过热，则单位压缩功增加，单位制冷量不变，单位冷凝负荷增大，进入压缩机的制冷剂比容增大，压缩机的排气温度升高。

制冷系统存在有效过热，则单位压缩功增加，单位制冷量增加，单位冷凝负荷增大，进入压缩机的制冷剂比容增大，压缩机的排气温度升高。

在实际氨作为工质的制冷系统过热度约 5 °C。氟利昂制冷系统一般取可采取较大的过热度,过热温度不超过 15 °C。

5. 带回热的单级压缩蒸气制冷循环

冷凝后的制冷剂液体与蒸发后的制冷剂蒸气进行热交换，实现液体过冷、蒸气过热的制冷循环称为回热制冷循环。

如图 3-24 所示，图中 1′—2 是压缩机的等熵压缩，2—3 是冷凝器的等压放热冷凝，3—3′是回热器的等压放热过冷，3′—4 是节流阀的等焓节流，4—1 是蒸发器的等压吸热制冷，1—1′是回热器的等压吸热过热过程。

制冷系统实现回热循环方法有系统中设回热器或将吸气管与供液管绑扎。

带回热的制冷系统单位压缩功增加，单位制冷量增加，但回热循环不一定能提高制冷系数。

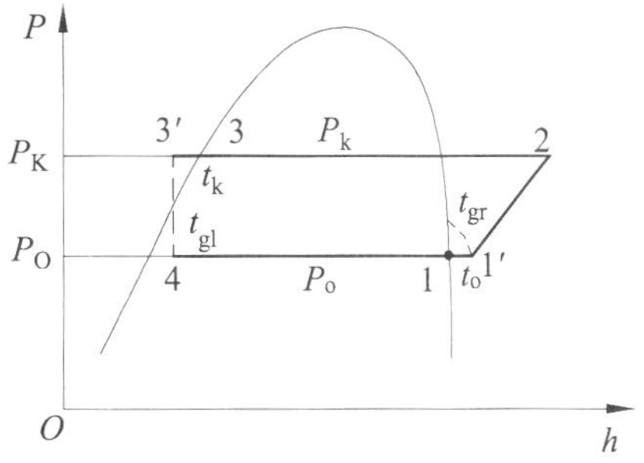

图 3-24 带回热的制冷系统压焓图

氨系统不采用回热循环，回热只适合在氟利昂制冷系统中使用。

6. 蒸发压力和冷凝压力对制冷量的影响

当冷凝压力不变的情况下，蒸发压力提高，制冷量增大。用压焓图对蒸发压力变化引起制冷量变化的分析过程如图 3-25 所示。图中 1—2—3—4 是一个制冷循环系统，蒸发温度为 0 °C，冷凝温度为 30 °C，对应的单位质量制冷量为 (h_1-h_4) kJ/kg，如果将蒸发温度提高到 5 °C（蒸发压力也相应提高），维持冷凝压力不变，制冷循环系统变为 1′—2′—3—4′。对应的单位质量制冷量变为 $(h_1'-h_4)$ kJ/kg，其中 $h_1'>h_1$，制冷量变大，而消耗的功由原来的 h_2-h_1 减少到 $h_2'-h_1'$。因此，从以上分析可知，蒸发压力提高（蒸发温度提高），产出的制冷量增大，制冷系数提高。

当蒸发压力不变的条件下，冷凝压力增高，制冷量将下降。用压焓图对冷凝压力变化引起制冷量变化的分析过程如图 3-26 所示。图中 1—2—3—4 是一个制冷循环系统，蒸发温度为 0 °C，冷凝温度为 30 °C，对应的单位质量制冷量为 (h_1-h_4) kJ/kg，如果将冷凝温度提高到 35 °C（冷凝压力也相应提高），维持蒸发压力不变，制冷循环系统变为 1—2′—3′—4′。对应的单位质量制冷量变为 (h_1-h_4') kJ/kg，由于 $h_4'>h_4$，因此制冷量会变小，而消耗的功由原来的 h_2-h_1 增加到 $h_2'-h_1$。因此，从以上分析可知，冷凝压力提高（冷凝温度提高），产出的制冷量会减小，制冷系数下降。

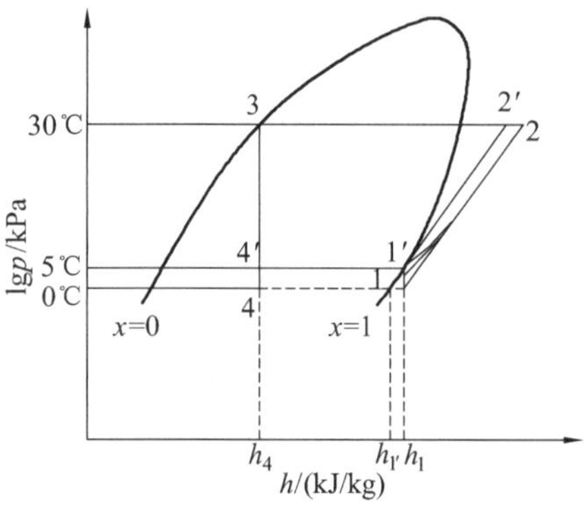

图 3-25 蒸发压力对制冷量的影响

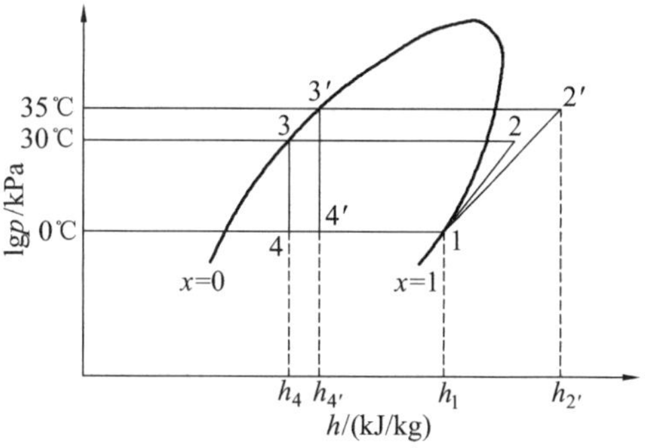

图 3-26 冷凝压力对制冷量的影响

7．单级压缩蒸气制冷实际循环

实际制冷循环过程与理论循环存在一定的区别，理论循环是由两个定压过程、一个绝热压缩过程和一个绝热节流过程组成。实际循环与理论循环之间存在如下差别：

（1）制冷剂在压缩机中的压缩过程是非等熵过程（即非绝热过程）。

（2）制冷剂通过压缩机吸、排气阀有流动阻力和热量交换。

（3）制冷剂通过管道和设备时，与管壁和设备壁之间存在摩擦阻力，并与外界存在热交换。

（4）冷凝器和蒸发器内存在流动阻力，导致高压气体在冷凝器中冷却、冷凝和在蒸发器中汽化都是非等压过程，并与外界存在热交换。

因此，实际制冷循环存在阻力损失和与外界的热量交换，4 个基本热力过程（压缩、冷凝、节流、蒸发）均为不可逆过程，导致实际循环的制冷系数小于理论制冷系数。

蒸气压缩式实际制冷循环如图 3-27 所示。其中 4′—1 表示制冷剂在蒸发器中的气化与降压过程；1—1′表示蒸气在吸气管中的加热和降压过程；1′—1″表示蒸气经过吸气阀的加热与降压过程；1″—2′表示实际的多变压缩过程；2′—2″表示排气经排气阀的降压过程；2″—3 表示气体经排气管进入冷凝器的降压过程；3—4′ 表示制冷剂液体流经节流阀进行的降温降压过程。

实际制冷循环在实际工作中很难进行计算，一般都是以理论循环作为计算基础，然后再进行修正来提高制冷系统的经济性。

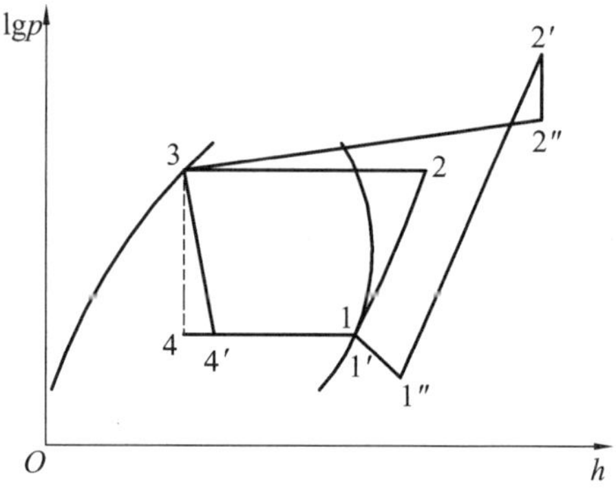

图 3-27 蒸气压缩式实际制冷循环 lg$p$-h 图

任务小结

本任务通过对制冷基础知识，如工质、工质参数、热力过程、热力学定律的应用和制冷循环及压焓图表达的学习，掌握制冷机组的工作原理，从而通过过程现象从根源上找到缘由。

任务2
认知制冷机组的分类与组成

任务目标

了解制冷机组的分类依据，熟悉典型蒸气压缩式制冷机组的主要组成部分，熟悉在制冷机组中的工作物质及其特性。

案例引入

制冷机组如何分类？蒸气压缩式制冷机组由哪些部件组成？制冷工质如何选择？

案例分析

制冷机组的分类依据不同，分类名称也不同；蒸气压缩式制冷机组主要由四大部件组成；制冷剂与载冷剂在制冷系统中的作用。

知识链接

为空调系统提供冷量和热量的设备称为空调冷热源设备。冷源通常指制冷机组、空调器的蒸发器等，热源通常指热泵型冷热水机组、锅炉、电加热器等。本书主要针对冷源的制冷机组来进行阐述。

制冷机组由四大主要部件压缩机、冷凝器、节流装置和蒸发器通过管路连接，加上各种控制阀和辅助部件等形成有机整体，共同构成完整成套设备。通过压缩机提供动力，驱动制冷剂在四大部件间不断循环。

制冷机组是生产冷水的制冷装置，广泛应用于空调系统和工业生产中，各种制冷机组都是在设备制造厂完整组装的成套设备，到使用现场只需要进行水系统和电气控制系统连接，即可使用。冷水机组具有结构紧凑、占地面积小、自动化程度高、安装方便、维护简单等优点。制冷机组的分类：

（1）按制冷机组的驱动动力不同，可分为电力驱动和热力驱动冷水机组；

（2）蒸气压缩式制冷机组按压缩机形式不同，可分为活塞式、离心式、螺杆式和涡旋式冷水机组；

（3）吸收式制冷机组按热源方式不同，可分为蒸气型、热水型和直燃型冷水机组。

其中蒸气压缩式制冷机组是典型的制冷机组，目前应用最广泛，本书做重点讲解。

中央空调机组操作

制冷机组的综合特性见表 3-3。

表 3-3　制冷机组综合特性

制冷机种类		制冷剂	单机制冷量/kW	性能系数（COP）
压缩式制冷机组	活塞式	R22、R134a、（R12）	52 ~ 1 060	3.75 ~ 4.16
	离心式	R123、（R11）	352 ~ 3 870	4.76 ~ 5.90
		R134a、（R12）	250 ~ 28 150	
		R22	1 060 ~ 35 200	
	螺杆式	R22、（R12）	352 ~ 3 870	4.50 ~ 5.56
	涡旋式	R22	< 210	4.00 ~ 4.35
吸收式制冷机组	蒸气、热水式	NH_3/H_2O	< 210	> 0.6
		H_2O/LiBr（双效）	240 ~ 5 279	1.00 ~ 1.23
	直燃式	H_2O/LiBr（双效）	240 ~ 3 480	1.00 ~ 1.23

1．活塞式制冷机组

采用活塞式压缩机的制冷机组称为活塞式冷水机组，如图 3-28 所示。

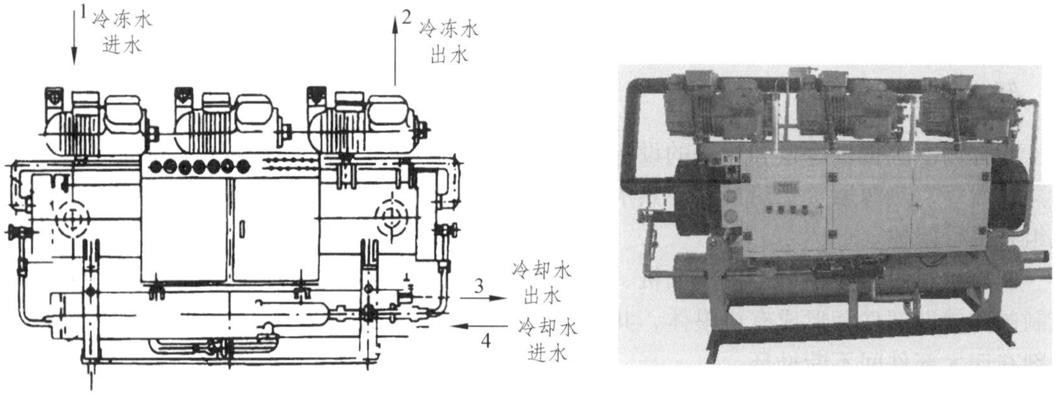

图 3-28　活塞式冷水机组

优点：热效率高，适用多种制冷剂，制造容易，价格较低等。

缺点：结构较为复杂，易损件多、检修周期短，输气不连续、排气压力有脉动，设备振动大、噪声较大等。

活塞式冷水机组适用于中小型系统，目前用得比较少。

2．离心式制冷机组

采用离心式压缩机的制冷机组称为离心式冷水机组，如图 3-29 所示。

特点：单机容量大，与活塞式相比工作可靠、维修周期长，运转平稳、转动小，对基础没有特殊要求。

离心式冷水机组适于大型空调系统。

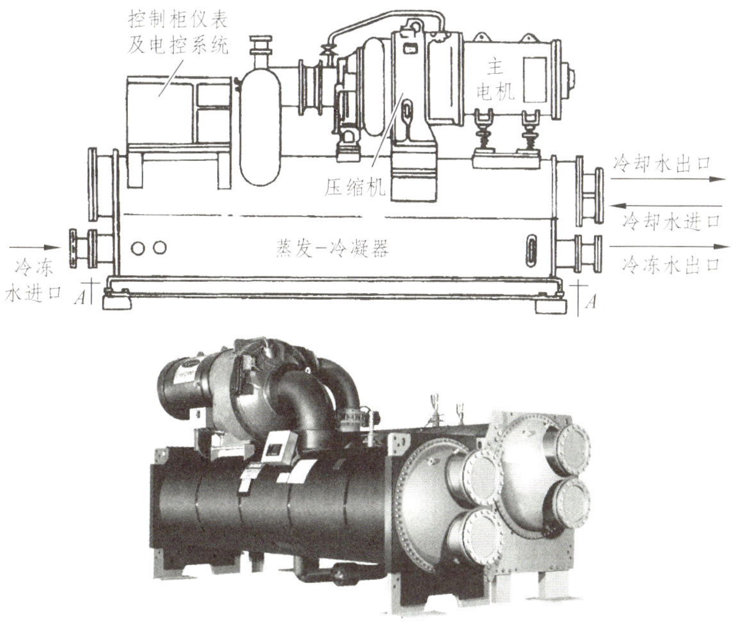

图 3-29　离心式冷水机组

3. 螺杆式制冷机组

采用螺杆式压缩机的制冷机组称为螺杆式冷水机组，如图 3-30 所示。

特点：单机制冷量较大，压缩比高，结构简单，零部件数量为活塞式的 1/10，运转非常平稳，机组安装时可以不装地脚螺栓，直接放在具有足够强度的水平地面上。

4. 风冷式制冷机组

风冷式冷水机组通常采用涡旋式压缩机。

特点：比活塞式压缩机减少 60% 运转部件，排气压力稳定、运行平稳，寿命长、故障率低，但单机冷量小于 210 kW，通常采用风冷冷却方式，适用于小型空调系统。风冷式冷水机组如图 3-31 所示。

图 3-30　螺杆式冷水机组

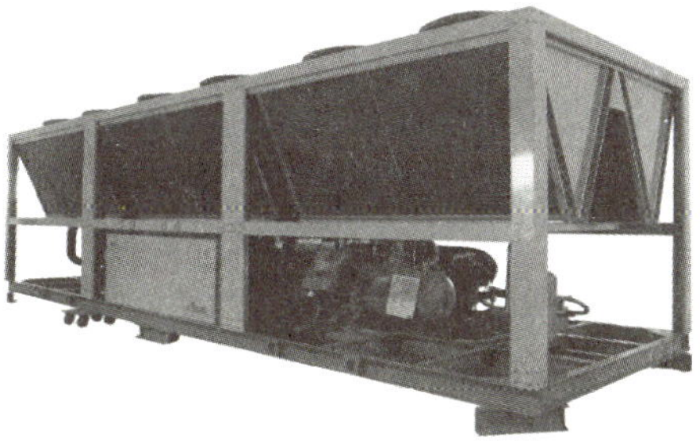

图 3-31　风冷式冷水机组

风冷式中央空调系统

子任务 1　制冷压缩机

一、压缩机的种类

压缩机又称为主机，是蒸气压缩式制冷系统的“心脏”。它具有以下作用：

（1）从蒸发器中吸低压制冷剂蒸气，以保证蒸发器内一定的蒸发压力。

（2）提高压力（压缩），以创造在较高温度下冷凝的条件。

（3）输送制冷剂，使制冷剂完成制冷循环。

制冷压缩机根据其工作原理可分为容积型和速度型两大类，如图 3-32 所示。

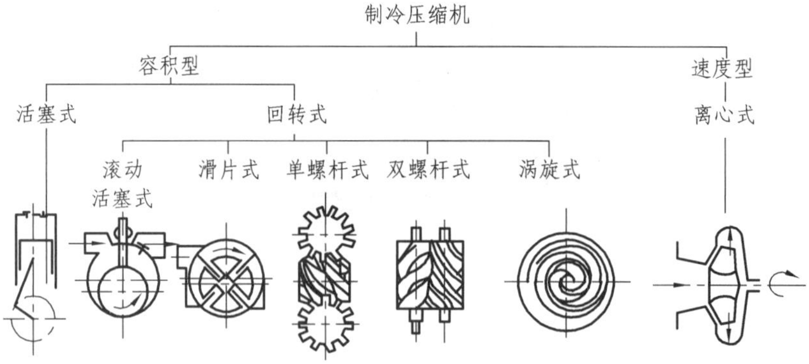

图 3-32　制冷压缩机分类及结构示意图

容积型压缩机是靠改变工作腔的容积，将周期性吸入的定量气体压缩，使气体压力的升高。它有往复活塞式和回转式两种结构形式。

活塞式压缩机是利用曲轴旋转，经过连杆的传动,让活塞往复运动,使气缸内壁、气缸盖和活塞顶面所构成的工作容积内气体压力发生周期性变化，如图 3-33 所示。

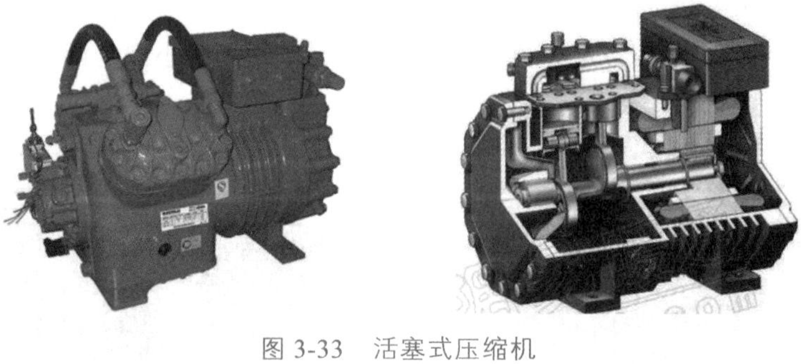

图 3-33　活塞式压缩机

回转式压缩机（螺杆式或涡旋式）是靠回转体的旋转运动替代活塞式压缩机中的活塞的往复运动，以改变气缸的工作容积，从而将一定数量的低压气态制冷剂进行压缩，如图 3-34 和图 3-35 所示。

速度型压缩机是使气体获得一定高速，然后再由气体的速度能转化为压力能，从而使气体压力的升高。如离心式制冷压缩机是靠离心力的作用，连续地将所吸收到的气体压缩，如图 3-36 所示。

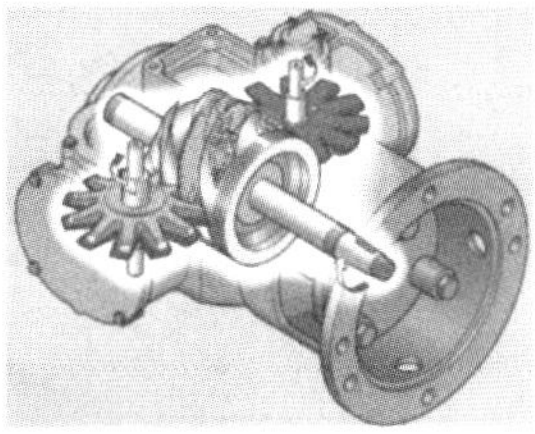

（a）单螺杆压缩机

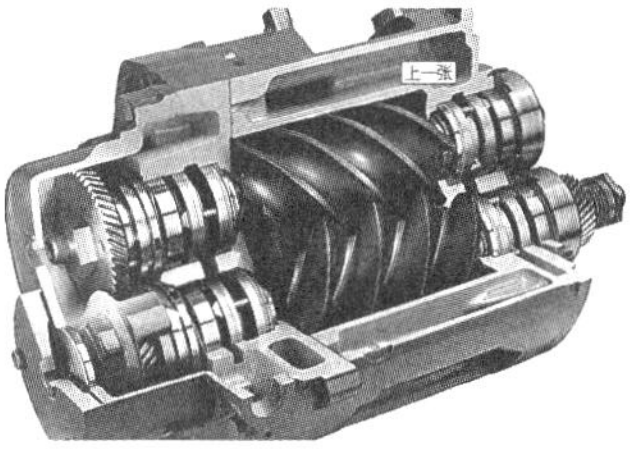

（b）双螺杆压缩机

图 3-34　螺杆式压缩机

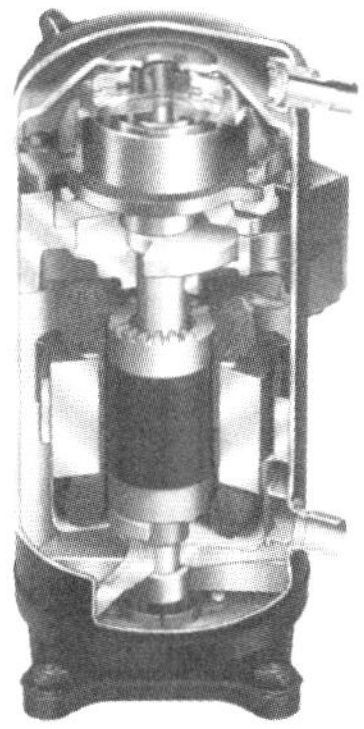

图 3-35　涡旋式压缩机

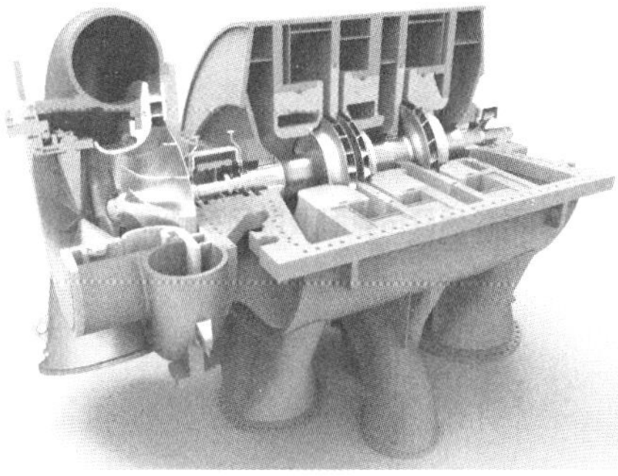

图 3-36　离心式压缩机

按照制冷量的大小可分为大、中、小型制冷压缩机。小型制冷压缩机制冷量小于 60 kW，如活塞式、滚动转子式、涡旋式制冷压缩机都属于小型制冷压缩机；中型制冷压缩机制冷量为 60 ~ 600 kW，如螺杆式、活塞式制冷压缩机；制冷量大于 600 kW 属于大型制冷压缩机，如离心式、螺杆式压缩机等。

二、活塞式（往复式）制冷压缩机

1. 活塞式制冷压缩机的分类

（1）按压缩机气缸分布形式，分为直立形、V 形、W 形、S 形（扇形）和 Y 形（星形），如图 3-37 所示。

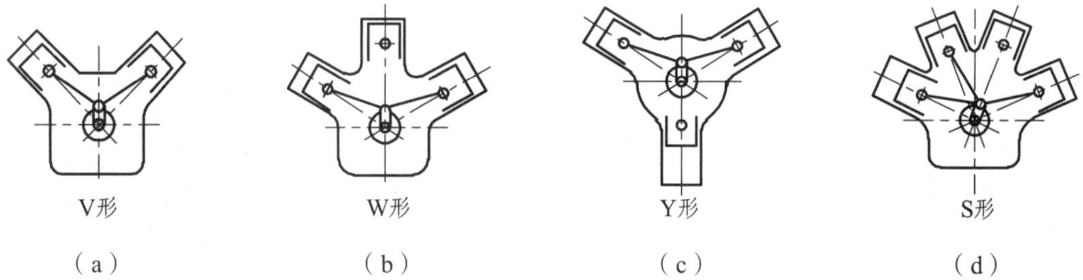

图 3-37　活塞式制冷压缩机气缸分布形式

（2）按使用的制冷剂种类，分为氟利昂和氨制冷压缩机。

（3）按压缩机与电动机的组合形式，分为开启式和封闭式（半封闭和全封闭）。

（4）按压缩机的级数，分为单机单级和单机双级制冷压缩机。

2．活塞式制冷压缩机的工作原理

活塞式压缩机的工作过程实质上是连续运行的过程，可分解为膨胀、吸气、压缩、排气 4 个过程，如图 3-38 所示。

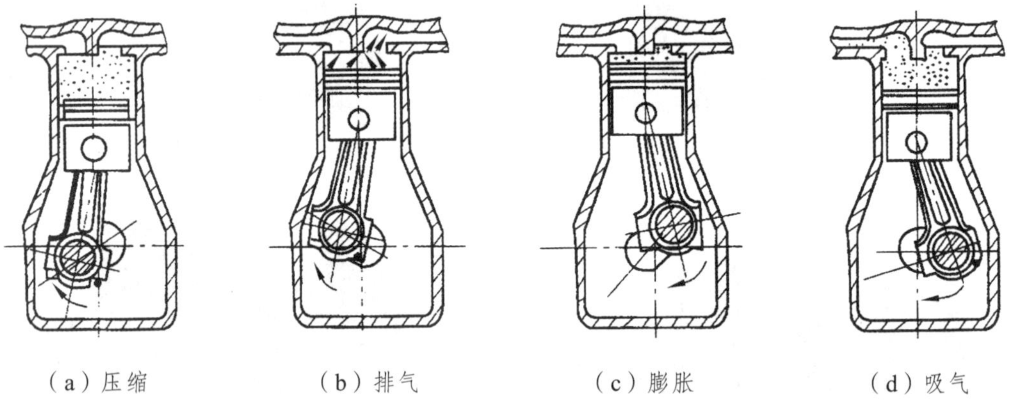

图 3-38　活塞压缩机的工作过程

（1）膨胀过程：活塞向下移动，气缸内剩余气体体积增大，压力降低，当缸内压力低于吸气管内压力时，吸气阀片被顶开，进入吸气过程。

（2）吸气过程：活塞继续向下移动，气体持续进入气缸，当缸内压力大于吸气管内的压力时，吸气阀片落下，关闭吸气。

（3）压缩过程：活塞向上移动，压缩气体，当缸内气体压力高于排气管内压力（冷凝压力）时，排气阀片被冲开，进入排气过程。

（4）排气过程：活塞向上移动，排气阀片打开，气缸内气体排向冷凝器，当缸内气体压力低于冷凝器内压力时，关闭排气阀片。由于活塞未到气缸顶部，存在余隙容积 V_c，这时气缸内仍残留少量高压气体，活塞向下运动，进入膨胀过程。

由此可见，曲轴旋转一周，活塞往复运动一次，压缩机完成了膨胀、吸气、压缩、排气 4 个过程。

三、螺杆式压缩机

1. 螺杆式压缩机的分类

（1）按压缩机与电动机的联接方式，可分为开启式、半封闭式和全封闭式。

（2）按螺杆的个数，可分为单螺杆式和双螺杆式。

（3）按使用的制冷剂的不同，可分为用 R22、R134a 的不同型号的螺杆式压缩机。使用 R22 的螺杆式压缩机的油分离器与压缩机封闭于同一机壳内，使用 R134a 的螺杆式压缩机的油分离器则单独设置。

2. 螺杆式压缩机的工作原理

螺杆式压缩机是一种回转式的容积式压缩机，它是利用一对设在机壳内的螺旋形阴阳转子的啮合运动，来改变齿槽容积完成制冷剂蒸气的压缩。它的工作容积是由啮合运动着的一个阳转子与一个阴转子，并借助于包围这一对转子四周的机壳内壁所形成，如图 3-39 所示。

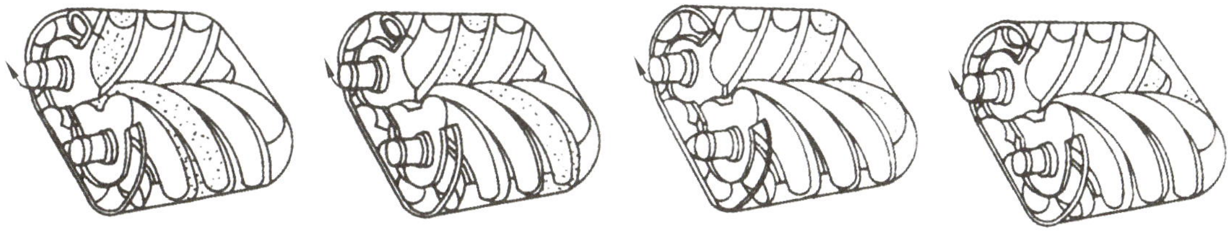

（a）　（b）　（c）　（d）

图 3-39　螺杆式压缩机压缩过程示意图

当转子转动时，转子的齿、齿沟与机壳内壁所构成的空间称为基元容积，其容积大小会发生周期性的变化，同时它还会沿着转子的轴向吸入口侧面移向排出口。将制冷剂蒸气吸入并压缩至一定压力后排出。整个过程如下：

（1）吸气过程：当阳转子及阴转子回转时，其啮合部分在吸入口侧逐渐脱离，齿与齿沟所形成的基元容积逐步变大。由于基元容积吸入口与吸气管相通，随着基元容积的变大，压缩机进行吸气过程，当基元容积增大到最大时（即阳转子的齿和阴转子的齿沟完全脱开），转子虽继续回转，但基元容积也不变化。当基元容积绕过吸入口后，被压缩机端座封闭，与吸气隔开，形成一个封闭容积，完成了吸气过程［见图 3-39（a）］。

（2）压缩过程：转子继续回转，脱开了的阳转子齿和阴转子齿沟在排出口侧又开始了一个新的啮合过程，因其啮合点沿着轴向逐渐向排气口处移动，使基元容积越来越小，而将制冷剂蒸气进行压缩［见图 3-39（b）、（c）］。

（3）排气过程：由于转子继续回转，使基元容积继续减少，气体的压力不断增加。当阳转子齿与阴转子齿沟及机体上的排气口相通（即基元容积与排气口相通）时，排出高压制冷剂蒸气，排气过程一直进行到完全排出气体为止［见图 3-39（d）］。

3. 螺杆式压缩机的特点及应用

螺杆式压缩机只有旋转运动，没有往复运动，因此压缩机的平衡性好，振动小，转速高；排气温度低；结构简单、紧凑，无吸排气阀件，易损件少，可靠性高；对湿压缩不敏感，即便存在少量液体湿压缩没有液击的危险；在低蒸发温度或高压缩比下容积效率高于活塞式压缩机；油系统复杂；在低压缩比下能耗比活塞式大；噪声较大；每台螺杆式压缩机有固定的内容积比，当实际的工作条件（压力比）不符合给定的内容积比时，将导致效率下降。目前，也有内容积比可调的螺杆式压缩机产品。

螺杆式压缩机适用于采用氟利昂为工质的大、中型制冷量的场所，由于螺杆式压缩机在低蒸发温度或高压缩比下容积效率高于活塞式压缩机，所以它用于热泵机组中的特别多。

四、离心式压缩机

1．离心式压缩机的分类

（1）按用途分为冷水机组和低温机组。

（2）按压缩机密封结构分为开启式、半封闭式和全封闭式。

（3）按压缩机级数分为单极和多级压缩机。

2．离心式压缩机的工作原理

离心式制冷压缩机属速度型压缩机，是靠高速旋转的叶轮对气体做功来提高气体的压力。压缩机中气体的流动是连续的，流量比容积型制冷压缩机要大得多。为了产生有效的能量转换，转速非常高。离心式制冷压缩机的吸气量为 0.03 ~ 15 m^3/s，转速为 1 800 ~ 90 000 r/min，吸气温度通常为 + 10 ~ − 100 °C，吸气压力为 14 ~ 700 kPa，排气压力小于 2 MPa，压力比为 2 ~ 30，几乎所有制冷剂都可采用。目前常用的制冷剂有 R22、R123 和 R134a 等。

单级离心式压缩机主要由吸气室、叶轮、扩压器、蜗壳等组成，如图 3-40 所示。对于多级压缩机，还设有弯道和回流器等部件，一个工作叶轮和与其相配合的固定零部件（如吸气室、扩压器、弯道、回流器或蜗壳等）组成压缩机的一个级。多级离心式制冷压缩机的主轴上设置着几个叶轮串联工作，以达到较高的压力比。

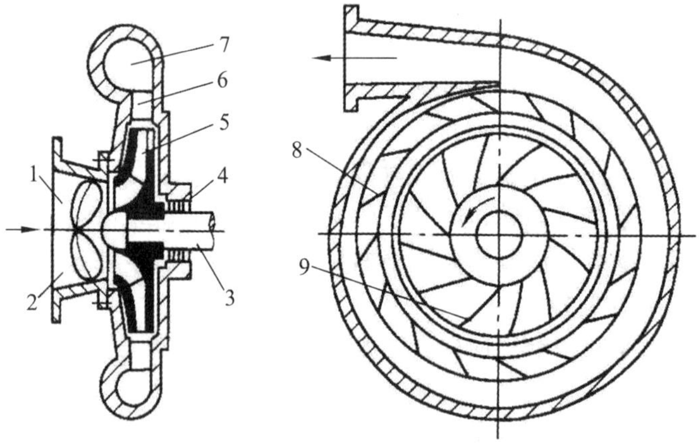

1—吸气室；2—进门可调导流叶片；3—主轴；4—轴封；5—叶轮；6—扩压器；7—蜗壳；8—扩压器叶片；9—叶轮叶片。

图 3-40　单级离心式制冷压缩机简图

单级离心式压缩机工作原理如下：压缩机叶轮 5 旋转时，制冷剂气体由吸气室 1 通过进口可调导流叶片 2 进入叶轮流道，在叶轮叶片 9 的推动下气体随着叶轮旋转。由于离心力的作用，气体沿着叶轮流道径向流动并离开叶轮，同时，叶轮进口处形成低压，气体由吸气管不断吸入。在此过程中，叶轮对气体做功，使其动能和压力能增加，气体的压力和流速得到提高。然后，气体以高速进入断面逐渐扩大的扩压器 6 和蜗壳 7，流速逐渐下降，大部分气体动能转变为压力能，压力进一步提高，然后再排出压缩机。

3．离心式压缩机的特点及应用

因压缩机的工作原理不同，离心式制冷压缩机与活塞式制冷压缩机相比，具有以下特点：

（1）在相同制冷量时，外形尺寸小，重量轻，占地面积小。相同的制冷工况及制冷量，活塞式制冷压缩机比离心式制冷压缩机（包括齿轮增速器）重 5 ~ 8 倍，占地面积大 1 倍左右。

（2）无往复运动部件，动平衡特性好，振动小，基础要求简单。目前对中小型组装式机组，压缩机可直接装在单筒式的蒸发-冷凝器上，无须另外设计基础，安装方便。

（3）磨损部件少，连续运行周期长，维修费用低，使用寿命长。

（4）润滑油与制冷剂基本上不接触，从而提高了蒸发器和冷凝器的传热性能。

（5）易于实现多级压缩和节流，达到同一台制冷机多种蒸发温度的操作运行。

（6）能够经济地进行无级调节。可以利用进口导流叶片自动进行能量调节，调节范围和节能效果较好。

（7）对于大型制冷机，若用经济性高的工业汽轮机直接带动，实现变转速调节，节能效果更好。尤其是有废热蒸气的工业企业，还能实现能量回收。

（8）转速较高，用电动机驱动的压缩机一般需要设置增速器。对轴端密封要求高，这些增加了制造上的困难和结构上的复杂性。

（9）当冷凝压力较高，或制冷负荷太低时，压缩机组会发生喘振而不能正常工作。

（10）制冷量较小时，效率较低。

目前所使用的离心式制冷机组大致可以分成两大类：一类为冷水机组，其蒸发温度在 5 °C 以上，大多用于大型中央空调或制取 5 °C 以上冷水或略低于 0 °C 盐水的工业用场合；另一类是低温机组，其蒸发温度为 – 5 ~ – 40 °C，多用于制冷量较大的化工工艺流程。

五、滚动转子式压缩机

滚动转子式制冷压缩机，是属于容积型回转式压缩机。它是依靠偏心安设在气缸内的旋转转子在圆柱形气缸内做滚动和一个与滚动转子相接触的滑板往复运动实现气体压缩的制冷压缩机。

滚动转子式制冷压缩机主要由气缸、滚动转子、滑板、排气阀等组成，如图 3-41 所示。圆筒形气缸 2 的径向开设有不带吸气阀的吸气孔口和带排气阀的排气孔口，滚动转子 3 装在偏心轴（曲轴）4 上，转子沿气缸内壁滚动，

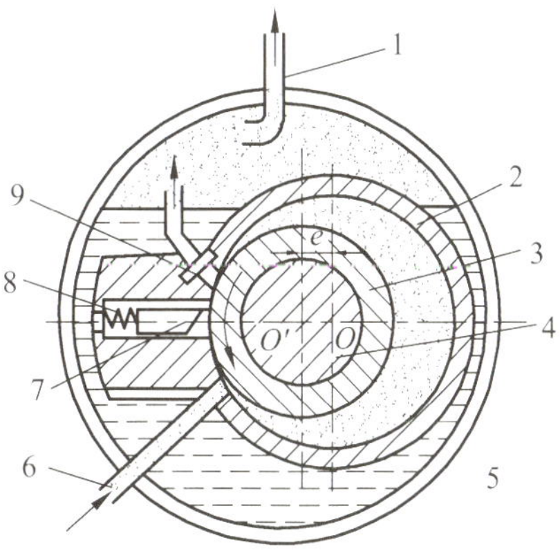

1—排气管；2—气缸；3—滚动转子；4—曲轴；5—润滑油；6—吸气管；7—滑板；8—弹簧；9—排气阀。

图 3-41　滚动转子式制冷压缩机结构示意图

与气缸间形成月牙形的工作腔，滑板 7 靠弹簧 8 的作用力使其端部与转子紧密接触，将月牙形工作腔分隔成两部分，滑板随转子的滚动沿滑板槽道做往复运动。端盖被安置在气缸两端，与气缸内壁、转子外壁及滑板构成封闭的气缸容积，即基元容积。其容积大小随转子的转动周期性地变化，容积内气体的压力则随基元容积的大小而改变，从而完成压缩机的工作过程。滚动活塞式制冷压缩机的工作过程如图 3-42 所示。

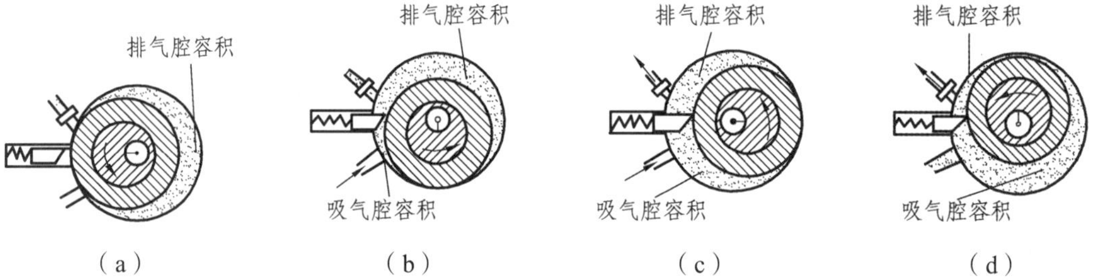

图 3-42　滚动转子式制冷压缩机工作过程

当滚动转子处于图 3-42（a）所示的位置时，气缸内形成一个完整的月牙形工作腔容积，充满了低压吸入气体，这时处于吸气过程结束、不压缩也不排气的状态。

当滚动转子逆时针滚动 1/4 周，到达图 3-42（b）所示的位置时，滑板把月牙形容积分割为吸气腔和排气腔两部分。

随着吸气腔容积的增大，吸气腔开始吸入气体，而排气腔中的气体受压缩而压力开始升高。

滚动转子继续转动，吸气腔不断扩大，排气腔不断缩小而气体压力逐渐升高，当压力升高到稍大于排气阀后的冷凝压力，并足以克服阀片弹簧力时，顶开阀片开始排气，这时吸气与排气同时进行，如图 3-42（c）所示。

当滚动转子转动至图 3-42（d）所示的位置时，吸气腔接近最大，排气腔接近最小，吸气、排气过程均接近结束。滚动转子继续转动回到图 3-42（a）所示的位置，吸气与排气过程结束，将进入下一周期的运行。

由压缩机工作过程可以看出：

（1）一定量气体的吸入、压缩和排出过程是在转子的两转中完成的，但在转子与滑板的两侧，吸气、压缩与排气过程同时进行，即转子旋转一周，将完成上一工作循环的压缩过程和排气过程及下一工作循环的吸气过程。

（2）由于不设吸气阀，吸气开始的时机和气缸上吸气孔口位置有严格的对应关系，不随工况的变化而变动。

（3）由于设置了排气阀，压缩终了的时机将随排气管中压力的变化而变动。

滚动转子式压缩机可分为中等容量的开启式压缩机和小容量的全封闭压缩机。目前广泛使用的是小型全封闭式，标准制冷量在 3 kW 以下，有卧式和立式之分，卧式用于冰箱，立式用于空调器。

六、涡旋式压缩机

涡旋式压缩机的基本结构如图 3-43 所示，主要由静涡旋盘 3、动涡旋盘 4、机座 5、防自转机构十字滑环 7 及曲轴 8 等组成。

动、静涡旋盘的型线均是螺旋形，动涡旋盘相对静涡旋盘偏心并相错 180° 对置安装。动、静涡旋盘在几条直线（在横断面上则是几个点）上接触并形成一系列月牙形空间，即基元容积。动涡旋盘由偏心距小的曲轴 8 带动，以静涡旋盘的中心为旋转中心并以一定的旋转半径做无自转的回转平动，两者的接触线在运转中沿涡旋曲面不断向中心移动，它们之间的相对位置借安装在动、静涡旋盘之间的十字滑环 7 来保证，该环的上部和下部十字交叉的突肋分别与动涡旋盘下端面键槽及机座上的键槽配合并在其间滑动。吸气口 1 设在静涡旋盘的外侧面，并在顶部端面中心部位开有排气口 2，压缩机工作时，制冷剂气体从吸气口进入动、静涡旋盘间最外圈的月牙形空间，随着动涡旋盘的运动，气体被逐渐推向中心空间，其容积不断缩小而压力不断升高，直至与中心排气门相通，高压气体被排出压缩机。

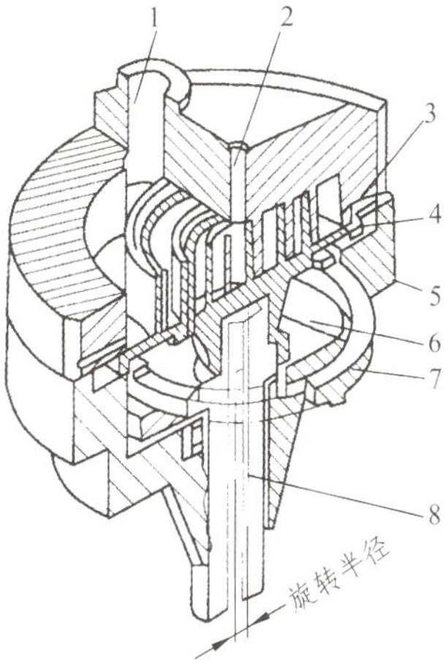

1—吸气口；2—排气口；3—静涡旋盘；4—动涡旋盘；5—机座；6—背压腔；7—十字滑环；8—曲轴。

图 3-43　涡旋式制冷压缩机结构示意图

涡旋式压缩机的工作原理是利用动涡旋盘和静涡旋盘的啮合，形成多个压缩腔，随着动涡旋盘的回转平动，使各压缩腔的容积不断变化来压缩气体。其工作过程如图 3-44 所示，在图 3-44（a）所示的位置，动涡旋盘中心 O_2 位于静涡旋盘中心 O_1 的右侧，涡旋密封接触线在左右两侧，涡旋外圈部分刚好封闭，此时最外圈两个月牙形空间充满气体，完成了吸气过程（阴影部分）。随着动涡旋盘的运动，外圈两个月牙形空间中的气体不断向中心推移，容积不断缩小，压力逐渐升高，进行压缩过程，图 3-44（b）~（f）所示为曲轴转角 θ 每隔 120° 的压缩过程。当两个月牙形空间汇合成一个中心腔室并与排气口相通时［见图 3-44（g）］，压缩过程结束，并开始进入图 3-44（g）~（j）所示的排气过程，直至中心腔室的空间消失，排气过程结束［见图 3-44（j）］。

图 3-44 所示的涡旋圈数为 3 圈，最外圈两个封闭的月牙形工作腔完成 1 次压缩及排气的过程，曲轴旋转 3 周（即曲轴转角 θ 变为了 1 080°），涡旋盘外圈分别开启和闭合 3 次，即完成了 3 次吸气过程，即每当最外圈形成了 2 个封闭的月牙形空间并开始向中心推移成为内工作腔时，下一个新的吸气过程同时开始形成。

因此，在涡旋式制冷压缩机中，吸气、压缩、排气等过程是同时和相继在不同的月牙形空间中进行的，外侧空间与吸气口相通，始终进行吸气过程。所以，涡旋式制冷压缩机基本上是连续地吸气和排气，并且从吸气开始至排气结束需经动涡旋盘的多次回转平动才能完成。

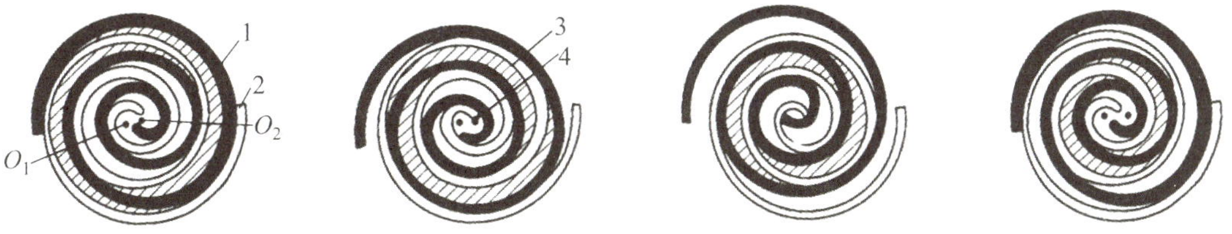

（a）$\theta=0°$　（b）$\theta=120°$　（c）$\theta=120°$　（d）$\theta=120°$

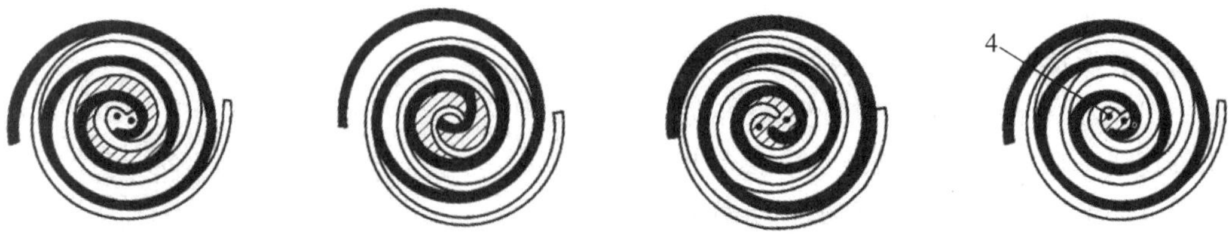

（e）$\theta=120°$　（f）$\theta=120°$　（g）$\theta=120°$　（h）$\theta=120°$

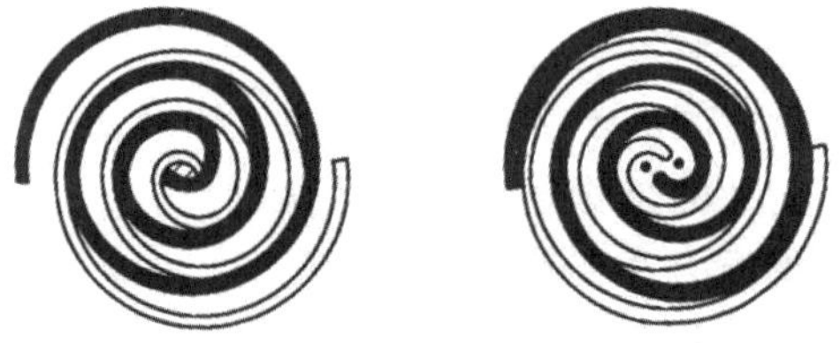

（i）$\theta=120°$　（j）$\theta=120°$

1—动涡旋盘；2—静涡旋盘；3—压缩腔；4—排气门。

图 3-44　涡旋式制冷压缩机工作过程示意图

七、压缩机评价指标

评价制冷压缩机能量消耗方面先进性的指标主要有性能系数和能效比两种。

（1）制冷压缩机的性能系数（COP），即单位轴功率的制冷量。轴功率（压缩机的耗功率）是指电动机传至压缩机机轴上的功率，主要包括直接用于压缩空气的所耗功率和克服运动机构的摩擦阻力所耗功率。

（2）能效比（EER）是指单位电动机输入功率的制冷量大小。此指标考虑到驱动电机效率对能耗的影响。

八、制冷压缩机常见问题

1．蒸气压缩制冷机的“液击”

当有过多的制冷剂液珠进入压缩机气缸后，很难全部立即气化。制冷剂液体会破坏压缩机的润滑，造成液击，使压缩机遭受破坏。为防止此类问题发生，在蒸发器出口（或者附在蒸发器上）增加一个液体分离器，使气液分离，保证干压缩。

另外在空调的运行过程中，如果制冷机冷冻水上的流量计失灵，或者没有安装，当冷冻水流量过少压缩机依然工作的话，会使蒸发器盘管冻破，使水进入压缩机，损坏压缩机，后果严重。

2．离心式压缩机的“喘振”

喘振是离心式压缩机的特性。喘振的主要原因是冷凝压力过高或者吸气压力过低，出现气体来回倒流撞击现象。当调节压缩机制冷能力，其负荷过小时（一般当低于 30% 时），也会发生喘振现象。发生喘振不但会增大噪声和振动，也会使高温气体倒流充入压缩机，损坏压缩机及制冷装置。

子任务 2　冷凝器

在制冷系统中，冷凝器是一个制冷剂向系统外放热的换热器。自压缩机经油分离器来的制冷剂蒸气进入冷凝器后，向冷却介质放热，其状态由过热蒸气变成饱和液体或过冷液体。

制冷剂进入冷凝器的热量实际上包括三部分：蒸发器从被冷却物体吸收的热量；在压缩机中受压缩时由外加机械功转化的热量；低温的制冷剂在管道和设备中流动时外界传入的热量。

冷凝器按其冷却介质不同，可分为水冷式、空气冷却式（俗称风冷式）、蒸发式三大类。

一、水冷式冷凝器

用水作为冷却介质，使高温、高压的气态制冷剂冷凝的设备，称为水冷式冷凝器。常用的水冷式冷凝器有卧式壳管式冷凝器、立式壳管式冷凝器及套管式冷凝器等形式。

水作冷却介质有许多优点：① 容易取得，江、河、湖、海、井水、自来水等均可作为水源；② 作为冷却介质，水温通常低于空气温度，所以采用水冷却可以获得较低的冷凝温度，对提高制冷机的能力和减少能耗均有利。故有条件应优先选用水冷式冷凝器。

1. 卧式壳管式冷凝器

卧式壳管式冷凝器有氨用和氟利昂用两种。

卧式壳管式冷凝器的壳体是一个由钢板卷制焊接成的圆柱形筒体，筒体的两端焊有两块圆形的管端板，管端板上钻有位置对称的小孔，在每对对应的小孔中装入一根管子，管子的两端用胀接法或焊接法紧固在管板的管孔内，组成了一组换热直管管束。卧式壳管式冷凝器水平放置，如图 3-45 所示。

图 3-45　卧式壳管式冷凝器

冷却水是从下面进入，上面流出，以保证运行时冷凝器中所有管子始终被冷却水充满，不会在上部存有空气。

其结构如图 3-46 所示。

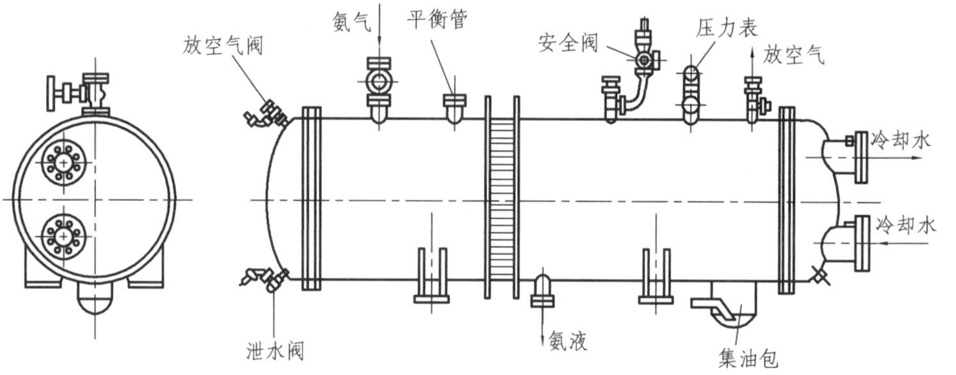

图 3-46　卧式壳管式冷凝器

端盖上部有一个放空气的旋塞，开始运行时放掉水侧的空气，以免影响冷却水的流通；下部有一个泄水旋塞，长期停用时应放尽冷却水防止冬季冻裂水管。

筒体上也设有若干与系统中其他设备连接的管接头、安全阀和压力表接头。放油口设在筒体底部。小型制冷装置一般不单设储液器。氨冷凝器通常在筒体下部还焊有一个集污包，以便积存润滑油及机械杂质。

卧式壳管式氨冷凝器的传热管通常采用 25 ~ 38 mm 的无缝钢管，氟利昂冷凝器可用无缝钢管（25 mm 以上），也可用铜管。

卧式壳管式冷凝器普遍应用于中小型氨制冷系统和氟利昂制冷系统。

2．立式壳管式冷凝器

立式壳管式冷凝器直立安装。立式壳管式冷凝器只适用于大、中型氨制冷装置。结构如图 3-47 所示。

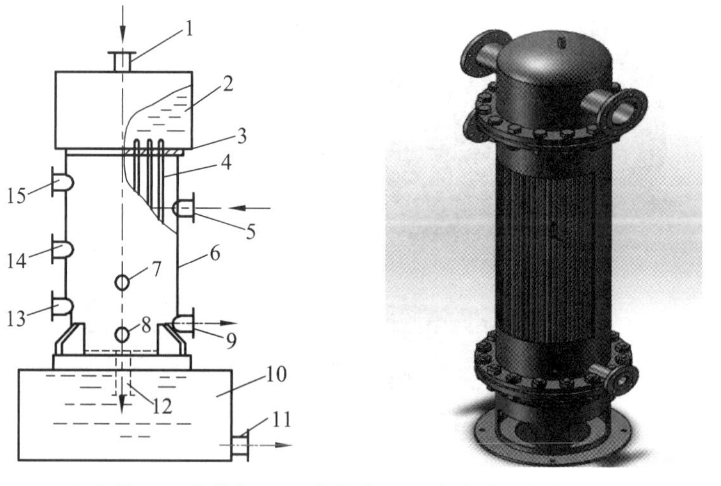

1—冷却水进口；2—配水箱；3—上管板；4—换热管；5—气态制冷剂进口；6—筒体；7—压力计；8—放油管；9—液态制冷剂进口；10—水池；11—排放或再冷却循环管；12—冷却水出口；13—放气管接口；14—均压管接口；15—安全阀接口。

图 3-47　立式壳管式冷凝器

立式壳管式冷凝器的外壳上也设有一些管接头，使之与系统中的其他设备连接起来。进气管接头与油分离器连接，出液管和均压管接头与高压贮液器连接，放油管接头与集油器连接，放空气管接头与放空气器连接。还有安全阀等接头。

3．套管式冷凝器

套管式冷凝器多用于小型氟利昂制冷机组，如柜式空调机、恒温恒湿机组等。其构造如图 3-48 所示。其外管通常采用 50 mm 的无缝钢管，内管为一根或若干根紫铜管或低肋铜管。内外管套在一起后再整形成螺旋形、螺旋管形或长腰形等几种外形结构。

制冷剂的蒸气从上方进入内外管之间的空腔，在内管外表面上冷凝，液体在外管底部依次下流，从下端流入储液器中。冷却水从冷凝器的下方进入，依次经过各排内管从上部流出，与制冷剂呈逆向流动，换热效果好。

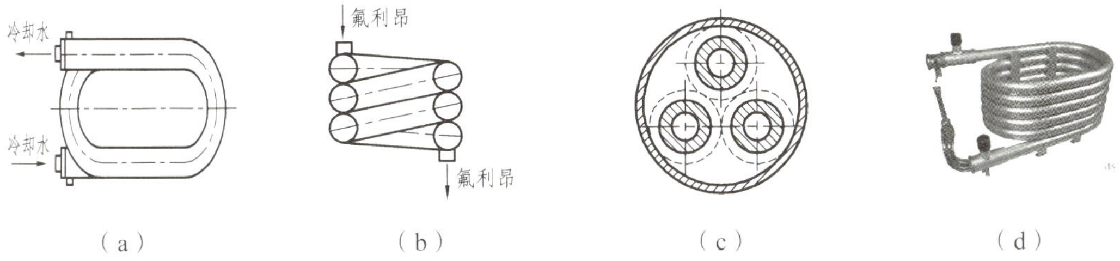

图 3-48　套管式冷凝器

套管式冷凝器可以套放在压缩机的周围，节省了压缩冷凝机组的占地面积。其缺点是单位换热面积的金属消耗量大，而且当纵向管数较多时，下部的管子充有较多的液体，使传热面积不能充分利用。另外，冷却水流动阻力大，清洗困难，并需大量连接弯头。因此，这种冷凝器在氨制冷装置中已很少应用。

二、空气冷却式冷凝器

空气冷却式冷凝器又称为风冷式冷凝器，它以空气作为冷却介质，靠空气的温升带走冷凝热量。根据空气流动方式不同，可分为自然对流式和强迫对流式两种。

自然对流空气冷却式冷凝器依靠空气受热后产生的自然对流，将制冷剂冷凝放出的热量带走。图 3-49 所示为几种不同结构形式的自然对流空气冷却式冷凝器，主要用于家用冰箱和小型制冷装置。

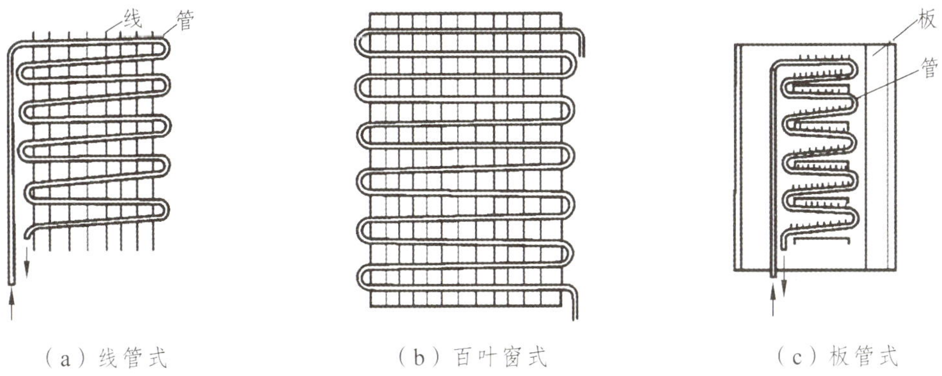

图 3-49　自然对流空气冷却式冷凝器

图 3-50 所示为强迫对流式冷凝器。它由几组蛇形盘管组成，盘管外加肋片，以增大空气侧换热面积，同时采用通风机加速空气的流动。制冷剂蒸气从上部分配集管进入每根传热管中，空气以 2 ~ 3 m/s 的流速横向掠过管束，带走制冷剂的冷凝热，凝液由蛇管留下，汇于液体集管中，排出冷凝器。

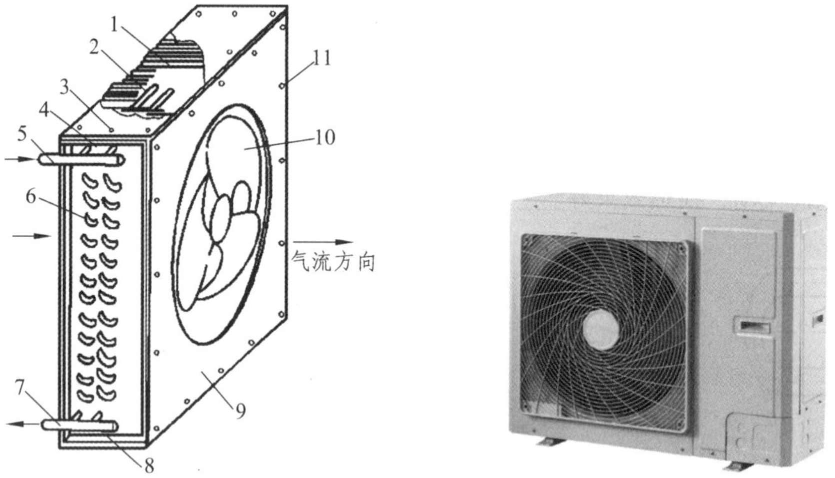

（a）结构图　　（b）实物图

1—翅片；2—盘管；3—上盖板；4—侧盖板；5—分配集管；6—管束弯头；7—液体集管；8—底板；9—后盖板；10—风机叶片；11—铆钉。

图 3-50　空气强迫对流式冷凝器

与水冷式冷凝器相比较，风冷式冷凝器的优点是系统简单。但初次投资和运行费用均高于水冷式。在夏季室外气温比较高（30 ~ 35 °C）时，冷凝温度将高达 50 °C，风冷式冷凝器只能应用于氟利昂制冷系统。

三、蒸发式冷凝器

蒸发式冷凝器是冷凝器和冷却塔的组合体。它由换热管组、供水喷淋系统和风机三部分组成。换热管组上端与进气集管相接，下端与出液集管相连。整个管组安装在一个由型钢或钢板焊制的立式箱体内。箱体的底部作为储水的水盘。制冷剂蒸气由上部的进气集管分配给每一根蛇管，与冷却介质换热后形成的冷凝液经出液集管流入储液器中。

供水系统包括水箱、循环水泵、喷淋器和挡水板以及水管。水泵将水箱中的冷却水打到管组的上方，经喷嘴喷淋到管组的表面，使其形成均匀的水膜向下流动，最后落入箱体底部的水箱中，如此循环往复。挡水板的作用是降低冷却水随气流的飞散损耗。

风机的作用是使箱体内的空气自上而下地流经蛇形管组，并由上方排出，把产生的水蒸气及时排出箱外，加速喷淋水的蒸发。当空气的温度低于水温时，空气还对水起到一定的冷却作用。在箱体上部装有挡水板，以减少水量的吹散损失。

按空气流动方式，蒸发式冷凝器的风机可分为吸入式和压送式，风机设在蛇形管组的上部，吸入来自管组下部的空气，为吸入式蒸发冷凝器；风机设在盘管下部的侧面，空气在风机的压送下，从盘管外部流过，为压送式蒸发冷凝器，如图 3-51 所示。

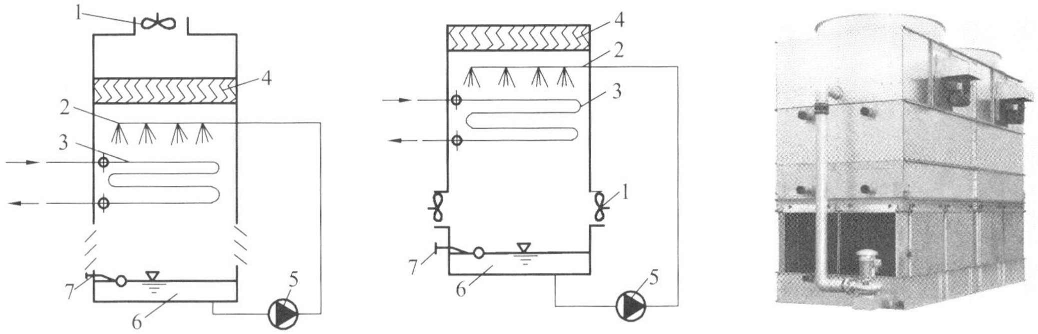

（a）吸入式　　（b）压送式　　（c）实物图

1—风机；2—布水器；3—冷凝蛇形管；4—填料；5—循环水泵；6—接水盘；7—浮球阀。

图 3-51　蒸发式冷凝器

子任务 3　蒸发器

蒸发器是制冷系统中的吸热设备。低温低压的液态制冷剂在传热壁的一侧汽化吸热，从而使传热壁另一侧的介质被冷却。被冷却介质通常是水或空气，据此蒸发器可分为两大类：① 冷却液体（水或盐水）的蒸发器；② 冷却空气的蒸发器。冷却固体物料的接触式蒸发器，如冻结食品的平板冻结器，在此不予介绍。

一、冷却液体的蒸发器

常用冷却液体的蒸发器有卧式壳管式蒸发器和立管式冷水箱两种形式。卧式壳管式蒸发器根据制冷剂走管内还是管外又细分为满液式和干式两种，制冷剂在管外蒸发的为满液式，制冷剂在管内蒸发的为干式。

1. 满液式壳管蒸发器

满液式壳管蒸发器常用于冷却水或盐水，广泛用于空调用的冷水机组中。其工作原理如图 3-52 所示。

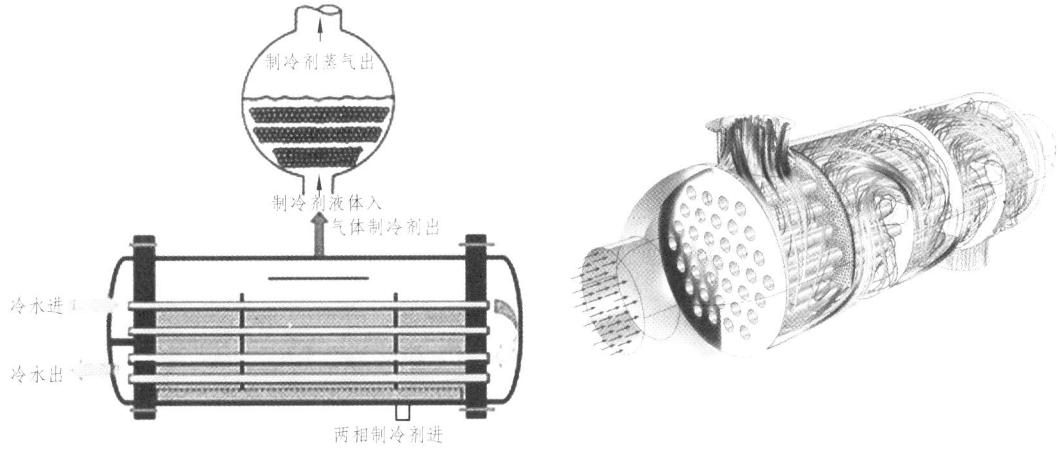

（a）结构图　　（b）原理图

（c）实物图

图 3-52　满液式蒸发器

满液式蒸发器均为卧式。制冷剂液体在管外与壳体间蒸发吸热，而被冷却介质（水或盐水）在管内流动放热。

经过膨胀阀降压以后的低温低压液体，从筒体的下部进入，充满管外空间。由于蒸发器内存液量很大，称之为满液式蒸发器。制冷剂汽化形成的蒸气不断上升至液面，经过顶部的分液器分离掉蒸气中可能挟带的液滴，干蒸气被压缩机吸入。

冷冻水的进出口在同一侧的端盖上，下进上出。壳体上留有若干与制冷系统中其他设备连接的管接头。

氨用蒸发器的传热管一般为 25 mm × 25 mm 或 32 mm × 25 mm 的无缝钢管，氟利昂蒸发器一般多用紫铜或黄铜管，直径在 20 mm 以下的，为了增强传热效果，多采用低肋管。

满液式蒸发器中，由于制冷剂气化时会产生气泡，使液面比不工作时升高，为了避免压缩机吸入未蒸发的液体，蒸发器应在筒内上部留有空间。对于氨制冷剂，充液高度应控制在不超过筒体直径的 70% ~ 80%。采用氟利昂制冷剂时，起泡现象更为严重，充液量应控制在 55% ~ 65%。液面上裸露的传热管，在蒸发器投入运行后被制冷剂泡沫润湿，也能起到很好的换热作用。

满液式壳管蒸发器从其结构和工作情况可以看出它具有以下缺点：

（1）制冷剂的充注量较大，成本高。

（2）受液柱静压的影响。当蒸发器的直径较大时，由于液体静压的影响而使得下部制冷剂的蒸发温度升高，无形中减小了传热温差。

（3）回油比较困难。对于氟利昂制冷机组，氟利昂能和润滑油互相溶解而将油带入蒸发器，在蒸发器中氟利昂不断汽化后被吸回，而润滑油则很难从蒸发器中返回，在长期运行后蒸发器中会积存较多的含油浓度很高的氟利昂-油溶液，影响蒸发器的传热性能，因此，对于氟利昂制冷系统，须考虑回油措施。

2．干式壳管蒸发器

干式壳管式蒸发器只能用于氟利昂制冷系统。如图 3-53 所示。在这种蒸发器中，制冷剂液体是在管内蒸发的，被冷却介质在管外流动。此时液态制冷剂的充注量很少，为管组内部容积的 35% ~ 40%，而且制冷剂在气化过程中不存在自由液面，所以称为干式蒸发器。氟利昂液体是从前端盖的下部分两路进入传热管簇，往返 4 个流程，蒸发产生的蒸气由同一端盖的上部引出。被冷却的水是在管外流动，由壳体上方的一端进入，从另一端流出。为了提高水流速度以强化传热，在蒸发器的壳体内横跨管簇间装设多块折流板。

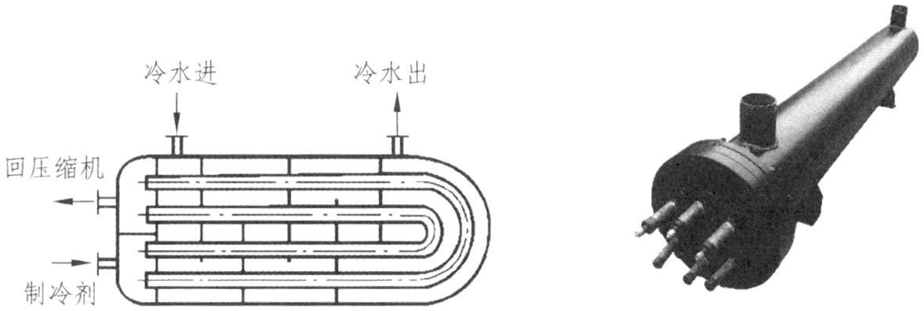

图 3-53　干式壳管式蒸发器

干式壳管式蒸发器又有两种结构类型：一种是 U 形管式干式蒸发器（见图 3-54）；一种是直管式干式蒸发器（见图 3-55）。

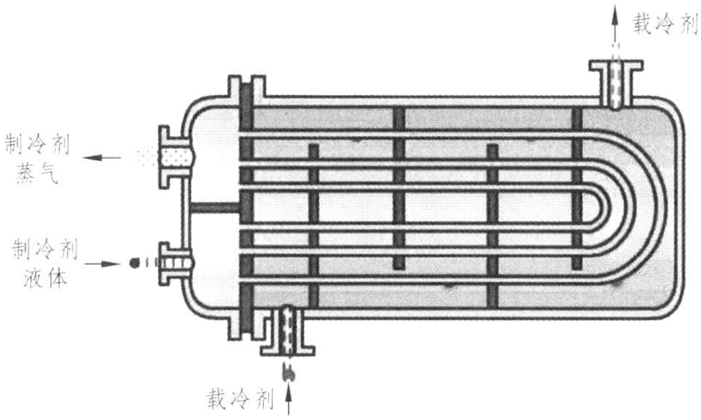

图 3-54　U 形管式干式蒸发器

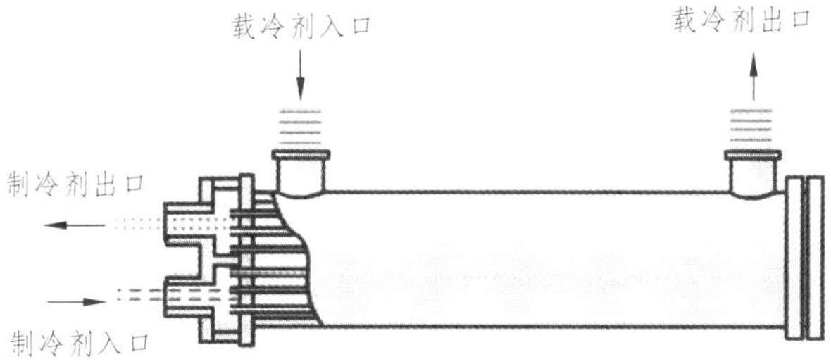

图 3-55　直管式干式蒸发器

干式蒸发器克服了前述满液式蒸发器的缺点，其主要的优点有：

（1）制冷剂的充注量很少，使用成本大为降低，且不需设储液器，使机组的重量和体积大为缩小。

（2）由于氟利昂蒸气在管内具有较大的流速，可将润滑油带回压缩机中。

（3）与满液式壳管蒸发器相比，干式蒸发器的传热系数也有所提高。

3．立管式冷水箱

冷水箱是大型空调冷冻站开式系统常用的蒸发器，只能用于氨制冷系统。整体的管组沉浸于盛满载冷剂（水或盐水）的箱体（或池、槽）内。制冷剂在管内蒸发，载冷剂在搅拌器的推动下在箱内流动，以增强传热（见图 3-56）。应用这种蒸发器可以将水冷却到接近 0 °C 的温度；当用盐水作为载冷剂时，可冷却到 − 20 ~ − 10 °C，适用于制冰或食品冷加工。

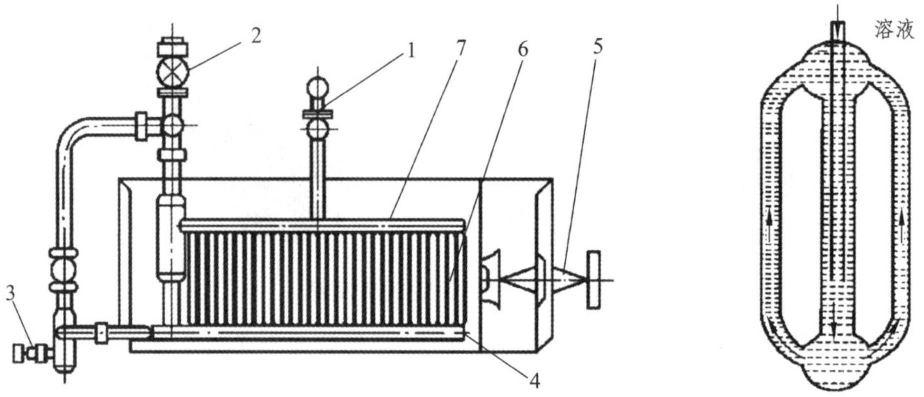

1—氨液入口；2—氨气出口；3—放油管；4—下集管；5—搅拌装置；6—蒸发管；7—上集管。

图 3-56 立管式蒸发器

二、冷却空气的蒸发器

冷却空气的蒸发器都是制冷剂在管内蒸发直接冷却空气，包括冷却排管和冷风机的蒸发器两种。

1. 冷却排管

冷却排管多用于冷库及各种试验用制冷装置中。其特点是制冷剂在冷却排管内流动并蒸发，管外作为传热介质的被冷却空气做自然对流。

冷却排管可以用光管、肋片管制成。按管组在室内的安装位置可分为墙排管、顶排管和搁架式排管三种。按结构形式，冷却排管也可分为立管式、蛇管式两类。立管式只适用于氨系统，蛇管式对于氨和氟利昂系统都适用。

立管式墙排管通常用于冷藏库冻结物的冷藏间，靠墙布置，故称为墙排管。其结构如图 3-57（a）所示。蛇管式排管布置成单排或双排，每排由一根或两根光管或肋管组成，如图 3-57（b）所示。

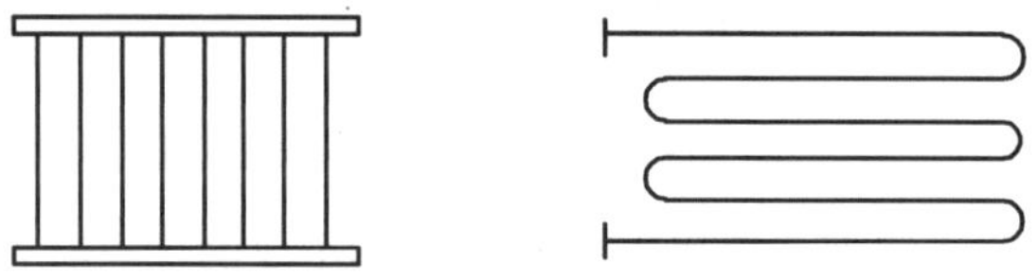

（a）立管式　　（b）蛇管式

图 3-57 冷却排管结构形式

搁架式排管多用于冷库的生产库房中。冷冻加工时将食品置于冻盘中，放在搁架上进行冻结。

2. 冷风机的蒸发器

冷风机的蒸发器广泛用于各种空调机组以及冷藏库、低温试验箱用的各种形式的冷风机。在这种蒸发器中，管外空气是在风机的作用下受迫流动，与管内的制冷剂进行热交换，使空气冷却，从而达到降温的目的，如图 3-58 所示。冷风机的蒸发器一般由许多并联的蛇形管组成。在供液前，应加装分液器和毛细管，保证液态制冷剂能够均匀地分配给各路蛇形管。分液器保证了流入各路的制冷剂蒸气含量相同。毛细管内径很小，有较大的流动阻力，从而保证了制冷剂分配时流量相同。

采用冷风机时，不用载冷剂，冷损失少，结构紧凑，易于实现自动化控制。

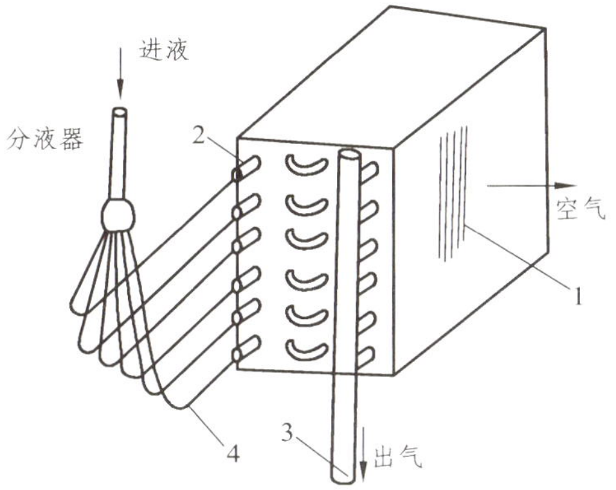

（a）结构

（b）实物

1—肋片；2—蒸发铜管；3—回气管；4—分液管。

图 3-58　冷风机的蒸发器

子任务 4　节流装置

制冷系统中节流机构的作用主要有 3 点：① 对从冷凝器中出来的高压液体制冷剂进行节流降压；② 根据系统负荷变化，调整进入蒸发器的制冷剂液体的流量；③ 控制过热度，保证蒸发器的充分利用，防止压缩机吸气带液。

常用的节流机构有手动节流阀、浮球式节流阀、热力膨胀阀及阻流式膨胀阀（毛细管）、热电式膨胀阀等。它们的工作原理都是使高压液态制冷剂受迫流过一个小过流截面，产生合适的阻力损失（局部或沿程阻力损失），使制冷剂压力骤降，同时一部分液态制冷剂汽化，吸收潜热，使节流后的制冷剂成为低温低压状态。

一、手动节流阀

手动节流阀又称手动调节阀或膨胀阀，与普通的截止阀在结构上的不同之处主要是阀芯的结构与阀杆的螺纹形式。普通截止阀的阀芯为一平头，阀杆为普通螺纹，所以它只能控制管路的通断和粗略地调节流量，难以调整在一个适当的过流截面积上以产生恰当的节流作用。节流阀的阀芯为针形锥体［见图 3-59（a）］或带缺口的锥体［见图 3-59（b）］，阀杆为细牙螺纹，所以当转动手轮时，过流截面积可以较准确、方便地调整。实物外观如图 3-59（c）所示。

手动节流阀开启度的大小是根据蒸发器负荷的变化而调节的，通常开启度为手轮的 1/8 ~ 1/4 周，不能超过 1 周。否则，开启度过大，会失去膨胀作用。因此，它不能随蒸发器热负荷的变动自动适应调节，几乎全凭经验结合系统中的反应进行手工操作。目前，它只装设于氨制冷装置中。

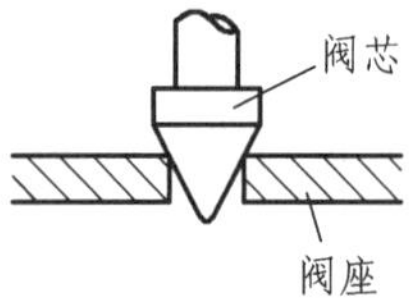

（a）针形阀芯

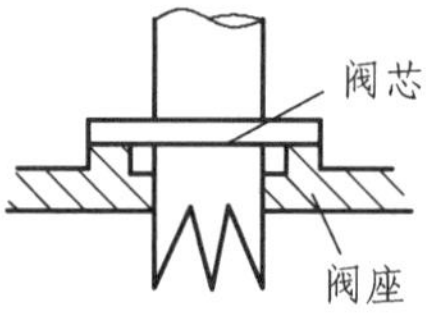

（b）具有 V 形缺口的阀芯

（c）实物外观

图 3-59　手动节流阀的阀芯

二、浮球节流阀

1. 工作原理

浮球节流阀又称浮球调节阀，是一种自动调节的节流阀。浮球节流阀利用钢制浮球为启闭阀门的动力，靠浮球随液面高低在浮球室中升降，控制一小阀门开启度的大小变化而自动调节供液量，同时起节流作用。

当容器内液面降低时，浮球下降，节流孔自行开大，供液量增加；反之，当容器内液面上升时，浮球上升，节流孔自行关小，供液量减少。待液面升至规定高度时，节流孔被关闭，保证容器不会发生超液或缺液的现象。

2. 结构形式与安装要求

浮球节流阀适用于具有自由液面的蒸发器、液体分离器和中间冷却器供液量的自动调节。在氨制冷系统中广泛应用一种低压浮球阀。按液体在其中流通的方式，浮球节流阀分为直通式和非直通式两种，实物图如图 3-60 所示。

图 3-60　浮球节流阀

直通式的特点是进入容器的全部液体制冷剂首先通过阀孔进入浮球室，然后再进入容器。其结构和安装简单，但由于液体的冲击作用引起浮球室的液面波动大，调节阀的工作不太稳定，而且液体从壳体流入蒸发器，是依靠静液柱的高度差，因此液体只能供到容器的液面以下，如图 3-61（a）所示。

非直通式的特点是阀座装在浮球室外，经节流后的制冷剂不需要通过浮球室而沿管道直接进入容器。因此，浮球室液面较平稳，而且可以供液到蒸发器的任何部位，但结构与安装均较复杂，如图 3-61（b）所示。

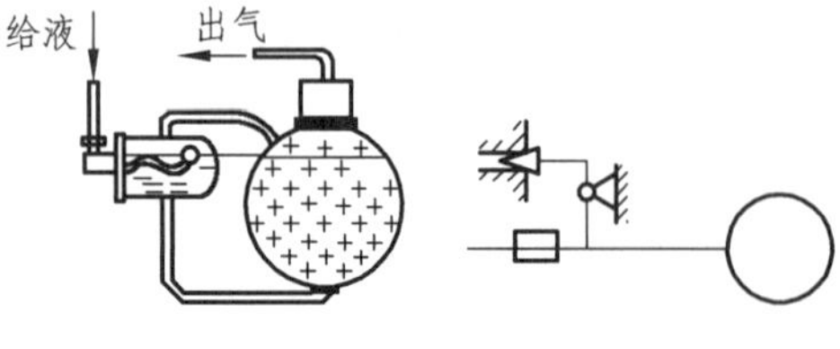

（a）直通式

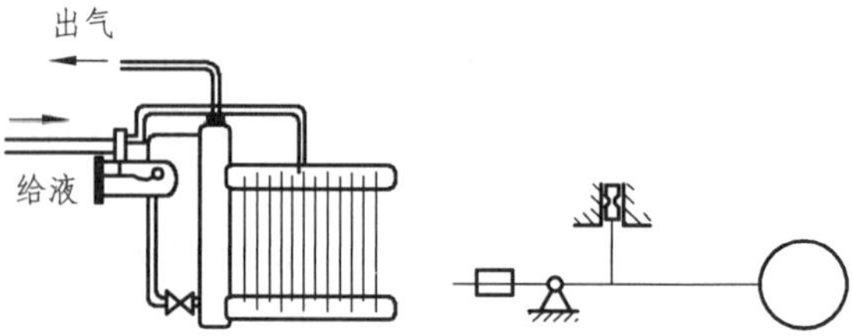

（b）非直通式

图 3-61　浮球节流阀结构

浮球节流阀的管路系统中一般应装置液体过滤器（采用 250 孔/cm^2 的钢丝网），以保证进入浮球阀体内的液体无杂质，避免阀门堵塞。此外，还要装设旁路手动节流阀，以便在浮球节流阀发生故障或清洗过滤器时仍可继续供液。

三、热力膨胀阀

氟利昂制冷装置中一般都采用热力膨胀阀来调节进入蒸发器的液态制冷剂的流量，并将液体由冷凝压力节流降压到蒸发压力。

热力膨胀阀按感应机构动力室中传力零件的结构不同，可分为薄膜式和波纹管式两种；按使用条件不同，可分为内平衡式和外平衡式两种。目前常用的小型氟利昂热力膨胀阀多为薄膜式内平衡热力膨胀阀。

1. 内平衡式热力膨胀阀

内平衡式热力膨胀阀的外形如图 3-62 所示。其结构一般都由阀体、阀座、阀针、调节杆座、调节杆、弹簧、过滤器、传动杆、感温包、毛细管、气箱盖和感应薄膜等组成。结构如图 3-63（a）所示。

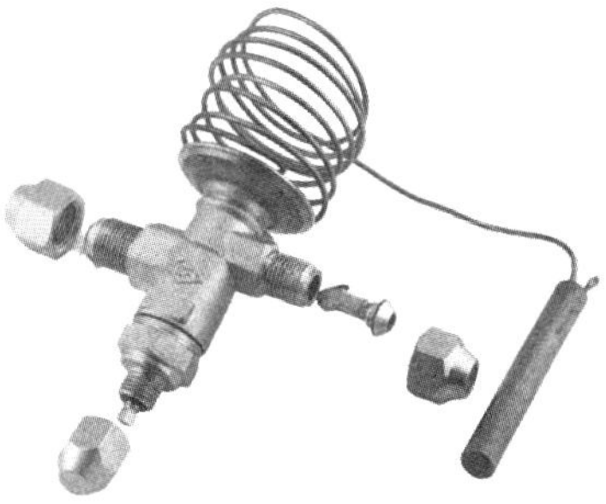

图 3-62　内平衡式热力膨胀阀实物图

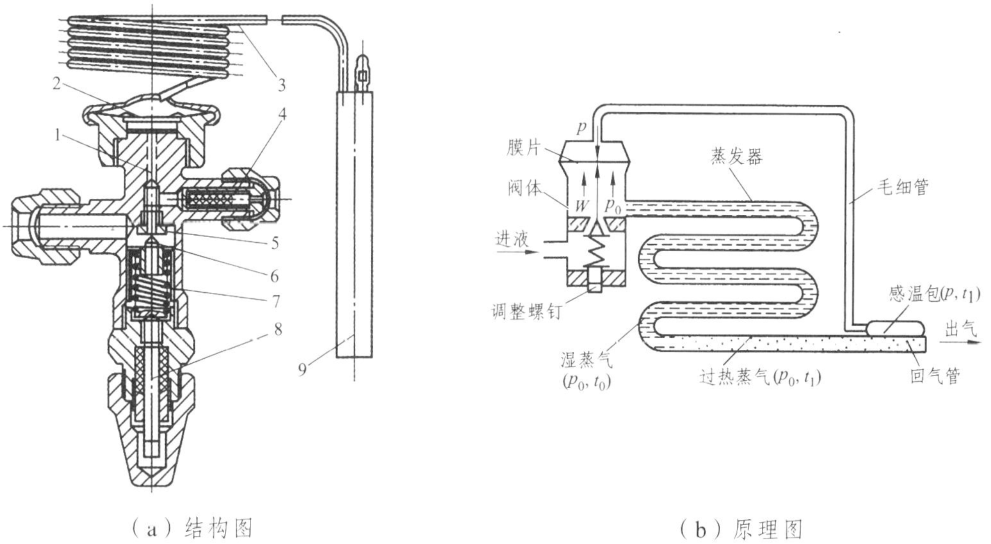

（a）结构图　　（b）原理图

1—推杆；2—膜片；3—毛细管；4—进口阀的过滤器；5—阀座；
6—阀针；7—弹簧；8—调整杆；9—感温包。

图 3-63　内平衡式热力膨胀阀

感温包里灌注氟利昂或其他低沸点的液体，把它紧固在蒸发器出口的回气管上，用以感受回气的温度变化。毛细管是用直径很小的铜管制成，其作用是将感温包内由于温度的变化而造成的压力变化传递到动力室的波纹薄膜上去。波纹薄膜是由很薄的（0.1 ~ 0.2 mm）合金片冲压而成，断面呈波浪形，有 2 ~ 3 mm 的位移变形。

波纹薄膜由于动力室中压力变化而产生的位移通过其下方的传动杆传递到阀针上，使阀针随传动杆的上下移动而一起移动，以控制阀孔的开启度。调节杆在系统调试运转中，用以调整弹簧的压紧程度来调整膨胀阀的开启过热度，系统正常工作后不可随意调节且应拧上调节杆座上的帽罩，以防止制冷剂从填料处泄漏。过滤网安装在膨胀阀的进液端，防止阀孔堵塞。

内平衡式热力膨胀阀的工作原理如图 3-63（b）所示。金属波纹薄膜受 3 种力的作用：在膜片的上方，感温包中液体（与其感受到的温度相对应）的饱和压力 p 对膜片产生的向下推力 p；在膜片的下方，受阀座后面与蒸发器相通的低压液体对膜片产生一个向上的推力 p_0（制冷剂的蒸发压力）；弹簧的张力 W。此外，还有活动零件之间的摩擦力等因素构成的作用力，因为其值较小，在分析时可以忽略不计。

由以上分析可知，当三力处于平衡状态，即满足 $p = p_0 + W$ 时，膜片不动，则阀口有一定的开启度。而当其中任何一个力发生变化时，就会破坏原有的平衡，则阀口的开启度也就随之发生变化，直到建立新的平衡为止。

当外界情况改变，如由于供液不足或热负荷增大，引起蒸发器的回气过热度增大时，则感温包感受到的温度也升高，饱和压力 p 也就增大，因此形成 $p > p_0 + W$，这样就会导致膜片下移，使阀口开启度增大，制冷剂的流量也增大，直至供液量与蒸发量相等时达到另一平衡。反之，若由于供液过多或热负荷减少，引起蒸发器的回气过热度减小，感温包感受到的温度也降低，则饱和压力 p 也就减小，因此形成 $p < p_0 + W$，这样就会导致膜片上移，阀口开启度减小，制冷剂的供液量也就减少，直至与蒸发器的热负荷相匹配。如此，利用与回气过热度相关的饱和压力 p 的变化来调节阀口的开启度，从而控制制冷剂的流量，实现自动调节。

另外，调节不同的弹簧张力 W，便能获得阀口开启的不同的过热度。一般希望蒸发器的过热度维持在 3 ~ 5 °C。

2．外平衡式热力膨胀阀

与内平衡热力膨胀阀在结构上略有不同，如图 3-64 所示。其感应薄膜下部空间与膨胀阀出口不相通，而是通过一根小口径的平衡管与蒸发器出口相连，即外平衡热力膨胀阀膜片下部的制冷剂压力不是阀门节流后的蒸发压力，而是蒸发器出口处的制冷剂压力，如图 3-65 所示。

图 3-64　外平衡式热力膨胀阀实物图

内、外平衡式热力膨胀阀工作原理相同，只是适用的条件不同。在实际应用中，蒸发器压力损失较小时，一般使用内平衡式热力膨胀阀，而压力损失较大时（当膨胀阀出口至蒸发器出口制冷剂的压力降所对应的蒸发温度降超过 2 ~ 3 °C 时），应采用外平衡式热力膨胀阀。

3．热力膨胀阀安装注意事项

（1）首先应检查膨胀阀是否完好，特别注意检查感温动力机构是否泄漏。

（2）膨胀阀应正立式安装，不允许倒置。

（3）感温包安装在蒸发器的出气管上，紧贴包缠在水平无积液的管段上，外加隔热材料缠包，或插入吸气管上的感温套内，如图 3-66 所示。

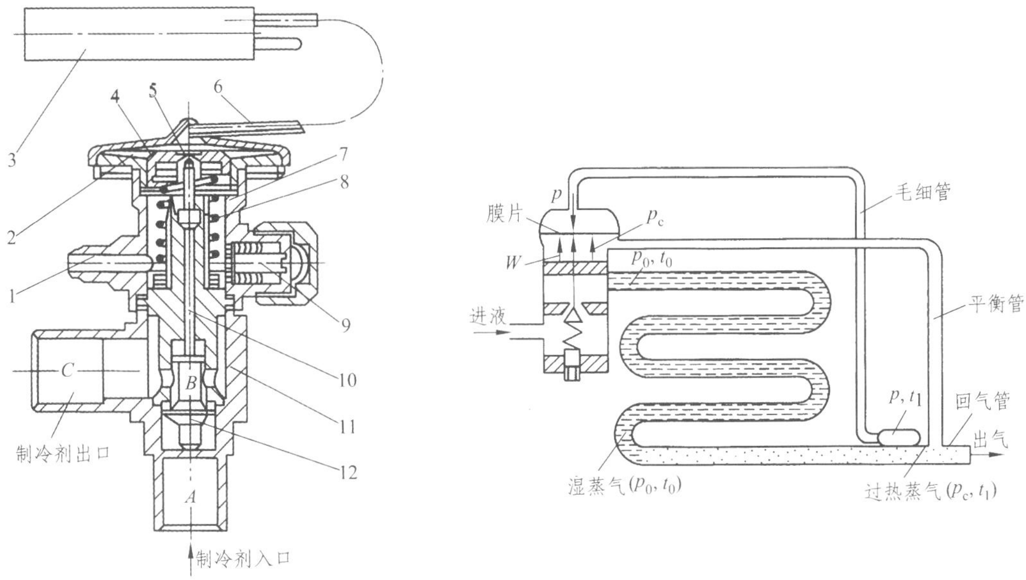

（a）结构图　　　　　　　　　　（b）原理图

1—平衡管接头；2—薄膜外室；3—感温包；4—薄膜内室；5—膜片；6—毛细管；7—上阀体；8—弹簧；9—调节杆；10—阀杆；11—下阀体；12—阀芯。

图 3-65　外平衡式热力膨胀阀

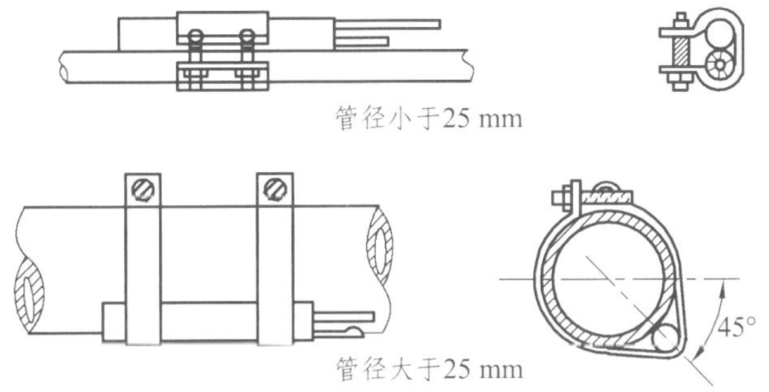

图 3-66　感温包的安装点

（4）当水平回气管直径小于 25 mm 时，感温包可扎在回气管顶部；当水平回气管直径大于 25 mm 时，感温包可扎在回气管下侧 45° 处，以防管底部积油等因素影响感温包正确感温。

（5）外平衡膨胀阀的平衡管一般都安装在感温包后面 100 mm 处的回气管上，并应从管顶部引出，以防润滑油进入阀内。

（6）一个系统中有多个膨胀阀时，外平衡管应接到各自蒸发器的出口。

4．热力膨胀阀的调整

热力膨胀阀安装完毕后需要在调试时予以调整，使它能在规定的工况条件下执行自动调节。所谓调整，就是调整热力膨胀阀弹簧的压紧程度。拧下底部的帽罩，用扳手顺旋调节杆，使弹簧压紧而关小阀门，蒸发压力会下降；反旋调节杆，则蒸发压力上升。

调整热力膨胀阀时，最好在压缩机的吸气截止阀处装一只压力表，通过观察压力表来判定调节量是否恰当。如果蒸发器离压缩机甚远，也可根据回气管的结霜或结露情况进行判别。在空调用的制冷装置中，蒸发温度一般在 0 °C 以上，回气管处应会结露滴水。但如果结露接近压缩机，则说明阀口过大，应调小一些，如果装了回热热交换器，回热器的回气管出口处不应结露。相反，如果蒸发器的出口处不结露，则说明阀口过小，供液不足，应调大一些。

四、热电膨胀阀

热电膨胀阀也称电动膨胀阀。它是利用热敏电阻的作用来调节蒸发器供液量的节流装置。其基本结构以及与制冷系统的连接方式如图 3-67 所示。热敏电阻具有负温度系数特性，即温度升高，电阻减小。它直接与蒸发器出口的制冷剂蒸气接触。在电路中，热敏电阻与膨胀阀膜片上的加热器串联，电加热器的电流随热敏电阻值的大小而变化。当蒸发器出口制冷剂蒸气的过热度增加时，热敏电阻温度升高，电阻值降低，电加热器的电流增加，膜室内充注的液体被加热而温度增加，压力升高，推动膜片和阀杆下移，使阀孔开启或开大。当蒸发器负荷减小，蒸发器出口蒸气的过热度减小或变成湿蒸气时，热敏电阻被冷却，阀孔就关小或关闭。这样热电膨胀阀可以控制蒸发器的供液量，使其与热负荷相适应。

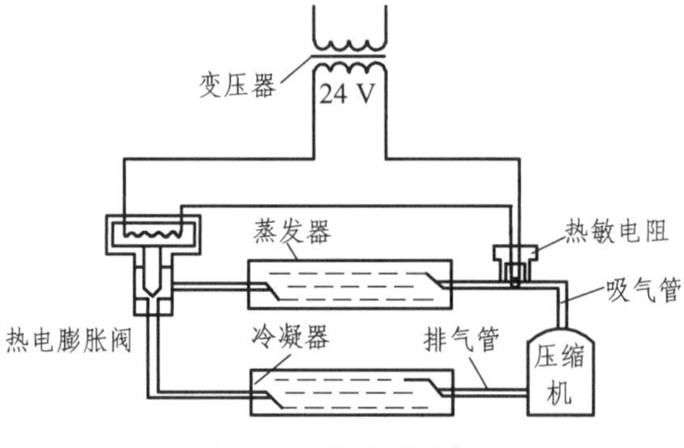

图 3-67　热电膨胀阀

不同用途的热电膨胀阀的感受元件有多种安装方式。热电膨胀阀具有结构简单、反应速度快等优点。为保证良好的控制性能，热敏电阻需要定期更换。

五、毛细管

在电冰箱、空调器等小型制冷设备中，常用毛细管作为节流装置，它主要是靠管径和长度的大小来控制液体制冷剂的流量，以使蒸发器能在适当的工况下工作。目前使用的毛细管是内径为 0.6 ~ 2.5 mm 的铜管，管长则根据制冷系统的需要而定，一般长度为 0.5 ~ 2.0 m，如图 3-68 所示。

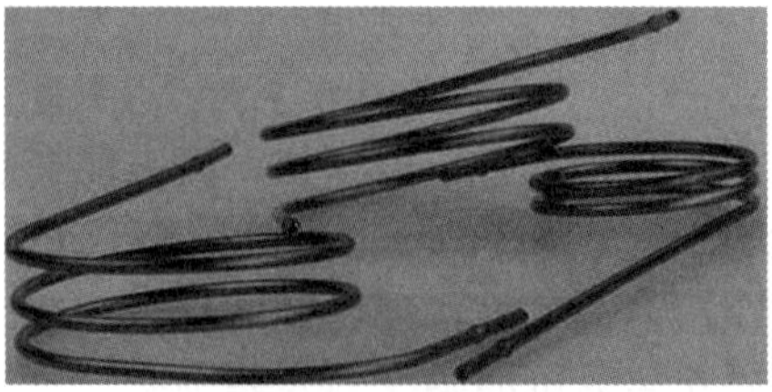

图 3-68　毛细管

毛细管作为节流装置的优点是无运动部件，不会磨损，不易泄漏，制造容易，价格便宜，安装省事；缺点是流量小，不能随时随意进行人为调整。因此，它仅适用于运行工况比较稳定的制冷系统。另外，必须根据设计要求严格控制制冷剂的充加量。

毛细管内径小，管路长，极易被污垢堵塞。因此，制冷系统内必须保持清洁、干燥，一般在毛细管入口部分装设 31 ~ 46 孔/cm^2 的过滤器（网）。

当几根毛细管并联使用时，为使流量均匀，最好使用分液器。分液器要垂直向上安装。

子任务 5　制冷系统的辅助设备

一、润滑油的分离和收集设备

1. 油分离器

油分离器设置在冷凝器前压缩机的排气管路中，它可以将压缩机排出的大部分润滑油予以分离并节流。油分离器的基本工作原理是利用油滴和制冷剂蒸气的相对密度有很大的差别，借助于降低流速，使之沉降分离，或者改变流向，借惯性分离，以及离心、过滤、洗涤等辅助手段达到分油的目的。

压缩机排气管中的流速为 12 ~ 25 m/s，一般油分离器的直径比排气管的管径大 3 ~ 55 倍，这样进入油分离器后的蒸气流速可降低至原来的 1/10 ~ 1/8。

2. 集油器

集油器的功能是收存从油分离器、冷凝器、储液器或蒸发器等设备中分离出来的润滑油，按照一定的放油操作规程，回收油中混入的制冷剂并降低压力，排出制冷系统。由于氟利昂和润滑油在温度较高时呈互溶状态，油分离器中的油直接返回压缩机曲轴箱，不需设集油器。

二、制冷剂的储存和分离设备

1. 储液器

储液器又称储液筒。按功能和用途分为高压储液器和低压储液器两种。高压储液器与冷凝器安装在一起，用以储存由冷凝器来的高压液体，不至于使液体淹没冷凝器传热面，并适应工况变动而调节和稳定制冷剂的循环量。其结构如图 3-69 所示。

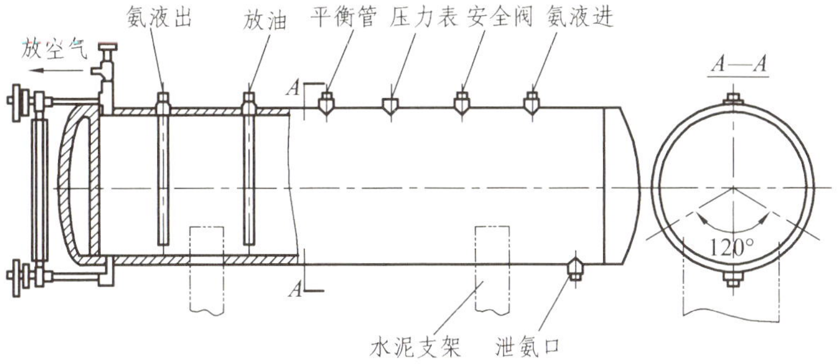

图 3-69　高压储液器

低压储液器仅在大型氨制冷装置中采用。按作用不同，可分为两种：① 用于蒸发器融霜或制冷设备检修时，储存系统的制冷剂液体，又称排液筒；② 蒸发器为液泵供液时，用于储存循环的低压制冷剂液体，又称循环储液筒。它们的结构与高压储液器基本相同。

2．气液分离器

气液分离器只在氨系统中使用。按其用途的不同，可分为两种。

（1）用于重力供液系统的气液分离器，安装在蒸发器的附近，是重力供液系统中蒸发器的附属设备。其作用是：分离掉膨胀阀后的闪发蒸气，让它直接返回压缩机；分离掉蒸发器回气中挟带的液滴，防止其返回压缩机而造成液击。其构造如图 3-70 所示。这种分离器在安装时应使其正常液面比蒸发器中的正常液面高 5 ~ 20 mm（视分离器与蒸发器之间管路阻力的大小而定），以保证借助于液体的静压对蒸发器正常供液。

（2）装在压缩机房的气液分离器。安装在压缩机的总回气管上，再一次对回气进行液体分离，以确保压缩机的安全。这种分离器一般只在特大型制冷机房中设计安装。其构造与图 3-70 的构造相同，只是把氨液入口封死不用。

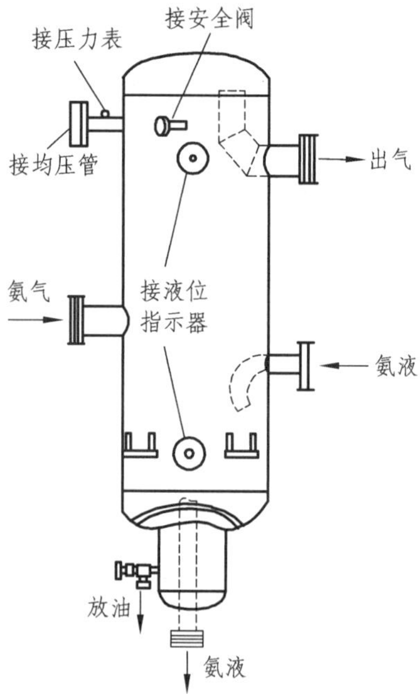

图 3-70　氨液分离器

三、制冷剂的净化设备

1．空气分离器（不凝性气体分离器）

空气分离器的作用是将制冷系统中不能在冷凝器中液化的气体分离掉。这些气体包括装置在安装完毕或检修抽空后残留的空气或氮气，以及润滑油在高温下少量分解产生的其他气体。它们聚集在冷凝器和储液器中，同制冷剂蒸气混合在一起，在冷凝器中不仅影响传热，而且会使压缩机的排气压力升高，从而使耗电量增大，因此必须将它们排出系统。为了减少制冷剂的损失，在排出前通过空气分离器将制冷剂回收。

2．过滤器

过滤器的作用是清除制冷剂中的机械杂质，如金属屑、焊渣、砂粒、氧化皮等，分液用和气用两类。气体过滤器装在压缩机的吸气管路上或吸气腔内，防止机械杂质进入压缩机气缸，液体过滤器装设在电磁阀、浮球阀或氨泵的进液口，用以保护阀口的严密性或氨泵的运转部件。滤网在拆下底盖后取出清洗或更换。

氟利昂系统中使用的干燥过滤器，集过滤和干燥两种功能于一体。由于氟利昂与水几乎互不相溶而容易形成“冰塞”，因此水成为氟利昂系统中的“头号大敌”，必须予以清除。在膨胀阀前设置干燥过滤器，利用干燥剂吸收水分。干燥过滤器的制冷剂先通过过滤器，截留机械性杂质，然后通过干燥段吸收水分。干燥段的两端还设有滤网，防止干燥剂随液体进入系统。目前常用的干燥剂为硅胶，其颗粒大小为 3 ~ 5 mm。利用分子筛的吸附作用也可达到干燥剂的脱水作用。

在装设干燥过滤器的部位还需要装有旁通管（加阀），因为脱水的过程只需 12 ~ 15 min 即可完成，时间过久会增大流动阻力，装设旁通管是便于将干燥过滤器拆下，更换干燥剂或清洗过滤器。小型氟利昂装置可不设干燥器，只需在添加制冷剂时使其通过临时的干燥器即可。

四、制冷系统的安全设备

安全设备包括安全阀和制冷剂应急泄放设备。

1．安全阀

安全阀属于一种定压阀（见图 3-71），主要由阀体、阀芯调节弹簧、调节螺杆等组成。安全阀的进口端与高压系统连接，出口端与低压系统连接。当系统中高压压力超过安全限定值时，高压气体自动顶开阀芯，从出口端排入低压系统。安全阀的开启压力设定值根据制冷剂种类不同而有变化。例如，R11 制冷装置为 1.6 ~ 1.8 MPa，R22 制冷装置为 2.0 ~ 2.1 MPa。

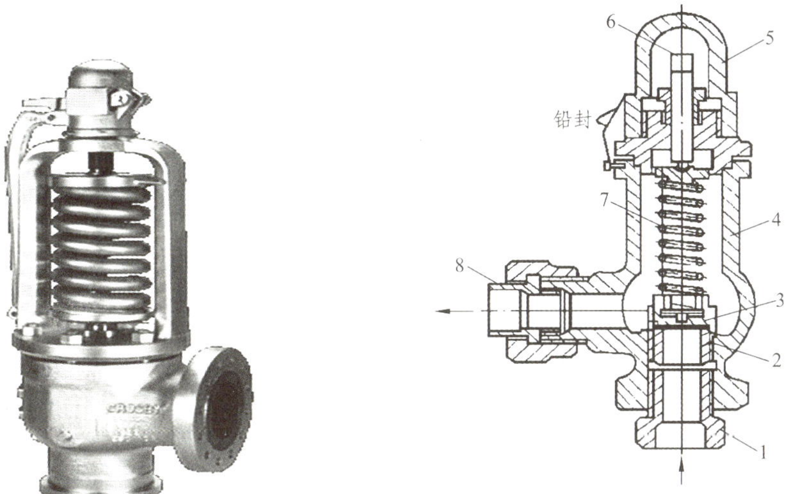

1—接头；2—阀座；3—阀芯；4—阀体；5—阀帽；6—调节杆；
7—阀芯调节弹簧；8—排出管接口。

（a）实物　　（b）结构

图 3-71　安全阀

安全限定值的设定是根据其使用的场所通过调整弹簧的压紧程度调定其定压值。当压力超高即自动起跳。

安全阀可装在压缩机上，连通进、排气阀。在冷凝器、储液器等设备上也要安装，防止设备压力过高发生爆炸。

安全阀在系统试压时应关闭其下方的截止阀，防止在试压过程中起跳，试压后注意把截止阀打开。在运行过程中压力超高而使安全阀起跳后，应将其卸下清洗并重新调定压力，因为安全阀起跳过后有可能复位不正而造成制冷剂的泄漏。

2．易熔塞

小型氟利昂制冷系统中，常用易熔塞替代安全阀的功能，它是氟利昂制冷装置中的应急泄放设备。易熔塞中低熔点合金的熔化温度一般在 75 °C 以下，一旦压力容器内压力骤然升高，温度随之升高，易熔合金受热熔化，容器中的制冷剂即排入大气，从而保护人身及设备安全。易熔合金熔化后，应重新浇铸或更新，并经容器试漏后才能使用。

3．紧急泄氨器

紧急泄氨器为氨制冷装置在遇火险时的应急泄放设备。其构造简单，外壳为管径较粗的无缝钢管，进氨液管为 DN25 或 DN32 规格。液管的下端管壁上有许多小孔，泄氨时氨液从小孔流出，与来自进水管的水迅速融合，然后经下端的排液口排入下水道。

泄氨器的进液管与制冷系统中所有存有大量氨液的设备（如高压储液器、满液式蒸发器等）连接，平时用截止阀关断。

子任务 6　制冷剂

制冷剂、载冷剂和润滑油

制冷剂是制冷装置中进行制冷循环的工作物质，制冷剂在蒸发器内吸收被冷却物质的热量而蒸发，在冷凝器中将所吸收的热量传给周围的空气或水，从而被冷却为液体，往复循环，借助于制冷剂状态的变化来达到制冷的目的。

目前常用的制冷剂有十几种。国际上规定用“R”和后面跟着的两位或三位数字作为表示制冷剂的代号。制冷剂的性质直接关系到制冷机的性能及运行管理，因此对制冷剂性质应给予足够的重视。制冷剂应具备的基本条件，通常可以从热力学、物理与化学、生理和经济等几方面来考虑。

一、对制冷剂的基本要求

1．热力学方面

（1）蒸发压力和冷凝压力要适中。在蒸发器内制冷剂的压力应稍高或接近大气压力，因为当蒸发器中制冷剂的压力低于大气压力时，外部的空气就有可能从密封处进入制冷系统，就会降低制冷机的效率。在冷凝器中制冷剂的压力不应过高，这样可以降低制冷设备的承压要求和密封要求，以及减少制冷剂渗漏的可能性。

（2）单位容积制冷量要大。制冷剂的单位容积制冷量越大，制冷剂的体积循环量就越小，就可以缩小压缩机的尺寸和管径，以减少金属材料的消耗。

（3）临界温度要高而凝固要低。制冷剂的临界温度越高，则制冷循环的工作区越远离临界点，制冷循环越接近逆卡诺循环，节流损失小，制冷系数较高。同时，也便于用常温冷却水或空气进行冷凝液化。制冷剂的凝固温度要低一些，在较低的蒸发温度下制取冷量。

（4）绝热指数要小。制冷剂的绝热指数越小，压缩机的排气温度越低，不但有利于提高压缩机的输气系数，而且对压缩机的润滑也有好处。

2．物理与化学方面的要求

（1）制冷剂的黏度和密度应尽可能小。制冷剂的黏度和密度小，制冷剂在管道中的流动阻力就小，可以降低压缩机的耗功率和缩小管道直径。

（2）导热系数和放热系数要高。这样能提高蒸发器和冷凝器的传热系数和减少其传热面积。

（3）具有一定的吸水性。当制冷系统中渗进极少的水分时，虽会导致蒸发温度升高，但不至于在下形成“冰堵”而影响制冷系统的正常运行。

（4）具有化学稳定性。制冷剂应不燃烧、不爆炸，高温下不分解，对金属等材料不产生腐蚀作用。

（5）溶解于油的性质应从正反两方面分析。若制冷剂能和润滑油无限溶解在一起，其优点是：① 为机件润滑创造良好条件；② 在蒸发器和冷凝器的传热面上不易油膜而阻碍传热。其缺点是：① 使蒸发温度有所提高；② 使润滑油黏度降低；③ 制冷剂沸腾时泡沫多，蒸发器中的液面不稳定。若制冷剂难溶于油，其优点是：① 蒸发温度比较稳定；② 在制冷设备中制冷剂与润滑油易于分离。其缺点是：蒸发器和冷凝器的传热面上会形成油膜从而影响传热。

3．其他方面的要求

（1）制冷剂对人的生命和健康应无危害，不具有毒性、窒息性和刺激性。在常用制冷剂中，氨制冷剂有毒性，虽然有许多优点，但在使用中受到了很大限制。而氟利昂制冷剂中，正因为 R12 具有无毒等优良特性，曾一度得到广泛应用。

（2）制冷剂应易于制取且价格便宜。

上述对制冷剂的要求仅作为选择制冷剂时的参考。要选择完美无缺的制冷剂实际上做不到，目前能作为制冷剂用的物质都存在一些缺陷。实际使用中只能根据用途和工作条件，保证主要的要求。

二、制冷剂的种类及代号

空调用制冷系统中使用的制冷剂有很多种，归纳起来可分为 7 类，即无机化合物类制冷剂、氟利昂制冷剂、饱和碳氢化合物、环状化合物、非饱和碳氢化合物及它们的卤族元素衍生物、共沸制冷剂、非共沸制冷剂。

根据制冷剂的分子结构可将制冷剂分为无机化合物和有机化合物。

根据制冷剂的组成可将制冷剂分为单一制冷剂和混合制冷剂。

根据制冷剂的物理性质可将制冷剂分为高温（低压）、中温（中压）、低温（高压）制冷剂。

根据标准沸点的高低可将制冷剂分为高、中、低温制冷剂，见表 3-4。

表 3-4　常见高、中、低温制冷剂

类　别	t_s/°C	环境温度在 30 °C 时的冷凝压力/MPa	制冷剂
高温（低压）制冷剂	> 0	约 < 0.3	R11，R113，R114，R21
中温（中压）制冷剂	− 60 ~ 0	约在 0.3 ~ 2	R12，R22，R717，R142，R502
低温（高压）制冷剂	< − 60	约 > 2	R13，R14，R503，烷，烯

制冷剂的代号最早是针对氟利昂而规定的，目前世界通用的是美国供暖制冷工程协会于 1967 年制定的标准（*ASHRAE Standard* 34-67）中的规定。标准的编号方法是将制冷剂的代号同其种属和化学构成联系起来，只要知道其化学分子式，就可以写出其代号。代号是由字母“R”和其后边的数字组成的。R 代表制冷剂（制冷介质，Refrigerant）。命名规则如下：

1. 无机化合物

常用制冷剂有氨和水。它们的代号用R7××表示，其中7表示无机化合物，其余两个数字表示组成该物质的分子量的整数。例如，氨的代号为R717，水的代号为R718。

2. 氟利昂制冷剂

氟利昂是饱和碳氢化合物（烷族）的卤族元素的衍生物的总称。饱和碳氢化合物的分子式是 C_mH_{2m+2}，当 H_{2m+2} 被氟、氯或溴等部分或全部取代后，所得的衍生物就是 $C_mH_nF_xCl_yBr_z$，这就是氟利昂的分子通式，且有 $n+x+y+z=2m+2$。

对于甲烷系，因为 $m=1$，所以 $n+x+y+z=4$；对于乙烷系，因为 $m=2$，所以 $n+x+y+z=6$。

氟利昂的代号是由R（$m-1$）（$n+1$）（x）B（z）组成的。如果 $z=0$，则B可以省略。例如，二氟一氯甲烷，分子式为 CHF_2Cl，$m-1=0$，$n+1=2$，$x=2$，$z=0$，因而代号为R22；二氟二氯甲烷，分子式为 CF_2C1_2，$m-1=0$，$n+1=1$，$x=2$，$z=0$，因而代号为R12。

3. 饱和碳氢化合物

其代号的编号规则与氟利昂相同，例如，甲烷CH4为R50，乙烷为R170，丙烷为R290。但丁烷不按上述规则书写，而写成为R600。另外，如果属于同素异构物，在代号后边加字母“a”或在个位数上加一个数字，如氟乙烷为R152a，异丁烷为R601等。

4. 环状化合物

环状有机化合物是在R后边加上字母“C”，然后按氟利昂的编号规则书写。例如，六氟二氯环丁烷写作RC316，八氟环丁烷写作RC318等。

5. 非饱和碳氢化合物及其卤族元素衍生物

这类制冷剂在R后边先写一个“1”，然后按氟利昂的编号规则书写。例如，乙烯为R1150；丙烯为R1270；二氟二氯乙烯为R1112a等。

6. 共沸制冷剂

由两种或两种以上互溶的单一制冷剂在常温下按一定比例混合而成，其性质与单一制冷剂的性质一样，在恒定的压力下具有恒定的蒸发温度，且气相和液相的组分也相同。共沸制冷剂在标准中规定在R后边的第一个数字为“5”，其后边的两位数字按使用的先后次序编号，如R500、R501、R502、…、R507。

7. 非共沸制冷剂

由两种或两种以上相互不形成共沸溶液的单一制冷剂混合而成的溶液。溶液被加热时，在一定的蒸发压力下，较易挥发的组分蒸发的比例大，难挥发的组分蒸发的比例小，因此，气、液两相的组成不相同，且制冷剂在蒸发过程中温度是变化的，在冷凝过程中也有类似的特性。在制冷剂编号标准中对非共沸制冷剂还未加以编号，只是留出R后边的400号的编号顺序，供增补编号使用，如R400、R401、R402、…、R411。

为了区别各类氟利昂对臭氧的作用，把不含氢的氟利昂写成CFC，读作氯氟烃（不含氢，公害物，严重破坏臭氧层，禁用）。例如，CF_2C1_2：R12改写为CFCl2；$CFCl_3$：R11改写为

CFC11。把含氢的氟利昂写成 HCFC，读作氢氯氟烃（含氢，低公害物质，属于过渡性物质）。例如，CHF_2Cl：R22 改写为 HCFC22。把不含氯的氟利昂写成 HFC 读作氢氟烃（不含氯，无公害，作为替代物，待研究开发）。例如，$C_2H_2F_4$：R134a 改写为 HFC134a。这种新的命名方法正逐渐地被人们采用。

三、常用制冷剂

1．氨（R717）

氨的单位容积制冷量较大，蒸发压力和冷凝器压力适中，氨价廉易得，氨对钢铁不腐蚀，含水时才对铜及铜的合金（磷青铜除外）有腐蚀作用，是一种很好的制冷剂，从 19 世纪 70 年代至今一直被广泛应用。氨的最大缺点是有刺激作用，对人体有危害，当空气中容积浓度达到 0.5%～0.6% 时，人在其中停留半小时即将中毒。氨可以燃烧和爆炸，当空气中氨的容积含量达到 11%～14% 时即可点燃，若含量达 16%～25% 遇明火时即会引起爆炸。因此，制冷机房需有良好的通风条件，并且不许使用明火。

2．水（R718）

水作为制冷剂常用于蒸气喷射式制冷机或溴化锂吸收式制冷机中。水作为制冷剂最大的优点是无毒、无臭、不燃不爆、汽化潜热大而且极易获得。但水的蒸气比容很大，因此其单位容积制冷量很小。水作为制冷剂只能制取 0 °C 以上的冷冻水。

3．氟利昂 12（R12）

R12 是中小型空调和冰箱中使用较普遍的制冷剂。R12 在大气压下的沸点为 –29.8 °C，凝固点为 –158 °C。它的冷凝器压力较低，用水冷却时冷凝器压力不超过 10 MPa，风冷时不超过 1.2 MPa。R12 易溶于润滑油，为确保压缩机的润滑应使用黏度较高的冷冻机油。

R12 中水的溶解度很小。若 R12 中含有少量水分，呈游离状态的水随制冷剂流动，若在节流机构中温度下降到 0 °C 以下时就会结冰，从而堵塞节流阀的阀孔，造成制冷系统无法制冷，这种现象称为“冰堵”。为防止“冰堵”，通常要求 R12 的含水量不大于 0.002 5%（即 25 ppm）。

R12 无色、无臭，对生理危害极小。R12 中不含氢原子，因而不燃不爆。由于 R12 已全卤化，因而在大气中寿命长（95～150 年），对臭氧层有破坏作用，被列入首批限用制冷剂。发展中国家在 2010 年全面禁用。

4．氟利昂 22（R22）

R22 在空调用制冷装置中被广泛采用。R22 的热力学性能与氨很相近，而且安全可靠，是一种良好的制冷剂。

R22 对电绝缘材料的腐蚀性较 R12 为大，毒性也比 R12 稍大。R22 不燃不爆，在大气中的寿命约为 20 年。

R22 对臭氧层有一定的破坏作用且具有很大的温室效应，发展中国家在 2030 年将全面禁用。

5．氟利昂 134a（R134a）

R134a 是一种新开发的制冷剂，分子量为 102.03，大气压下沸点为 –26.25 °C，凝固点为

– 101 °C，临界温度为 101.05 °C，临界压力为 4.06 MPa。R134a 的热力性质与 R12 非常接近，对电绝缘材料的腐蚀程度比 R12 还稳定，毒性级别与 R12 相同。但 R134a 难溶于油，因此采用 R134a 的制冷系统还需配用新型的润滑油。目前 R134a 已取代 R12 作为汽车空调中的制冷剂。R134a 在大气中的寿命为 8 ~ 11 年。

6. 氟利昂 502（R502）

R502 是由质量百分比为 48.8% 的 R22 和 51.2% 的 R115 组成，属共沸制冷剂。与 R22 相比，压力稍高，在较低温度下制冷能力约大 13%。在相同的蒸发温度和冷凝温度下压缩比较小，R502 的排气温度较低。采用单级蒸气压缩式制冷时，蒸发温度可低至 – 55 °C。

四、制冷剂的选用

制冷剂的选用直接影响到制冷主机的工作性能和经济指标。一般从下列几方面去考虑选用问题。

（1）首先应考虑制冷剂的适用温度范围。当蒸发温度和冷凝温度给定时，在制冷系统中使用不同的制冷剂会得到不同的压力和冷凝压力。选用的制冷剂在制冷系统中的蒸发压力不低于大气压力，冷凝压力不应超过 16 MPa。

（2）制冷剂在一定的冷凝温度和蒸发温度下，对应的饱和压力的比值应较小。这样可使制冷压缩机的效率提高，工作情况有所改善。

（3）制冷系统中容积型压缩机应选用单位容积制冷量大的制冷剂，速度型压缩机应选用分子量大的制冷剂。

（4）对于大容量的制冷装置必须考虑到选用廉价易得的制冷剂。安装在人口稠密地区的制冷装置或空调用的制冷装置，最好不选用有毒性、易燃易爆的制冷剂。

一些常用制冷剂的热力性质见表 3-5。

表 3-5　常用制冷剂的热力性质

制冷剂	化学式	代号	相对分子质量	标准蒸发温度/°C	临界温度/°C	临界压力/MPa	临界比体积/（L/kg）	凝固温度/°C
水	H_2O	R718	18.02	100	374.12	22.12	3.0	0.0
氨	NH_3	R717	17.03	– 33.35	132.4	11.29	4.13	– 77.7
二氧化碳	CO_2	R744	44.01	– 78.52	31.0	7.38	2.456	– 56.6
一氟三氯甲烷	$CFCL_3$	R11	137.39	23.7	198.0	4.37	1.805	– 111.0
二氟二氯甲烷	CF_2CL_2	R12	120.92	– 29.8	112.04	4.12	1.793	– 155.0
二氟一氯甲烷	CHF_2CL	R22	86.48	– 40.8	96.0	4.986	1.905	– 160.0
四氟乙烷	$C_2H_2F_4$	R134a	102.0	– 26.5	100.6	3.944	2.05	– 101.0

制冷剂种类虽多，但由于性质各异，故适用于不同类型的制冷系统。

五、CFCs、HCFCs 的限用与替代

氟利昂自 1930 年被人们发现并进入商业性生产，对制冷技术的应用和发展起到了非常

大的作用，曾经给人类带来了巨大的好处。由于 CFCs 对大气臭氧层有严重破坏作用，所以存在限用、禁用以及替代的问题。

1. CFCs 对臭氧层的破坏作用及温室效应

一般认为，地球表面的大气在高度为 15 ~ 50 km 处存在一层臭氧层，大气中的臭氧约 90% 集中在该层中。由于臭氧层形成了一道天然屏障，能有效地阻止来自太阳的有害紫外线对地球表面的辐射危害。臭氧层成了地球上生物和人类的防护罩。

由于 CFC 性质稳定，在大气中的寿命可长达几十年甚至上百年。当 CFC 类物质在大气中扩散、上升到臭氧层时，在强烈的紫外线下才发生分解。分解时释放出的氯离子对 O_3 有亲和作用，可与 O_3 分子作用生成氧化氯分子和氧分子。氧化氯又能和大气中游离的氧原子作用，重新生成氯离子和氧分子，这样循环反应产生的氯离子就不断地破坏臭氧层。据测算，一个 CFC 分子分解生成的氯离子可以破坏近 10 万个臭氧分子。上述论点由美国科学家提出后，历经十多年的争论，目前世界上大多数专家意见基本取得一致，认为 O_3 层的破坏主要是地球上散发到大气中的 CFC 造成。

2. 环境保护及 CFC 替代物的选择

保护臭氧层是一项全球性的环境保护问题，1987 年联合国在加拿大蒙特利尔举行大气臭氧层保护会议，会上 30 多个国家签订了一项《限制破坏臭氧层物质蒙特利尔议定书》，5 种氟利昂（CFC11、CFC12、CFC113、CFC114、CFC115）被限制生产和使用。1990—1992 年召开了三次《限制破坏臭氧层物质蒙特利尔议定书》缔约国会议。通过的修正案，不断扩大控制物质的范围和缩短限制期限。最后规定 CFC 到 1996 年 1 月 1 日停用，HCFC 在 2030 年停用。

衡量物质破坏臭氧的能力用消耗臭氧潜能值（ODP）衡量，并以 CFC11 为基准，规定 CFC11 的 ODP 值为 1；产生温室效应的能力用温室效应潜能值（GWP）表示，其大小是相对于 CO_2 的温室效应而言，规定 CO_2 的 GWP 值为 1。一些制冷剂的 ODP 和 GWP 值见表 3-6。可以看出，CFC 制冷剂的两项数值均较高，而 HFC 类 ODP 值为零，但具有一定的温室效应。

表 3-6　部分制冷剂的 ODP 值及 GWP 值

制冷剂	ODP 值（R11 = 1）	GWP 值（CO_2 = 1）	是否受控
R12（CFC12）	1.0	4500	是
R22（HCFC12）	0.05	510	（否）
R113 CFC113	0.8	2100	是
R123（HCFC123）	0.02	29	（否）
R124（HCFC124）	0.02	150	（否）
R134a（HCFC134a）	0	420	（否）
R143a（HFC143a）	0	1800	是
R152a（HFC152a）	0	47	（否）
R600a（HC600a）	0	15	（否）

注：（否）为过渡性制冷剂。

以 CFC 作为制冷剂，由于其化学性质稳定、无毒以及不燃性等方面的优点，曾为制冷行业作出了巨大的贡献。显然，停止 CFC 的使用会给制冷工业带来不少问题。为此，制冷专家们努力寻求合适的替代制冷剂。合适的替代制冷剂应满足的基本要求是：

（1）对环境安全。所选用的替代制冷剂的臭氧耗潜能值（ODP）必须小于 0.1，变暖潜能值（GWP）相对于 R12 来说必须很小。

（2）具有良好的热力性能。要求替代制冷剂的压力适中，制冷效率高，并且与润滑油有良好的亲合性。

（3）具有可行性。除易于大规模工业化生产、价格可被接受外，制冷剂性必须符合职业卫生要求，无不良影响。

专家们认为，长远的办法是采用 HFC 物质作为制冷剂。因为 HFC 不含氯，所以对 O_3 无破坏作用。如选用近期替代物的话，必须是 ODP 值小的 HCFC 物质。

子任务 7　载冷剂

将制冷装置的制冷量传递给被冷却介质的媒介物质，称为载冷剂。采用载冷剂的好处是能使制冷装置的各种设备集中布置在一起，减小制冷剂管路系统的总容积和减少制冷剂的充注量。其缺点是整个中央空调系统复杂，且在被冷却物和制冷剂之间增加了一级传热温差，增加了冷量损失。

一、对载冷剂的要求

选择载冷剂时，应考虑下列因素。

（1）在工作温度范围内始终应呈液体状态。沸点要高，凝固点要低，而且都应远离工作温度。

（2）载冷剂循环运行中能耗要低，即要求载冷剂的比热要大，密度要小，黏度要低。

（3）载冷剂的工作要安全可靠。稳定性要好，对管道及设备不腐蚀，应不燃不爆，对人无毒害。

（4）价格低廉，便于获得。

二、常用载冷剂

1. 水

水是工作温度高于 0 °C 的载冷剂。其比热大，对流传热性能好，价格低廉。在空调系统中，水被广泛用作载冷剂。

2. 盐水

盐水可用于工作温度低于 0 °C 的载冷剂。常用的盐水是由氯化钙（$CaCl_2$）或氯化钠（NaCl）配制成的水溶液。

盐水溶液的浓度越大，其密度也越大，流动阻力也增大；同时，浓度增大，其比热减小，输送一定冷量所需盐水溶液的流量将增加，造成泵功率消耗增大。因此，配制盐水溶液时，只要使其浓度所对应的凝固温度不低于系统中可能出现的最低温度即可，一般使凝固温度比制冷剂的蒸发温度低 5 ~ 8 °C。对氯化钠水溶液而言，只有当制冷剂的蒸发温度高于 – 16 °C 时才能用它作为载冷剂；对于氯化钙溶液，制冷剂的蒸发温度高于 – 50 °C，它才可以作为载冷剂。

盐水溶液对金属有腐蚀性，尤其是略带酸性并与空气相接触的盐水溶液，其腐蚀性更强。为了降低盐水对金属的腐蚀作用，可在盐水溶液中加入一定量的缓蚀剂。一般做法是在 1 m^3 的氯化钙水溶液中加入 1.6 kg 的重铬酸钠（$Na_2Cr_2O_7$）和 0.432 kg 的氢氧化钠（NaOH）；1 m^3 氯化钠水溶液中加入 3.2 kg 的重铬酸钠和 0.86 kg 的氧化钠。添加缓蚀剂的盐水应呈弱碱性，pH 值为 8.5。重铬酸钠对皮肤有腐蚀作用，调配溶液时需加以注意。

3．有机物载冷剂

常用的有机载冷剂主要有乙二醇、丙二醇的水溶液。它们都是无色、无味、非电解性溶液。冰点都在 0 °C 以下，对金属管道、容器无腐蚀作用。丙二醇是无毒的，可以与食品直接接触而不致污染。乙二醇略带毒性，但无危害性，价格和黏度较丙二醇低。

子任务 8　润滑油

用于制冷压缩机内各运动部件润滑的油，称为冷冻油，又称润滑油。按照相关标准，目前我国生产的冷冻油有 13 号、18 号、25 号、30 号和企业标准 40 号五种牌号的冷冻油。其中，普遍采用的制冷压缩机润滑油有 13 号、18 号和 25 号三种。R12 压缩机一般选用 18 号，R22 压缩机一般选用 25 号。

一、冷冻润滑油的作用

在压缩机中，冷冻油主要起润滑、密封、降温及能量调节四个作用。

（1）润滑。冷冻油在压缩机运转中起润滑作用，以减少压缩机运行摩擦和磨损程度，从而延长压缩机的使用寿命。

（2）密封。冷冻油在压缩机中起密封作用，使压缩机内活塞与气缸面之间、各转动的轴承之间达到密封的作用，以防止制冷剂泄漏。

（3）降温。冷冻油在压缩机各运动部件间润滑时，可带走工作过程中所产生的热量，使各运动部件保持较低的温度，从而提高压缩机的效率和使用的可靠性。

（4）能量调节。对于带有能量调节机构的制冷压缩机，可利用冷冻油的油压作为能量调节机械的动力。

二、冷冻润滑油的替代

为保护臭氧层，国际上对空调设备的制冷剂都做了限制，出现了各种替代制冷剂，其冷冻油也相应发生了变化。对空调替代制冷剂为 R134a、R410a/R407c，其替代分别采用 PAG、POE。

聚酯油（POE，Polyol Ester），它是一类合成的多元醇酯类油。PAG（Polyalkylene Glycol），是一种合成的聚（乙）二醇类润滑油。其中，POE 油不仅能良好地用于 HFC 类制冷剂系统中，也能用于烃类制冷。PAG 油则可用作 HFC 类、烃类和氨作为制冷剂的制冷系统中的润滑油。

三、冷冻润滑油的要求

由于使用场合和制冷剂的不同，制冷设备对冷冻油的选择也不一样。对冷冻油的要求有以下几方面：

（1）凝固点。冷冻油在实验条件下冷却到停止流动的温度称为凝固点。制冷设备所用冷冻油的凝固点应越低越好（如 R22 的压缩机，冷冻油应在 – 55 °C 以下），否则会影响制冷剂的流动，增加流动阻力，从而导致传热效果差的后果。

（2）黏度。冷冻油的黏度是油料特性中的一个重要参数，使用不同制冷剂要相应选择不同的冷冻油。若冷冻油的黏度过大，会使机械摩擦功率、摩擦热量和启动力矩增大。反之，若黏度过小，则会使运动件之间不能形成所需的油膜，从而无法达到应有的润滑和冷却效果。

（3）浊点。冷冻油的浊点是指温度降低到某一数值时，冷冻油中开始析出石蜡，使润滑油变得混浊时的温度。制冷设备所用冷冻油的浊点应低于制冷剂的蒸发温度，否则会引起节流阀堵塞或影响传热性能。

（4）其他。如化学稳定性和抗氧性、水分和机械杂质以及绝缘性能。

（5）闪点。冷冻油的闪点是指润滑油加热到它的蒸气与火焰接触时发生打火的最低温度。制冷设备所用冷冻油的闪点必须比排气温度高 30 °C 以上，以免引起润滑油的燃烧和结焦。

四、冷冻润滑油的运行温度和压力

运行过程中，油温一般要保持在 45 ~ 60 °C，最高不宜超过 70 °C。而且油温应稳定，如果油温一直不稳定且缓慢上升，则说明有故障。油温过低或过高都将使润滑油恶化，同时，可预示故障。冷冻油压力关键是指油压差值，由于种种原因引起油泵不上油，就是说无法建立油压差。油压大小依据压缩机的结构而定。立式压缩机的外齿轮油压差为 0.5 ~ 1.5 MPa，新系列压缩机油压差为 0.5 ~ 1.5 MPa。新购置的压缩机在运转、调试中采用油压差值往往偏高，以便加大润滑油量，较好地完成气缸等运动部件的磨合期，延长机器的使用寿命。制冷剂与润滑油的互溶性见表 3-7。

表 3-7　制冷剂与润滑油的互溶性

	完全溶油	部分溶油	难溶或微溶油
矿物油	R11，R12，R600a	R22，R502	R717，R134a，R407C
聚酯类油	R134a，R407C	R22，R502	R11，R12，R600a
聚醇类油	R717	R134a，R407C	R11，R12，R600a
极性合成碳氢化合物油	R134a，R407C	R22，R502	R11，R12，R600a

任务小结

通过本任务的学习，让学生领会制冷机组在整个空调系统中的中心地位，是冷的源头。通过对各组成部件的分类学习，掌握部件的结构与原理，为制冷系统运行管理和维修打下基础。

任务 3
制冷系统的运行管理

任务目标

掌握制冷系统运行管理的内容。

案例引入

以某地铁螺杆式制冷机组和 VRV（变制冷剂流量）机组为例来阐述制冷系统的运行管理。

案例分析

从地铁运维部门的操作规程来掌握运行管理的工作内容。

知识链接

一、制冷机组运行管理（以某地铁的螺杆式冷水机组为例）

1. 设备的性能参数

蒸发器出水温度：7 °C；
蒸发压力：0.227 ~ 0.262 MPa；
冷凝压力：0.81 ~ 0.915 MPa；
吸气过热度：0.6 ~ 1.1 °C；
排气过热度：11.1 °C 以上；
液体过冷度：2.8 ~ 4.4 °C；
工作电压：400 V（1 ± 10%）。

2. 相关设备系统的关联

冷水机组从对应的 MCC（低压配电）柜引入电源。

冷水机组在机载控制柜中与水系统的冷冻水泵、冷却水泵、冷却塔风机、电动蝶阀实现内部联锁。

冷水机组机载控制柜为 BAS（监控）或 EMCS（设备监控系统）提供数据通信接口。

3. 设备安全防护装置及说明

（1）控制电源断电保护（微机控制）：

① 断电设定值 *B* 为 0，当出现控制电源断电后，允许机组自动重启。

② 断电设定值 B 为 1，当出现控制电源断电后，微机会记录一个断电报警，复位后断电报警才会再启动。

③ 车站冷水机组断电设定值要求设置为 0。

（2）蒸发压力过低停机保护（微机控制）：

① 蒸发压力低至低压设定值以下时，微机就会让压缩机停机，打开报警信号灯。

② 微机内低压设定值：0.19 MPa。

③ 故障处理完毕后，在操作界面复位报警。

（3）蒸发器结冰停机保护（微机控制）：

① 冷冻水出水温度降低到结冰设定值以下时，微机就会让压缩机停机，打开报警信号灯。

② 结冰温度设定值：3 °C。

② 故障处理完毕后，在操作界面复位报警。

（4）冷凝器压力过高保护（微机控制）：

① 当冷凝器压力达到高压设定值时，微机就会让压缩机停机，打开报警信号灯。

② 微机内高压设定值：1.13 MPa。

（5）安全泄流阀：

① 机组运行时不得关闭其前面的角阀。

② 在压缩机机组冷凝器上设有双作用安全阀，一用一备，将阀门旋到相反的一端，就可以启动备用阀门。

③ 故障处理完后，更换新的安全阀。

（6）油浮球开关（微机控制）：

① 压缩机运行时，油位过低指示持续 60 s，微机就会让压缩机停机，打开报警信号灯。

② 故障处理完毕后，在操作界面复位报警。

（7）油温过高控制器（微机控制）：

① 当油温超过 95 °C，微机就会让压缩机停机，打开油温过高报警信号灯。

② 故障处理完毕后，在操作界面复位报警。

（8）马达温度保护器（微机控制）：

① 压缩机马达线圈中埋有温度传感器，当传感器温度超过 105 °C 时，微机就会让压缩机停机，打开马达温度过高报警信号灯。

② 故障处理完毕后，在控制面板上复位电机高温复位按键。

（9）过载保护（微机控制）：

① 过载保护器通过监控三相电流来防止压缩机电流过高，跳闸设定值由工厂设定。

② 故障处理完毕后，在操作界面复位报警。

（10）欠电压保护继电器：

① 当供电出现电压过低、电压过高、相序不正确、缺相等故障时，微机就会让压缩机停机，打开报警信号灯。

② 掉电设定值 A 为 0 时，允许故障出现后自动启动。设定值 A 为 1 时，需复位报警后才能重新启动。

（11）压差过低报警（微机控制）：

① 为保护良好润滑，在冷凝器与蒸发器之间压缩机需有 0.21 MPa 的压差。

② 当机组运行时，若压差小于 0.21 MPa 达 3 min，微机就会让压缩机停机，打开报警信号灯。

③ 故障处理完毕后，在操作界面复位报警。

4．冷水机组操作要点

（1）开机的必备条件：

① 冷水机组各部分完好，无损伤或变形。

② 冷水机组控制柜、供液阀调节马达、油加热继电器、带状发热丝、主机、冷冻水泵、冷却水泵、冷却塔风扇电动机等都处在可送电状态。

③ 长时间停机时要通电预热 24 h，油温是否在 38 °C 以上或比冷媒蒸发温度高 18 °C（如果电阻小于 200 MΩ 时要对机组继续加热，达到电阻值要求才能开机），油槽内最低温度为 38 °C，最高温度不超过 95 °C。

④ 电压 400 ± 40 V 范围内。

⑤ 启动冷水机组前检查冷却水温度，要求水温不能过低，一般进水温度高于 20 °C 为好，如不能满足要求，要对冷却水流量进行控制，调节冷凝器出水阀门开度，排气压力控制在 0.81 ~ 0.915 MPa。

⑥ 停机时冷冻油液位在视液镜的 1/2 ~ 3/4 处，正常运行时，视液镜应看不到油位，冷媒阀及冷冻油回路电磁阀在正常工作位置。

（2）操作顺序（以某型号螺杆式冷水机组为例）：

① 在机组控制电源接通后首先会出现欢迎画面，如图 3-72 所示。

② 触压屏幕，屏幕保护取消后，显示出监控主页面。如图 3-73 所示，触压“操作主菜单”，再触压“授权操作”，选择“操作级”，输入密码“****”，触压“返回前页”，返回操作主菜单。

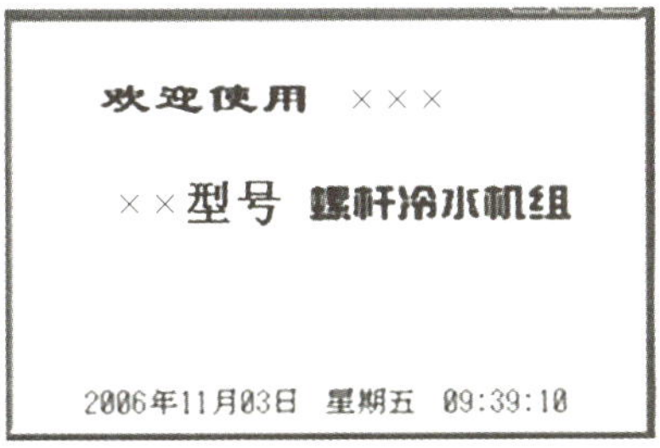

图 3-72 开机画面

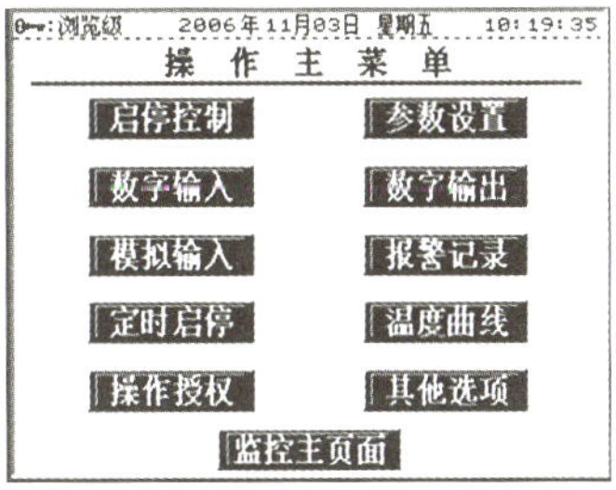

图 3-73 操作主菜单

③ 触压“启停控制”，触压“启动”将开关置于开机位置，再触压“返回主菜单”，退回监控主页面，等待开机，如图 4-74 所示。

④ 检查数字输入量（见图 3-73），在“操作主菜单”屏触压“数字输入”，检查各压缩机油位开关，水流开关处于“闭”的状态。在“操作主菜单”触压“授权操作”，选择“浏览级”（见图 3-75），输入密码“****”，设为浏览级，退回监控主页面。

⑤ 机组启动后，观察吸气压力和排气压力，调整冷却水流量，使机组尽快形成 0.21 MPa 的吸排气压差。如果压差 3 min 内未达到，机组会报警，多次反复，压缩机会出现低油位报警，这样会对压缩机使用寿命构成威胁，严重时会损坏压缩机。

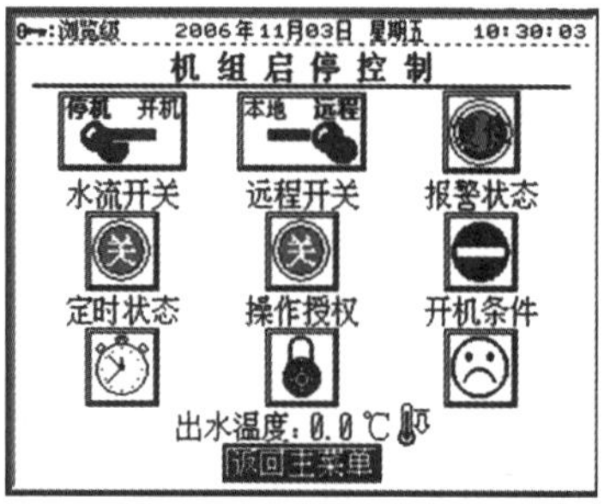

图 3-74　开机

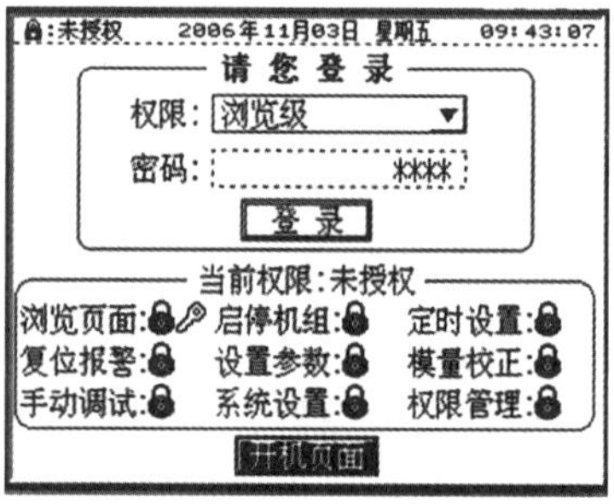

图 3-75　浏览级

⑥ 机组运行正常后，检查电机三相电流是否平衡，观察机组供液镜、油平衡视镜、回油视镜、二次补气镜和蒸发器视镜，正常时机组供液镜应看不到液体流动，蒸发器视镜开机应看不到液面，只有机组满负荷运行且冷冻水出水温度达到设定值时才可以看到液面，如果出现液面过高或过低或有许多白沫为不正常。

⑦ 开机后要用手摸压缩机排气管，当排压正常时，排气管应该是热的，不热时要对吸气压力进行调整。

二、VRV 空调系统运行管理

（一）设备的性能参数

（1）室内机工作电压采用单相交流电压 220×（1±10%）V，工作频率 50×（1±5%）Hz。

（2）室外机工作电压采用三相交流电压 380×（1±10%）V，工作频率 50×（1±5%）Hz。

（二）相关设备系统的关联

（1）室内机的电控柜从对应的控制箱引入 220×（1±10%）V 电力。

（2）室外机的电控柜从对应的控制箱引入 380×（1±10%）V 电力。

（3）室内机受就地有线控制器或遥控器控制。集中控制器实现对多联机系统的室内机、外机的监视和控制。就地有线控制器控制优先权高于集中控制器。

（三）设备安全防护装置及说明

1. 排气温度保护

（1）压缩机排气温度超过 120 °C 并持续 10 s 停机报警，停机 2′50″后自动恢复，1 h 3 次故障确认。

（2）故障排除后，手动复位重新启动机组。

2. 高压压力保护

（1）压缩机开机连续 10 s 检测到高压压力在 4.0 MPa 以上停机报警，停机 2′50″后自动恢复，1 h 3 次故障确认。

（2）故障排除后，手动复位重新启动机组。

3. 低压压力保护

（1）压缩机开机连续 10 s 检测到低压压力在 0.05 MPa 以下，回油连续 10 s 检测到低压压力在 0.03 MPa 以下停机报警，停机后 2′50″后自动恢复，1 h 3 次故障确认。

（2）故障排除后，手动复位重新启动机组。

（四）室内机操作规程要点

1. 开机的必备条件

（1）供电电源的电压在 220×（1±10%）V，线控器显示上一次的工作状态。

（2）为保护压缩机，在开机前空调机组应通电 12 h 以上。同一冷媒系统的所有室内机使用统一的电源开关，保证空调使用时，该系统所有内机处于通电状态。

2. 操作顺序

（1）检查室内机安装附近的地板和天花有无漏水现象。

（2）按线控器的“开机/关机”键，室内机开始运行，线控器或遥控器的 LED 灯亮或接收窗上的电源灯亮。

（3）选择运行模式，按“模式”键，每按一次线控器的运行方式改变如下：“自动”→“送风”→“制冷”→“除湿”→“制热”。

（4）根据房间的温度设定要求，按“温度”键，线控器按温度“+”“-”键设置室内温度。

（5）选择风量调节按“风量”键，线控器风速按以下变换（在除湿运行时，风速自动设定）：“自动”→“高风”→“中风”→“低风”→“自动”。

（6）选择风向调节按线控器“摆风”键，导风板摆动。

（7）运行后，仔细确认风机有无异常声音。

（8）检查送风口的送风量，在相应风速挡下，是否会出现风量过小或无风送出现象。

（9）需要停机时，按线控器的“开机/关机”键关机，线控器的 LED 灯灭或接收窗上的电源灯灭。

3. 使用过程中的注意事项

（1）使用线控器几秒后，室内机的设置就会改变。

（2）每天在相同条件（运行方式、设置温度、风量调节和风向调节）下对室内机的启动/改变重复操作时，按线控器的“开机/关机”键即可，线控器会显示上一次设置的内容。

（3）避免频繁地进行“开机”和“关机”操作。

（4）多联机采用“模式一致”的控制方式，当选择了制冷（除湿）和制热运转时，如果其他室内机在不同的方式下运转，空调机就处于待机方式。线控器上选择的运转方式显示会不停闪烁。

任务实施

1. 任务准备

（1）实训设备：制冷机组、VRV 空调机组；

（2）实训工具：万用表、温度计、电工笔等；

（3）实训资料：教材、地铁操作规程（可参照当地地铁运营公司操作规程）等；

（4）辅助材料：电工绝缘手套、抹布等。

2．实施步骤（有条件的可以联系当地地铁运营公司现场参观学习）

（1）实训分组；

（2）螺杆式机组操作（参照当地地铁运营部门操作规程）；

（3）VRV 机组操作（参照当地地铁运营部门操作规程）；

（4）总结汇报。

3．实训报告

结束任务后，根据实训内容编制实训报告（格式见附录 E），并提交给指导老师批阅。

任务小结

通过本任务的实践学习，掌握制冷机组和 VRV 机组的操作程序及注意事项，为今后去地铁运营管理部门机电维修岗位奠定基础。

任务 4 维修制冷系统

任务目标

通过本任务学习，能够了解地铁运营管理公司制定的制冷机组检修项目及周期，掌握故障分析方法和判断故障的原因，进而可针对性地进行维修。

案例引入

根据各学校具体情况，可随机选取制冷机组的类型及故障，让学生通过查询资料、分析和判断故障产生的原因，了解如何进行具体的维修工作。

案例分析

制冷系统故障的可能性非常多，学生可以通过“看、摸、听、测”的方法来判断故障类型，有针对性地进行维修。

知识链接

一、检修概述

制冷机组按照压缩机的不同，有活塞式、螺杆式、离心式、涡旋式。压缩机的故障是机组检修的核心内容。为了保证制冷机组安全、高效、经济、长期正常运转，在运行管理和维修中一般通过“看、摸、听、测”来对制冷机组运行中的故障进行分析和判断。

一看：看制冷机组运行参数和外观表象。如高、低压力，油压，冷却水和冷媒水进出口水压等参数，参数值满足设定的参数值为正常，偏离设定的参数值为异常，异常参数可能是故障导致。还有运行机组外观表象，如压缩机吸气管结霜，表示制冷机组制冷量过大、蒸发温度过低、压缩机吸气过热度小、吸气压力低，活塞式制冷机组将会引起“液击”，离心式冷水机组则会“喘振”。

二摸：用手触摸冷水机组各部分及管道（包括气管、液管、水管、油管等），感觉压缩机的工作温度及振动，蒸发器、冷凝器的进出口温度，管道接头处的油迹及分布情况等。异常温感意味着相应部位存在故障因素。用手触摸物体的温度感觉特征见表 3-8。

表 3-8　触摸物体测温的感觉特征

温度/°C	手感特征	温度/°C	手感特征
35	低于体温	65	强烫灼感，触 3 s 缩回
40	稍高于体温，微温舒服	70	剧烈烫灼感，手指触 3 s 缩回
45	温和而稍带热感	75	手指有针刺感，1 ~ 2 s 缩回
50	稍热但可长时间承受	80	有烘灼感，一触即回，稍停留会有轻度灼伤
55	有较强热感，有回避意识	85	有辐射热，有焦灼感，触及烫伤
60	有烫灼感，触 4 s 急缩回	90	极热，有畏缩感，不可触及

用手触摸物体测温，只是一种近似方法，要准确测定制冷压缩机的温度应使用远红外线测温仪等测温仪器。

三听：对运行中的制冷机组异常响声进行分析，以判断故障。听机组运行时响声是否符合正常工作的声响规律。重点听压缩机、润滑油泵及离心式冷水机组的抽气回收装置的小型压缩机、系统的电磁阀、节流阀等设备有无异常响声。如果运转中听到活塞式或离心式压缩机发出轻微的“嚓，嚓，嚓”声或连续均匀轻微的“嗡，嗡”声，说明压缩机运转正常；如听到的是“咚，咚，咚”声或叶轮时快时慢的旋转声，或者有不正常的振动声音，表明压缩机发生液击或喘振。

四测：在看、听、摸等基础上，使用相应的仪器仪表，对机组的绝缘、运行电流、电压、温度等进行测量，从而准确找出故障的原因及其发生的部位，迅速予以排除。

制冷机组故障的处理基本程序如图 3-76 所示。

表 3-9 所列为某地铁运营公司编制的制冷机组检修项目及检修周期。表 3-10 及 3-11 所列为机组运行参数标准。需要注意的是，不同制冷机组应根据各自安装、操作、维修说明书来制定参数标准。参数标准一般附于机组巡检记录本首页，供巡检记录人参考。

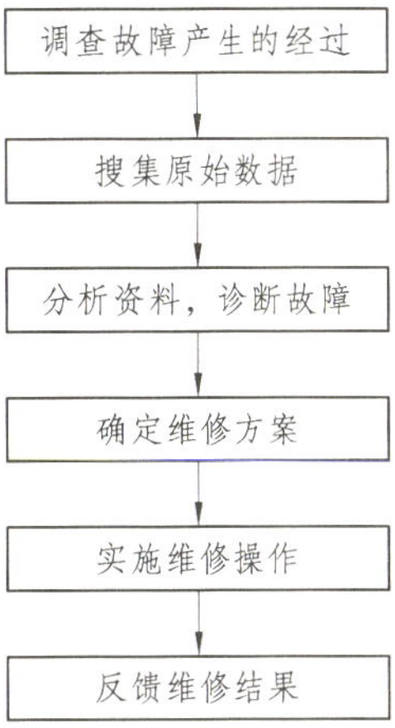

图 3-76　制冷机组故障处理基本程序

表 3-9 制冷机组检修项目与周期

修程	检修工作内容	标准	周期
日检	1. 主机与周围环境的清洁	清洁无杂物	每日
	2. 检查现场状态、主机运行状况	外观正常，无异常噪声及振动	
	3. 制冷系统泄漏检查	无泄漏	
	4. 记录运行参数	见表 3-10、表 3-11 标准	
月检（空调季节）	1. 包含日检内容	同日检标准	每月（空调季节）
	2. 启动柜或控制箱内接触器的检查或更换	保证接触器功能完好	
	3. 电源线接点松脱情况	接触良好，无松动	
	4. 水流开关的检验	水流指示正确	
	5. 温度、压力传感器的校验或更换	传感器显示准确	
季检	1. 包含月检内容	同月检标准	每季
	2. 各控制元件的检查或更换	元件功能和外观完好	
	3. 安全阀的检查或更换	无泄漏（电子检漏仪不发生报警）	
	4. 电机绝缘检查	对地绝缘电阻大于 0.5 MΩ	
	5. 视需要添加制冷剂	满负荷运行时视镜内无气泡	
	6. 电气安全性能检查	压缩机绝缘电阻值不低于 200 MΩ	
年检	1. 包含季检内容	同季检标准	每年
	2. 控制程序测试	空动作测试正常	
	3. 机组冷冻机油的检查或更换	油位、油色正常或油样分析指标符合规范要求	
	4. 卸载机构的检查或更换	机组正常卸载	
	5. 表面除锈、油漆（必要时）	表面油漆无脱落及锈蚀	
	6. 热交换器的内部清洁	换热温差不大于 1 °C	
	7. 干燥过滤器、油过滤器的更换	××××冷水机组高、低压油压差不小于 210 kPa	
	8. 冷凝器通泡	达到规范要求	
	9. 安全阀检测	达到规范要求	

表 3-10 某制冷机组主要检查项目运行参数标准

检查项目	正常标准	备注
吸气压力/kPa	> 200	标准工况下
排气压力/kPa	< 1 100	标准工况下
冷凝器传热温差/°C	< 3	标准工况下
冷凝器进水温度/°C	32	标准工况下
冷凝器出水温度/°C	37	标准工况下
蒸发器进水温度/°C	14	标准工况下
蒸发器出水温度/°C	7	标准工况下
实际电压/V	400（±10%）	
压缩机电流/A	大于铭牌额定电流	

表 3-11　某螺杆式制冷机组蒸发器/冷凝器水压参数标准

型号	蒸发器最小压差/kPa	蒸发器最大压差/kPa	冷凝器最小压差/kPa	冷凝器最大压差/kPa
1 号主机型号	8.8	85	53	70
2 号主机型号	9.5	90	75	90
3 号主机型号	9.7	47	40	60
4 号主机型号	8.5	80	43	68
5 号主机型号	12	95	49	72
6 号主机型号	9	81	38	55
7 号主机型号	16.5	102	42	82
8 号主机型号	12	95	45	77
9 号主机型号	9.5	93	48	68
10 号主机型号	9.2	89	40	74
11 号主机型号	8.2	77	41	66

二、常见故障分析

（一）活塞式制冷机组

活塞式制冷机组压缩机大、中、小的检修内容以开启式压缩机为例，一般应根据运行时间来决定。正常运行下，压缩机累计运行 1 000 h 后进行小修；压缩机累计运行 2 000 h 后进行中修；压缩机累计运行 3 000 h 后进行大修。活塞式制冷压缩机大、中、小的检修内容见表 3-12。

表 3-12　活塞式制冷压缩机的检修内容

序号	主要部件	修理级别	修理内容
1	排气阀组、安全弹簧与阀	小修	检查和清洗阀片、内外阀座，更换已损坏的阀片及弹簧，调整开度，密封性试验
		中修	检查安全弹簧是否有斑痕或裂纹；检查余隙，并进行调整；修理或更换不严密的阀
		大修	检查、修理和校检控制阀及溢流阀，更换阀的填料，重浇合金阀座或更换密封圈
2	气缸套与活塞	小修	检查气缸套与吸气阀片接触密封面及阀座面是否良好，检查气缸壁的表面粗糙度，并清洗污垢
		中修	检查活塞环和油环的锁口间隙，环与槽的高度、深度、间隙以及弹力是否符合要求。若不符合要求，应更换新的。检查活塞销与销座的间隙及磨损情况
		大修	测量气缸套与活塞的间隙，以及气缸套和活塞的磨损情况。若超过极限尺寸，应更换气缸套或活塞（包括活塞环和油环）

续表

序号	主要部件	修理级别	修理内容
3	连杆体和连杆大头轴瓦	小修	检查连杆螺栓和开口销或防松铅丝，有无松脱及折断现象
		中修	检查连杆大头轴瓦径向和轴向间隙，以及小头衬套的径向间隙和磨损情况。若超过极限尺寸，应更换新的
		大修	依照修复后的曲拐轴径配大头轴瓦，或重浇轴承合金；以修复后的连杆大头孔来配大头轴瓦；测量活塞销的圆度和圆锥度以及磨损情况；测量连杆大头与小头孔的两个方向的平行度，以确定连杆是否弯曲
4	曲轴和主轴承	小修	检查电机与曲轴的同轴度
		中修	测量各轴承的径向和轴向间隙，需要时应修整
		大修	测量曲轴主轴颈与曲拐轴径的平行度，或各轴颈的磨损度（圆度和圆锥度），以便修整或更换曲轴；修整主轴承或重浇轴承合金
5	轴封	小修	无
		中修	检查调整轴封的各零件配合情况。若密封性良好，待大修时进行拆卸
		大修	检查静环和动环的密封面是否良好，内、外密封圈是否老化，弹簧性能是否符合要求。若不符合要求，应更换为新的
6	润滑系统	小修	清洗曲轴箱及粗滤油器，更换润滑油
		中修	检查和清洗油三通阀以及润滑系统；检查卸载装置是否良好，如有问题应进行修理或更换新的
		大修	检查油泵齿轮的配合间隙，或更换齿轮和泵轴轴衬；检查和清洗精滤油器；检查和清洗油分配阀，如密封圈老化，应更换新的
7	其他	小修	检查卸载装置的灵活性，查看油冷却器是否有漏水现象，清除污垢，检查和清洗吸气过滤器
		中修	检查电动机与压缩机传动装置的倾斜度和轴的同轴度；检查压缩机基础螺栓和联轴器的紧固情况，以及活塞销或橡胶套的磨损情况
		大修	检查和校验压缩机的压力表、控制仪表和安全装置；检查和清洗回油浮球阀，或进行修理；清洗气缸盖水套的污垢

（二）螺杆式制冷机组

螺杆式制冷机组压缩机的常见故障主要有泄漏、石墨环炸裂、电气控制元件失灵等。

1．泄漏

螺杆式制冷机组的氟利昂泄漏可分为内漏和外漏两种。内漏是指制冷循环管路上阀门

（如供液阀、吸排气阀）不能完全密封关死，制冷剂在机组系统内部泄漏，影响机组的操作和制冷效果；外漏是指机组系统内氟利昂向外界环境（即大气）的泄漏，它使机组无法运行并产生严重经济损失。相对而言，机组外漏的概率较高，原因可能有以下几点：

（1）机组的一些铸件在铸造中由于型砂质量较差或铸造工艺不好，形成砂眼和裂纹，而机组管理人员在检漏时重点放在密封连接处，常忽略对铸件机体的检漏，从而发生氟利昂外漏。

（2）密封件磨损或破裂，如吸排气阀阀杆和阀体的圆形环老化、磨损导致密封失效，机械密封的轴封动环擦伤，静环破裂。

（3）换热器内泄漏，蒸发器由于低压过低（低压控制器失灵）或冷冻水循环不畅，蒸发温度低于 0 °C，蒸发器传热管冻裂，氟利昂可能从冷冻水循环系统中泄漏。

2．石墨环炸裂

螺杆式制冷机组的螺杆是高速旋转的机械，它的轴端密封采用机械密封，其动环和静环（石墨环）密封面会由于操作不当发生磨损裂纹。

（1）冷却水断水。当冷却水系统中混入空气或冷却水循环不畅时，冷凝器内氟利昂冷凝不充分，压缩机高压端排气压力骤然上升，动环和静环密封油膜被击破，出现半干摩擦或干摩擦，在摩擦应力作用下，石墨环产生裂纹。

（2）压缩机启动时加载过快，高压突然增大，同样可使石墨环破裂。

（3）轴封的弹簧及压盖安装不当，石墨环受力不均，造成石墨环破裂。

（4）轴封润滑油的压力和黏度影响密封动压液膜的形成，也是石墨环损坏的原因之一。

3．电气控制元件失灵

电气控制元件失灵可能是下述几种原因导致。

（1）元件质量问题。

（2）安装存在缺陷。

（3）使用环境湿度大，导致元件生锈、腐蚀。

（三）离心式制冷机组

离心式制冷压缩机的常见问题分析与解决办法见表 3-13。

表 3-13　离心式制冷压缩机的常见问题分析与解决办法

序号	问题	原因分析	解决办法
1	通电后压缩机不启动	供电电源有问题	检查电源供电线路，找出问题，恢复正常供电
		离心式制冷压缩机的导叶没有处在全关位置	将离心式制冷压缩机的导叶自动/手动开关换到手动位置上，并用手动将导叶关闭
		控制电路中的熔断器烧毁	找出控制电路中熔断器烧毁的原因，更换新的熔断器
		机组的过载继电器动作	按下机组过载继电器的复位开关，看其能否工作，或重新调整过载继电器的动作参数的设定值

续表

序号	问题	原因分析	解决办法
2	压缩机运行时转动不平稳	机组运行时油压过高	将机组的油压降至额定值
		机组轴承间隙过大	调整机组的轴承间隙或更换轴承
		机组防振装置调整不对	调整或更换防振装置中的弹簧
		机组密封填料和旋转体接触	调整机组密封填料和旋转体之间的间隙
		机组的增速齿轮磨损严重	修理或更换机组的增速齿轮
		机组的主轴弯曲	校正机组的主轴
3	压缩机运行时电动机负荷过大	机组的制冷负荷过大	采取起动备用机组的方法，减小机组的制冷负荷
		压缩机吸入大量的液体制冷剂	降低蒸发器中的液面，杜绝压缩机吸入大量液体制冷剂的可能
		冷凝器中的冷却水温度过高	调整冷却水流量或改善冷却塔工况的方法，降低冷凝器中冷却水的温度
		冷凝器中的冷却水量过少	提高水泵转速或增加水泵工作台数的方法，加大冷却水流量
		制冷系统内有不凝性气体	起动机组的抽气回收装置，排除制冷系统内的不凝性气体
4	压缩机“喘振”	冷凝压力过高	提高水泵转速或增加水泵工作台数的方法，加大冷却水流量，降低冷凝压力
		蒸发压力过低	打开旁通阀，增加机组的吸气量，提高机组吸气的蒸气压力
		进口导叶开度过大	调整机组运行时进口导叶开度，使之与机组运行负荷相适应
5	压缩机运行时冷凝压力过高	机组内渗入了空气	起动机组的抽气回收装置，排除系统中的空气
		冷却水系统流量不足	清洗水系统的过滤器或提高水泵转速的方法，加大冷却水流量，降低冷凝压力
		冷却水系统的水温过高	改善冷却水系统的散热条件，用降低冷却水的温度方法，达到降低冷凝压力的目的
		冷凝器管壁上结垢太厚	采用机械或化学方法清洗冷凝器的管壁，除去冷凝器管壁上的水垢，改善热交换条件，降低机组的冷凝压力
6	压缩机运行时蒸发压力过高	系统的制冷负荷过大	机组运行时开足进口导叶
		机组的浮球室液面下降，没有形成液封	检修机组的浮球室，使其形成液封

续表

序号	问题	原因分析	解决办法
7	压缩机运行时蒸发压力过低	系统中的制冷剂不足	适量向系统中补充制冷剂，使其满足制冷运行的需求
		蒸发器管路中污垢太多	清洗蒸发器管路系统
		机组的浮球阀动作失灵	检修浮球阀，使其动作灵活
		制冷剂不纯	用收氟机提纯或更换制冷剂
		制冷系统的负荷减少	适量关小机组的进口导叶
		水路系统中有空气	排除水系统中的空气
8	润滑油压力过低	润滑油中有制冷剂，润滑能力低	减少向油冷却器的冷却水供应量，提高润滑油的温度
		系统润滑油的过滤器堵塞	清洗油路系统的过滤器
		润滑油压力调节阀失灵	检修或更换机组的润滑油压力调节阀
		油箱内的压力过低	加大机组润滑油系统均压管的开度

（四）VRV 空调系统、分体空调检修

地铁内一些功能用房采用直接蒸发式制冷方式，如 VRV 空调系统、分体空调等，其检修项目与周期见表 3-14 和表 3-15。

表 3-14　VRV 空调系统检修项目与周期

修程	检修工作与内容	标　准	周　期
日检	检查室外机运行状态	室外机组外观正常，运行无异常噪声及振动	每日
月检	1. 包含日检全部内容	同日检标准	每月
	2. 室外机清洁及周围环境清扫	整洁	
	3. 运行参数的检查	参数在正常范围内（制冷工况：吸气压力 0.6～1.0 MPa，排气压力 2.0～3.5 MPa；制热工况：吸气压力 0.3～0.8 MPa，排气压力 2.2～2.8 MPa）	
	4. 电源线接点松脱、老化检查	接线牢固，无老化	
	5. 检查冷凝水管排水是否顺畅	畅通	
	6. 检查压缩机运行情况是否正常（噪声及振动情况等）	无异常噪声和振动	
季检	1. 包含月检全部内容	同月检标准	每季
	2. 室外机冷凝器的清洗（如需要）	干净	
	3. 制冷系统泄漏检查	无泄漏（电子检查仪不发生报警）	
	4. 室内机过滤网的清洗	干净	
	5. 电机绝缘检查	对地绝缘电阻大于 0.5 MΩ	
年检	1. 包含季检全部内容	同季检标准	每年
	2. 视需要添加制冷剂	满负荷运行工作压力在正常范围	
	3. VRV 机组安全保护功能检查	模拟测试保护功能正常	
	4. 表面除锈、涂漆（必要时）	表面油漆无脱落及锈蚀	

表 3-15　分体空调检修项目与周期（适用于正线、车辆段、主所）

修　程	检修工作内容	标　准	周　期
年检	1. 室内过滤网清洗	清洁	每年
	2. 视需要添加制冷剂	满负荷运行时工作压力在正常范围	
	3. 制冷系统泄漏检查	无泄漏（电子检漏仪不发生警报）	
	4. 表面除锈、油漆（必要时）	表面油漆无脱落及锈蚀	
	5. 室外机冷凝器的清洗	清洁	
	6. 电机绝缘检查	对地绝缘电阻大于 0.5 MΩ	
	7. 检查冷凝水管排水是否通畅	通畅	

任务实施

1．任务准备

（1）实训设备：制冷机组（根据各自实训条件定）、VRV 空调机组（或分体空调）；

（2）实训工具：万用表、温度计、电工笔、检漏仪、制冷剂瓶、抽真空机等；

（3）实训资料：教材、地铁检修规程（可参照当地地铁运营公司检修规程）等；

（4）辅助材料：电工绝缘手套、抹布等。

2．实施步骤（有条件的可以联系当地地铁运营公司现场参观学习）

（1）实训分组；

（2）螺杆式（或活塞式、离心式）机组检修（参照当地地铁运营部门检修规程）；

（3）VRV 机组（或分体空调）检修（参照当地地铁运营部门检修规程）；

（4）总结汇报。

3．实训报告

结束任务后，根据实训内容编制实训报告（格式见附录 E），并提交给指导老师批阅。

任务小结

通过本任务的实施，可让学生掌握检修流程、检修项目及周期，学会如何根据现象判断故障类型，熟悉如何进行设备维修。

思考题

1. 工质的基本状态参数有哪些？

2. 常用的压力单位有哪些？如何换算？

3. 平衡过程、准平衡过程、可逆过程有何区别?相互间有何关系？

4. 功、热量和内能有何异同?

5. 什么是热力循环？什么是可逆循环？什么是不可逆循环？工质经过一个不可逆循环，能否恢复原状？

6. 什么是正向循环与逆向循环？它们的作用有什么不同？在状态参数坐标图上如何表达？

7. 热力学第二定律的两种经典表述是什么？实质是什么？解决了什么问题？

8. 下列说法是否成立？

（1）功可以转变成热，但热不能转变为功。

（2）自发过程是不可逆的，但非自发过程是可逆的。

（3）从任何具有一定温度的热源取热都能进行热变功的循环。

9. 卡诺循环由哪些过程组成？

10. 一个闭口系统经过一个热力过程，放热 9 kJ，对外做功 27 kJ。为使其返回原状态，若对系统加热 6 kJ，问需对系统做功多少？

11. 气体在某过程中热力学能增加了 20 kJ，同时外界对气体做功 26 kJ，该过程是吸热过程还是放热过程？热量交换是多少？

12. 气体在某一过程中吸入热量 12 kJ，同时热力学能增加 20 kJ，问此过程是膨胀过程还是压缩过程？对外所做的功是多少（不考虑摩擦）？

13. 某热机从高温热源 $T_1 = 2\ 000\ \text{K}$ 得到热量 Q_1，并将 Q_2 排向低温热源 $T_2 = 300\ \text{K}$。在下列条件下确定该热机是可逆、不可逆或无法实现：（1）$Q_1 = 1\ 000\ \text{kJ}$；$W = 900\ \text{kJ}$；（2）$Q_1 = 2\ 000\ \text{kJ}$；$Q_2 = 900\ \text{kJ}$；（3）$Q_1 = 500\ \text{kJ}$；$W = 1\ 500\ \text{kJ}$。

14. 卡诺循环工作于 500 °C 和 27 °C 之间。该卡诺热机功率为 10.2 kW。求：（1）卡诺热机的热效率；（2）卡诺热机每分钟从高温热源所吸收的热量；（3）卡诺热机每分钟向低温热源所释放的热量。

15. 冷水机组按照压缩机的类型可分为哪几种？

16. 简述离心式制冷压缩机的工作原理。

17. 什么是离心压缩机的喘振？有何危害？如何防止？

18. 冷凝器的作用是什么？如何分类？

19. 蒸发器的作用是什么？如何分类？

20. 在制冷系统中节流装置有什么作用？

21. 内平衡式热力膨胀阀与外平衡式热力膨胀阀原理分别是什么？

22. 气液分离器的气液分离原理是什么？一般用在什么制冷系统？

23. 制冷剂的作用是什么？

24. 为什么国际上提出对 R11、R12、R113 等制冷剂限制使用？

25. 试根据编号规则写出 CF_3CL、CH_4、CHF_3、$C_2H_3F_2CL$、H_2O、CO_2 的代号。

26. 常用载冷剂有哪些？

27. 水作为载冷剂有什么优点？

28. 简述 R22、R717 制冷剂与润滑油的互溶性。

项目 4

空调水系统运行与维护

【项目导读】

学习任务		空调水系统运行与维护
建议学时		8 学时
学习内容		（1）空调水系统分类； （2）空调循环水泵； （3）冷冻水系统； （4）冷却水系统； （5）冷凝水系统； （6）管路附件及设备； （7）空调水系统运行管理； （8）空调水系统维修
目标	知识目标	（1）掌握空调水系统分类； （2）掌握水泵结构及性能； （3）了解冷冻水系统分类及适用范围； （4）掌握空调冷冻水系统管路的常用形式； （5）掌握冷却塔的结构及原理； （6）掌握冷却水系统构成； （7）熟悉冷凝水系统； （8）熟悉管路附件与设备及其作用； （9）掌握水泵运行工况调节方法； （10）熟悉水泵运营管理； （11）熟悉冷却塔运营管理； （12）掌握循环水水质问题产生原因及其处理方法
	能力目标	（1）能用专业术语描述中央空调水系统及组成； （2）能掌握中央空调水系统中设备结构及运行原理； （3）能联系实际分析水系统形式； （4）能根据现实系统分析水质产生原因； （5）能联系实际掌握水质的化学处理和物理处理方法； （6）能熟练掌握水系统清洗和预膜流程
	素质目标	（1）具有严谨认真、实事求是的科学态度； （2）能自主学习新知识、新技能； （3）具系统观念，能够整体看待系统运行； （4）具有高度的职业责任心和安全意识，遵章守纪、规范操作； （5）具有较强信息搜集能力，学会查找相关国家标准； （6）具备团队协作和吃苦耐劳的精神
教学手段与方法		多媒体教学，并结合实际空调案例进行讲解、分析和实训练习

任务 1
空调水系统分类

任务目标

能根据典型水冷式中央空调系统，分析出相对独立的冷冻水系统、冷却水系统、冷凝水系统，并熟知其作用。

案例引入

引入典型的水冷式中央空调系统，分析其系统构成。

案例分析

从水冷式中央空调主机的蒸发器和冷凝器引出的两路循环水系统，分别是冷却水循环和冷冻水循环系统。

知识链接

空调系统通常采用冷热水作为介质，通过水系统将冷、热源产生的冷、热量输送给换热器、空气处理设备等，并最终将冷、热量供应给用户。空调系统的水系统一般分为冷（热）水系统（冷水系统也称冷冻水系统）和冷却水系统两类，也有将冷凝水系统加入归为 3 类水系统。

冷（热）水系统是指将冷冻站或锅炉房提供的冷水或热水送至空调机组或末端空气处理设备的水路系统。冷却水系统是指将制冷机组中冷凝器的散热带走的水系统，对于风冷式冷水机组，则不需要冷却水系统。典型水冷式中央空调系统构成如图 4-1 所示。

空调冷（热）水系统承担了整栋建筑空调系统的冷（热）负荷，系统组成复杂，投资运行费用都高。典型水冷式冷水系统原理如图 4-2 所示。

其中载冷剂即冷冻水（又称冷媒水），是在空调末端设备与冷水机组蒸发器之间传递冷量和热量的介质。冷却剂即冷却水，是在冷水机组冷凝器与冷却塔之间传递冷量和热量的介质。

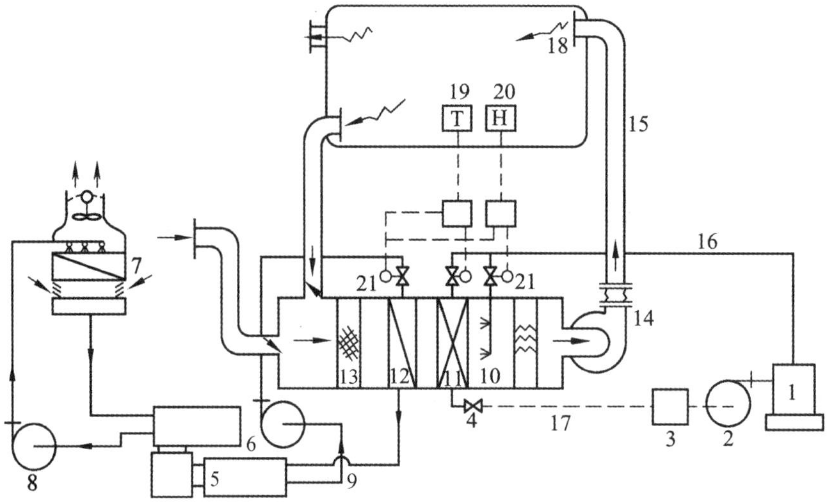

冷热源系统：1—锅炉；2—给水泵；3—回水过滤器；4—疏水器；5—制冷机组；
6—冷冻水泵；7—冷却塔；8—冷却水泵；9—冷水管。
空气处理系统：10—空气加湿器；11—空气加热器；12—空气冷却器；13—空气过滤器。
空气能量输送与分配系统：14—风机；15—送风管道；16—蒸气管；17—凝水管；18—空气分配器（送风口）。
自动控制系统：19—温度控制器；20—湿度控制器；21—冷、热能量自动调节阀。

图 4-1　典型水冷式中央空调系统构成

水冷式中央空调系统　　　　中央空调水系统及应用

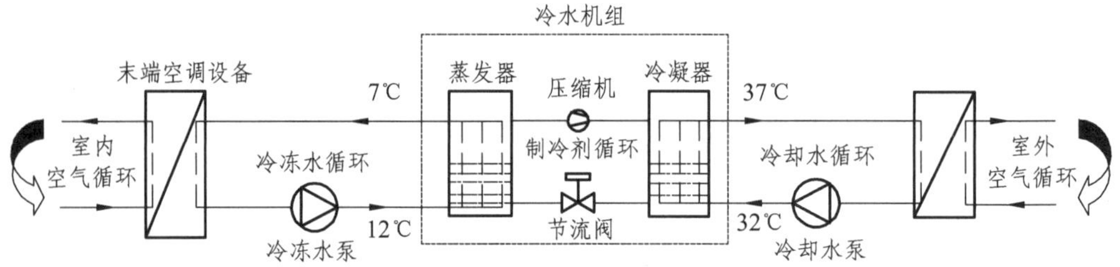

图 4-2　典型水冷式冷水系统原理

任务小结

通过本任务的学习，使学生能从系统的有机联系中分析出各相对独立的水系统，能熟悉各系统的构成及其作用。

任务 2 空调循环水泵

任务目标

掌握水泵的结构、工作原理及性能。

案例引入

以离心式水泵为例来分析其结构、原理和性能。

案例分析

水泵在管路系统中具有中心地位，是驱动水在管路中克服管路阻力的动力。离心式水泵是中央空调系统中常用的泵类型，而且水泵出故障的概率相对管路来说更大。因此，需要掌握水泵的相关知识。

知识链接

水泵是管路系统中水的驱动动力。空调系统中常用的水泵是离心式水泵。本书以离心泵为例来作讲解。

泵可分为容积式泵、叶片式泵及其他类型的泵。容积式泵是利用泵内工作室容积的周期性变化来提高液体压力，达到输送液体的目的，如活塞泵、柱塞泵、隔膜泵、齿轮泵、螺杆泵等。叶片式泵是一种依靠泵内做高速旋转的叶轮把能量传给液体，进行液体输送的机械，如离心泵、混流泵、轴流泵等。其他类型的泵是指除上述两类水泵以外的其他泵，如利用螺旋推进原理工作的螺旋泵，利用高速流体工作的射流泵和气升泵，利用有压管道水击原理工作的水锤泵等。

一、离心泵的工作原理和结构

离心式水泵工作原理

为了使离心泵能正常工作，离心泵必须配备一定的管路和管件，这种配备有一定管路系统的离心泵称为离心泵装置。图 4-3 所示为离心泵的一般装置示意图，它主要由底阀、吸入管路、出口阀、排出管路等组成。

离心泵在工作前，泵体和进口管路必须灌满液体介质，防止汽蚀现象发生。离心泵在工作时，依靠叶轮高速旋转，泵内的液体被抛出后，叶轮的中心部分形成真空区域。一面不断地吸入液体，一面又不断地给予吸入的液体一定的能量，将液体排出。离心泵便如此连续不断地工作。

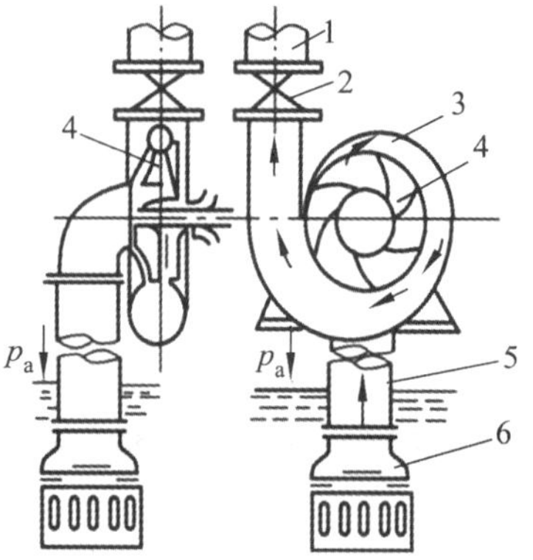

1—排出管路；2—排出阀；3—泵壳；4—叶轮；
5—吸入管路；6—底阀。

图 4-3　离心泵的一般装置

离心泵按叶轮数目分可分为单级泵和多级泵。按叶轮吸入口方式可分为单吸泵和双吸泵。各种类型泵的结构虽然不同，但主要零部件基本相同。主要零部件有泵壳、泵盖、泵体、叶轮、密封环、泵轴、机封或填料函、联轴器、轴承等。

常用离心泵有单级单吸式离心泵和单级双吸式离心泵。单级单吸式离心泵有单吸悬臂式离心泵和单级单吸立式离心泵等。IS 型离心泵是单级单吸悬臂式离心泵，如图 4-4 所示，适用于输送清水或物理及化学性质类似清水的液体，液体温度不高于 80 °C。SG 型管道泵是单级单吸立式离心泵，如图 4-5 所示，用于输送低于 80 °C 的清水。

水泵型号举例：IS50-32-125。

其中：IS——国际标准 ISO 的代号；50——吸入口直径，mm；32——喷射出口直径，mm；125——叶轮外径，mm。

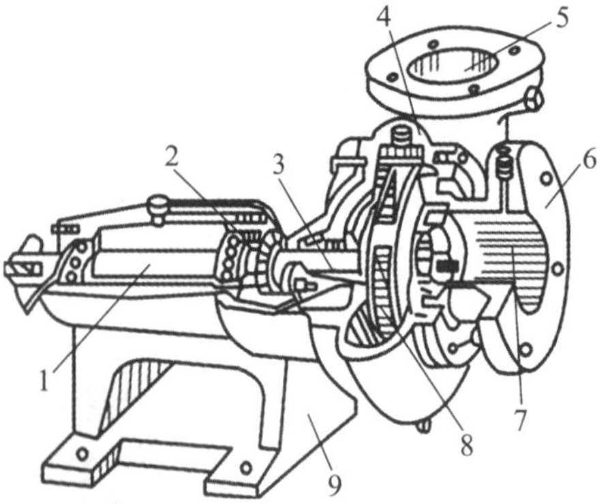

1—泵轴；2—轴承；3—轴封；4—泵壳；
5—排出口；6—泵盖；7—吸入口；
8—叶轮；9—托架。

（a）结构

（b）实物

卧式离心式水泵

冷冻水泵及接管工程实例

图 4-4　IS 型的单级单吸离心泵

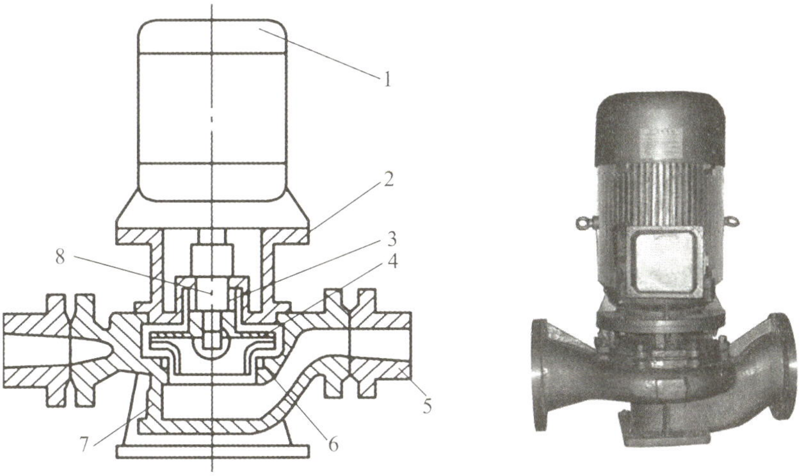

1—电动机；2—连接座；3—机械密封；4—叶轮；
5—进口接管；6—密封环；7—泵壳；8—泵轴。

（a）结构　　（b）实物

管道泵

管道泵安装实例

图 4-5　SG 型管道泵

1. 叶　轮

叶轮又称工作轮，是使液体得到外部电能，将电能转换为输送液体的机械能的主要部件，装置在泵轴上。叶轮材料需要考虑机械强度、耐腐蚀性等。目前叶轮多数采用铸铁、铸钢和青铜，也有采用不锈钢、塑料和陶瓷的。叶轮形式如图 4-6 所示。

闭式叶轮的两侧分别有前、后盖板，两盖板间有 6 ~ 12 片后弯式叶片，叶轮内形成密闭的流道，如图 4-6（a）、（b）所示。开式叶轮两侧均没有盖板，如图 4-6（c）所示。半开式叶轮只有后盖板，吸入口一侧没有盖板，如图 4-6（d）所示。

叶轮导叶是离心泵的转能装置，其作用是把叶轮甩出来的液体收集起来，使液体的流速降低，把部分速度能头转变为压力能头后，再均匀地引入下一级或者经过扩散管排出。

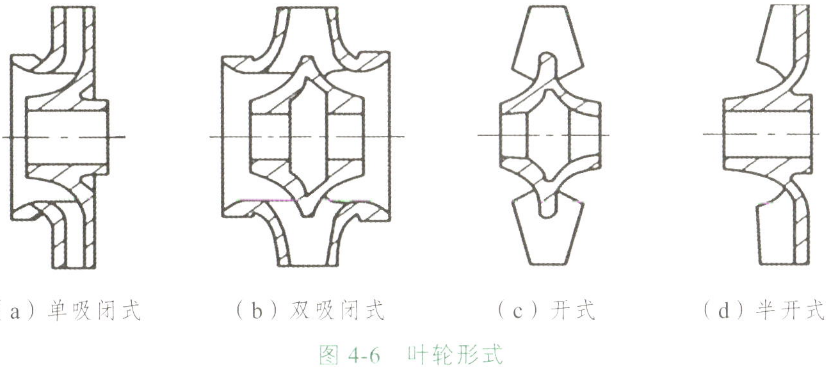

（a）单吸闭式　　（b）双吸闭式　　（c）开式　　（d）半开式

图 4-6　叶轮形式

2. 泵　壳

离心式泵壳的作用是承压和形成过流通道。其过流部分要求具有良好的水力条件，通常铸成螺旋形蜗壳，如图 4-7 所示。泵壳的过水断面沿水流方向是螺旋状渐变扩大的，在叶轮工作时，沿流向流量增加但水流速度保持恒定，可降低泵内的水头损失。泵体内水流动示意图如图 4-8 所示。泵壳顶上设有充水和放气的螺纹孔，以便在泵起动前用来灌泵和排出泵壳内的空气。泵体底部设有泄水螺纹孔，当泵停车检修时用来放空泵内积水。泵体材料耐腐蚀和气蚀并能承受足够压力，要有足够的机械强度。

图 4-7　泵体蜗壳

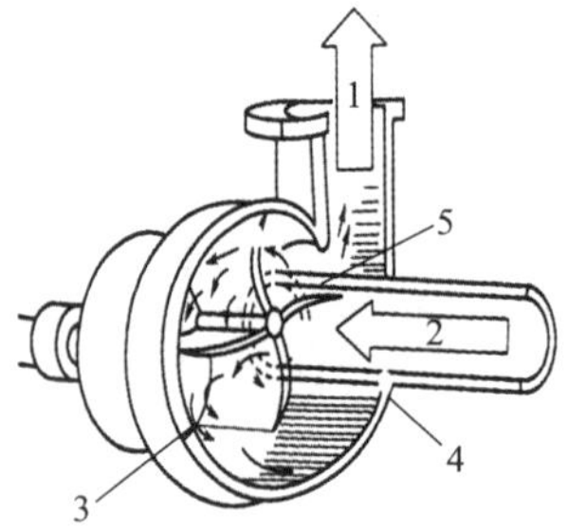

1—喷射口；2—吸入口；3—叶轮；4—泵壳；5—吸入室。

图 4-8　离心式泵体内水流示意图

3．泵　轴

泵轴是用来旋转叶轮并传递转矩的，常用材料是碳素钢和不锈钢。泵轴应有足够的抗扭强度和刚度。泵轴与叶轮采用键联接，但这种联接只能传递转矩而不能固定叶轮的轴向位置。在大中型离心式水泵中叶轮的轴向固定，一般用轴套和拧紧轴套的螺母来实现。由于采用锁紧螺母式锁紧轴套对叶轮进行轴向固定，为防“退扣”，规定了水泵的转向（标在泵壳上），因此，水泵初装或解体检修后的水泵按规定要试运转。如与规定转向不符时，应改变电源相序。

4．吸入室

离心式水泵吸入室的主要作用是使液体进入泵体时的流动损失最小。吸入室的结构形状对泵的吸入性能影响很大，通常采用的结构有锥体管式和圆环式。锥体管式比较普通，其锥度为 7° ~ 18°，如图 4-9 所示。圆环式吸入室的轴向尺寸短，结构简单，但流体进入叶轮的撞击和旋涡引起的水力损失较大，流速分布不均匀，一般适用于总扬程较大的多级泵。

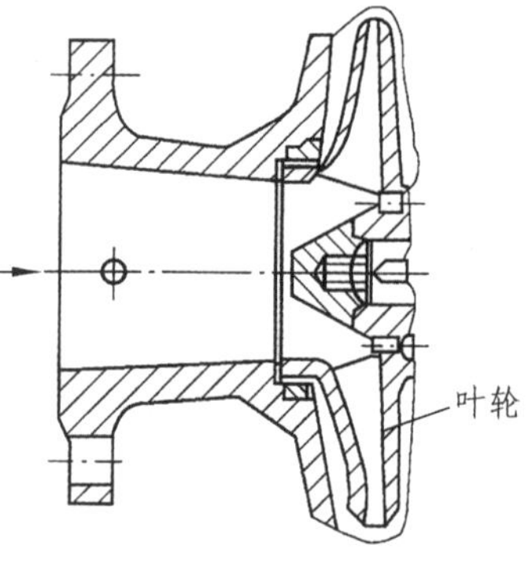

图 4-9　离心式水泵的锥体管式吸入室

5．轴封装置

泵轴穿出泵壳处，泵轴和泵壳之间存在间隙，间隙就是泄漏通道。为保证水泵的正常工作或提高水泵的效率，必须在间隙处设置轴封装置。轴封装置的形式有多种，如机械式迷宫型、填料压盖型。

（1）软填料密封又称为压盖填料密封，俗称盘根，它是阻水或阻气的主要零件，如图 4-10 所示。常用材料为浸油或浸石墨的矩形断面石棉绳。近年来新开发的填料有碳素纤维、不锈钢纤维、合成树脂纤维编制的绳子，具有耐高温、耐磨、耐腐蚀等特性。

（2）机械密封又称端面密封，其基本结构如图 4-11 所示。由于具有泄漏量小、使用寿命长、功率损耗小、不需要经常维修等优点，它获得了迅速的发展和广泛的应用。

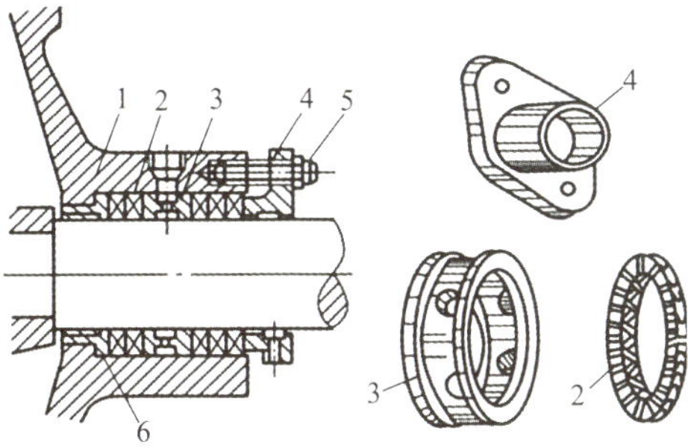

1—填料箱；2—软填料；3—水封环；4—压盖；
5—螺栓；6—底衬套。

图 4-10　典型结构的软填料密封装置

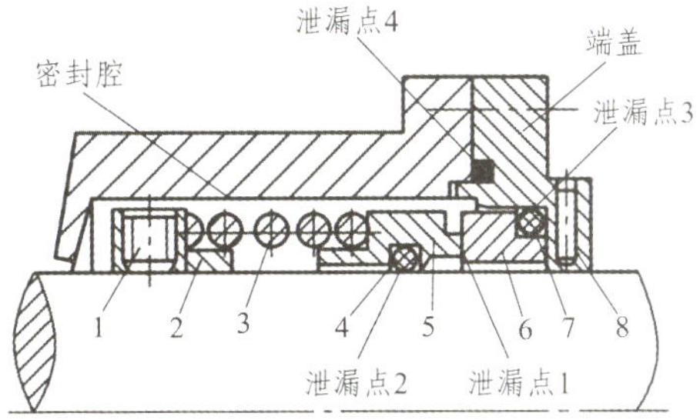

1—紧定螺钉；2—弹簧座；3—弹簧；4—动环辅助密封圈；
5—动环；6—静环；7—静环辅助密封圈；
8—防转销。

图 4-11　机械密封的基本结构

离心式水泵行业常采用填料压盖型的填料盒。填料盒一般由 5 个零件组成，即轴封套、填料、密封环、水封管、压盖（包括调整螺母）。

密封环形式有 3 种，平环式、直角式和迷宫式，如图 4-12 所示。

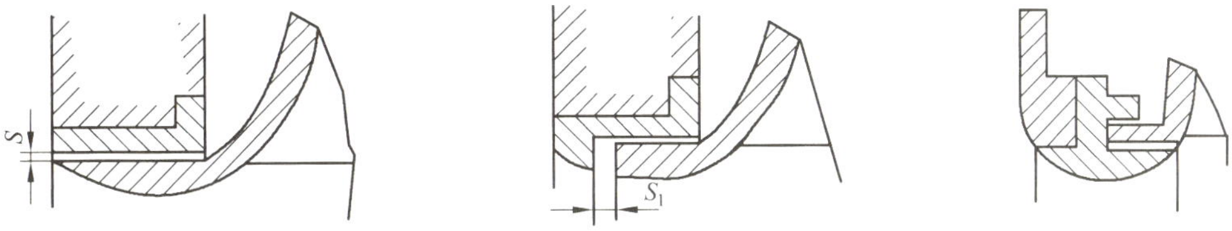

（a）平环式　　（b）直角式　　（c）迷宫式

图 4-12　密封环的结构形式

二、离心泵的性能

1. 性能参数

描述泵的性能参数有流量、扬程（压头）、功率、转速、气蚀余量等。

（1）流量是泵在单位时间内所输送的流体量，可用体积流量 q_v 表示，单位为 m^3/s、m^3/h 或 L/s，也可用质量流量 q_m 表示，单位符号为 kg/s 或 kg/h。

（2）泵的扬程（全压或压头），是指单位重量流体通过泵后获得的能量增量，以符号 H 表示，单位符号为 mH_2O。

（3）功率主要有两种，有效功率和轴功率。轴功率又称为输入功率，即原动机传递到转轴上的轴功率，以符号 P 表示，单位是 W 或 kW。原动机输入功率不能完全传递给流体，存在一定的损耗，主要损耗在：① 转动时摩擦产生的机械损失；② 克服流动阻力产生的水力损失；③ 泄漏产生的能量损失。扣除损耗后单位时间内流体获得的能量即有效功率，用符号 P_e 表示，$P_e = \gamma q_v H$，式中 γ 为通过泵的流体重度，单位为 kN/m^3。

（4）效率反映了泵将轴功率 P 转化为有效功率 P_e 的程度。有效功率与轴功率的比值称为效率 η，即

$$\eta = \frac{P_e}{P} \times 100\% \tag{4-1}$$

（5）转速是泵轴每分钟的转数，用符号 n 表示，单位符号为 r/min。

（6）允许吸上真空度，以符号 H_s 表示，是确定水泵安装高度的主要参数。

2．离心水泵的性能曲线

在泵的基本性能参数中，转速 n 是一个常量，泵的扬程、流量和功率等性能是相互影响的，通常用函数关系式表示这些性能参数之间的关系：

泵的流量和扬程用 $H = f_1(q_v)$ 表示；

泵的流量和外加轴功率用 $P = f_2(q_v)$ 表示；

泵的流量与设备效率用 $\eta = f_3(q_v)$ 表示。

这几种关系用曲线绘制成以流量 q_v 为横坐标的坐标图上，这些曲线称为泵的性能曲线。在无损失的理想条件下的曲线称作理想性能曲线。考虑各项损失得到的是实际性能曲线。图 4-13 所示为某型号离心式水泵的实际性能曲线。图中包括 q_v-H，q_v-P，q_v-η、q_v-H_s 四条曲线。

从性能曲线可以看出，当流量 q_v 变化时，扬程 H 随之发生变化，轴功率 P 也随之发生变化。由于流量增大时，扬程减小较慢，所以轴功率 P 一般随流量 q_v 的增加而增加。当流量 $q_v = 0$ 时，轴功率 P 不等于零，此时功率的消耗主要在于机械摩擦损失上，结果是使机壳、轴承发热，机壳内温度上升。因此，在实际运行中，离心式泵只允许短时间内无负荷运行。

另外，离心式泵的启动一般是闭闸启动，相当于是 $q_v = 0$ 的情况下启动，此时泵的轴功率较小，而扬程值却是最大，符合电动机轻载启动的要求。

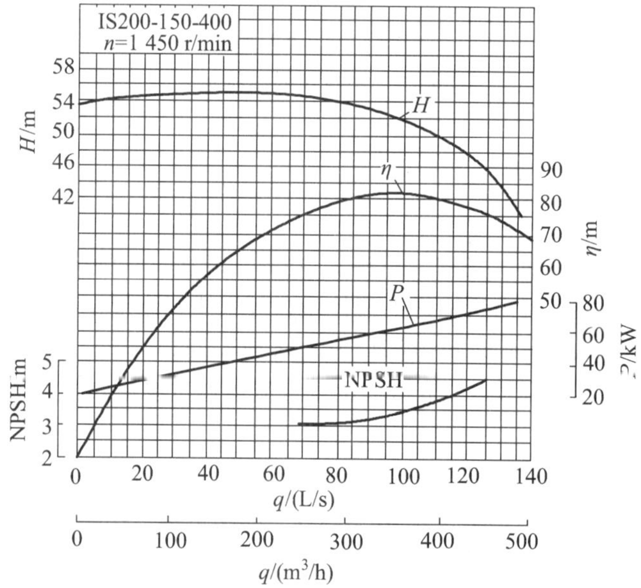

图 4-13　IS200-150-400 实际性能曲线

3．离心水泵的综合性能图和性能表

水泵的综合性能图是将水泵厂生产的某种型号、不同规格的水泵性能曲线，在高效区（$\eta \geqslant 0.9\eta_{max}$）的部分，绘制在一张坐标图中，又称为性能曲线的型谱图（见图 4-14）。选择水泵时，只需看所需工况点落在哪一区域内，即选哪种规格的水泵，简单明了，十分方便。

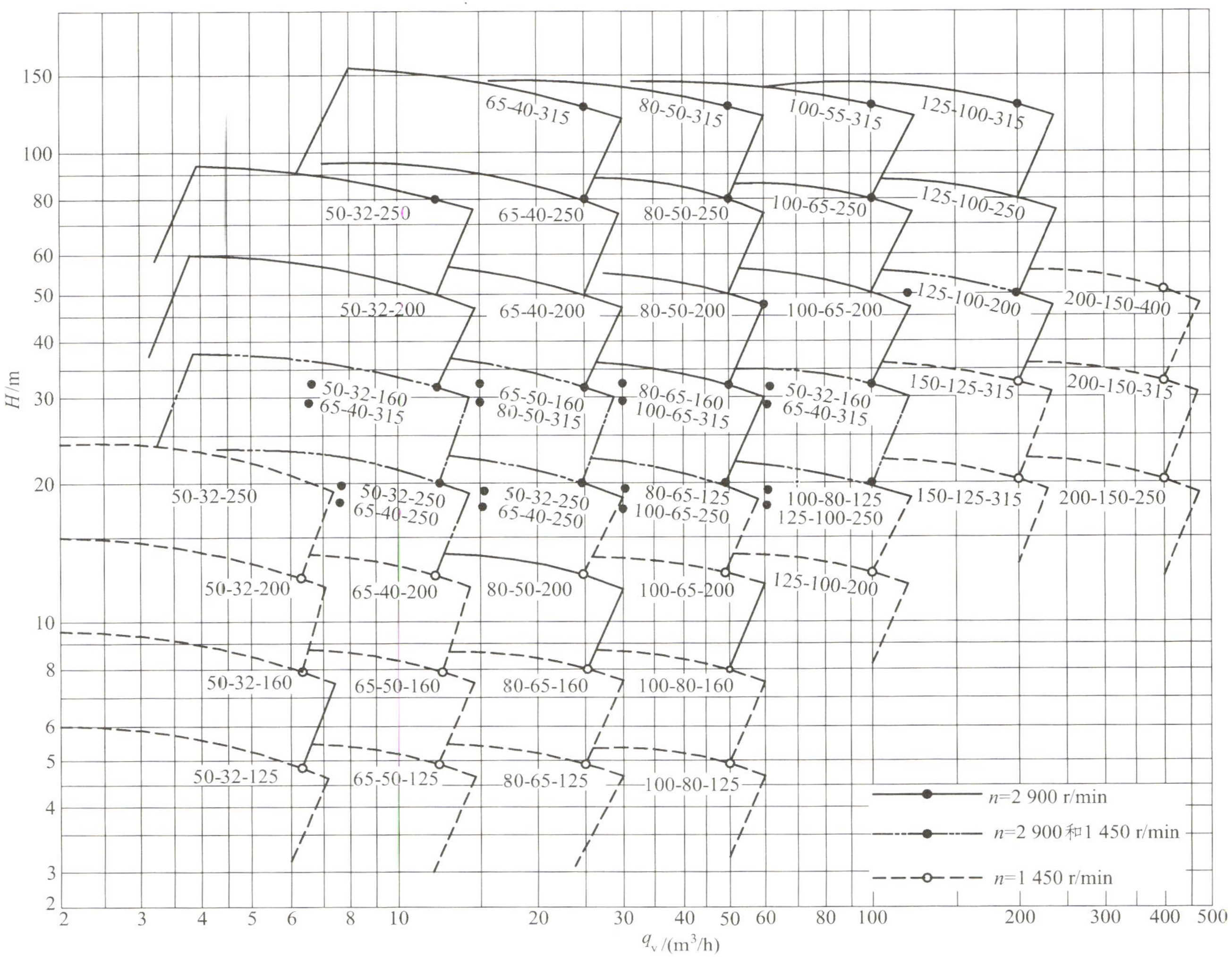

图 4-14　IS 型水泵系列型谱图

一般生产厂家提供的水泵样本在水泵的性能曲线高效区选择 3 个工况点，将性能参数编制成水泵的性能表，样本中的性能表上的工况点性能，都是处于高效率区域，而且工作稳定，可以直接选用。本书摘录部分 IS 型单级单吸离心泵的性能，见表 4-1。

4．离心水泵的气蚀和安装高度

（1）气蚀现象。

离心泵的工作原理是叶轮旋转工作时，叶轮入口处压强低于大气压强，入口处产生真空，使液体源源不断地流入泵内。由物理学可知，液面压强降低时，相应的汽化温度也降低，水在低温下就开始沸腾。

如果水泵叶轮入口处的压强低于该处液体温度下的汽化压强时，部分液体开始汽化，形成气泡。同时，由于压强降低，原来溶解于水中的某些活泼气体，如水中的氧也会逸出形成气泡，这些气泡随水流进入泵内高压区，由于该处压强较高，气泡迅速破灭，于是在局部地区产生高频率、高冲击力的水力冲击现象，不断打击泵内部件，特别是工作叶轮，使其表面成蜂窝状或海绵状。另外，活泼气体还对金属发生化学腐蚀，以至于金属表面逐渐脱落而遭破坏，这就是气蚀现象，如图 4-15 所示，可见离心泵气蚀危害的严重性。

表 4-1　IS 型单级单吸离心泵的性能（摘录）

型　号	转速 n/（r/min）	流量 q_v		扬程 H/m	效率 η/%	功率/kW		必须气蚀余量（NPSH）/r（m）	泵的质量/kg
		m^3/h	L/s			轴功率	电机功率		
IS65-40-315	2 900	15	4.17	127	28	18.5	30	2.5	
		25	6.94	125	40	21.3		2.5	
		30	8.33	123	44	22.8		3.0	
	1 450	7.5	2.08	32.3	25	2.63	4	2.5	
		12.5	3.47	32.0	37	2.94		2.5	
		15	4.17	31.7	41	3.16		3.0	
IS80-65-125	2 900	30	8.33	22.5	64	2.87	5.5	3.0	
		50	13.9	20	75	3.63		3.0	
		60	16.7	18	74	3.98		3.5	
	1 450	15	4.17	5.6	55	0.42	0.75	2.5	
		25	6.94	5	71	0.48		2.5	
		30	8.33	4.5	72	0.51		3.0	
IS80-65-160	2 900	30	8.33	36	61	4.82	7.5	2.5	41
		50	13.9	32	73	5.97		2.5	
		60	16.7	29	72	6.59		3.0	
	1 450	15	4.17	9	55	0.67	1.5	2.5	
		25	6.94	8	69	0.79		2.5	
		30	8.33	7.2	68	0.86		3.0	
IS80-50-200	2 900	30	8.33	53	55	7.87	15	2.5	51
		50	13.9	50	69	9.87		2.5	
		60	16.7	47	71	10.8		3.0	
	1 450	15	4.17	13.2	51	1.06	2.2	2.5	
		25	6.94	12.5	65	1.31		2.5	
		30	8.33	11.8	67	1.44		3.0	
IS80-50-250	2 900	30	8.33	84	52	13.2	22	2.5	87
		50	13.9	80	63	17.3		2.5	
		60	16.7	75	64	19.2		3.0	
	1 450	15	4.17	21	49	1.75	3	2.5	
		25	6.94	20	60	2.27		2.5	
		30	8.33	18.5	61	2.52		3.0	

续表

型号	转速 n/（r/min）	流量 q_v		扬程 H/m	效率 η/%	功率/kW		必须气蚀余量（NPSH）/r（m）	泵的质量/kg
		m^3/h	L/s			轴功率	电机功率		
IS80-50-315	2 900	30	8.33	128	41	25.5	37	2.5	
		50	13.9	125	54	31.5		2.5	
		60	16.7	123	57	35.3		3.0	
	1 450	15	4.17	32.5	39	3.4	5.5	2.5	
		25	6.94	32	52	4.19		2.5	
		30	8.33	31.5	56	4.6		3.0	
IS100-80-125	2 900	60	16.7	24	67	5.86	11	4.0	50
		100	27.8	20	78	7.00		4.5	
		120	33.3	16.5	74	7.28		5.0	
	1 450	30	8.33	6	64	0.77	1.5	2.5	
		50	13.9	5	75	0.91		2.5	
		60	16.7	4	71	0.92		3.0	
IS100-80-160	2 900	60	16.7	36	70	8.42	15	3.5	82.5
		100	27.8	32	78	11.2		4.0	
		120	33.3	28	75	12.2		5.0	
	1 450	30	8.33	9.2	67	1.12	2.2	2.0	
		50	13.9	8.0	75	1.45		2.5	
		60	16.7	6.8	71	1.57		3.5	

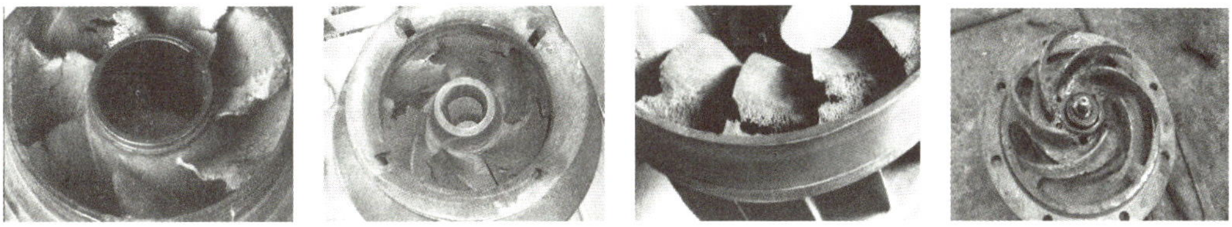

图 4-15　离心泵的气蚀危害

当气泡不太多，气蚀不严重时，对泵的运行和性能还不至于产生明显的影响。如果气泡大量产生，气蚀持续发展，就会影响正常流动，产生剧烈的噪声和振动，甚至造成断流现象。此时，泵的扬程、流量和效率会显著下降，这必将缩短泵的寿命。因此，泵在运行中应严格防止气蚀。

（2）离心泵安装高度。

如图 4-16 所示，以吸水池水面作为 0—0 基准面，水泵吸入口断面为 1—1。能量方程如下：

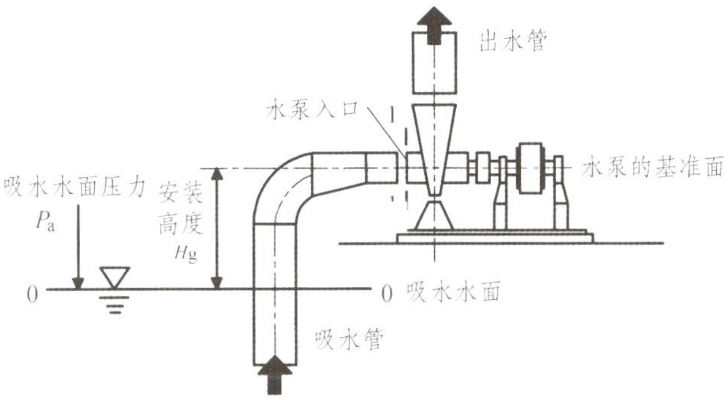

图 4-16　离心泵安装高度示意图

$$0+\frac{p_a}{\gamma}+0=H_g+\frac{p_{1j}}{\gamma}+\frac{v_1^2}{2g}+h_w \tag{4-2}$$

式中　H_g——水泵的安装高度，m。

$$\frac{p_a-p_{1j}}{\gamma}=H_g+\frac{v_1^2}{2g}+h_w \tag{4-3}$$

令

$$H_B=\frac{p_a-p_{1j}}{\gamma} \tag{4-4}$$

H_B表示吸水池水面与水泵断面之间的压强差，也就是水泵吸入口处真空计所表示的真空度，则

$$H_B=H_g+\frac{v_1^2}{2g}+h_w \tag{4-5}$$

式（4-5）表达的含义是该真空度将水提升到 H_g 高度，克服吸水管的水头损失 h_w 并能够维持吸入口流速水头 $\frac{v_1^2}{2g}$。

为避免水泵产生气蚀现象，必须对水泵吸入口的真空度做出规定，此真空度即水泵铭牌上提供的允许吸上真空度，符号 H_s。

$$H_B=H_g+\frac{v_1^2}{2g}+h_w\leqslant H_s \tag{4-6}$$

则水泵的最大安装高度可按式（4-7）求得

$$H_{gmax}=H_s-\frac{v_1^2}{2g}-h_w \tag{4-7}$$

计算时要注意以下两点：

① 流量增加时，流动阻力和流速水头都增加，允许吸上真空度 H_s 将随着流量增加而降低，计算安装高度必须按照运行中可能出现的最大流量对应的 H_s 来计算。

② H_s 值是水泵制造厂标准大气压 101.325 kPa、水温 20 °C 的清水条件下试验得出的，水泵使用条件不符合该条件，需对 H_s 值按式（4-8）进行修正。

$$H_s'=H_s-(10-h_A)+(0.24-h_V) \tag{4-8}$$

式中　H_s'——修正后的允许吸上真空度，m；

H_s——水泵铭牌上的允许吸上真空度，m；

h_A——水泵安装地点的大气压强水头，随海拔高度而变化，见表 4-2；

0.24——水温 20 °C 时的汽化压强水头；

h_V——实际工作温度的汽化压强水头，见表 4-3。

表 4-2　不同海拔高度大气压强水头 h_A

海拔高度/m	大气压强水头/mH_2O
−600	11.3
0	10.3
100	10.2
200	10.1
300	10.0
400	9.8
500	9.7
600	9.6
700	9.5
800	9.4
900	9.3
1 000	9.2
1 500	8.6
2 000	8.4

表 4-3　不同温度水的汽化压强水头 h_A

温度/°C	5	10	20	30	40	50	60	70	80	90	100
汽化压强水头/mH_2O	0.09	0.12	0.24	0.43	0.75	1.25	2.00	3.17	4.82	7.14	10.33

【例 4-1】 某离心式水泵的输水量为 20 L/s，水泵进口直径 D=100 mm，经计算，吸水管的水头损失 $h_w = 4.0\ mH_2O$，铭牌上的允许吸上真空度 $H_s = 8$ m，输送水温 50 °C 清水，当地海拔高度为 1 000 m，求水泵的最大安装高度 H_{gmax}。

解　先修正水泵允许吸上真空度：

$$H_s' = H_s - (10 - h_A) + (0.24 - h_V)$$

查表海拔高度为 1 000 m 时，$h_A = 9.2\ mH_2O$；

水温 50 °C 时，$h_V = 1.25\ mH_2O$。

代入得　$$H_s' = 8 - (10 - 9.2) + (0.24 - 1.25) = 6.19\ mH_2O$$

输水量为 20 L/s，水泵进口直径 $D = 100$ mm，则可求流速

$$v_1 = \frac{4q_v}{\pi D^2} = \frac{4\times 0.02}{3.14\times 0.1^2} = 2.55\ m/s$$

水泵的最大安装高度

$$H_{gmax} = H_s' - \frac{v_1^2}{2g} - h_w = 6.19 - \frac{2.55^2}{2\times 9.81} - 4 = 1.86\ m$$

水泵的最大安装高度为 1.86 m。

任务实施

1. 任务准备

(1)实训设备：单级单吸卧式离心式水泵；

(2)实训工具：扳手多个、锤子、通芯螺丝刀、拉力器、卡簧钳、手钳、撬棍、锉刀等；

(3)实训资料：教材、离心式水泵样本资料等；

(4)辅助材料：手套、抹布等。

2. 实施步骤

(1)实训分组；

(2)离心式水泵拆卸；

(3)离心式水泵组装；

(4)总结汇报。

3. 实训报告

结束任务后，根据实训内容编制实训报告（格式见附录 E)，并提交给指导老师批阅。

任务小结

通过本任务学习，掌握水泵的分类、结构、原理和性能。通过拆装水泵更直观认识水泵的结构及原理。

任务 3 冷冻水系统

任务目标

了解冷冻水系统的分类及适用范围，掌握空调冷冻水系统管路的常用形式。

案例引入

以一次水泵、变水量调节、双管制、异程、闭式冷冻水系统为例。

案例分析

冷冻水系统主要由冷冻水泵、分水器、集水器、膨胀水箱、水处理装置及管路构成，是将冷冻水输送至末端空气处理装置的管路系统。

知识链接

冷冻水系统主要由冷冻水泵、分水器、集水器、膨胀水箱、水处理装置及管路构成。管路的功能是将冷水机组与空调末端设备连接起来，保证冷冻水输送到各个空调末端设备。

冷冻水的制备过程是在冷冻水泵的驱动下，携带着从空调房间热量的 12 °C 冷冻水流入冷水机组蒸发器内的换热管，被管外的液态制冷剂蒸发吸热，使其温度降低至 7 °C。7 °C 的冷冻水携带着所获得的冷量沿供水管路流至各个空调末端设备，为末端提设备供冷量，如图 4-17 所示。

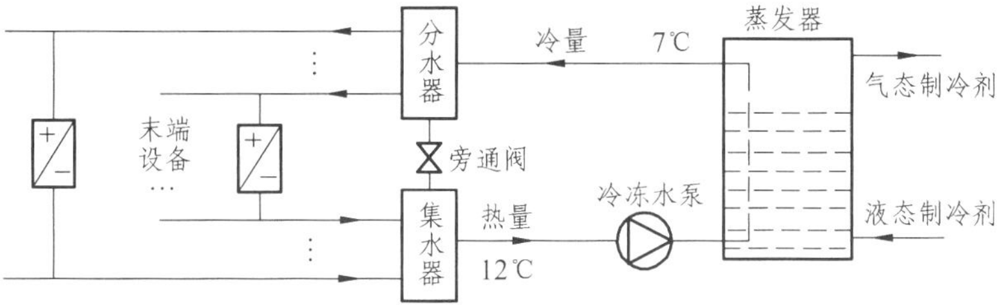

冷冻水系统
工作原理

图 4-17　冷冻水系统示意图

冷冻水的制造设备是制冷主机的组成部分——蒸发器，在离心式和螺杆式冷水机组中，常用的蒸发器主要是干式壳管式蒸发器和满液式壳管式蒸发器两种。

干式蒸发器（见图 4-18），制冷剂走管程，冷冻水走壳程；满液式蒸发器（见图 4-19），冷冻水走管程，制冷剂走壳程。

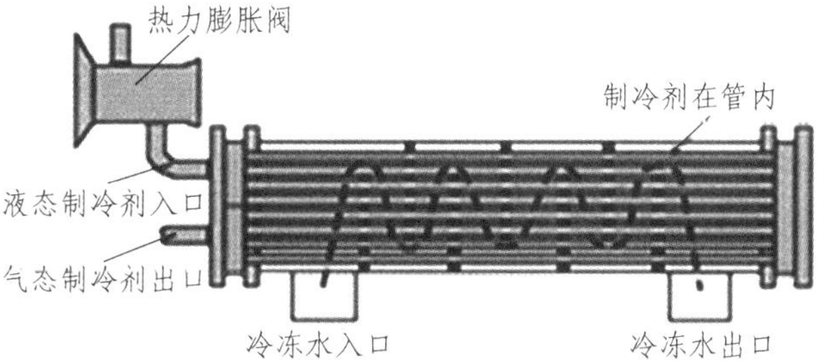

图 4-18　干式蒸发器

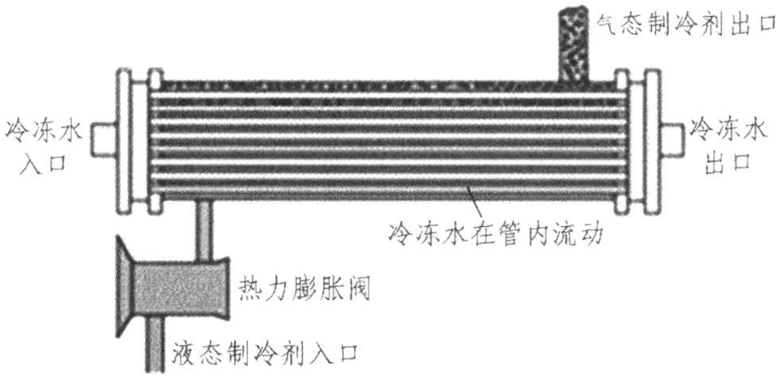

冷水机组
蒸发器接管

图 4-19　满液式蒸发器

冷冻水（冷媒水）系统的特点是通过冷水机组的蒸发器产生低温水，将冷量进行远距离输送至空调房间的空气处理设备（如组合式空气处理设备、风机盘管、风柜、新风机等），水温稳定，空调系统温控精确。从蒸发器出来的水温，一般为 5 ~ 7 °C，经过空气处理设备后回到蒸发器的水温一般为 10 ~ 12 °C（进、出水温差一般约为 5 °C）。冷冻水进、出水压差为 0.05 ~ 0.06 MPa。

一、冷冻水系统分类

冷冻水系统按水压特性不同可分为开式系统和闭式系统；按末端设备的水流程的不同，可分为同程式系统和异程式系统；按冷、热水管道的设置方式的不同，可分为双管制、三管制和四管制系统；按水量特性的不同，可分为定流量系统和变流量系统；按水系统中的循环水泵设置情况的不同，可分为一次泵水系统和二次泵水系统。

（一）开式系统和闭式系统

1．开式系统

在管路之间设有储水箱（或水池）连通大气，回水依靠重力作用流入水池。开式系统的几种常见形式如图 4-20 所示。

开式系统的优点是冷水箱有一定的蓄冷能力，可以减少冷水机组的开启时间，增加能量调节能力，且冷水温度的波动可以小一些。缺点是冷水与大气接触，循环水中含氧量高，易腐蚀管路。末端设备（喷水池、表冷器）与冷水机组高差较大时，水泵须克服高差造成的静水压力，增加耗电量。如果喷水池较低，不能直接自流回到冷水机组时，则需增加回水池和回水泵。如果采用自流回水，回水的管径较大，会增加投资。

开式冷冻水系统

闭式冷冻水系统

2．闭式系统

系统管路不与大气相通，仅在系统最高点设置膨胀水箱，并有排气和泄水装置，如图 4-21 所示。其特点是系统管路和设备不易产生污垢和腐蚀；系统简单，冷量损失较小，且不受地形限制；由于在系统的最高点设置膨胀水箱，整个系统充满了水，冷冻水泵的扬程仅需克服系统的流动摩擦阻力，所以设备耗电较小。

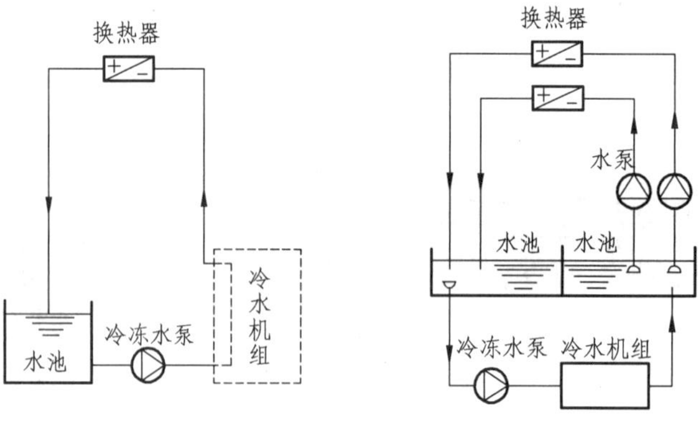

（a）　　　（b）

图 4-20　开式系统常见形式示意图

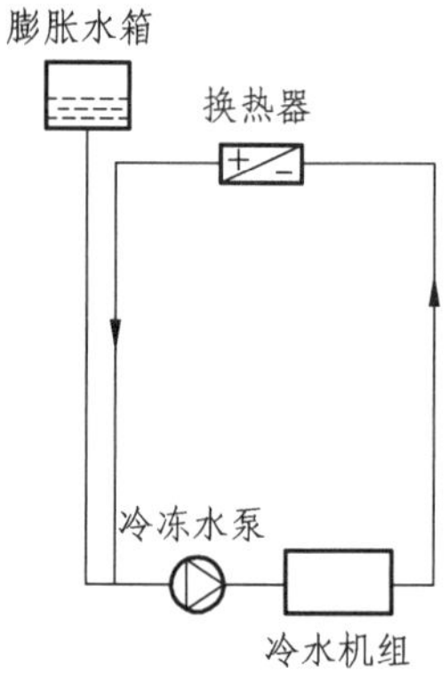

图 4-21　闭式系统示意图

闭式系统的优点是管路不与大气相接触，管道与设备不易腐蚀；无须克服静水压力，循环水泵的压力低，水泵的功率相对较小；系统简单。其缺点是蓄冷能力小，低负荷时，冷冻机也需经常开动；膨胀水箱的补水有时需要另设加压水泵。

（二）同程式系统和异程式系统

1. 同程式系统

同程式系统经过每一并联环路的管长基本相等，阻力相近。若通过每米长管路的阻力损失接近相等，则管网的阻力不需调节即可保持平衡。其特点是各环路的水流阻力、冷量（或热量）损失相等或近似相等，这样有利于水力平衡，可以减少系统调试的工作量。同程式系统形式有竖向干管同程式管路（见图 4-22）和水平支管同程式管路（见图 4-23）两类。

同程式系统

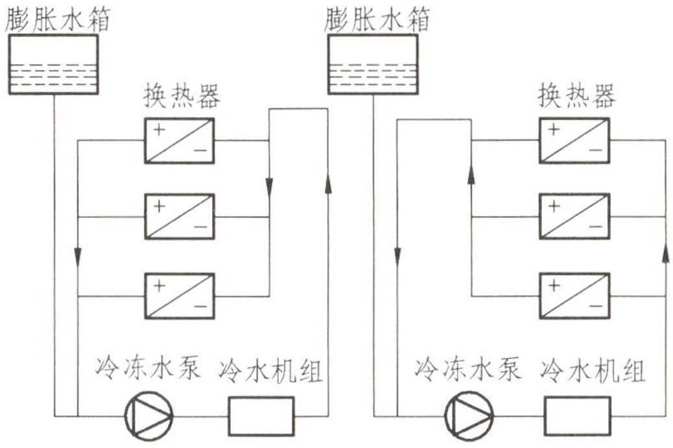

图 4-22　竖向干管同程式管路布置方式

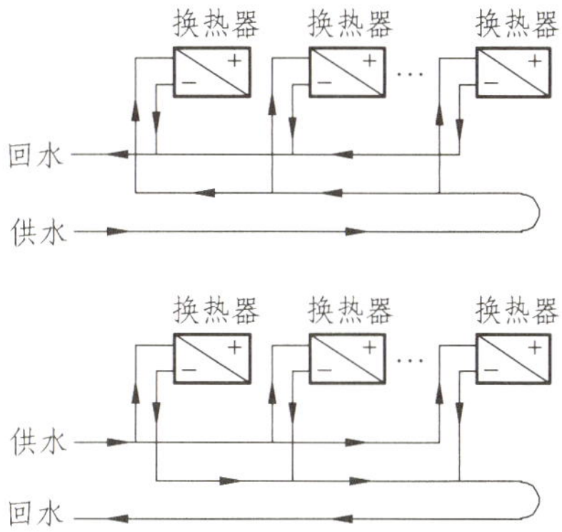

图 4-23　水平支管同程式管路布置方式

同程式系统的优点是系统的水力稳定性好，各设备间的水量分配均衡，调节方便。其缺点是由于采用回程管，管道的长度增加，水阻力增大，使水泵的能耗增加，且增加了初投资。

2. 异程式系统

异程式系统经过各并联环路的管长不等，管路的阻力不等，需在各并联管网上增加相应的调节阀来调节水网平衡。其特点是各环路的水流阻力不相等，易产生水力失调，但管路系统简单，投资较小。异程式系统形式有竖向干管异程式管路（见图 4-24）和水平支管异程式管路（见图 4-25）两类。

异程式系统

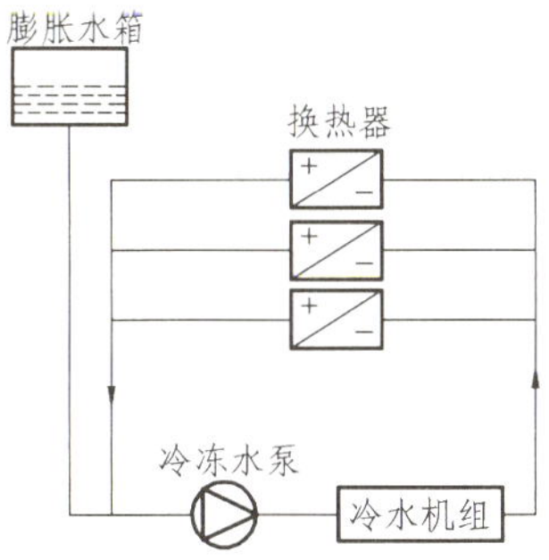

图 4-24　竖向干管异程式管路

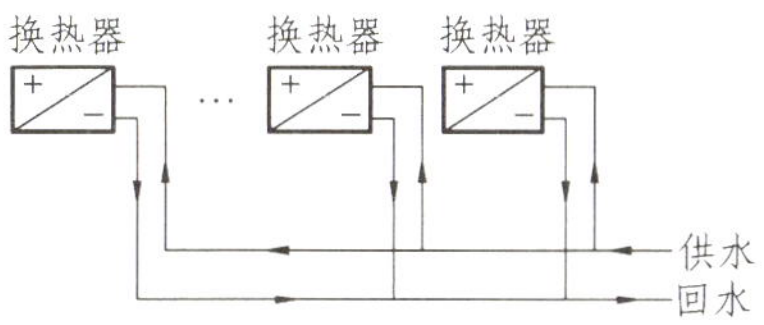

图 4-25　水平支管异程式管路

异程系统的优点是系统简单，耗用管材少，施工难度小。其缺点是各并联环路管路长度不等，阻力不等，流量分配难以平衡。

（三）两管制、三管制、四管制系统

两管制冷冻水系统　　三管制冷冻水系统　　四管制冷冻水系统

1．两管制系统

两管制系统是冷、热源利用一组供回水管为末端装置的盘管提供冷水或热水的系统，如图 4-26 所示。其缺点是不能同时既供冷又供热，在春秋过渡季节，不能满足空调房间的不同冷暖要求，舒适性不高。但由于该系统简单实用，投资少，在我国高层建筑中得到了广泛的应用。

2．三管制系统

三管制系统是冷、热源分别通过各自的供、回水管路，为末端装置的冷盘管和热盘管提供冷水和热水，而回水共用一根回水管路的系统，如图 4-27 所示。三管制系统的优点是能够同时满足供冷和供热的要求，管路系统较四管制简单。其缺点是比两管制复杂，投资也比较高，且存在冷、热回水的混合损失。三管制系统目前应用很少。

3．四管制系统

四管制系统是冷、热源分别通过各自的供、回水管路，为末端装置的冷盘管与热盘管提供冷水和热水的系统，如图 4-28 所示。四管制系统能够同时满足供冷和供热的要求，并且配合末端设备能够实现室内温度和湿度精确控制的要求。由于冷水和热水在管路和末端设备中完全分离，有助于系统的稳定运行和减小设备的腐蚀。其缺点是管路系统复杂，初投资高，占用建筑空间较多。四管制系统多用于对舒适性要求很高的场合。

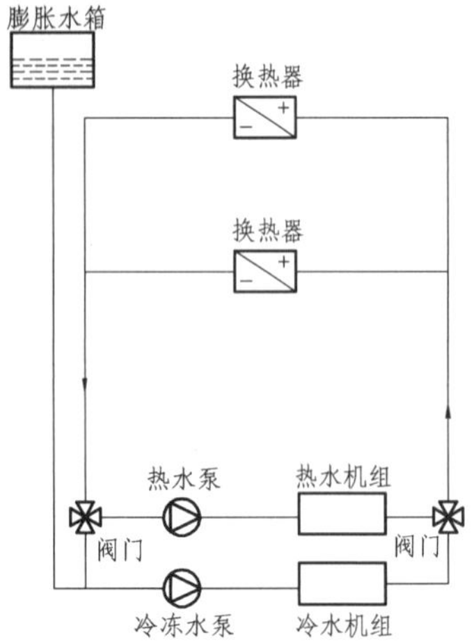

图 4-26　两管制管路

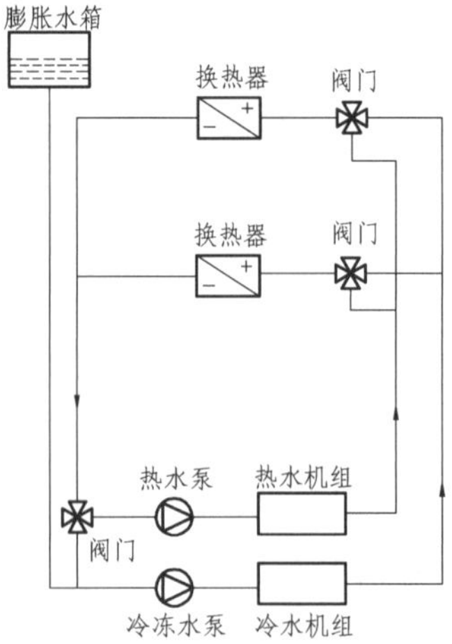

图 4-27　三管制管路

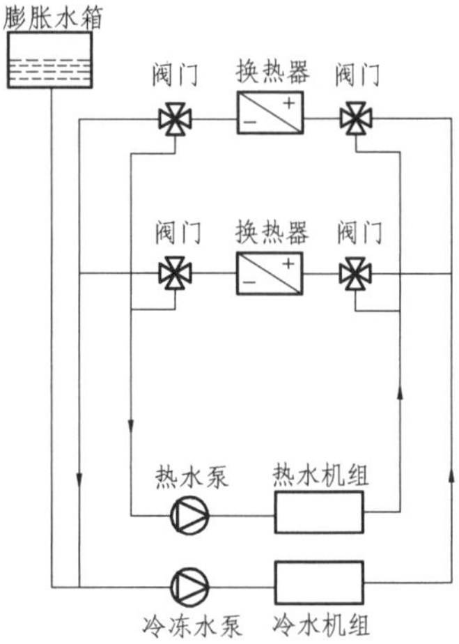

图 4-28　四管制管路

（四）定流量系统和变流量系统

冷冻水循环环路可分为冷源侧环路和负荷侧环路两部分。冷源侧环路是指从集水器（回水集管）经过冷水机组至分水器（供水集管），再由分水器经旁通管路（定流量系统可不设旁通管）进入集水器，该环路负责冷冻水的制备；负荷侧环路是指从分水器经空调末端设备（冷冻水在那里释放冷量）返回集水器这段管路，该环路负责冷冻水的输送。

为保证冷水机组蒸发器的传热效率，避免蒸发器因缺水而冻裂，保持冷水机组工作稳定，冷源侧应保持定流量运行。因此，空调冷冻水系统所述定流量或变流量运行均指负荷侧环路而言。

1. 定流量系统

定流量系统中循环水量保持不变，当空调负荷变化时，通过改变供、回水的温差来适应，如图 4-29 所示。定流量系统具有简单、操作方便，不需要复杂的自控设备的特点，但是输水量是按照最大空调冷负荷来确定的，因此循环泵的输送能耗处于最大值，特别是空调系统处于部分负荷时运行费用大。它一般适用于间歇性使用建筑（如体育馆、展览馆、影剧院、大会议厅等）的空调系统，以及空调面积小，只有一台冷水机组和一台循环水泵的系统。高层民用建筑尽可能少采用这种系统。

定流量系统　　变流量系统

2. 变流量系统

变流量系统指系统中供、回水温差保持不变，当空调负荷变化时，通过改变供水量来适应，如图 4-30 所示。管路内流量随系统负荷变化而变化，因此，输送能耗也随着负荷的减少而降低，水泵容量及电耗也相应减少。系统的最大输水量是按照综合最大冷负荷计算的，循环泵和管路的初投资降低。这种系统适用于大面积的、高层建筑空调全年运行的系统。

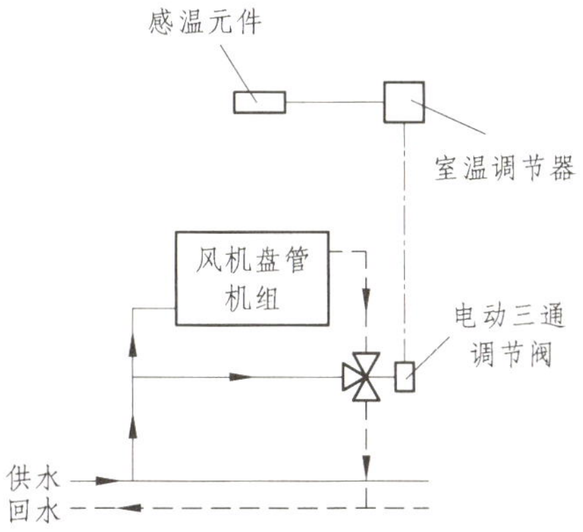

图 4-29　定流量系统示意图

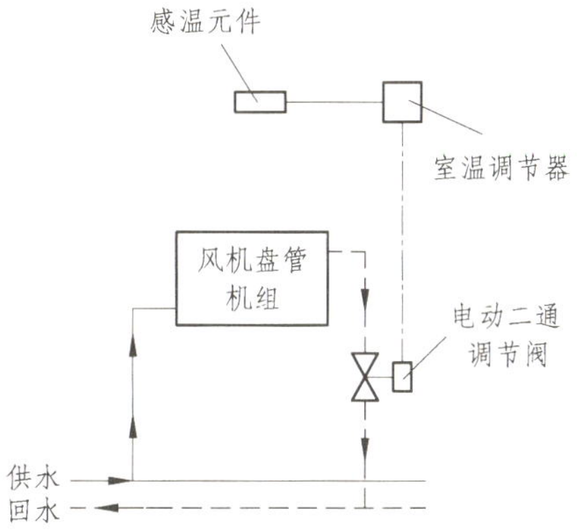

图 4-30　三通阀调节示意图

（五）一次泵系统和二次泵系统

1．一次泵系统

一次泵系统是指冷、热源侧与负荷侧合用一套循环水泵，如图 4-31 所示。其工作原理是当系统处于设计工况下，所有设备都满负荷运行。一次泵系统的原理是利用一根旁通管来保持冷源侧的定流量而让负荷侧处于变流量运行。在冷冻水供、回水总管间设有压差旁路装置。当空调负荷减少时，负荷侧管路阻力将增大，压差控制装置会自动加大旁通阀的开启度，负荷侧减少的部分水流量从旁通管返回回水总管，流回冷水机组，因而冷水机组蒸发器的水流量始终保持恒定不变（即定流量）。一次泵系统的优点是系统简单，初投资低；运行安全可靠，不存在蒸发器结冰的危险。其缺点是不能适应各区压力损失悬殊的情况；在绝大部分运行时间内，系统处于大流量、小温差的状态，不利于节约水泵的能耗。一次泵系统是目前我国高层民用建筑中最广泛的冷冻水系统。

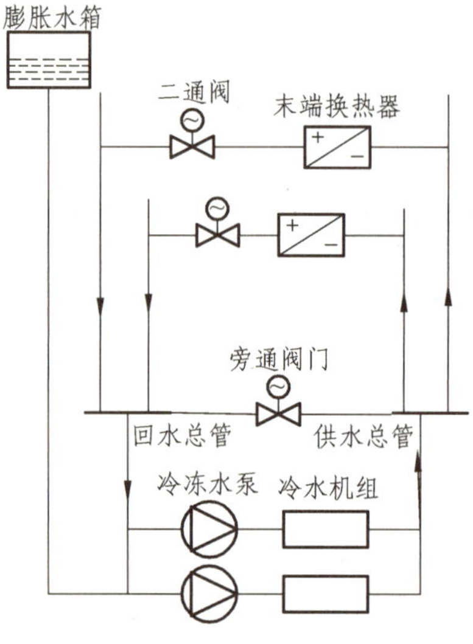

图 4-31　一次泵（单式泵）系统示意图

2．二次泵系统

二次泵系统的工作原理是用户侧供水量的调节通过二次泵的运行台数及压差旁通阀来控制，压差旁通阀控制方式与一次泵空调冷冻水系统相同，所以压差旁通阀的最大旁通量为一台二次泵的流量，如图 4-32 所示。

二次泵系统由两个环路组成。一次回路：回水总管→一次泵→冷水机组→供水总管，一次回路负责冷冻水的制备。二次回路：供水总管→二次泵→末端设备→回水总管，二次回路负责冷冻水的输配。

二次泵系统的优点是能适应各区压力损失悬殊的情况，水泵扬程可适当降低；能根据负荷侧的需求调节流量；由于经过蒸发器的流量不变，能防止蒸发器发生结冰事故，确保冷水机组出水温度稳定；能节约一部分水泵能耗。其缺点是总装机功率大于一次泵系统；自控复杂，初投资高；易引起控制失调的问题；在绝大部分运行时间内，系统处于大流量、小温差的状态，不利于节约水泵的能耗。

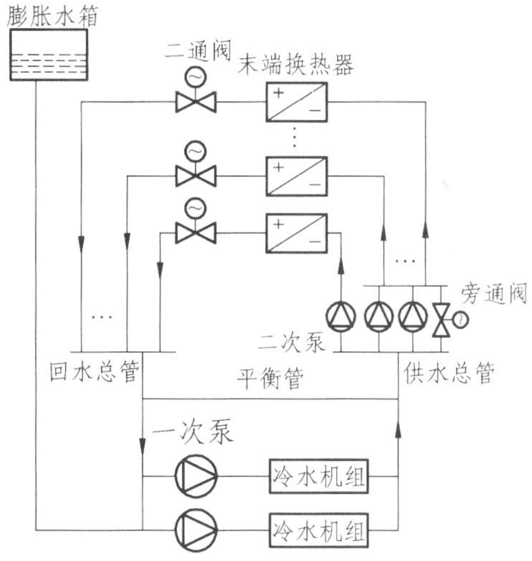

图 4-32 二次泵（复式泵）系统示意图

二次泵变流量空调水系统是目前在一些大型高层民用建筑或多功能建筑群中正逐步采用的一种空调冷冻水系统形式。

目前地铁冷冻站供冷系统采用一次泵与二次泵混合式系统，即在冷冻水的输配环路中，管路较短、压力损失小的环路由一次泵直接供水，而压力损失大的环路则由二次泵供水，这样就构成了一次泵和二次泵混合式系统。混合式系统如图 4-33 所示。

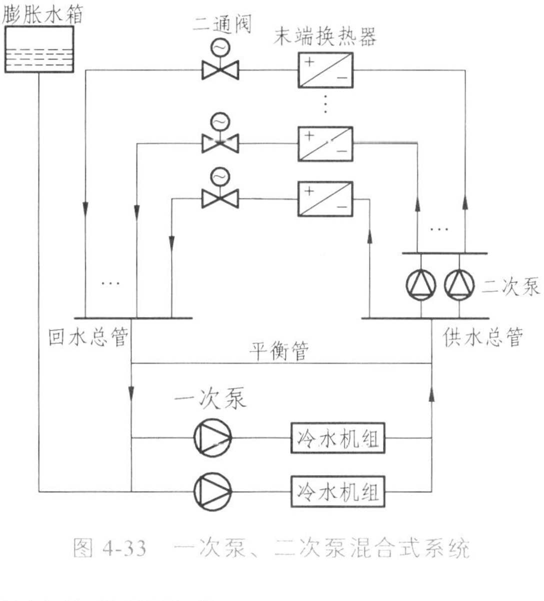

图 4-33 一次泵、二次泵混合式系统

二、冷冻水系统管路的常用形式

（一）冷冻水泵的安装位置

冷冻水泵的安装位置有两种：一种是装在冷水机组蒸发器的回水管上，称为压入式；另一种是安装在冷水机组蒸发器的供水管上，称为抽出式。冷冻水泵的安装位置如图 4-34 所示。

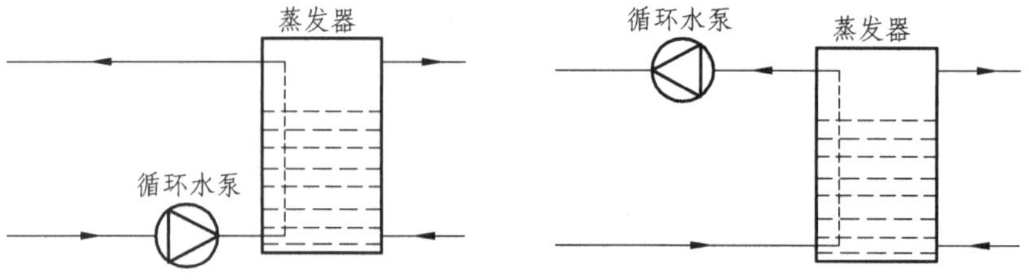

（a）压入式　　（b）抽出式

图 4-34　冷冻水泵的安装位置

采用压入式时，蒸发器承压较大，但蒸发器中水流量稳定，安全性好，因此循环水系统常采用压入式；采用抽出式时蒸发器承压较低，但蒸发器水流量不稳定，安全性差。

（二）冷冻水系统常见的管路配置

（1）一次泵与冷水机组一一对应配置，如图 4-35 所示。其优点是可以采用不同流量的冷水机组并联工作，水泵与冷水机组（蒸发器）之间的流量容易匹配。当负荷变化时，可以启动相应流量的冷水机组运行，从而避免大机组带小负荷所造成的能耗浪费。

（2）一次泵及冷水机组均并联配置，如图 4-36 所示。其优点是若并联的水泵都相同，则并联泵组中的任一台水泵都可以作为备用泵。其缺点是当冷水机组或水泵的大小不相同时，水泵与冷水机组（蒸发器）之间的流量匹配较困难，当增开机组或减开机组时，会对正在运行的冷水机组产生不良影响。

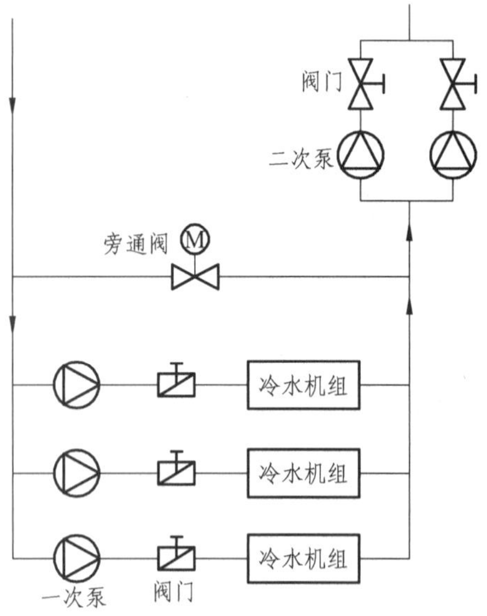

图 4-35　一次泵与冷水机组一一对应配置

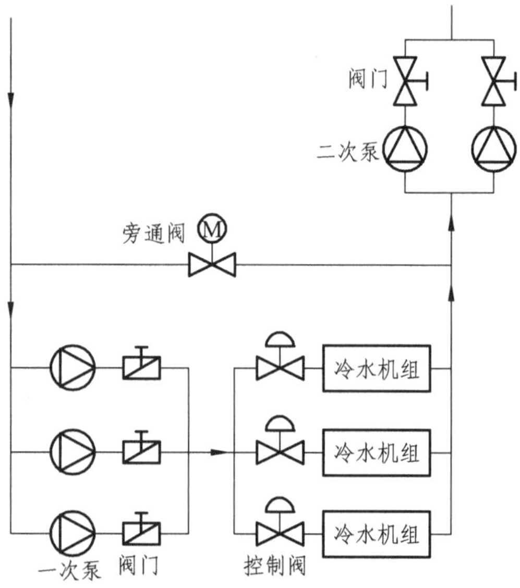

图 4-36　一次泵及冷水机组并联配置

总的来说，一般建筑物的普通舒适性中央空调，其冷（热）水系统宜采用一次水泵、变水量调节、双管制的闭式系统，并尽可能为同程式或分区同程式。

任务实施

1. 任务准备

（1）实训设备：无缝钢管、阀门、各种管件、温度计、压力表等；
（2）实训工具：压力钳、电焊机、焊条、套丝机、管钳子、钢锯、手锤、扳手等；
（3）实训资料：教材及一次水泵、变水量调节、双管制、异程、闭式系统图纸；
（4）辅助材料：手套、抹布等。

2. 实施步骤

（1）实训分组；
（2）管路焊接（或丝接）；
（3）管件安装；
（4）总结汇报。

3. 实训报告

结束任务后，根据实训内容编制实训报告（格式见附录 E），并提交给指导老师批阅。

任务小结

通过本任务的学习，让学生能用专业术语描述冷冻水系统的组成，能掌握冷冻水系统的结构及运行原理，能联系实际分析水系统形式。

任务 4 冷却水系统

任务目标

了解冷却水系统的组成及作用，掌握冷却塔的结构和原理，以及冷却水系统不同管路形式的优缺点及适用场所。

案例引入

以开式冷却水系统为例。

案例分析

冷却水系统主要由冷却水泵、冷却塔及管路等构成，是将冷却水所携带的热量释放至大自然中的管路系统。

知识链接

冷却水系统如图 4-37 所示。冷却水的制备过程是在冷却水泵的驱动下，37 °C 的冷却水携带着在冷凝器或吸收器中所吸收的热量，沿着管道流至冷却塔，在冷却塔中排出热量后降低到 32 °C。32 °C 的冷却水携带着从大气所获得的冷量，又流回冷凝器或吸收器。

冷却水系统的特点是对冷水机组的冷凝器中的制冷剂进行冷却散热，由冷却水泵、冷却塔等组成，属开式水系统。从冷凝器出来的水温，一般为 37 °C 左右，经过冷却塔冷却降温后回到冷凝器的水温一般为 32 °C 左右（进、出水温差一般为 5 °C 左右）。冷却水工作压力为 0.3 ~ 0.6 MPa，进、出水压差为 0.06 ~ 0.07 MPa。

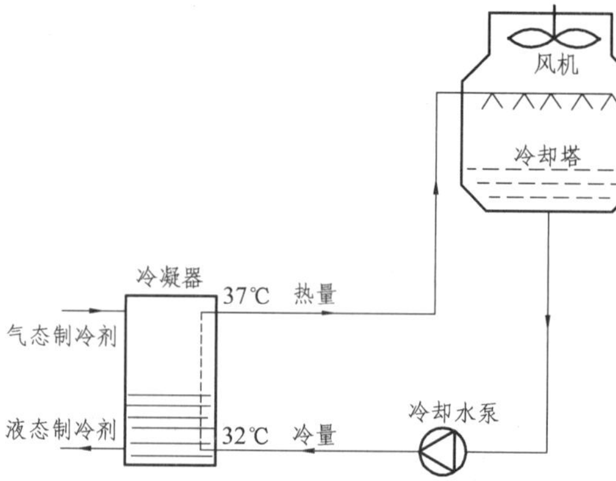

图 4-37　冷却水系统示意图

冷却水系统工作原理

冷水机组冷凝器及接管

一、冷却塔

冷却水系统的重要冷却设备是冷却塔，冷却塔是一种特殊的热交换器。来自冷却塔的较低温度的冷却水，经冷却水泵加压后进入冷水机组，带走冷凝器的散热量。高温的冷却回水重新送至冷却塔上部喷淋。由于冷却塔风扇的运转，使冷却水在喷淋下落过程中，不断与塔下部进入的室外空气进行热湿交换，冷却后的水落入冷却塔集水盘中，由水泵重新送入冷水机组循环使用。

冷却塔俗称冷水塔、凉水塔等，其种类繁多。按通风方式，可分为自然通风冷却塔（见图 4-38）、机械通风冷却塔、混合通风冷却塔。按水和空气的接触方式，可分为干式冷却塔、湿式冷却塔、干湿式冷却塔。按水和空气流动方向的相对关系，可分为圆形逆流式冷却塔（见图 4-39）、方形横流式冷却塔（见图 4-40）、混流式冷却塔等。

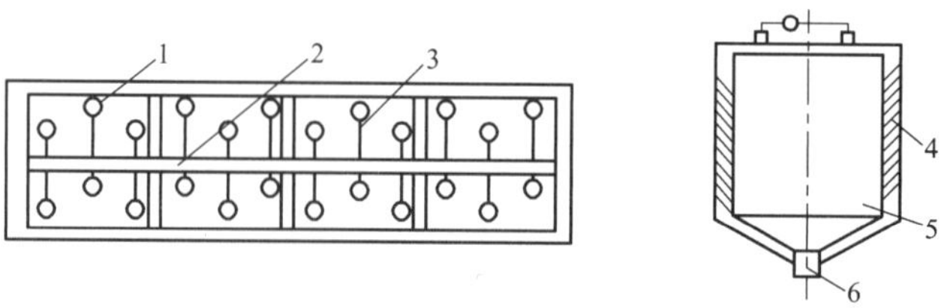

1—喷头；2—进水管；3—分配水管；4—通风百叶窗；5—集水池；6—出水管。

图 4-38　自然通风式冷却塔的基本结构

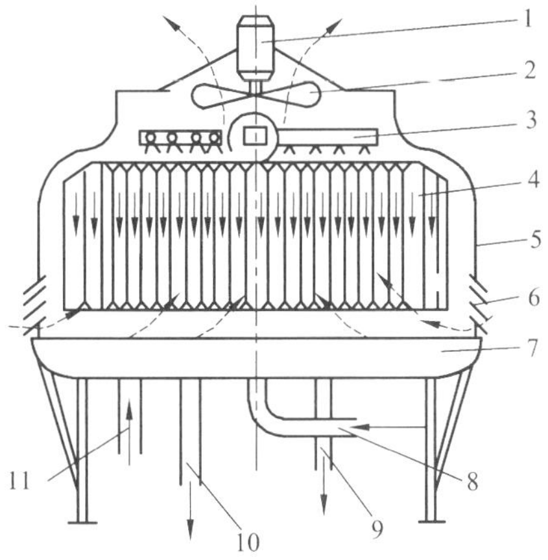

1—电动机；2—风机叶轮；3—布水器；4—填料；5—塔体；
6—送风百叶；7—水槽；8—进水口；9—溢水管；
10—出水管；11—补水管。

（a）结构

（b）实物

图 4-39　圆形逆流式冷却塔

冷却塔结构组成　　冷却塔工作原理　　冷却塔工程实例

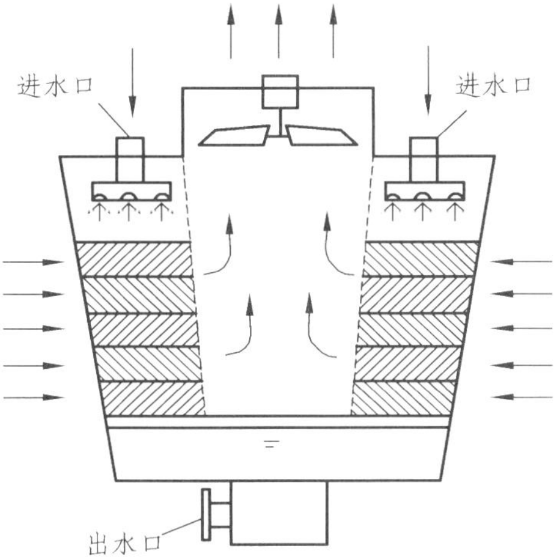

（a）结构

（b）实物

图 4-40　方形横流式冷却塔

冷却塔的工作原理是冷却水在冷却塔中散热，散热方式有接触散热和蒸发散热。

（一）接触散热

冷却水与空气接触时，根据冷却塔进水温度 T_w 与空气温度 T_q 的不同，有 3 种传热情况：

当$T_w > T_q$时，冷却水向空气传递热量，冷却水得到冷却；

当$T_w = T_q$时，冷却水与空气无热量传递，冷却水温不变；

当$T_w < T_q$时，空气向冷却水传递热量，冷却水温度升高。

因此，当外界环境温度等于或高于冷却水温时，冷却塔的接触散热冷却失效。这时，其冷却效果将完全取决于冷却水的蒸发散热，冷却效果将明显降低。

（二）蒸发散热

气象因素对冷却水蒸发散热的影响主要体现在空气温度、空气湿度、空气压力、风速4个方面。空气温度的影响是气温（干球温度）越高，蒸发散热越强烈。空气湿度的影响是空气的相对湿度越小，蒸发散热越快；相反，环境湿度大，蒸发散热就差。当空气中的水蒸气达到饱和时，蒸发无法进行，蒸发散热量等于零。空气压力的影响是空气压力越低，水就越容易蒸发。提高冷却塔的通风量，可以有效降低冷却水表面的静压力，有利于冷却水的蒸发散热。风速的影响是风速越大，对流传热系数越大，蒸发散热越快。除密闭式冷却塔以外，各种开敞式冷却塔都需要利用自然通风或机械通风。

综上所述，冷却水在冷却塔中的冷却过程是与大气进行热量交换的过程，其冷却效果受大气气象条件的综合影响很大。

二、冷却水管路系统

（一）冷却水泵的安装位置

空调冷却水系统大多数是开式系统，其冷却塔的扬程水位及大气压力是唯一可提供给冷却水泵吸入端的正压。因此，冷却水泵必须安装在冷水机组冷凝器的进水端，以减小系统的输送能耗，水泵的安装位置也应尽可能低。

（二）冷却水系统最常见的管路配置

（1）水泵、冷水机组、冷却塔一一对应配置，如图4-41所示。其优点是各台冷水机组的冷却水系统各自独立，流量匹配，各个冷却塔之间也无须设置“均压管”，缺点是耗用的管材较多，初投资较大。

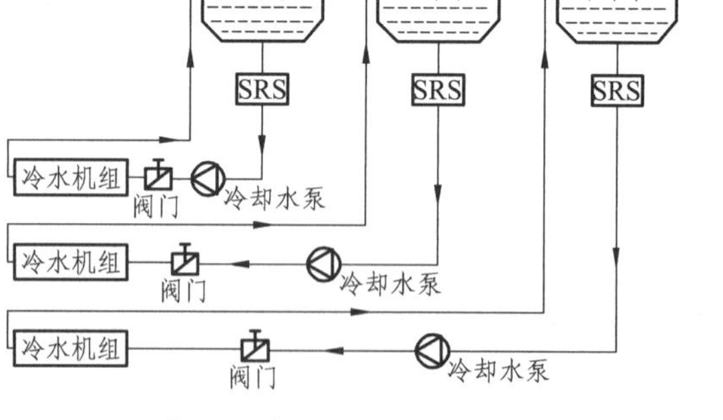

图4-41　水泵、冷水机组、冷却塔对应配置

（2）水泵、冷水机组、冷却塔均各自并联的冷却水管路，如图 4-42 所示。其优点是各种设备均不用另外配备备用设备，使用的管材少，投资小；缺点是当冷水机组（冷凝器）大小不相同时，设备之间的冷却水流量匹配较困难。

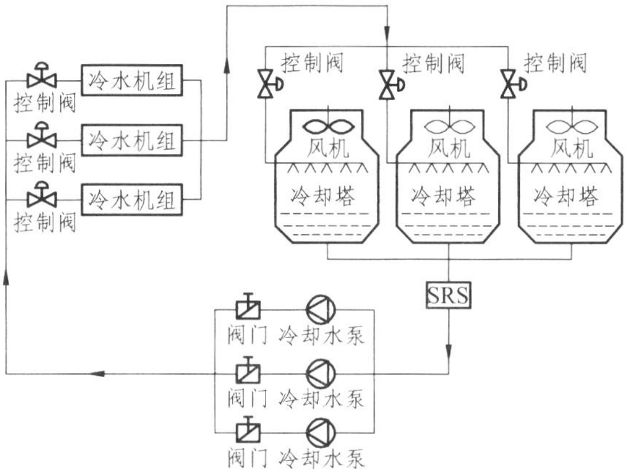

图 4-42　水泵、冷水机组、冷却塔各自并联配置

（3）具有出水干管与回水干管的冷却水管路，如图 4-43 所示。各冷却塔的集水盘之间安有一根“均压管”，使这些冷却塔在同一个水位运行，防止各冷却塔集水盘内水位高低不一，避免出现有的冷却塔溢水而有的冷却塔在补水的现象。冷却塔集水盘的水位，应维持一定，水位太高会导致冷水机组的冷却水过流量，水位太低则会产生旋涡而造成空气进入冷却水。

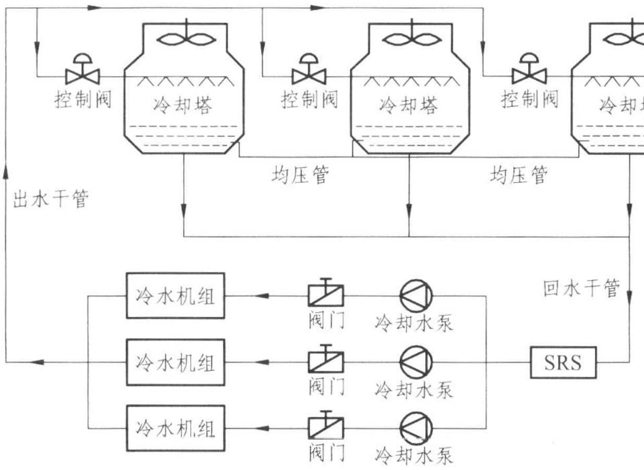

图 4-43　具有出水干管与回水干管的冷却水管路

任务实施

1．任务准备

（1）实训设备：圆形逆流式冷却塔；

（2）实训工具：电动扳手 1 把、电钻 1 把、手动扳手几把、万用表或摇表 1 台等；

（3）实训资料：教材、冷却塔样本资料等；

（4）辅助材料：手套、抹布等。

2．实施步骤（有条件的可以联系当地地铁运营公司现场参观学习）

（1）实训分组；

（2）冷却塔拆卸；

（3）冷却塔安装；

（4）总结汇报。

3．实训报告

结束任务后，根据实训内容编制实训报告（格式见附录E ），并提交给指导老师批阅。

任务小结

通过本任务的学习，让学生能用专业术语描述冷却水系统的组成，能掌握冷却水系统的结构及运行原理，能联系实际分析水系统形式。

任务5 冷凝水系统

任务目标

掌握冷凝水系统的组成及作用、管路确定方法及水管保温要求，并能理解冷凝水管路布置的注意事项。

案例引入

以风机盘管冷凝水管路连接为例。

案例分析

风机盘管机组连接的冷凝排水管属于开式非满流自流系统，需要有一定坡度。

知识链接

风机盘管机组、整体式空调器、组合式空调机组等运行过程中产生的冷凝水，必须及时排走。冷凝水的排放是开式非满流自流系统。为保证自流系统的水头，凝结水管敷设必须保证一定的坡度，可分为集中排放和就地排放两种。坡度一般不小于0.005，风机盘管支管坡度不小于0.01，水平距离不宜过长。

一、冷凝水管的布置

若邻近有下水管或地沟时，可用冷凝水管将空调器接水盘所接的凝结水排放至邻近的下水管或地沟内。若相邻近的多台空调器距下水管或地沟较远，可用冷凝水干管将各台空调器的冷凝水支管和下水管或地沟连接起来。以风机盘管为例来说明冷凝水的接管，如图 4-44 所示。

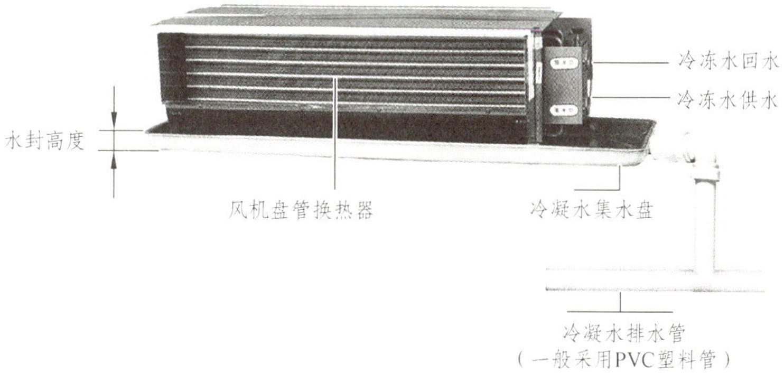

图 4-44　冷凝水接管示意图

冷凝水系统工作原理

风机盘管冷凝水接管演示

二、冷凝水管管径的确定

直接和空调器接水盘连接的冷凝水支管的管径应与接水盘接管的管径一致（可从产品样本中查得）。需设冷凝水干管时，某段干管的管径可依据与该管段连接的空调器总冷量（kW）按表 4-4 查得。

表 4-4　冷凝水干管管径选择

干管承担冷量/kW	干管公称直径 DN/mm	干管承担冷量/kW	干管公称直径 DN/mm
≤7	20	599 ~ 1 055	80
7.1 ~ 17.6	25	1 056 ~ 1 512	100
17.7 ~ 100	32	1 513 ~ 12 462	125
101 ~ 176	40	> 12 462	150
177 ~ 598	50		

注：DN = 15 mm 的管道不推荐使用。立管的公称直径应与同等负荷的水平干管的公称直径相同。

三、冷凝水管保温

所有冷凝水管都应保温，以防冷凝水管温度低于局部空气露点温度时，其表面结露滴水。采用带有网纹线铝箔贴面的玻璃棉保温时，保温层厚度可取 25 mm。

四、冷凝水管布置的注意事项

（1）沿水流方向，水平管道应保持不小于千分之一的坡度，且不允许有积水部位。

（2）当冷凝水盘位于机组负压区段时，凝水盘的出水口处必须设置水封，水封的高度应比凝水盘处的负压（相当于水柱高度）大 50% 左右。水封的出口，应与大气相通。

（3）采用聚氯乙烯塑料管时，一般可以不必进行防结露的保温和隔汽处理。

（4）采用镀锌钢管时，通常应设置保温层。

（5）冷凝水立管的顶部，应设计通向大气的透气管。

任务小结

通过本任务的学习，让学生能用专业术语描述冷凝水系统的组成，能掌握冷凝水系统安装注意事项，能联系实际分析冷凝水系统布置方式。

任务 6 管路附件及设备

任务目标

掌握分（集）水器、膨胀水箱、放气装置、其他管路附件（如橡胶软接头、过滤器、水处理仪、水流开关、水力平衡阀）等结构和作用。

案例引入

以某地铁中央空调系统为例。

案例分析

通过观察系统中各管路附件和设备运行情况来理解结构和作用。

知识链接

一、分水器和集水器

分水器和集水器起分流和汇集作用，结构示意图如图 4-45 所示。

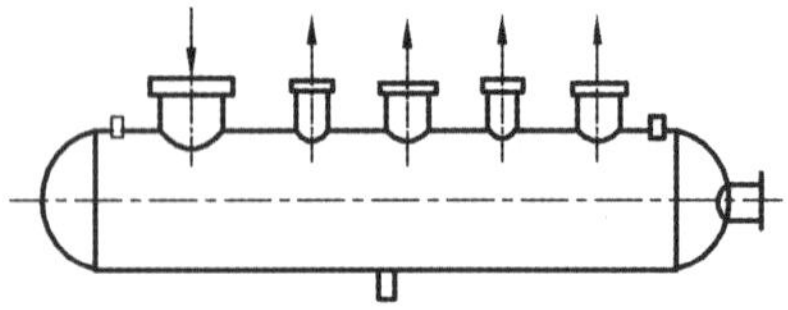

（a）分水器

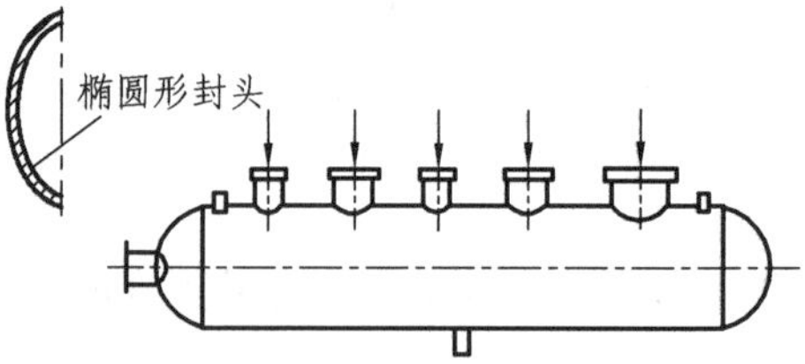

（b）集水器

图 4-45　分水器和集水器的结构示意图

二、膨胀水箱

膨胀水箱用于闭式水循环系统中，其作用是收容和补偿系统中水的胀缩量，起平衡水量及压力的作用，避免安全阀频繁开启和自动补水阀频繁补水。一般都将膨胀水箱设在系统的最高点（水箱底标高至少应高出系统最高点 1 m），并接在循环水泵（冷冻水泵）吸水口附近的回水干管上。膨胀水箱接管示意图如图 4-46 所示。

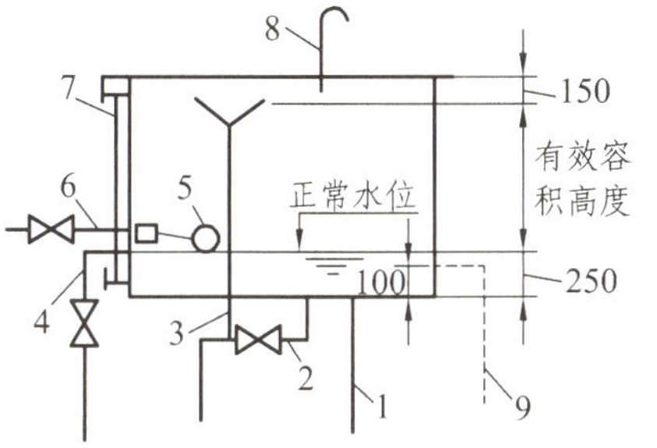

1—膨胀管；2—排污管；3—溢流管；4—信号；
5—浮球阀；6—补水管；7—水位计；
8—通气管；9—循环管。

（a）结构及接管时示意图

（b）实物图

膨胀水箱及配管

膨胀水箱接管工程实例

图 4-46　膨胀水箱接管示意图

三、放气装置

放气装置有集气罐、自动排气阀、手动排气阀，如图 4-47 和图 4-48 所示。

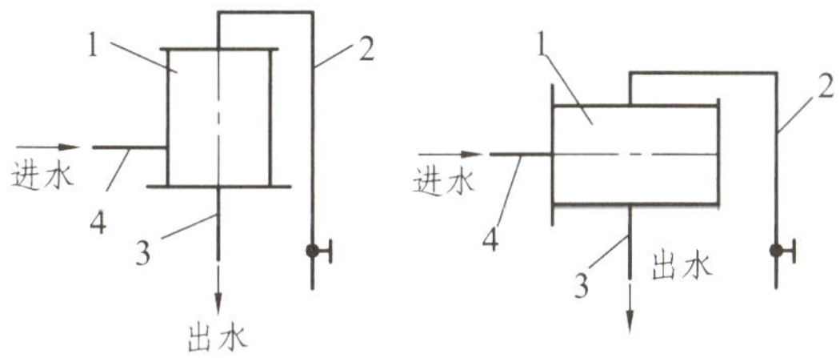

（a）立式　　（b）卧式

1—集气罐；2—放气管；3—出水管；4—进水管。

图 4-47　集气罐的接管示意图

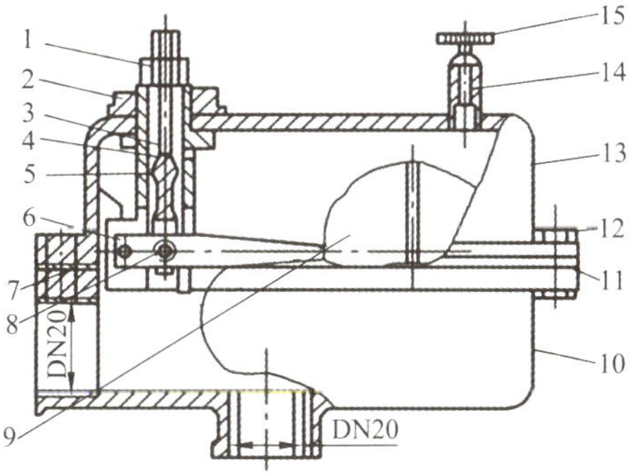

1—排气口；2—六角锁紧螺母；3—阀芯；4—橡胶封头；
5—滑动杆；6—浮球杆；7—铜锁钉；8—铆钉；9—浮球；
10—下半壳；11—垫片；12—螺栓螺母；13—上半壳；
14—手动排气座；15—手拧顶针。

图 4-48　ZPT-C 型自动排气阀的结构

四、其他管路附件

1. 橡胶软接头

橡胶软接头俗称可曲挠橡胶接头，结构如图 4-49 所示。其产品广泛应用于水、电、化工、船舶系统，具有耐压高、弹性好（可轴向、横向、角向位移）、降噪声、质量小、减振动、安装方便、使用灵活、便于拆换维修等特点，同时具有耐酸、耐碱、耐油等特点。该产品在使用过程中耐天气自然变化可自动延伸。其结构材料采用浸胶尼龙帘子布，内外面采用高强度耐老化极性橡胶材料。为防止该产品在长期使用中自然萎缩和减少老化破裂，常采用网状钢丝进行保护。

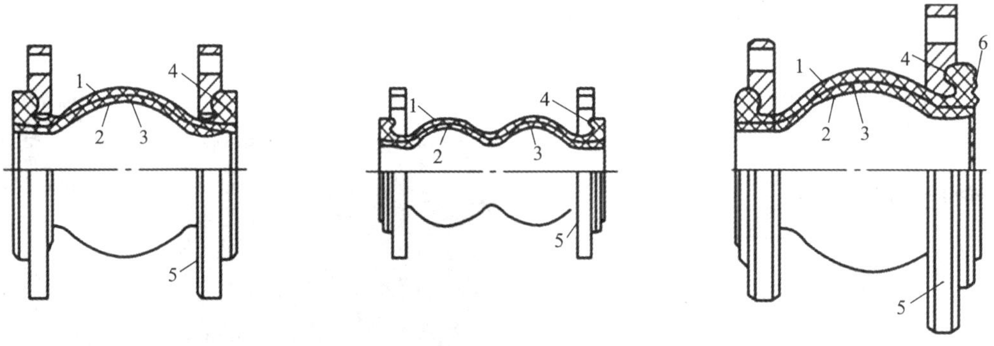

（a）单球体　　（b）双球体　　（c）同心异径

1—外胶层；2—内胶层；3—骨架层；4—钢丝圈；5—法兰；6—止水环。

图 4-49　橡胶软接头

2．水过滤器及水处理仪

（1）水过滤器。在水泵入口、水系统各换热器及调节阀等入口处，均应安装水过滤设备，以防止杂物进入系统堵塞管道或污染设备，如图 4-50 所示。

（2）水处理仪。水处理仪是用于水系统中的一种除垢、防垢、杀菌、灭藻、除铁锈、防腐蚀的设备，目前常用的是电子水处理仪，其结构如图 4-51 所示。

（a）实物

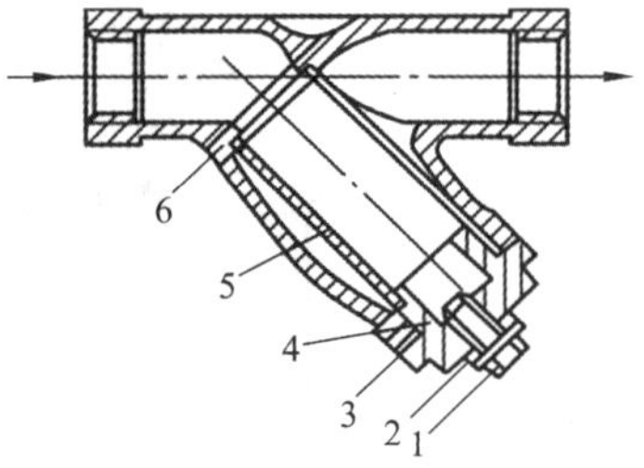

1—螺栓；2，3—垫片；4—封盖；5—滤网；6—阀体。

（b）结构

图 4-50　Y 形水过滤器

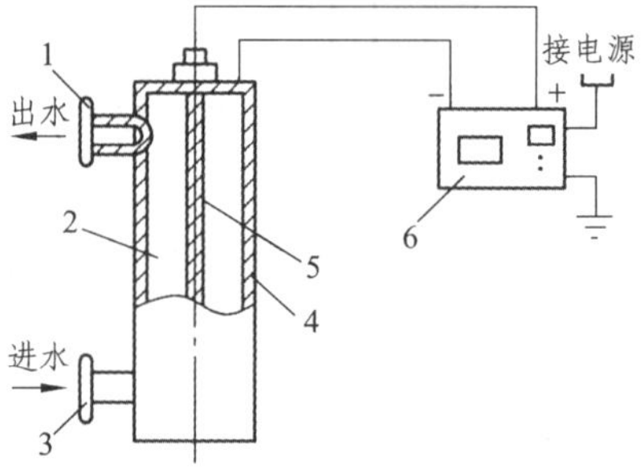

1—出水管；2—水；3—进水管；4—壳体，5—金属电极；6—直流电源。

图 4-51　电子水处理仪结构

3．水流量开关

水流量开关又称为水流开关，根据控制和调节水流的原理可分为杠杆调节式和磁感应调节式两类。杠杆调节式属于常规型的靶式流量控制器，采用杠杆传动的结构原理，如图 4-52 所示。磁感应调节式是利用磁感应代替常规式的复杂杠杆传动结构，磁感应头代替常规式的微动开关。

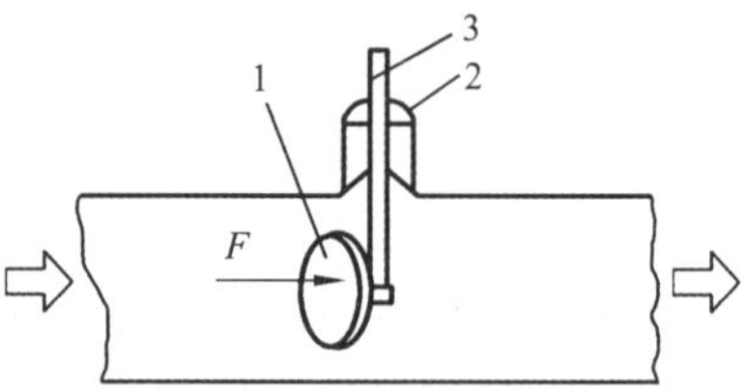

1—靶；2—输出轴密封片；3—输出杠杆。

图 4-52　靶式流量控制器示意图

4．水力平衡阀

水力平衡阀有以下几个作用：

（1）测量流量：通过测压孔测得水流经平衡阀时的压力差，将压差信号通过专用的压差变送器传递给专用智能仪表，可读出被测的流量值。

（2）调节流量：通过旋转手轮，可读出阀门的开度值。

（3）隔断功能：阀门处于全关位置时，可以完全截断流量，相当于一个截止阀。

（4）排污功能：对于小口径的阀门，一般接有排污短管，通过排污口排除管段中的积水。

水力平衡阀及测量仪表如图 4-53 所示。

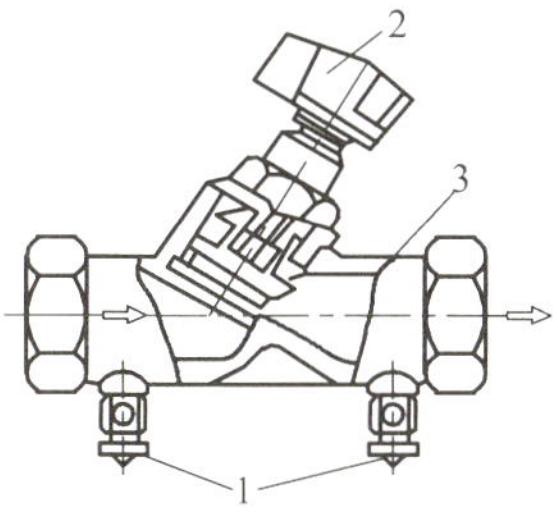

（a）平衡阀

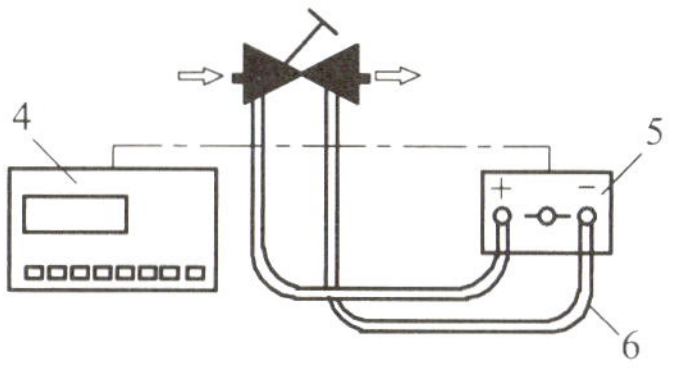

（b）测量仪表

1—测压孔；2—手轮；3—阀体；4—专用智能仪表；5—专用压变送器；6—橡胶管。

图 4-53　平衡阀及测量仪表示意图

任务小结

通过本任务的学习，让学生能用专业术语描述各管路附件及设备，能熟悉各管路附件及设备的结构和作用，并通过现场参观，对管路附件及设备的结构和作用具备直观印象。

任务 7　空调水系统的运行管理

任务目标

能进行水泵运行工况的调节；能熟练进行水泵开机、运行定期检查和调整；能熟练进行冷却塔开机、运行定期检查和调整；能熟练进行冷冻水系统和冷却水系统的水质处理。

案例引入

以某地铁实际运行的水冷式中央空调系统为例。

案例分析

实际运行空调水系统中重要的设备是循环水泵和冷却塔，因此，在运行管理过程中关注的重点更是如此，同时需要兼顾运行过程中的水质处理，不同地区的水质情况不一致，需要针对性地进行处理。

知识链接

一、水泵运行工况调节

（一）水泵性能曲线

在水泵的基本性能参数中，转速n是一个常量，扬程H、流量Q、功率N和效率η等性能是相互影响的，参数之间存在函数关系。如以流量Q为横坐标，用曲线绘制函数关系在坐标图上，形成的这些曲线称为泵和风机的性能曲线，如图4-54所示。在无损失的理想条件下的曲线称作理想性能曲线，考虑各项损失得到的是实际性能曲线。

水泵的性能曲线大致可分为3种Q-H曲线，即平坦型、陡降型、驼峰型，如图4-55所示。具有平坦型Q-H曲线的水泵，当其流量变动很大时能保持基本恒定的压头；陡降型Q-H曲线的水泵与平坦型曲线的水泵性能相反，当流量变化时，压头的变化相对比较大；驼峰型Q-H曲线的水泵，当流量自零开始逐渐增加时，相应的压头先上升，达最高值后下降，这种性能的水泵在一定的运行条件下可能会出现不稳定工况。水泵的性能曲线，全面地反映了其性能。

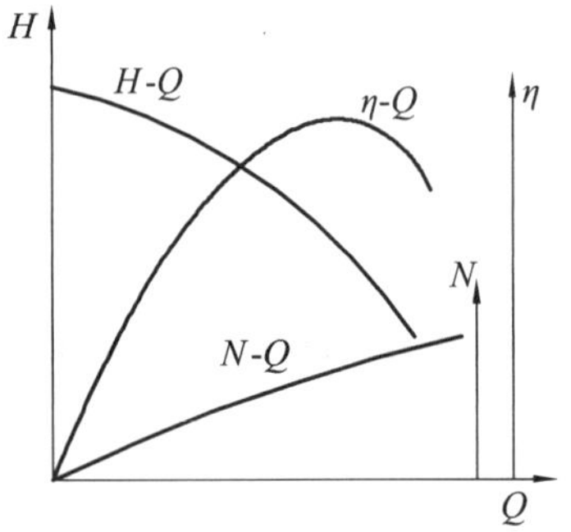

图4-54 水泵的性能曲线

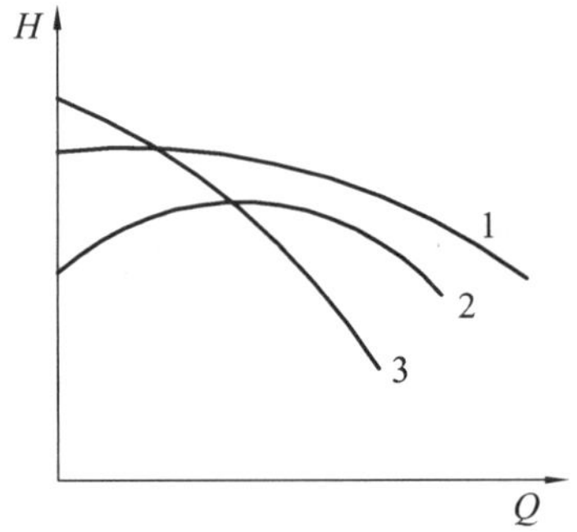

1—平坦型；2—驼峰型；3—陡降型。

图4-55 三种不同的Q-H性能曲线

（二）水泵的性能换算方法

水泵制造厂提供的性能是在标准工况下的性能，在实际运行中，由于其用途的不同，实际工况不同于标准工况，因此实际工作中需要对水泵的性能进行换算，以确定实际性能参数。设标准工况下性能参数为Q_1、H_1、N_1、η_1，当流体密度ρ、转速n、叶轮直径D发生变化时，可求实际性能参数Q_2、H_2、N_2、η_2的变化。其变化关系见表4-5。

表 4-5　水泵的性能换算公式

性能参数	工况变化			
	ρ 变化	n 变化	D 变化	ρ、n、D 同时变化
流量 Q	$Q_2=Q_1$	$\frac{Q_2}{Q_1}=\frac{n_2}{n_1}$	$\frac{Q_2}{Q_1}=\left(\frac{D_2}{D_1}\right)^3$	$\frac{Q_2}{Q_1}=\frac{n_2}{n_1}\times\left(\frac{D_2}{D_1}\right)^3$
全压 H	$\frac{H_2}{H_1}=\frac{\rho_2}{\rho_1}$	$\frac{H_2}{H_1}=\left(\frac{n_2}{n_1}\right)^2$	$\frac{H_2}{H_1}=\left(\frac{D_2}{D_1}\right)^2$	$\frac{H_2}{H_1}=\frac{\rho_2}{\rho_1}\times\left(\frac{n_2}{n_1}\right)^2\times\left(\frac{D_2}{D_1}\right)^2$
功率 N	$\frac{N_2}{N_1}=\frac{\rho_2}{\rho_1}$	$\frac{N_2}{N_1}=\left(\frac{n_2}{n_1}\right)^3$	$\frac{N_2}{N_1}=\left(\frac{D_2}{D_1}\right)^5$	$\frac{N_2}{N_1}=\frac{\rho_2}{\rho_1}\times\left(\frac{n_2}{n_1}\right)^3\times\left(\frac{D_2}{D_1}\right)^5$
效率 η	$\eta_2=\eta_1$	$\eta_2=\eta_1$	$\eta_2=\eta_1$	$\eta_2=\eta_1$

（三）水泵在管路系统中工作点的确定

当水泵安装在管路系统中，除了需要考虑水泵自身性能外，还需综合考虑水管系统的性能，也即管路的特性曲线。当性能曲线与管路特性曲线相交，则交点为水泵在管路系统中的实际运行工况。

水泵的管路特性曲线函数式为 $H=H_1+KQ^2$，式中 H_1 为水的静压。管网特性曲线为不过原点的抛物线，如图 4-56 所示。交点 A 即为水泵在水系统管路中的工作点。

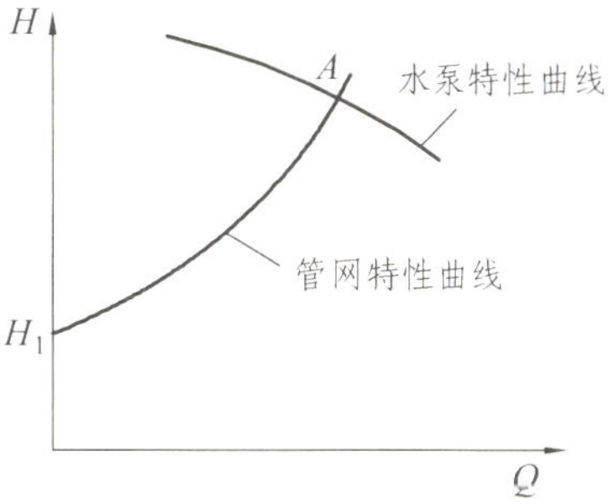

图 4-56　水泵在管路中的工作点

（四）水泵运行工况调节

在实际运行中，由于制造质量的影响，水泵的扬程达不到设计性能值；或者由于施工现场的设计变更导致管路系统的阻力大于设计值，使水泵的实际工况点偏离设计的最佳工作点。为满足设计的流量，就需对水泵的工况点进行调整。工况点的调节改变了泵的本身性能或改变了管路系统特性。工况点调节的主要方法有以下几种方式：

（1）变阀调节。阀门开度越小，管路特性曲线变陡，导致流量下降，扬程升高，改变了运行工况。从节能角度上看，这种方式是不经济的。

（2）变速调节。改变泵的转速来改变泵的性能，而使泵的工况点改变。

（3）变径调节。改变叶轮外径大小来改变泵的性能，达到改变泵的工况点的目的。

（4）变角调节。改变叶片的安放角来改变泵的性能，从而达到调节泵的工况点的目的。

在实际工作中还会遇到两台或以上的水泵并联或串联工作的状况，一般是在选择一台无法满足系统要求且流量和压头变化幅度大的情况下出现，但联合使用比单台使用效果差。联合使用的工况调节，可查询相关资料。

二、水泵运行管理

（一）水泵运行保养要求

中央空调系统水系统的水泵在使用中要经常进行检查和维护保养，才能保证其正常工作。

1．水泵运行中的检查

（1）水泵结构完好，水泵各部分无损伤或变形。

（2）电源正常，环控室、就地控制箱、变频柜等指示灯指示正确。

（3）管路上控制阀门动作灵活，开关到位，并处于正确的位置。

（4）电动机不能有过高的温升，无异味产生。

（5）轴承温度不得超过周围环境温度 35 ~ 40 °C，轴承的极限温度不得高于 80 °C。

（6）轴封处（除规定要滴水的型式外）、管接头均无漏水现象。

（7）地脚螺栓和其他各连接螺栓的螺母无松动，无异常噪声和振动。

（8）基础台下的减振装置受力均匀，进出水管处的软接头无明显变形，都起到了减振和隔振作用。

（9）运行电流在正常范围内，压力表指示正常且稳定，无剧烈抖动。

2．定期维护保养

（1）加润滑油。如轴承是采用润滑油润滑的，使用期间，每天都要观察油位是否在规定范围内。若油不够，就要通过注油杯加油，并且每年清洗、换油一次。根据工作环境温度情况，选用 20 号或 30 号机械油；如轴承采用润滑脂（俗称黄油）润滑，使用期间，每工作 2 000 h 换油一次。润滑脂采用钙基脂，也可以采用专用轴承脂。

（2）更换轴封。填料使用一定时间会磨损，如发现漏水或漏水滴数超标时就要考虑是否需要压紧或更换轴封。采用普通填料的轴封，泄漏量一般在 30 ~ 60 mL/h；机械密封的泄漏量则一般不得大于 10 mL/h。

（3）解体检修。每年对水泵进行一次解体检修，包括清洗和检查。清洗时刮去叶轮内外表面、流道内的水垢；清洗泵壳的内表面以及轴承。清洗过程对部件进行检查，确定是否需要修理或更换，特别是叶轮、密封环、轴承、填料等部件要重点检查。

（4）除锈刷漆。水泵运行处于潮湿的空气环境，泵体表面由于结露可能覆盖水珠，长期如此，泵体表面会生锈。因此，每年应对没有进行保温处理的冷冻水泵的泵体表面进行一次除锈刷漆作业。

（5）放水防冻。水泵停用期间，如果环境温度低于 0 °C，就要将水泵内的水全部放干净，以免水的冻胀作用胀裂泵体。

（二）水泵操作规程（以某地铁环控系统水泵为例）

1．水泵的性能参数

（1）轴承的温升不得大于 35 °C，极限温度不得大于 75 °C。

（2）水泵不能在低于 30% 设计流量下长期运转，工作电压 380 ×（1 ± 10%）V。

（3）轴封的漏水量以每分钟少于 10 滴为适当。

2．相关设备系统的关联

（1）水泵从对应的 MCC 柜引入电源。

（2）冷冻水泵、冷却水泵、冷水机组、电动蝶阀实现内部联锁。

3．水泵操作规程要点

（1）开机的必备条件：

① 管路各阀门处于正常状态，旁通管道上的手动碟阀关闭，其余的手动碟阀按标识打开，如图 4-57 所示。

图 4-57 各阀门处于正常状态

② 确保水管及泵内充满水，压力表指示正确（一般情况下车站内进出水管注满水后，水泵离管内水面最高处高度差大于 5 m，水泵进出口处表压大于 0.05 MPa）。

③ 电压在 380×（1±10%）V 范围内。

（2）操作顺序：

① 将 MCC 柜的本地/远程按钮转到本地挡，如图 4-58 和图 4-59 所示。

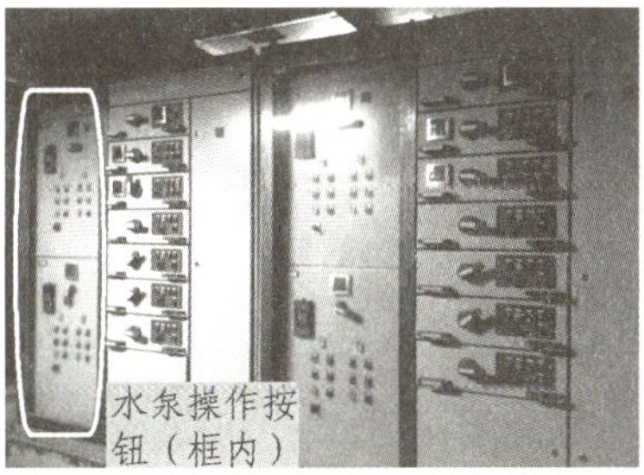

图 4-58 MCC 水泵操作按钮

图 4-59 旋到本地挡

② 检查无误后，按下变频启动按钮，如图 4-60 所示。

③ 水泵变频启动，运行正常后，检查电机的运行电流、水泵进出口压力等运行参数。

④ 在运转过程中，发现有不正常的声音或其他故障时，应换泵运行或按《冷水机组操作规程》停止水泵运行。排除故障后才能继续运行。

⑤ 绝不允许用吸入管路上的阀门来调节流量，以免产生气蚀。

⑥ 水泵不能在低于 30% 设计流量下长期运转。

⑦ 停机时，按下停止按钮，水泵停止运转，同时运行指示灯灭，停止指示灯亮，如图 4-61 所示。

⑧ 现场控制的操作完成后，将 MCC 柜的“本地/远程”旋钮转换到远程挡，如图 4-62 所示。

图 4-60　按下变频启动按钮

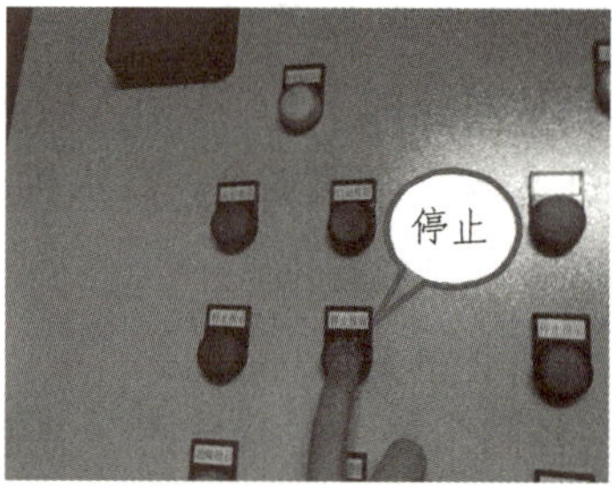

图 4-61　水泵停止按钮

图 4-62　操作完成后转换到远程挡

三、冷却塔运行管理

（一）冷却塔运行保养要求

1．冷却塔运行中的检查

（1）观察圆形塔布水装置的转速是否稳定、均匀。如不稳，可能是由于管内存在空气，设法排除。

（2）观察圆形塔布水装置的转速是否减慢或部分出水孔不出水。可能是管内有污垢或微生物附着堵塞了出水孔，要及时清洁。

（3）检查浮球阀开关的灵敏度、集水盘（槽）中的水位。如有问题，需及时调整或修理浮球阀。

（4）检查矩形塔配水槽（又叫散水槽）内是否有杂物堵塞散水孔，如有堵塞，要及时清除杂物。槽内积水深度不能小于 50 mm。

（5）塔内各部位是否有污垢形成或微生物繁殖，特别是填料和集水盘（槽）里如果有污垢或微生物附着，要分析原因，做好水质处理和清洁。

（6）注意听冷却塔工作声音，如有异常噪声和振动声，要迅速查明原因，消除隐患。

（7）检查布水装置、管道的连接部位、阀门是否漏水。如有漏水，要查明原因，采取相应措施堵漏。

（8）对使用齿轮减速装置的冷却塔风机，检查齿轮箱是否漏油。如有漏油，要查明原因，采取相应措施堵漏。

（9）检查风机轴承的温升，一般不大于 35 °C，最高温度低于 70 °C。

（10）检查飘水现象，如有，要及时查明原因予以消除。

2．冷却塔的清洁

冷却塔要发挥冷却效能，需定期清洁，外壳可以不停机清洁，其他各项清洗均要停机后进行。

（1）外壳的清洁：冷却塔外壳一般采用玻璃钢或高级 PVC 材料制成，当其外观不洁时，只需用水或清洁剂清洗即可。

（2）填料的清洁：填料是空气与水在冷却塔内进行充分热湿交换的媒介，一般由高级 PVC 材料加工而成，有污垢或微生物附着时，用水或清洁剂加压冲洗或从塔中拆出分片刷洗即可。

（3）集水盘（槽）的清洁：集水盘（槽）中的污垢或微生物积存采用刷洗的方法清除。清洗前要堵住冷却塔的出水口，清洗时要打开排水阀，脏水从排水口排出，避免清洗的脏水进入冷却水回水管。

（4）圆形塔布水装置的清洁：圆形塔布水装置的支管从旋转头上拆卸下来仔细清洗。

（5）矩形冷却塔配水槽的清洁：当矩形冷却塔的配水槽需要清洁时，采用刷洗的方法即可。

（6）吸声垫的清洗：吸声垫是疏松纤维型的，长期浸泡在集水盘中，容易附着污物，可以用清洁剂配以高压水进行冲洗。

3．冷却塔定期维护保养

冷却塔正常使用需定期维护保养。

（1）使用传动带减速装置的冷却塔，每两周停机检查一次传动带的松紧度，不合适时要调整。如果几根传动带松紧程度不同，则要全套更换；如果冷却塔长时间不运行，需将传动带取下保存。

（2）使用齿轮减速装置的冷却塔，每一个月停机检查一次齿轮箱中的油位。油量不够时，要补加到位。每运行六个月要检查一次油的颜色和黏度，若达不到要求则必须全部更换。当冷却塔累计使用 5 000 h 后，不论油质情况如何，都必须对齿轮箱做彻底清洗，并更换润滑油。齿轮减速装置润滑油选用 30 号或 40 号机油。

（3）冷却塔风机的电动机长期在湿热环境下工作，为了保证绝缘性能，不发生电动机烧毁事故，每年需做一次电动机绝缘情况测试。如果达不到要求，要及时进行维修或更换电动机。

（4）随时注意检查冷却塔的填料是否损坏，若有，要及时修补或更换。

（5）冷却塔风机系统所有轴承的润滑脂一年更换一次。

（6）当采用化学药剂进行冷却水的处理时，要防止风机叶片腐蚀。为了减缓腐蚀，每年清除一次叶片上的腐蚀物，均匀涂刷防锈漆和酚醛漆各 1 道。或者在叶片上涂刷一层 0.2 mm 厚的环氧树脂，其防腐性能维持 2 ~ 3 年。

（7）冬季冷却塔停用期间，可以采取两种办法避免风机叶片因积雪变形：一是停机后将叶片旋转到垂直于地面的角度紧固；二是将叶片或连轮毂一起拆下放到室内保存。

（8）冬季冷却塔停用期间，要将冷却塔集水盘（槽）和室外部分的冷却水系统中的水全部放光，以免冻坏设备和管道。

（9）冷却塔的支架、风机系统的结构架以及爬梯通常采用镀锌钢件，一般不需要油漆。如果发现生锈，再进行去锈刷漆工作。

（二）冷却塔操作规程

1．设备的性能参数

（1）冷却塔的供电电压为 380 ×（1 ± 10%）V。

（2）洒水盆的水位是否在 50 ~ 80 mm 的正常范围内。

2．设备相关设备系统的关联

（1）冷却塔电控柜从对应的低压配电柜引入 380 ×（1 ± 10%）V 电力。

（2）冷却塔、冷水机组、电动蝶阀实现内部联锁。

3．冷却塔操作规程要点

（1）操作前的准备工作：

① 运行冷却塔之前，检查管路上的各阀门，使之处于正常的操作状态。

② 检查冷却塔水路是否畅通。

③ 检查冷却塔风路是否畅通。

④ 检查供电电源的电压是否在 380 ×（1 ± 10%）V 的正常范围内。

（2）操作顺序：

① 合闸后，将冷却塔控制箱的“本地/远程”控制旋钮转换到本地挡，如图 4-63 所示。

图 4-63　转换本地/远程挡到本地挡

② 检查清理冷却塔进风百叶处的障碍物、洒水盆处的杂物；检查或调整集水盆的水位；检查集水盆水缸及配管，确保无漏水现象。

③ 检查冷却塔的供电电压是否在 380 ± 38 V 的正常范围内。

④ 检查无误后合闸，如图 4-64 所示，转换到本地挡，并启动冷却塔电动蝶阀启动按钮，如图 4-65 所示，开启进水管和出水管上的电动蝶阀。

⑤ 按下冷却塔风机 1 和冷却塔风机 2 启动按钮运行风机，如图 4-66 所示。

⑥ 冷却塔风机运转正常后，检查电机三相电流的平衡，应在正常范围内，若冷却塔有异常的噪音和振动，应立即停机检修。

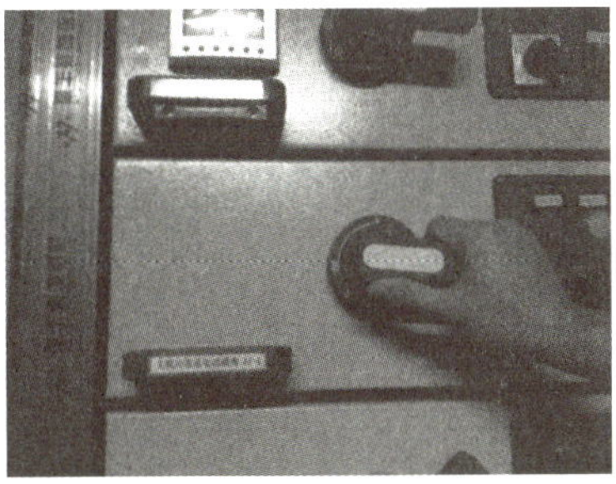

图 4-64 冷却塔电动蝶阀合闸

图 4-65 旋至本地挡并启动按钮

⑦ 当冷却水泵运行后，应检查冷却塔布水是否均匀，洒水盆的水位是否在 50～80 mm 的正常范围内，有无飘水、溅水现象。

⑧ 停机时，按下停机按钮，冷却塔风机停止运行，如图 4-66 所示。

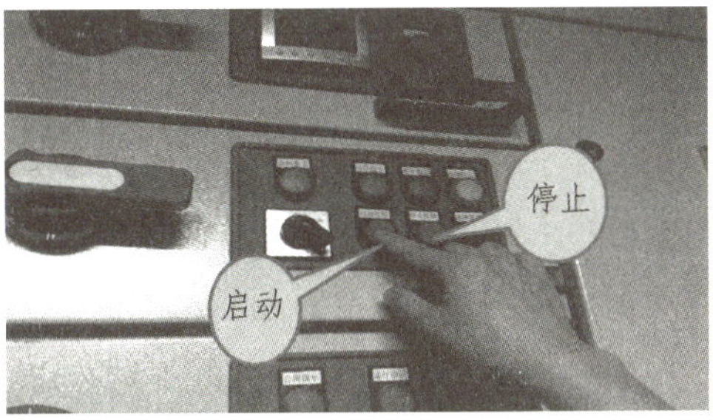

图 4-66 启动冷却塔风机

⑨ 冷却水泵停止运行后，关闭冷却塔蝶阀，检查调整集水盆水位，确定浮球阀处于完全关闭状态。现场控制的操作完成后，将控制柜“本地/远程”旋钮转换到远程挡。

⑩ 冷却塔长期停机后运行时，应开启水盘底部排污阀，清扫塔内污物，排出塔内积水。

四、循环水水质处理

水冷式中央空调系统的冷却水系统中采用有冷却塔，是开式循环水系统，与外界空气直接接触，受工作环境和条件的影响，水质在物理、化学、微生物的共同作用下很容易出现结垢、腐蚀、污物沉积和菌藻繁殖现象，造成热交换效率降低，管道堵塞，水循环量减小，动力消耗增大，损坏管道、部件和设备，缩短使用寿命，增加维修费用和更新费用，严重影响到中央空调系统的运行效果、运行费用开支和使用寿命。

水冷式中央空调系统的冷冻水系统是闭式循环，水温低，循环流动系统通常为封闭的，不与空气接触，因此冷冻水的水质管理和水处理相对冷却水系统来说更简单。因此，冷却循环水的水质管理和处理是重中之重。

水处理的意义有三个方面：一是延长设备使用寿命，减轻日常维修负担；二是节约能源，减少开支；三是确保供冷采暖效果，创造舒适的环境，是一项投资少、效益大的措施。

（一）循环水的水质管理及水处理

1．冷却水系统问题

冷却水循环系统由于结垢、腐蚀及微生物的共同作用可能会引起系统的诸多问题，如图 4-67 所示。

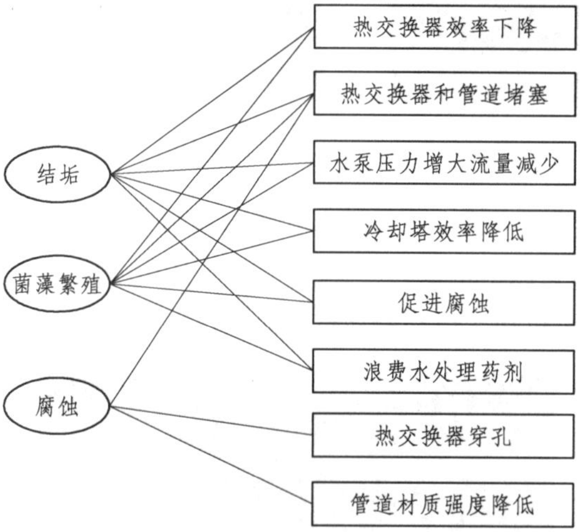

图 4-67　冷却水循环系统问题

2．循环水的水质标准

要做好水质管理工作，需要从四个方面着手：① 为了防止系统结垢、腐蚀和菌藻繁殖，用化学方法进行水处理，要定期投加化学药剂；② 为了掌握水质情况和水处理效果，要定期进行水质检验；③ 为了防止系统沉积过多的污物，要定期清洗；④ 为了补充蒸发、飘散和泄漏的循环水，要及时补充新水。因此，我们首先必须掌握循环冷却水的水质标准；然后，要了解循环冷却水系统结垢、腐蚀、菌藻繁殖的原因和影响因素；接着，要掌握阻垢、缓蚀、杀生的基本原理以及采用化学方法进行水处理时所需使用的化学药剂的性能和使用方法；最后，要根据水质情况，经济、合理地采用不同手段进行水处理。

空调冷却水系统的水质标准是执行国家标准《采暖空调系统水质》（GB/T 29044—2012）。摘录见表 4-6。

表 4-6　开式系统循环冷却水水质标准

检测项	单位	补充水	循环水
pH（25 °C）		6.5 ~ 8.5	7.5 ~ 9.5
浊度	NTU	≤10	≤20
			≤10（当换热设备为板式、翅片管式、螺旋板式）
电导率（25 °C）	μS/cm	≤600	≤2 300
钙硬度（以 $CaCO_3$ 计）	mg/L	≤120	—
总碱度（以 $CaCO_3$ 计）	mg/L	≤200	≤600
钙硬度＋总碱度（以 $CaCO_3$ 计）	mg/L	—	≤1 100

续表

检测项	单位	补充水	循环水
Cl^-	mg/L	≤100	≤500
总铁	mg/L	0.3	≤1.0
NH_3-N①	mg/L	≤5	≤10
游离氯	mg/L	0.05～0.2（管网末梢）	0.05～1.0（循环回水总管处）
COD_{cr}	mg/L	≤30	≤100
异养菌总数	个/mL	—	$\leq 1\times10^5$
有机磷（以P计）	mg/L	—	≤0.5
①：当补充水水源为地表水、地下水或再生水回用时，应对本指标项进行检测与控制。			

3．水质检测项目

水质检测是分析循环冷却水的水质是否符合要求，水质处理（简称水处理）效果是否达到预期目标的必要手段。在中央空调系统使用期间，应每个月检测一次，以决定是否需要补加各种水处理药剂或进行清洗。水质检测主要检测 pH、硬度、碱度、电导率、悬浮物、游离物、药剂浓度项目，此外，还可以增加微生物分析、垢层与腐蚀产物的成分分析、腐蚀速率测定、生物黏泥量测定等检测项目。

4．冷却水的化学处理

冷却水系统的水处理，是根据水质标准，通过投加化学药剂或用其他方法来防止结垢、控制金属腐蚀、抑制微生物的繁殖。化学药剂根据其主要功能分为阻垢剂、缓蚀剂和杀生剂三种。

1）垢和阻垢剂

黏附在冷却水侧管壁表面上的沉积物统称为垢，按沉积物的成分可分为水垢、污垢和黏泥。附着在水侧管壁上的水垢、污垢和黏泥，会增大了冷却水与制冷剂或空气间热传导过程中的热阻，即降低了热交换器的换热效率；增大水流阻力，使电耗增加，运行费用加大；促进或直接引起金属腐蚀，缩短了管道或设备的正常使用寿命。

影响垢形成的因素主要是冷却水的水质特性、水温、水的流速、水中微生物、腐蚀产物和热交换器结构等。

目前，国内外消除或阻止结垢应用最广泛、效果最好的是投加阻垢剂法。常用阻垢剂见表 4-7。

表 4-7　常用阻垢剂

类别	化（聚）合物	用量/（mg/L）	特性
聚磷酸盐	六偏磷酸钠	1～5	① 在结垢不严重或要求不太高的情况下可单独使用； ② 低剂量时起阻垢作用，高剂量时起缓蚀作用
	三偏磷酸钠	2～5	

类别	化（聚）合物		用量/（mg/L）	特性
有机磷酸盐系	含氮	氨基三甲叉膦酸（ATMP）	1～5	① 不宜单独使用，一般与锌、铬或磷酸盐共用； ② 含氮的不宜与氯杀菌剂共用
		乙二胺四甲叉膦酸（EDTMP）		
	不含氮	烃基乙叉二膦酸（HEDP）		
磷酸酯类	单元醇磷酸酯 多元醇磷酸酯 氨基磷酸酯		5～30	与其他抵制剂联合使用时效果最好
聚羧酸类	聚丙烯酸 聚马来酸 聚甲基丙烯酸		1～5	铜质设备使用时必须加缓蚀剂

绝大多数的阻垢剂单独使用时效果较差，几种复合使用时阻垢效果就显著提高。各种阻垢剂单独使用时的性能见表 4-8。

表 4-8　各种阻垢剂单独使用时的性能

名称	适宜的 pH	允许 Ca^{2+} 含量/（mg/L）	控制钙垢的投放量（mg/L）及情况			说明
			$CaCO_3$	$CaSO_4$	$Ca_3(PO_4)_2$	
聚磷酸盐	6～7	<500	4～6	无效	有产生垢的危险	控制 PO_4^{3-} <6 且磷酸钙指数≤1
聚丙烯酸（钠）	8～9	≤500	10	有效	有效	对铜及铜合金有腐蚀作用
磷酸盐系	7～9	400～600	2～6	有效	不易产生垢	对铜及铜合金有腐蚀作用
聚马来酸	8～9	300～400	3～5	有效	有效	
磷酸酯类	8～9	≤500	20～25	有效		

阻垢缓蚀的复合药剂有以下两类；① 磷系复合药剂；② 有机磷系复合药剂。

2）腐蚀和缓蚀剂

冷却水对金属的腐蚀主要是电化学腐蚀。为了防止电化学腐蚀，一般采用的方法是向循环水中投加某些化学药剂，阻止电化学腐蚀过程中的阴、阳极反应，降低腐蚀电位，或者促使阴极或阳极的极化作用抑制电化学腐蚀反应的进行。

缓蚀剂是指能抑制（减缓或降低）金属处在具有腐蚀环境中产生腐蚀作用的药剂。按缓蚀剂所形成保护膜或防腐蚀膜（简称防蚀膜）的特性，可将缓蚀剂分为氧化膜型和沉淀膜型两种，见表 4-9。

表 4-9　缓蚀剂和防腐蚀膜的类型和特性

防腐蚀膜类型		典型缓蚀剂		使用量/（mg/L）	防腐蚀膜特性
氧化膜型		铬酸盐	铬酸钠、铬酸钾	200～300	膜薄、致密、与金属结合牢固、防腐蚀性能好
		亚硝酸盐	亚硝酸钠、亚硝酸铵	30～40	
		钼酸盐	钼酸钠	50 以上	
沉淀膜型	水中离子型	聚磷酸盐	六偏磷酸钠、三聚磷酸钠	20～25	膜多孔、较厚、与金属结合性能差
		硅酸盐	硅酸钠（水玻璃）	30～40	
		锌盐	磷酸锌、氯化锌	2～4	
		有机磷酸盐		20～25	
	金属离子型	巯基苯并噻唑（MBT）		1～2	膜较薄、比较致密、对铜和铜合金具有特殊缓蚀性能
		苯并三氮唑（BTA）			
		甲基苯并三氮唑（TTA）			

3）微生物和杀生剂

循环冷却水中常见的微生物是藻类和细菌。循环冷却水系统常见的藻类主要有蓝藻、绿藻和硅藻。杀死微生物或抑制微生物生长和繁殖的化学药剂一般称为杀生剂，又称为杀菌灭藻剂、杀菌藻剂、杀菌剂等。按作用机理杀生剂可分为氧化性杀生剂和非氧化性杀生剂两大类。常用的杀生剂及其特性见表 4-10。

表 4-10　常用的杀生剂及其特性

性质	类别	杀生剂	使用浓度/（mg/L）	适应的 pH
氧化性杀生剂	氯	氯气、液氯	2～4	6.5～7
	次氯酸盐	次氯酸钠、次氯酸钙、漂白粉		
		二氧化氯	2	6～10
		臭氧	0.5	
		氯胺	20	
非氧化性杀生剂	有机硫化物	二甲基二硫代氨基甲酸钠 乙叉二硫代基甲酸二钠		＞7
		乙基大蒜素	100	＞6.5
	季铵盐类化合物	洁尔灭、新洁尔	50～100	7～9
	铜的化合物	硫酸铜	0.2～2	＜8.5
		氯化铜		

5. 冷却水的物理处理

目前，常用的物理水处理方法有磁化法、高频水改法、静电水处理法和电子水处理法。

（二）中央空调循环水系统管路的清洗与预膜

中央空调循环水系统的清洗与预膜处理是减少腐蚀、提高热交换效率、延长管道和设备使用寿命的有效措施之一。清洗与预膜过程如图 4-68 所示。

图 4-68　清洗与预膜过程

1．清洗

中央空调循环水系统的清洗包括冷却水系统的清洗和冷冻水系统的清洗。冷却水系统的主要清洗是清除冷却塔、冷却水管道内壁、冷凝器换热管内表面的水垢、生物黏泥、腐蚀产物等沉积物。冷冻水系统的清洗主要是清除蒸发器换热管内表面、冷冻水管道内壁、风机盘管内壁和其空气处理设备内部的污垢、腐蚀产物等沉积物。

清洗方式一般分为物理清洗和化学清洗。物理清洗主要是利用水流的冲刷作用来去除设备和管道中的污染物；化学清洗则是采用酸或碱或有机化合物的复合清洗剂来清除设备和管道中的污染物。

化学清洗按使用的清洗剂不同，分为酸洗法、碱洗法和有机复合清洗剂清洗；按清洗方式不同，分为循环法和浸泡法清洗；根据清洗对象不同，分为单台设备或部件清洗和全系统清洗；根据系统工作情况，分为停机清洗和不停机清洗。

1）停机化学清洗

在中央空调系统不供冷或不供暖情况下，不论是其冷却水系统还是用户侧水系统，也不论是清洗单台设备还是清洗全系统，在一个闭合回路中，化学清洗一般程序如图 4-69 所示。

图 4-69　化学清洗一般程序

（1）水冲洗。水冲洗的目的是尽可能冲洗掉回路中的灰尘、泥沙、脱落的藻类以及腐蚀产物等一些疏松的污垢。

（2）杀菌灭藻清洗。杀菌灭藻清洗的目的是杀灭回路中的微生物，并使设备和管道表面附着的生物黏泥剥离脱落。

（3）碱洗。碱洗的主要目的是除去回路中的油污，以保证酸洗均匀（一般是在回路中有油污时才需要进行碱洗）。

（4）碱洗后的水冲洗。碱洗后的水冲洗是为了去除回路中残留的碱洗液，并将部分杂质带出回路。

（5）酸洗。酸洗的目的是除去水垢和腐蚀产物。

（6）酸洗后的水冲洗。此次水冲洗是为了除去回路中残留的酸洗液和脱落的固体颗粒。

（7）中和钝化（或预膜）。金属设备或管道经过酸洗后，其金属表面处于十分活泼的活性状态，很容易重新与氧结合而被氧化生锈。因此，设备或管道在清洗后暂时不使用时，就需要进行钝化处理，然后加以封存。钝化即金属经阳极氧化或化学方法（如强氧化剂反应）

处理后，由活泼态变为不活泼态（钝态）的过程。钝化剂的配方还有以下几种：① H_3PO_4 – 1%，$ZnSO_4$ – 1%，Na_2SiO_3 – 2%，$NaNO_2$ – 0.4%；② H_3PO_4 – 0.5%，$ZnSO_4$ – 0.5%，Na_2SiO_3 – 0.5%，$NaNO_2$ – 0.4%；③ 尿素 – 20%，亚硝酸钠 – 20%，苯甲酸钠 – 4%。

2）不停机化学清洗

对于冷却水系统，通常利用冷却塔的集水盘（槽）作为配液容器。将各种清洗药剂直接加入冷却塔的集水盘（槽）中，通过冷却水的循环流动，将清洗剂带到系统各处产生清洗作用。

对于冷冻水系统，则利用膨胀水箱或外接配液槽来加入清洗药剂。当使用膨胀水箱加药时，在加药后，从系统的排污口排除一些冷冻水，使膨胀水箱中的药剂能吸入系统中。当使用外接配液槽时，配液槽与系统的连接管要接在冷冻水泵的吸入口段。在清洗药剂吸入系统后，药剂会随冷冻水循环流到各处，产生清洗作用。由于不停机清洗不存在清洗后系统不使用的问题，因此，在清洗后也就不需要钝化而只需要预膜。此外，一般在使用的中央空调系统中，油污存在的可能性不大，因而也不需要进行碱洗处理。

中央空调循环水系统不停机化学清洗的过程如图 4-70 所示。

图 4-70　不停机化学清洗过程

（1）杀菌灭藻清洗。杀菌灭藻清洗的目的、要求与停机清洗相同，只是在清洗结束后不一定要排水，当系统中的水比较浑浊时，可从系统的排污口排放部分水，并同时由冷却塔或膨胀水箱将新鲜水补足以达到使浊度降低即稀释的目的。

（2）酸洗。酸洗的目的、要求与停机清洗基本相同。不同的是：在酸洗前要先向系统中加入适量的缓蚀剂，待缓蚀剂在系统中循环均匀后再加入酸洗剂。一般不停机酸洗要在低 pH 下进行，通常 pH 在 2.5 ~ 3.5。酸洗后应向系统中补加新鲜水，同时从排污口排放酸洗废液，以降低系统中水的浊度和铁离子浓度。再加入少量的碳酸钠中和残余的酸，为下一步的预膜打好基础。

（3）预膜。预膜处理参见“预膜处理”部分的内容。预膜完后将高浓度的预膜水仍采用边补水边排水的方式稀释，控制磷值为 100 mg/L 左右即可。

2．预膜处理

预膜处理就是向循环水系统中添加某些化学药剂，使循环水接触的所有经清洗后的设备、管道金属表面形成一层非常薄的、能抗腐蚀、不影响热交换、不易脱落的均匀致密保护膜的过程。一般常用的保护膜有两种类型，即氧化型膜和沉淀型膜。

任务实施

1．任务准备

（1）实训设备：水冷式中央空调系统的冷冻水泵、冷却水泵、冷却塔；

（2）实训工具：万用表（或摇表）、水质检测仪、扳手等；

（3）实训资料：教材、地铁操作规程（可参照当地地铁运营公司操作规程）等；

（4）辅助材料： 电工绝缘手套、抹布、水、清洁剂等。

2．实施步骤（有条件的可以联系当地地铁运营公司现场参观学习）

（1）实训分组；

（2）冷冻水泵、冷却水泵开关机、运行检查、定期停机检查（参照当地地铁运营部门操作规程）；

（3）冷却塔开关机、运行检查、定期停机检查（参照当地地铁运营部门操作规程）；

（4）总结汇报。

3．实训报告

结束任务后，根据实训内容编制实训报告（格式见附录E），并提交给指导老师批阅。

任务小结

通过本任务学习，使学生能进行水泵运行工况的调节；能熟练进行水泵开机、运行定期检查和调整；能熟练进行冷却塔开机、运行定期检查和调整；能熟练进行冷冻水系统和冷却水系统的水质处理。

任务8 维修空调水系统

任务目标

通过本任务学习，能够了解地铁运营管理公司制定的循环水泵和冷却塔检修项目及周期，掌握故障分析方法和判断故障的原因，进而可针对性地进行维修。

案例引入

根据各学校具体情况，可随机选取循环水泵和冷却塔故障，让学生通过查询资料、分析和判断故障产生的原因，了解如何进行具体的维修工作。

案例分析

循环水泵和冷却塔故障的可能性非常多，学生可以通过“看、摸、听、测”的方法来判断故障类型，有针对性地进行维修。

知识链接

一、水泵检修

（一）水泵检修项目及周期

水泵检修的项目与周期可参照表 4-11。

表 4-11　水泵检修项目与周期

修程	检修工作内容	标准	周期
日检	1. 水泵及周围环境的清洁	清洁无杂物	每日
	2. 噪声及振动情况检查	电机、泵体无异常噪声及振动	
	3. 电机温升检查	温升不超过 35 °C	
	4. 运行参数的检查	进出口压力正常（见设备现场标识）	
月检（空调季节）	1. 包含日检内容	同日检标准	每月（空调季节）
	2. 电机接线检查	功能正常，接线标准	
	3. 检查地脚螺栓、减振器	紧固（必要时，力矩要求参见表 4-12）	
	4. 清洗 Y 形过滤器	过滤器无堵塞	
	5. 水泵电气检查	接触良好，无松动	
季检	1. 包含月检内容	同月检标准	每季
	2. 检查轴承的磨损情况，视磨损情况清洗轴承或更换轴承，更换润滑油	无异常噪声及振动	
	3. 机械密封件、缓冲胶的检查或更换	密封件、橡胶完好无损	
	4. 检查泵叶轮、泵轴等内部零件的磨损情况	磨损在允许范围内	
	5. 轴封的检查或更换	轴封滴水不超过 10 滴/min	
	6. 电机绝缘检查	对地绝缘电阻大于 0.5 MΩ	
年检	1. 包含季检所有内容	同季检标准	每年
	2. 水泵机械检查	电流正常，无异常噪声，（必要时）检测设备振动值（水平≤0.8 mm/垂直≤0.4 mm）	
	3. 局部除锈、补漆	无锈蚀，美观	
	4. 更换联轴器（如果需要）	无异常噪声及振动，两个联轴节必须具有相等的距离（最小间隙为 3～5 mm），两联轴节的振动不应超过 0.15 mm	
	5. 检查更换叶轮（如需要）	叶轮无变形	
	6. 检查更换轴泵（如需要）	泵轴无损坏	
	7. 表面除锈、油漆（如需要）	表面油漆无脱落及锈蚀	

表 4-12　螺栓拧紧力矩

序号	螺栓规格	力矩/（N·m）
1	M8	8.8～10.8
2	M10	17.7～22.6
3	M12	31.4～39.2
4	M14	51.0～60.8
5	M16	78.5～98.1
6	M18	98.0～127.4
7	M20	156.9～196.2
8	M24	274.6～343.2

（二）水泵常见故障分析

水泵在启动后及运行中常见问题分析与解决办法见表 4-13。

表 4-13　水泵常见问题分析与解决办法

序号	问题	原因分析	解决方法
1	启动后出水管不出水	进水管和泵内的水严重不足	将进水管和泵内充满水
		水泵叶轮旋转方向反了	调换水泵电动机任意两根接线位置
		进水和出水阀门未打开	进水和出水阀门开至最大
		进水管部分或叶轮内有异物堵塞	清除进水管部分或叶轮内的异物
2	启动后出水压力表有显示，但回水管道系统末端无水	水泵转速未达到额定值，填料压得过紧	检查电压是否偏低，调整水泵装配，重新码放填料
		管道系统阻力过大	更换合适的水泵或加大管径，减少管道弯道
3	启动后出水压力表和进水真空表指针剧烈摆动	有空气从进水管随水流进泵内	查明空气进入渠道，放出水系统中的空气
4	启动后一开始有出水，但立刻停止	进水管中有大量空气积存	查明空气进入渠道，放出水系统中的空气
		水系统中有大量空气吸入	检查并做好进水管、口和轴封的密封性
5	在运行中突然停止出水	水系统进水管、口被堵塞	清除水系统进水管、口堵塞物
		水系统有大量空气吸入，水泵叶轮严重损坏	检查并做好进水管、口和轴封的密封性，更换水泵叶轮
6	轴承过热	水泵润滑油不足	立即补充润滑油
		润滑油（脂）老化或油质不佳	清洗后更换合格的润滑油（脂）
		轴承安装不正确或间隙不合适	调整安装位置或间隙
		水泵与电动机轴不同轴	调整水泵与电动机轴的同轴度

续表

序号	问题	原因分析	解决方法
7	填料函漏水过多	水泵填料压得不够紧	拧紧水泵填料的压盖或补加一层填料
		水泵填料磨损	更换水泵填料
		填料缠法错误	重新正确缠放水泵填料
		水泵轴有弯曲或摆动	校正或更换水泵轴
8	泵内声音异常	有空气吸入，发生气蚀	查明空气进入渠道，放出水系统中的空气
		水泵内有固体异物	拆开水泵，清除异物
9	泵振动	水泵地脚螺栓或各连接螺栓螺母有松动	拧紧水泵地脚螺栓或各连接螺栓螺母
		有空气吸入，发生气蚀	查明空气进入渠道，放出水系统中的空气
		水泵的轴承磨损	更换水泵的轴承
		水泵的叶轮破损	更换水泵的叶轮
		水泵的叶轮局部有堵塞	清除水泵叶轮局部堵塞物
		水泵与电动机的轴不同轴	调整水泵与电动机轴的同轴度
		水泵的轴弯曲	校正或更换水泵轴
10	流量达不到额定值	水泵转速未达到额定值	检查水泵电动机的电压及填料、轴承的状态
		水系统阀门开度不够	将水系统阀门开到适宜的开度
		输水管道过长或过高	缩短输水距离或更换大功率的水泵
		输水管管道系统管径偏小	更换大管径或更换大功率的水泵
		水系统中有空气吸入	查明空气进入渠道，放出水系统中的空气
		进水管或叶轮内有异物堵塞	清除进水管或叶轮内的堵塞物
		水泵密封环磨损过多	更换水泵的密封环
		水泵叶轮磨损严重	更换水泵的叶轮
11	耗用功率过大	水泵转速过高	检查调整水泵电动机的工作电压、电流
		在高于额定流量和扬程的状态下运行	调节出水管阀门开度
		水泵填料压得过紧	适当放松水泵填料压紧程度
		水中混有泥沙或其他异物	拆下水过滤器，倒出泥沙或其他异物
		水泵与电动机的轴不同轴	调整水泵与电动机轴的同轴度
		水泵叶轮与蜗壳摩擦	调整水泵叶轮与蜗壳之间的间距

二、冷却塔检修

（一）冷却塔检修项目及周期

水泵检修的项目与检修周期可参照表 4-14。

表 4-14　冷却塔检修项目与周期

修程	检修工作内容	标准	周期
日检	1. 检查现场状态	电机、电扇无异常噪声和振动，皮带无松脱、松动	每日
	2. 检查集水盆水位	水位保持距溢流口 5～10 cm，浮球补水正常	
	3. 检查塔体外观	外观正常，无异常漂水	
	4. 查看补水浮球	浮球能正常工作	
月检（空调季节）	1. 包含日检全部内容	同日检标准	每月（空调季节）
	2. 检查洒水盆	无堵塞，水位保持 5～8 cm，无漂水	
	3. 检查集水盆水位	水位标尺距溢流口 5～10 cm	
	4. 补水浮球阀的检查、调整	阀门完好、补水正常	
	5. 风机皮带松紧度检查与调整或更换	按压皮带，位移约 1 cm；皮带无裂纹、磨损及开层	
	6. 检查风机运转情况	无异常噪声和振动	
	7. 电机接线、手操箱检查	功能正常，接线良好	
	8. 冷却塔风机维护	性能完好、风机转动正常、无异常声音	
	9. 转动部位的运行状态检查（全部为封闭轴承，在使用寿命期内无须注油）	无异常噪声和振动	
	10. 冷却水水质处理	达到规范要求	
季检	1. 包含月检全部内容	同月检标准	每季
	2. 接水盘补漏	无漏水	
	3. 集水盆及洒水盆的清洁	清洁	
	4. 润滑油的更换	注油周期为半年，润滑脂为 EP2，150 g/次	
	5. 电机绝缘检查	对地绝缘电阻大于 0.5 MΩ	
年检	1. 包含季检全部内容	同季检标准	每年
	2. 外壳、检修梯的检查与修补	完好无损	
	3. 钢索的检查和更换	紧固、无腐蚀	
	4. 外表框架和水管的防锈处理	无锈蚀、美观	
	5. 塔体结构的加固	牢固	
	6. 轴承的检查或更换（如需要）	无异常噪声和振动	
	7. 冷却塔风机风量检测（只在风机更换或调整叶片时测量）	风量是否正常	
	8. 视需要更换冷却塔散热片	表面平整、无塌落、无穿孔破裂	

（二）冷却塔常见问题分析

冷却塔在运行过程中常见问题分析与解决办法见表 4-15。

表 4-15　冷却塔常见问题分析与解决办法

序号	问题	原因分析	解决方法
1	出水温度过高	冷却塔循环水量过大	调整水系统阀门开度或调整水泵电动机转速
		冷却塔布水管（配水槽）部分出水孔堵塞，造成偏流	清除水管中的堵塞物
		进出冷却塔的气流不畅或短路	清除冷却塔进出风口处的堵塞物
		冷却塔通风量不足	调整冷却塔通风机的转速或风机带轮的直径
		冷却塔进水温度过高	检查冷水机组的工作状态，进行调整
		冷却塔吸、排空气短路	改善冷却塔周围空气循环流动的条件
		冷却塔填料部分堵塞造成偏流	清除冷却塔填料上的堵塞物
		冷却塔室外湿球温度过高	减小冷却塔冷却水量的流量
2	通风量不足	传动带松弛，轴承润滑不良造成风机转速降低	调整电动机的地脚螺栓位置或更换传动带，补充润滑油或更换轴承
		风机叶片角度不合适	调整风机叶片角度至合适位置
		风机叶片破损	更换风机叶片
		填料部分堵塞	清除填料上的堵塞物
3	集水盘溢水	集水盘（槽）出水口（滤网）堵塞	清除堵塞物
		浮球阀失灵，不能自动关闭	修理浮球阀的调节杆
		冷却塔循环水量超过冷却塔额定容量	减少循环水量或更换与容量匹配的水泵
4	集水盘（槽）中水位偏低	浮球阀开度偏小，造成补水量小	调整浮球阀的调节杆，使开度合适
		补水压力不足，造成补水量小	修理补水阀门，或提高水压、加大管径
		管道系统有漏水的地方	找出漏水处，进行堵漏
		冷却塔循环水失水过多	调整风扇电动机转速或挡水板角度
		冷却塔循环水补水管径偏小	更换冷却塔循环水的补水管
5	有明显飘水现象	冷却塔循环水飘损量过大	调整风扇电动机转速或挡水板角度
		冷却塔通风量过大	降低风机转速或调整风机叶片角度
		填料中有偏流现象	重新码排填料，使其均流
		布水装置转速过快	调整水压，使布水装置转速合适
		挡水板安装位置不当	重新调整挡水板安装角度

续表

序号	问题	原因分析	解决方法
6	布（配）水不均匀	布水管（配水槽）部分出水孔堵塞	清除布水管出水孔中的堵塞物
		冷却循环水量过小	开大循环水阀门或调整水泵电动机转速
7	配水槽中有水溢出	配水槽的出水孔堵塞	清除配水槽的出水孔堵塞物
		冷却循环水供水量过大	关小循环水阀门或调整水泵电动机转速
8	有异常噪声或振动	风机转速过高，通风量过大	降低风机转速或调整风机叶片角度
		风机轴承缺油或损坏	给风机轴承加油或更换轴承
		风机叶片与其他部件碰撞	调整风机叶片与其他部件的间隙
		风机部件紧固螺栓螺母松动	拧紧风机部件紧固螺栓螺母
		风机叶片螺钉松动	拧紧风机叶片螺钉
		传动带与防护罩摩擦	张紧传动带，紧固好防护罩的固定螺栓
		齿轮箱缺油或齿轮组磨损	补充润滑油或更换齿轮组
9	滴水声过大	填料回水偏流	重新码排填料，使其均流
		冷却水量过大	集水盘中加装吸声垫或换成填料埋入集水盘中

任务实施

1．任务准备

（1）实训设备：水冷式中央空调系统中的循环水泵（冷冻水泵和冷却水泵）、冷却塔；

（2）实训工具：万用表、电工笔、扳手等；

（3）实训资料：教材、地铁检修规程（可参照当地地铁运营公司检修规程）等；

（4）辅助材料：电工绝缘手套、抹布等。

2．实施步骤（有条件可以联系当地地铁运营公司现场参观学习）

（1）实训分组；

（2）循环水泵检修（参照当地地铁运营部门检修规程）；

（3）冷却塔检修（参照当地地铁运营部门检修规程）；

（4）总结汇报。

3. 实训报告

结束任务后，根据实训内容编制实训报告（格式见附录 E），并提交给指导老师批阅。

任务小结

通过本任务的实施，可让学生掌握检修流程、检修项目及周期，学会如何根据现象判断故障类型，熟悉如何进行设备维修。

思考题

1. 什么是冷媒水系统和冷却水系统？
2. 开式循环和闭式循环水系统各有什么优、缺点？
3. 什么是同程系统和异程系统？各有什么特点？
4. 什么是双管、三管、四管制系统？分别适用何种场合？
5. 泵按工作原理和结构特征的不同可分为哪几类？
6. 泵有哪些主要性能参数？什么是扬程？
7. 试述离心泵的工作原理，并说明离心泵启动前为什么要灌泵。
8. 离心泵的分类有哪些？
9. 离心泵的主要零部件有哪些？各有何作用？
10. 轴封装置有哪几种形式？各有何优、缺点？
11. 离心泵的特性曲线有哪几条？它们各有什么用途？
12. 试简述泵产生气蚀的原因。
13. 什么是吸上真空度？
14. 什么是离心泵的允许安装高度？如何计算？如果泵的实际高度超过了允许安装高度，对泵的工作有何影响？
15. 冷却塔的作用是什么？如何分类？
16. 简述逆流式冷却塔的工作原理。
17. 分水器和集水器的作用是什么？
18. 膨胀水箱有哪些配管？简述膨胀水箱在空调水系统中的作用。
19. 为什么要设置放气装置？常用的放气装置有哪些？
20. 简述电子水处理仪的工作原理。
21. 平衡阀有哪些功能？
22. 有一台水泵流量为 0.2 m^3/s，吸入管直径 $D = 300$ mm，水温为 30 °C，允许吸上真空度为 6 mH_2O，吸水池水面标高为 100 m，水面为大气压，吸入管的阻力损失为 0.8 mH_2O，试求：（1）水泵的最大安装位置标高是多少？（2）如果此泵安装在 1 000 m，泵送水温变为 40 °C，泵的安装位置标高为多少？

23. 水处理的意义有哪些？

24. 冷冻水水质管理和冷却水水质管理谁更简单？为什么？

25. 冷却水系统运行中有什么问题？产生的原因是什么？

26. 冷却水的化学处理方法有哪些？

27. 冷却水的物理处理方法有哪些？

项目 5

通风与防排烟系统运行与维护

【项目导读】

学习任务		通风与防排烟系统运行与维护
建议学时		8 学时
学习内容		（1）通风系统； （2）防排烟系统； （3）通风与防排烟系统运行管理； （4）通风与防排烟系统维修
目标	知识目标	（1）掌握通风原理； （2）掌握通风系统分类及组成； （3）掌握全面通风系统； （4）掌握火灾烟气流动规律； （5）掌握防排烟措施； （6）掌握地下建筑的防排烟措施； （7）熟悉防火排烟设备及部件； （8）掌握通风与防排烟系统关键设备与部件运行管理要点； （9）掌握通风与防排烟系统关键设备与部件维修要点
	能力目标	（1）能用专业术语描述通风与防排烟系统的组成部分； （2）能联系实际建筑选择合适的通风系统； （3）能联系实际采取正确的防排烟措施； （4）能熟练掌握各种防火设备及部件名称和作用； （5）能熟练进行通风与防排烟系统设备和部件的运行及管理； （6）能熟练根据运行过程现象判断风与防排烟系统设备和部件故障并进行维修
	素质目标	（1）具有严谨认真、实事求是的科学态度； （2）能自主学习新知识、新技能； （3）具系统观念，能够整体看待系统运行； （4）具有高度的职业责任心和安全意识，遵章守纪、规范操作； （5）具有较强信息搜集能力，学会查找相关国家标准； （6）团队协作和吃苦耐劳的精神
教学手段与方法		多媒体教学，并结合实际空调案例进行讲解、分析和实训练习

任务 1
通风系统

任务目标

能用专业术语描述通风系统及其组成部分；能联系实际建筑选择合适的通风系统。

案例引入

以某地铁通风系统为例。

案例分析

根据地铁建筑的特殊性，分析地铁建筑通风类型及通风系统的设置。

知识链接

一、室内污染物来源

室内空气环境中存在对人体健康和舒适性产生不良影响的物质或能量因素，称为室内污染物。按污染物的性质分为物理性污染、化学性污染、生物性污染。按污染物在空气中的状态分为悬浮颗粒物、气态污染物。

对室内空气品质的研究会对样本巨大的建筑物室内空气品质变坏的原因进行调查评估。调查的结果表明，有相当多的空气品质问题是由于不良通风及室内空间的空气污染造成的。不良通风的原因主要集中在：① 空气不流通；② 通风不足；③ 缺乏新鲜空气；④ 气流组织不好。

室内污染物对人体健康的危害主要有以下 5 个方面：① “不良建筑物综合征”和刺激作用；② 导致各种呼吸道、神经系统疾病；③ 急慢性中毒；④ 致癌作用；⑤ 其他不利影响。引起这些症状的主要污染物为甲醛、烟草烟雾、挥发性有机物、苯系物和颗粒物、微生物等。

因此，改善室内空气品质可采取如下措施：① 注意室内通风；② 发挥新风效应；③ 消除和控制室内污染源；④ 减少或消除室内人员的污染；⑤ 优化暖通空调系统的设计；⑥ 建筑设计要遵循生态环境的设计原则。

改善后的空气品质要满足国家标准《民用建筑工程室内环境污染控制规范》（GB 50325—2020）要求。

通风根据对象可分为民用建筑通风和工业建筑通风两大类。城市轨道交通地铁建筑是属于大型民用建筑的范畴。本书仅从民用建筑通风角度来阐述。

创造良好的空气环境条件（如温度、湿度、空气流速、洁净度等），对保障人们的健康、提高劳动生产率、保证产品质量是必不可少的。这可以由通风和空气调节来实现。

通风就是用自然或机械的方法向某一房间或空间送入室外空气，或由某一房间或空间排出空气的过程。送入的空气可以是处理的，也可以是不经处理的。换句话说，通风是利用室外空气（称为新鲜空气或新风）来置换建筑物内的空气（简称室内空气），以改善室内空气品质。通风的功能主要有：

（1）提供人呼吸所需要的氧气。

（2）稀释室内污染物或气味。

（3）排除室内工艺过程产生的污染物。

（4）除去室内多余的热量（称余热）或湿量（称余湿）。

（5）提供室内燃烧设备燃烧所需的空气。

建筑中的通风系统可能只完成其中的一项或几项任务。利用通风除去室内余热和余湿的功能是有限的，它受室外空气状态的限制，因此更高空气的品质的实现还得依靠空气调节系统，有时候我们称空气调节是通风的高级形式。

二、通风系统的分类、组成及原理

通风包括排风、送风。排风是把室内的污浊空气直接或经净化后排至室外；送风是把新鲜空气补充进来，从而保持室内的空气条件，以保证卫生标准和满足生产工艺的要求。

按通风系统动力的不同，可分为自然通风（有组织和无组织通风两种）与机械通风两类。

（一）自然通风

自然通风是依靠室外风力造成的风压和室内外空气温度差所造成的热压使空气流动，以达到交换室内外空气的目的。它是不消耗机械动力的一种经济的通风方式。

图 5-1（a）是利用热压作用进行自然通风的示意图，房间内存在热源，因此房间内空气温度高，密度减小，形成上升的力，导致空气从下部引入，从房间上部排出，形成了一种内外空气温差引起的气流流动，改善了室内空气环境。图 5-1（b）是具有一定风速的风从建筑物迎风面进入房间，将室内原有空气从建筑物背风面压送出去，从而达到改善室内空气环境的目的。在工程实际中，一般都是热压与风压的共同作用来进行通风换气的。热压变化比较小，而风压随气候条件变化较大。在热压和风压共同作用下，迎风面不能开天窗，背风面不宜开下部侧窗，如图 5-2 所示。

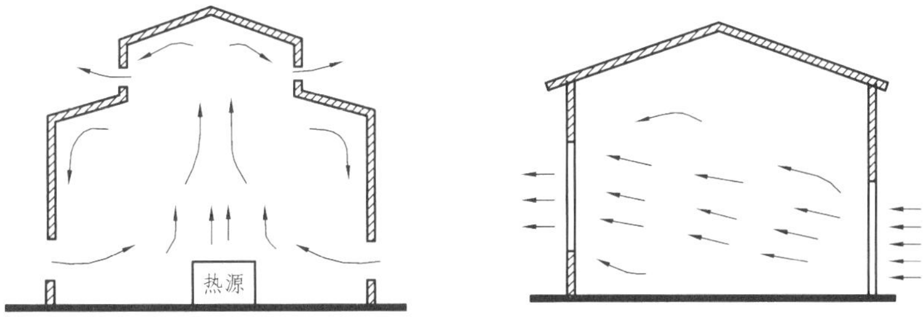

（a）热压作用下的自然通风　　（b）风压作用下的自然通风

图 5-1　自然通风示意图

接下来看建筑物四周由于风压作用下的气流分布情况，从图 5-3 中可以看出，迎风面静压升高，风压大于周围气压，成正压区，建筑物进风。背风面静压下降，风压小于周围气压，形成负压区，建筑物排风。风压的大小与作用在建筑物外表面上的风速大小、建筑物的几何形状有关。

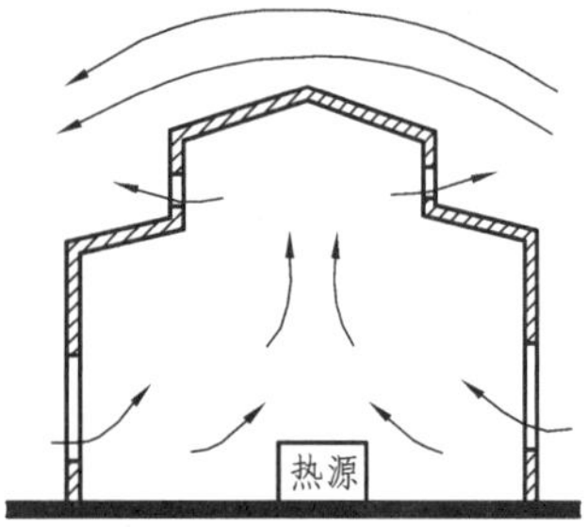

图 5-2　热压与风压共同作用下的自然通风

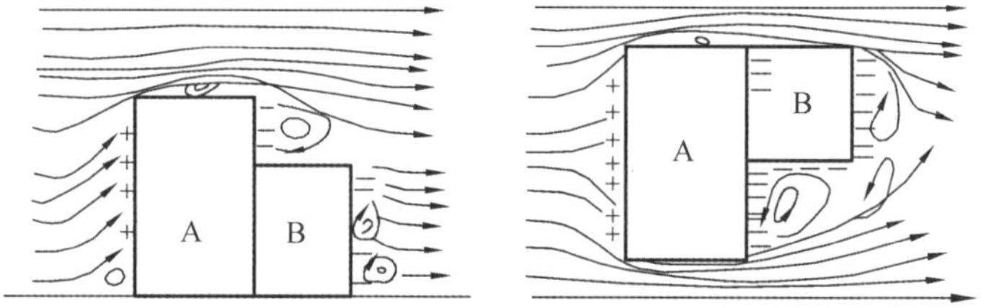

（a）剖面　　（b）平面

图 5-3　建筑物四周气流分布

自然通风的优点是简单、经济。缺点也很明显，自然通风量受到多种因素的影响，如室内外温差，室外风速、风向，门窗的面积、形式和位置等。因此通风效果不稳定。

（二）机械通风

机械通风是依靠通风机产生的动力来迫使室内外空气进行交换。优点是可组织室内气流，可对进排风进行各种处理，可调节通风量和稳定通风效果。缺点是消耗电能，占用空间，工程设备费和维护费较大，安装管理较为复杂。

机械通风按照通风系统作用范围的不同，可分为全面通风与局部通风。

1．局部通风

局部通风就是利用局部气流，使局部地点不受有害物的污染，造成良好的空气环境。局部通风可分为局部送风（见图 5-4）和局部排风（见图 5-5）。

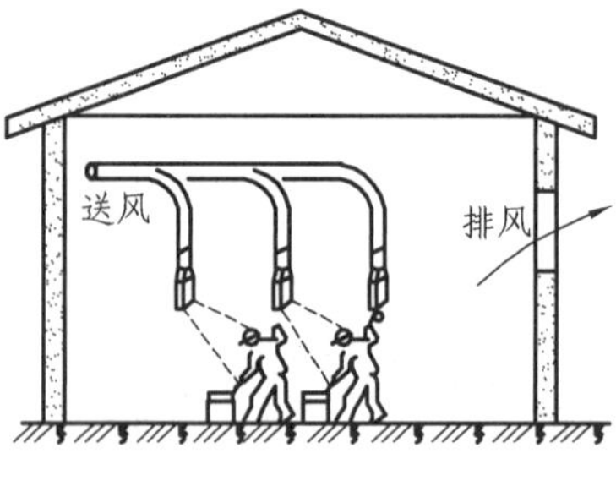

图 5-4　局部送风系统（空气淋浴）

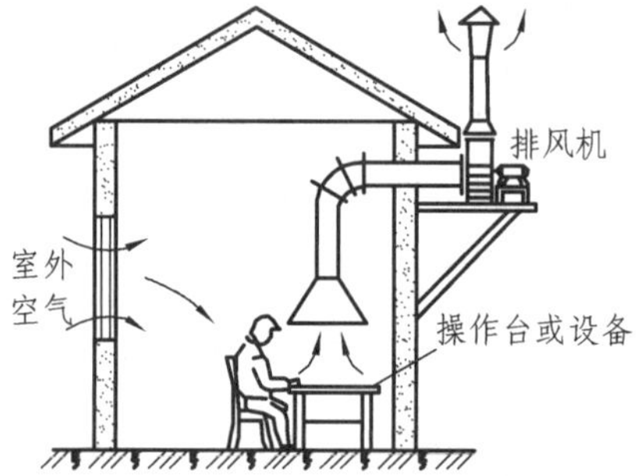

图 5-5　局部排风系统

1）局部排风系统的组成

局部排风系统由局部排风罩、风管、净化设备、风机、进排风口等组成，如图 5-6 所示。

净化设备有除尘器、有害气体净化装置等，排风口有单层百叶带滤网排风口、格栅带滤网排风口、防雨百叶风口、风帽等。

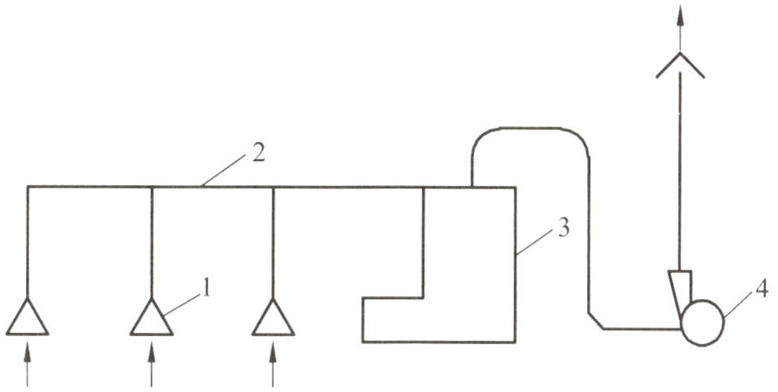

1—局部排风罩；2—风管；3—净化设备；4—风机。

图 5-6 局部排风系统组成

2）局部送风系统的组成

局部送风系统可分为系统式（见图 5-7）和分布式（见图 5-8）。

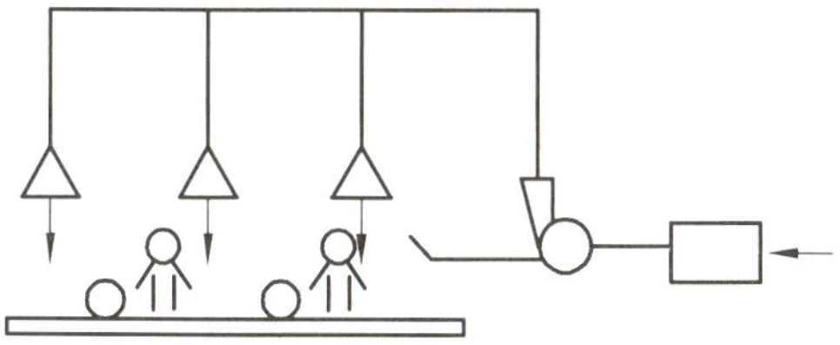

图 5-7 系统式局部送风系统

图 5-8 局部式送风系统

局部送风系统需要考虑送风气流的要求、局部送风方式的要求、局部送风系统风口的位置要求以及送风口的要求。分布式局部送风如电风扇、空气幕等局部送风设备。本书重点讲解空气幕。

空气幕又称为风帘机，分类见表 5-1。

表 5-1 空气幕分类

按送出气流温度的不同	热空气幕
	等温空气幕
	冷空气幕
按风机形式不同	贯流式空气幕
	离心式空气幕
	轴流式空气幕
按送风方向不同	侧送式空气幕见图 5-9（a）
	下送式空气幕见图 5-9（b）
	上送式空气幕见图 5-9（c）
按吹风方向不同	单吹式空气幕
	吹吸式空气幕

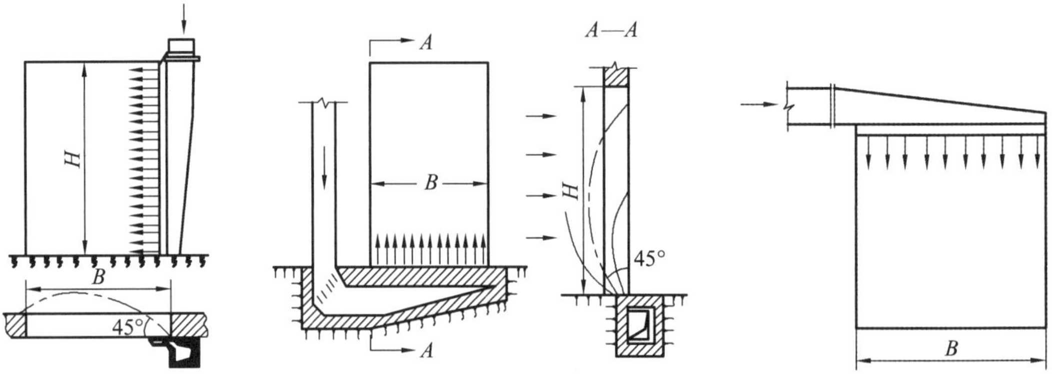

（a）侧送式　　（b）下送式　　（c）上送式

图 5-9　按送风方向不同的空气幕分类

空气幕是一种局部送风装置。它是利用特制的空气分布器喷出一定温度和速度的幕状气流，用来封堵门洞，减少或隔绝外界气流的侵入，以保证室内或某一工作区的温度环境，如图 5-10 所示。

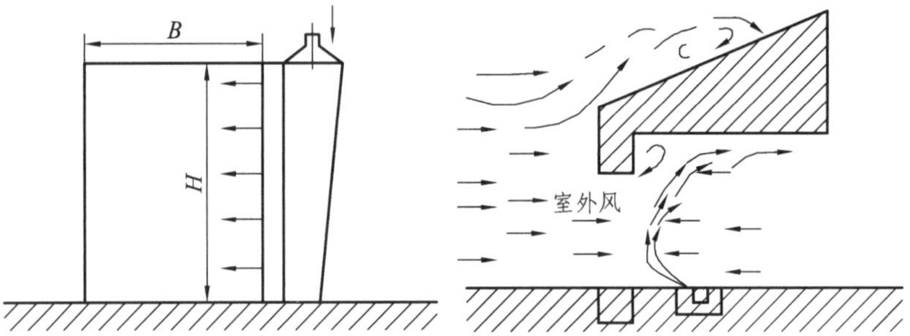

图 5-10　空气幕工作原理

空气幕由空气处理设备、风机、风管系统及风口构成，其结构如图 5-11 所示。

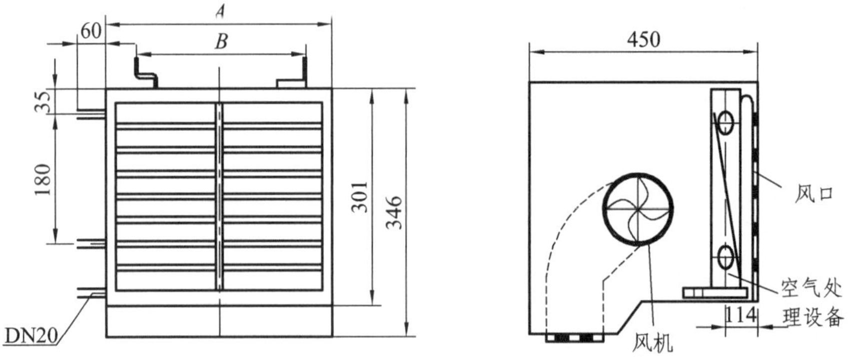

（a）平面图　　（b）剖面图

图 5-11　空气幕结构

空气幕的作用是防止室外冷、热气流侵入，防止余热和有害气体的扩散。空气幕的设置原则：

（1）位于严寒地区室外计算温度低于或等于 –20 °C 的公共建筑和生产厂房，当大门开启频繁，不能设置门斗或前室，且每班开启时间超过 40 min 时。

（2）不论是否属于严寒地区，也不论大门开启时间长短，当工艺或使用要求不允许降低室内温度时。

（3）位于严寒地区的公共建筑和生产厂房，确属经济合理。

2．全面通风

全面通风是在房间内全面进行通风换气的一种通风方式，也称稀释通风。它主要是对整个房间进行通风换气，如图 5-12 所示。在有条件限制、污染源分散或不确定、室内人员较多且较分散、房间面积较大，采用局部通风方式难以保证卫生标准时，应采用全面通风。按系统特征不同分为全面送风、全面排风、全面送排风。按作用机理不同分为稀释通风（混合通风）和置换通风。

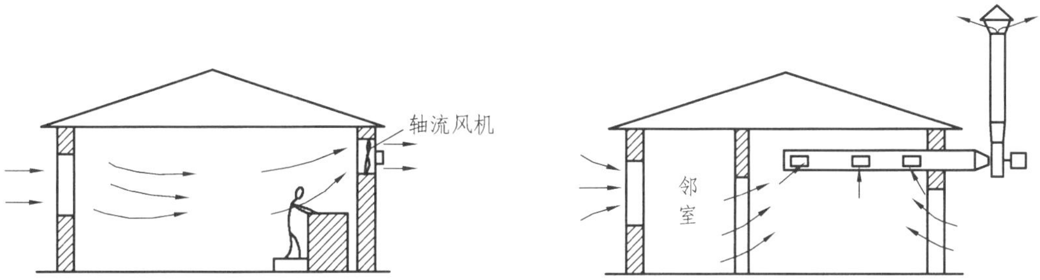

（a）　　（b）

图 5-12　全面通风实例

1）全面通风气流组织

要使全面通风达到良好的通风效果，不仅需要有足够的通风量，而且还要对气流进行合理的组织。比较图 5-13 中的两个方案，哪个更好些？图中带“×”的地方为空气中含有污染物，“○”为空气良好。方案 1 气流是从良好空气吹向污染空气，然后排出室外，是比较理想的方案。而方案 2 将污染空气吹向良好空气，整个室内空气都遭到污染，是不合理的气流组织。

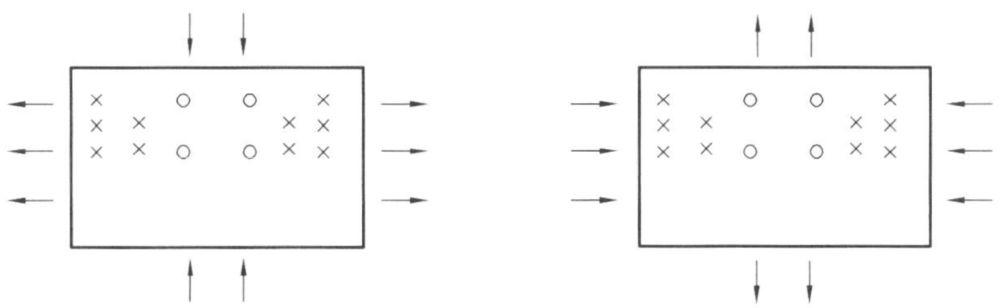

（a）方案 1　　（b）方案 2

图 5-13　全面通风方案

气流组织就是合理地选择和布置送、排风口的形式、数量和位置，合理地分配各风口的风量，使送风和排风能以最短的流程进入工作区或排出，从而以最小的风量获得最佳的效果。全面通风的气流组织形式有上送下排、上送上排、下送下排、中间送上下排等。

气流组织确定的原则：

（1）送风口应尽量靠近操作地点。

（2）排风口应尽量靠近有害物源或有害物浓度高的地区。

（3）进风系统气流分布均匀，避免在房间局部地区出现涡流，使有害物聚积。

（4）合理布置机械送风系统室外进风口。

（5）正确选用机械送风系统的送风方式。

（6）合理分配风量。

2）全面通风量的确定

空气中的危害因素可分为有害物质、余热、余湿等。有害物质包括粉尘、有害蒸气、有害气体等。对于空气中的危害在国家标准中有相应规定，如居住区大气中有害物质的最高容许浓度见表 5-2。

表 5-2　居住区大气中有害物质的最高容许浓度（摘录）

序号	物质名称	最高容许浓度/（mg/m^3）		序号	物质名称	最高容许浓度/（mg/m^3）	
		一次	日平均			一次	日平均
1	一氧化碳	3.00	1.00	18	氟化物（F）	0.02	0.007
2	乙　醛	0.01		19	氨	0.20	
3	二甲苯	0.30		20	氧化氮（NO_2）	0.15	
4	二氧化硫	0.50	0.15	21	砷化物（As）		0.003
5	二氧化碳	0.04		22	敌百虫	0.10	
6	五氧化二磷	0.15	0.05	23	酚	0.02	
7	丙烯腈		0.05	24	硫化氢	0.01	
8	丙烯醛	0.10		25	硫　酸	0.30	0.10
9	丙　酮	0.80		26	硝基苯	0.01	
10	甲基对硫磷	0.01		27	铅（Pb）		0.000 7
11	甲　醇	3.00	1.00	28	氯	0.10	0.03
12	甲　醛	0.05		29	氯丁二烯	0.10	
13	汞		0.000 3	30	氯化氢	0.05	0.015
14	吡　啶	0.08		31	铬（六价）	0.001 5	
15	苯	2.40	0.80	32	锰及化合物		0.01
16	苯乙烯	0.01		33	煤　烟	0.15	0.05
17	苯　胺	0.10	0.03	34	飘　尘	0.50	0.15

注：粉尘自然沉降量不大于 3 t/km^2/月。

全面通风能将有害物浓度降低到允许范围，并去除余热与余湿。除了有良好的气流组织外，还必须有一定的通风量。

全面通风量是指为了使房间内的空气环境符合规范允许的卫生标准，用于稀释通风房间的有害物浓度或排除房间内的余热、余湿所需的通风换气量。

（1）为稀释有害物所需的通风量：

$$L=\frac{kx}{y_p-y_s} \tag{5-1}$$

式中 L——全面通风量，m^3/h；

k——安全系数，一般取 3 ~ 10；

x——有害物散发量，g/s；

y_p——室内空气中有害物的最高允许浓度，g/m^3，可查询表 5-2；

y_s——送风中含有有害物的浓度，g/m^3。

【例 5-1】 某车间内生产过程散发的有害物为 SO_2，散发量为 80 mg/s，求该车间所需的全面通风量。

解 查相关手册得 SO_2 在车间的最高容许浓度为 15 mg/m^3，送风中不含有 SO_2，安全系数选取范围可在 3 ~ 10，本题选择 $k=6$，根据公式可知全面通风量为

$$L=\frac{kx}{y_p-y_s}=\frac{6\times 80\ \text{mg/s}}{15\ \text{mg}/\text{m}^3-0}=32\ \text{m}^3/\text{s}$$

（2）为消除余热所需的通风量：

$$G=\frac{Q}{C_p(t_p-t_s)} \tag{5-2}$$

$$L=\frac{Q}{C_p\rho(t_p-t_s)} \tag{5-3}$$

式中 G——全面通风量，kg/s；

Q——室内余热（显热）量，kJ/s；

C_p——空气的定压比热容，可取 1.01 kJ/（kg · °C）；

ρ——空气的密度，kg/m^3；

t_p——排风温度，°C；

t_s——送风温度，°C。

【例 5-2】 已知某房间散发的余热量为 160 kW，当地的通风室外计算温度为 30 °C，如果要求室内温度不超过 34 °C，试计算该房间所需的全面通风量。

解 由消除余热的全面通风量公式可得

$$G=\frac{Q}{C_p(t_p-t_s)}=\frac{160\ \text{kW}}{\frac{1.01}{\text{kg}\cdot{}^\circ\text{C}}\times(34\ {}^\circ\text{C}-30\ {}^\circ\text{C})}=\frac{160\ \text{kJ/s}}{1.01\ \text{kJ}/(\text{kg}\cdot{}^\circ\text{C})\times(34\ {}^\circ\text{C}-30\ {}^\circ\text{C})}=39.6\ \text{kg/s}$$

（3）为消除余湿所需的通风量：

$$G=\frac{W}{d_{\mathrm{p}}-d_{\mathrm{s}}} \tag{5-4}$$

$$L=\frac{W}{\rho(d_{\mathrm{p}}-d_{\mathrm{s}})} \tag{5-5}$$

式中　W——余湿量，g/s；

ρ——空气的密度，kg/m^3；

d_{p}——排风含湿量，g/kg；

d_{s}——送风含湿量，g/kg。

（4）有害物散发量无法计算时通风量的确定：

$$n=\frac{L}{V} \tag{5-6}$$

$$L=nV \tag{5-7}$$

式中　n——通风房间换气次数，次数/h，n可从有关规范或手册中查取；

L——房间的全面通风量，m^3/h；

V——通风房间的体积，m^3。

（5）全面通风量的确定原则：

全面通风量包括消除有害物、余热、余湿所需的通风量，取其中最大值。当通风房间有多种有害物时，应分别计算，取其中最大值。当房间内同时散发数种溶剂（苯及其同系物、醇、醋酸酯类）的蒸气，或同时散发数种刺激性气体（三氧化硫、二氧化硫、氯化氢、氟化氢、氮氧化合物及一氧化碳）时，全面通风量按分别所需空气量总和计算。

任务小结

通过本任务学习，能让学生掌握通风类型，能够根据不同建筑选择合适的通风系统。

任务 2
防排烟系统

任务目标

能用专业术语描述防排烟系统及其组成部分；能联系实际建筑选择合适的防排烟系统；能联系实际采取正确的防排烟措施；能熟练掌握各种防火设备及部件的名称和作用。

案例引入

以某地铁防排烟系统为例。

案例分析

根据地铁运营环境要求,在车站站厅、站台的公共区设置通风空调和防排烟系统,正常运行时为乘客提供过渡性舒适环境,事故状态时迅速组织排除烟气。在区间隧道设置通风与防排烟系统，正常运行时保证地铁相关设备和列车正常运转，火灾时能提供人员疏散需要的通风和迅速组织排除烟气。

知识链接

建筑的消防主要体现在四个方面：① 防火防烟分区；② 消防水系统；③ 防排烟系统；④ 消防报警系统。空调与通风系统涉及消防的规范和标准比较多，如《民用建筑供暖通风与空气调节设计规范》，对空调系统必须考虑消防措施有规定。还有两个规范比较重要，即《建筑设计防火规范》和《高层民用建筑设计防火规范》。除此之外，有一些专门的规范，如地铁防火设计标准、地铁设计规范、人防工程设计规范，以及停车场、油库等建筑的中央空调都对消防有相应的要求，主要集中在防火防烟分区和防排烟系统方面。

本书涉及的地铁建筑中，地下车站和地下区间是一个封闭的空间，人流密集并设有大量机电设备，一旦发生灾害将会涉及乘客生命的安危和财产的严重损失。地铁火灾有其自身特点。

（1）地铁的火灾源众多。

① 地铁自身电器设备故障产生火源。

② 列车运行中碰撞、出轨等引发火源，列车自身电器设备故障产生火源。

③ 车站内设置的易燃品（如商铺、广告灯箱、装修材料等）引发的火源。

④ 自然灾害引起火源（如地震、雷击等）。

⑤ 乘客携带的易燃、易爆品产生的火源。

⑥ 人为纵火。

（2）发生火灾后，产生的骤增高温、大量浓烟和夹杂着有害气体将很快充满空间，不易消散和排除，造成扑救困难。地铁乘客多容易造成拥挤，安全疏散困难，消防人员与站内疏散人流进、出方向不一致，地面常用的大型灭火设备无法进入地下车站和地下区间等因素，给地下车站和地下区间的灭火工作带来困难。

（3）地下车站区间内空间有限，火灾产生的大量烟雾不能及时散出，会遮挡人员逃生的视线，烟雾中的有害气体使人窒息甚至死亡。已发生的地铁火灾事故的调查发现，死亡人员大多数不是由于大火的直接作用，而是死于烟气造成的窒息或中毒。

（4）区间隧道发生火灾造成的危害要比在车站更大。区间隧道火灾可分为两种情况，一种是列车可以继续运行时，这时最有效的方法是将列车开到最近的车站，在车站进行人员疏散，站台的空间比较大，因而人员疏散比较容易。另一种是列车无法继续运行时，只能打开车门，在隧道内疏散乘客，但是由于隧道内空间狭小且照明不足，因而在疏散乘客时很容易造成混乱，出现人挤人甚至踏伤人的状况。隧道内设备或列车起火后，隧道内的电源可能会因烧损而被自动切断，隧道风机系统失效，失去通风排烟作用。大量有毒烟雾和黑暗给疏散及救援工作造成困难。

从世界各国地铁火灾案例来看，无论电气设备、列车故障、失火或人为爆炸、纵火，必然引起火灾，最终造成人员伤亡，设备报废，形成经济损失，如有完善的建筑防火设施和有效的管理措施，可极大减少人员伤亡和经济损失。

一、地铁建筑总平面布局

地铁建筑包括车站、隧道区间、车辆段、控制中心、地下主变电所、其他辅助建（构）筑物（如风亭等），如图 5-14 所示。

图 5-14　地铁建筑示意图

（一）总体布局

地铁车站是地铁线路的重要组成部分，如图 5-15 所示，是一个非常典型的六出入口地铁车站平面布局。地铁车站通常由车站主体（站台、站厅、设备用房、生活用房）、出入口及通道、通风道及地面通风亭等三大部分组成。典型地铁主体结构之间的层次关系示意图如图 5-16 所示。

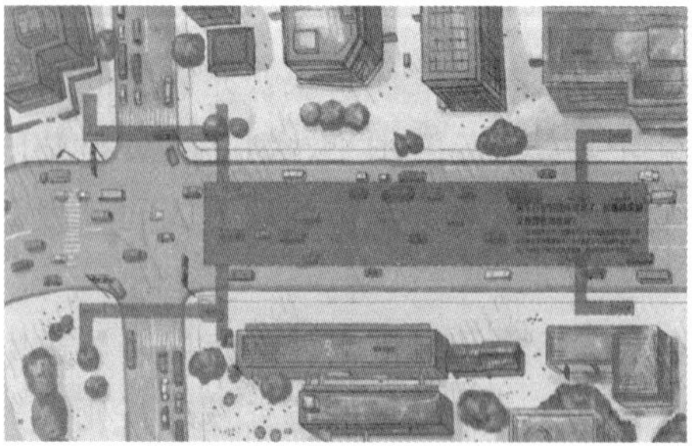

图 5-15　典型地铁车站平面布局图

图 5-16　主体结构层次

地上车站的周围应设置环形消防车道，如图 5-17 所示。当设置环形消防车道确有困难时，可沿两个长边设置消防车道，如图 5-18 所示。

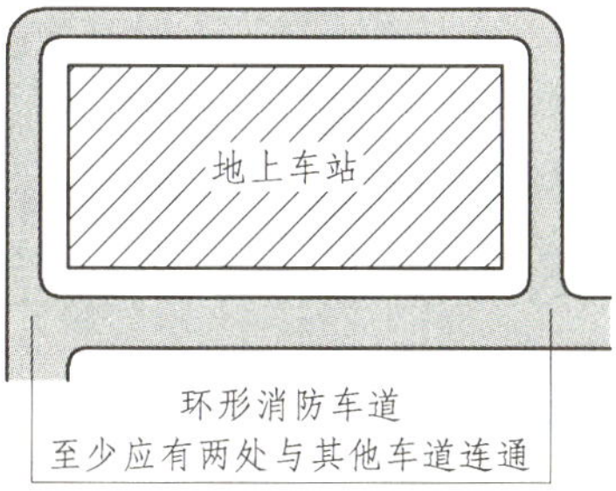

图 5-17　环形消防车道

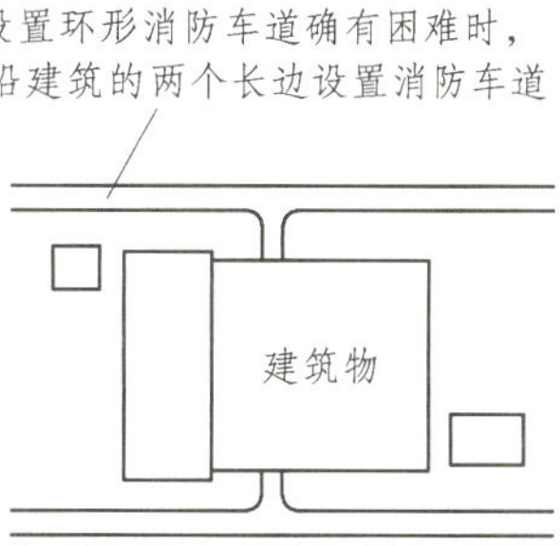

图 5-18　两长边消防车道

地下车站的出入口、风亭、电梯和消防专用通道的出入口等附属建筑，地上车站、区间和附属建筑以及车场出入段的敞口段等，与周围建筑物、储罐（区）等的防火间距，应符合现行国家标准《建筑设计防火规范》（GB 50016）的有关规定；与汽车加油加气站的防火间距，应符合现行国家标准《汽车加油加气站设计与施工规范》（GB 50156）的有关规定；与燃气调压站、液化石油气气化站、混气站和城市液化石油气供应站瓶库的防火距离，应符合现行国家标准《城镇燃气设计规范》（GB 50028）的有关规定；地下车站的采光窗井与相邻地面建筑之间的防火间距，应符合现行国家标准《人民防空工程设计防火规范》（GB 50098）的有关规定。

（二）风亭

风亭是地铁主体建筑的配套建筑，根据所处位置，有各种形式，如高风亭、低风亭、下沉式风亭等。根据功能不同，有新风亭，排热、排烟风亭及活塞风亭。

新风亭是用来给地铁车站站台和站厅及辅助用房提供新鲜空气的。排热、排烟风亭共用，主要用作地铁主体结构和车停靠站台发热的排除，在火灾情况下起排烟作用。活塞风亭用来给车站两端的左、右两条隧道抽风、鼓风。列车在隧道内行驶的时候，车会推着空气走，就像打气筒的活塞运动，车头前面气流堆积，形成压力差，此时活塞风亭阀门就要打开，及时将气体抽排出去，同时将地面新风鼓进车尾隧道。因此，列车在隧道行驶中就能实时与车外空气进行交换。一般上行线和下行线各有 1 组风亭。

1. 高风亭

地下车站的机械进、排风和活塞风采用高风亭时，如图 5-19 所示。风口应符合下列规定：

（1）排风口、活塞风口应在进风口之上；

（2）进风口、排风口、活塞风口两两之间的最小净距应不小于 5 m，且不宜开在同一方向。

不论高风亭是合建或分散式布置，其排风口和活塞风口必须在新风口之上。各风口之间的净距指的是垂直高差或水平距离。当风口之间既有水平距离又有垂直高差时，取斜向净距。风口不宜开在同方向，以减小烟气流倒灌。

图 5-19　高风亭

图 5-20　低风亭组

2．低风亭

地下车站的机械进、排风和活塞风采用敞口低风井时，如图 5-20 所示。风井之间以及风井与出入口之间的水平净距应符合下列规定：

（1）进风井与排风井、活塞风井之间，不应小于 10 m，如图 5-21（a）所示。

（2）活塞风井之间或活塞风井与排风井之间，不应小于 5 m，如图 5-21（b）所示。

（3）排风井、活塞风井与车站出入口之间，不应小于 10 m，如图 5-21（c）所示。

（4）排风井、活塞风井与消防专用通道出入口之间，不应小于 5 m，如图 5-21（d）所示。

（三）其他建（构）筑物

控制中心、地下主变电所、车辆基地等建筑是地铁全线的设备运行进行集中监视、控制、协调、指挥、调度和管理的场所，其选址和平面布局需要满足《地铁设计防火标准》（GB 51298—2018）的要求。

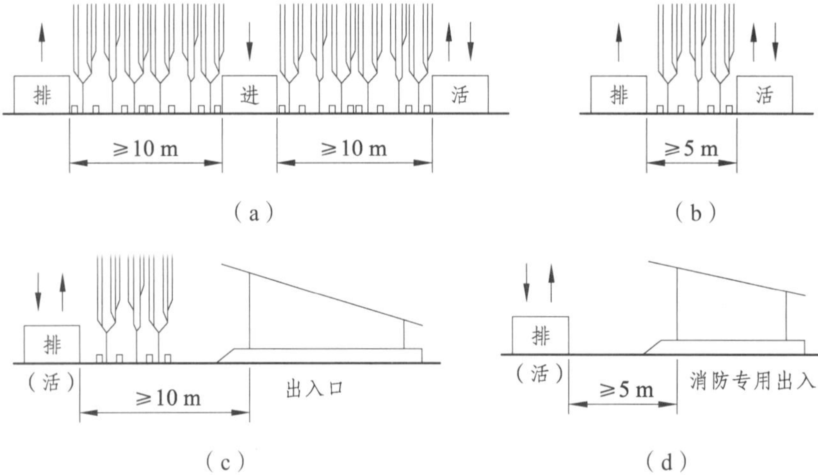

图 5-21　风井之间以及风井与出入口之间的水平净距

二、防火分隔

在建筑中进行防火分区的目的是防止火灾的扩大，可根据房间用途和性质的不同对建筑物进行防火分区，分区内应该设置防火墙、防火门、防火卷帘等防火分隔设施。

从防火的角度看，防火分区划分得越小，越有利于保证建筑物的防火安全。但如果划分得过小，则势必会影响建筑物的使用功能，这样做显然是行不通的。防火分区面积大小的确定应考虑建筑物的使用性质、重要性、火灾危险性、建筑物高度、消防扑救能力以及火灾蔓延的速度等因素。

（一）防火分隔规定

《地铁设计防火标准》（GB 51298—2018）中对于建筑的耐火等级做了级别区分。

一级耐火等级建筑有：

（1）地下车站及其出入口通道、风道；

（2）地下区间、联络通道、区间风井及风道；

（3）控制中心建筑；

（4）主变电所建（构）筑物；

（5）易燃物品库、喷漆库和油漆库；

（6）车辆基地地下列车停车库及检修用房。

二级耐火等级建筑有：

（1）地上车站及地上区间；

（2）地下车站出入口地面厅、风亭等地面建（构）筑物；

（3）运用库、检修库、综合维修中心的维修综合楼、物质总库的库房、调机库、牵引降压混合变电所、洗车机库（棚）、不落轮镟库、工程车库和综合办公楼等生活辅助建筑。

车站（车辆基地）控制室（含防灾报警设备室）、变电所、配电室、通信及信号机房、固定灭火装置设备室、消防泵房、废水泵房、通风机房、环控电控室、屏蔽门（安全门）控制室、蓄电池室等火灾时需运作的房间，应分别单独设置，并应采用耐火极限不低于 2.00 h 的墙体和耐火极限不低于 1.50 h 的楼板与其他部位隔开。

对车站控制室、重要电气设备用房以及火灾时仍需运作的房间应分别单独进行防火分隔，达到公共区火灾时不影响上述房间，上述某一房间火灾时也不相互影响，但与站厅公共区防火分区临界面上的防火分隔墙的耐火极限应为 3.00 h。

车站内设商铺以及与车站相邻的地下物业开发应符合相关规范规定，如设于站厅非付费区内的商铺应不在乘客流线范围内。当设置商铺时，其购物客流的空间不能与乘运地铁客流所需的空间相重合。单处商铺面积限制在 50 m^2 内，商铺总面积不超过 100 m^2，考虑了商铺面积仍纳入车站公共区的防火分区内，仅采取与公共区的防火隔离措施，如图 5-22 所示。

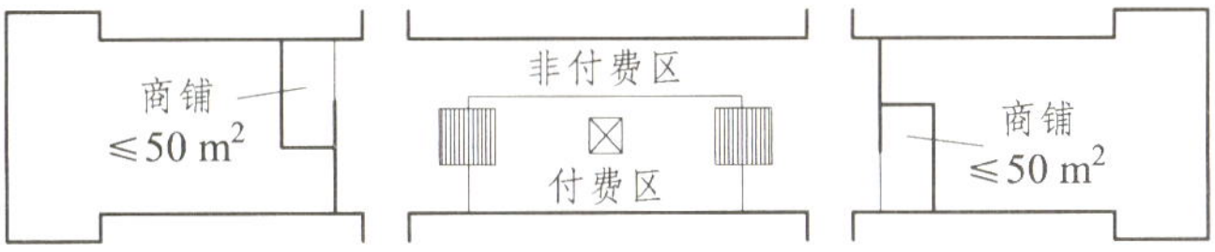

图 5-22　商铺面积规定

要保证地下车站每个站厅至少有两个出入口通道内不设商铺，以利于火灾情况下疏散。至于其他通道内设商铺时应按现行国家标准《建筑设计防火规范》（GB 50016）有关规定来执行，但与站厅相连接的通道口应加设防火卷帘，火灾时关闭，如图 5-23 所示。

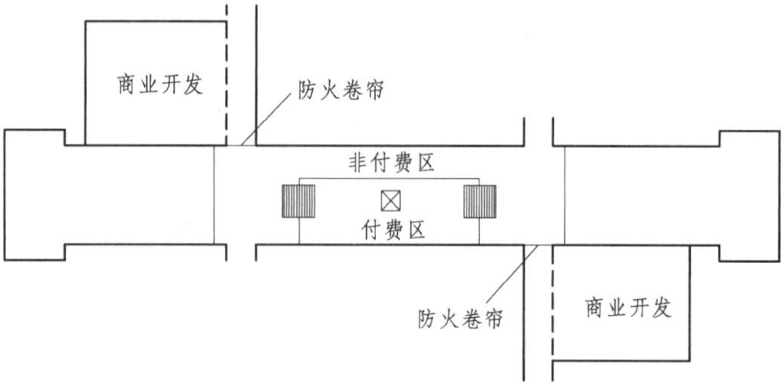

图 5-23　站厅与商铺间设置防火卷帘

物业开发层与车站站厅、站台层上下重叠设置，应做独立防火分区，如图 5-24 所示。

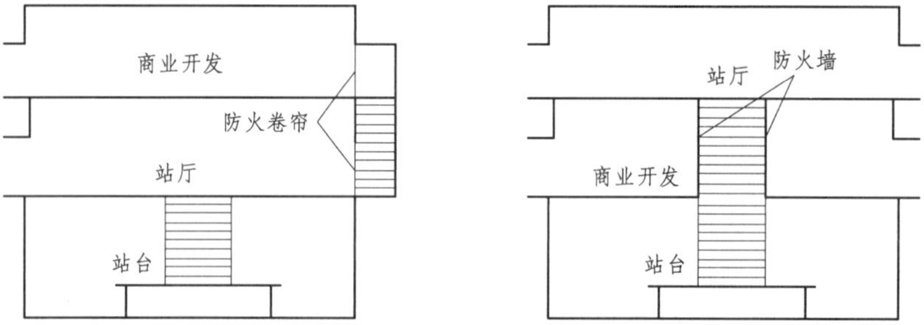

图 5-24　商业开发与站厅、站台叠层间设独立防火分区

作为大空间的站厅层，防火分隔面积大，如何设置应参照规范相关规定执行。站厅层防火分隔设置案例如图 5-25 所示。

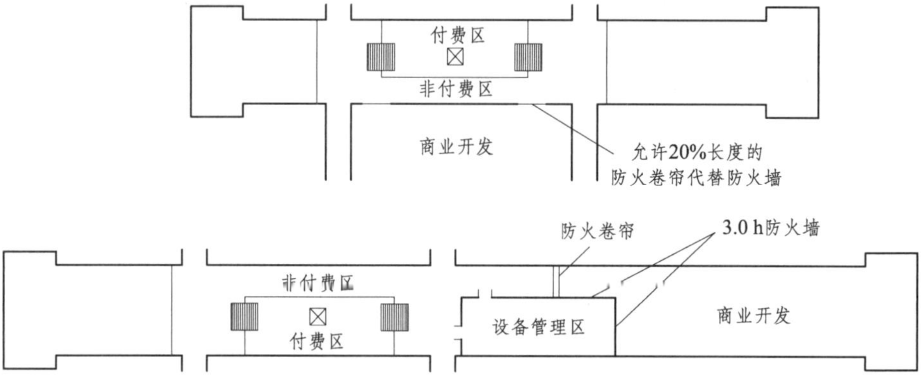

图 5-25　站厅层防火分隔设置案例

在车辆基地的建筑上部进行物业开发时，车辆基地与物业开发之间必须进行防火分隔。车辆基地建筑承重构件及分隔楼板的耐火极限应根据其耐火等级按现行国家标准《建筑设计防火规范》（GB 50016）的有关规定相应提高 0.50 h。

（二）地下车站

1．防火分区

《地铁设计规范》（GB 50157）规定，车站站台和站厅公共区应划为同一个防火分区。但当换乘车站共用一个站厅公共区时，站厅公共区建筑面积不应大于 5 000 m^2。

车站设备管理区应与站厅、站台公共区划为不同的防火分区，每个防火分区最大允许建筑面积不应大于 1 500 m^2。

采用机械排烟的站厅公共区防火分区最大允许建筑面积不应大于 5 000 m^2。

车站设备管理区应与公共区划分不同的防火分区。设备管理区内每个防火分区的最大允许建筑面积应符合下列规定：

（1）建筑高度小于等于 24 m 时，不应大于 2 500 m^2；

（2）建筑高度大于 24 m 时，不应大于 15 00 m^2；

（3）设于地下时，不应大于 1 500 m^2。

站厅位于站台上层且站台层不具备自然排烟条件时，站台层至站厅层的楼扶梯，应在站台层的楼扶梯开口部位进行防火分隔，梯洞口应设置防火卷帘。

采用机械排烟的地上车站的防烟分区应符合《地铁设计防火标准》（GB 51298—2018）第 4.3.1 条的规定。当站厅、站台公共区均满足自然排烟时，下层至上层楼扶梯开口四周的临空部位应设置挡烟垂壁。

上、下重叠平行站台的车站分隔如图 5-26 所示。下层站台穿越上层站台至站厅的楼扶梯，应在上层站台的楼扶梯开口部位进行防火分隔；上、下层站台之间的联系楼扶梯，应在下层站台的楼扶梯开口部位进行防火分隔，梯洞口应设置防火卷帘。

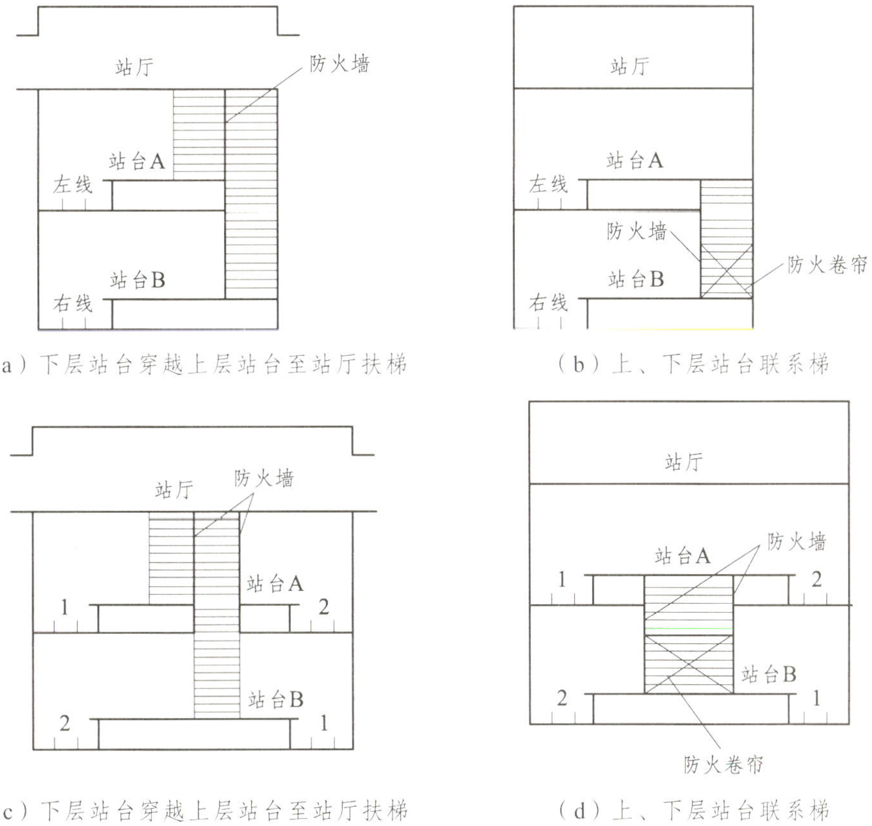

图 5-26 上、下重叠平行站台的车站分隔

多线同层站台平行换乘车站的各站台之间应采用耐火极限不低于 2.00 h 的纵向防火隔墙进行分隔，该防火隔墙应延伸至站台有效长度外各 10 m。如 A 线站台火灾时，可减小对 B 线站台的影响，如图 5-27 所示。

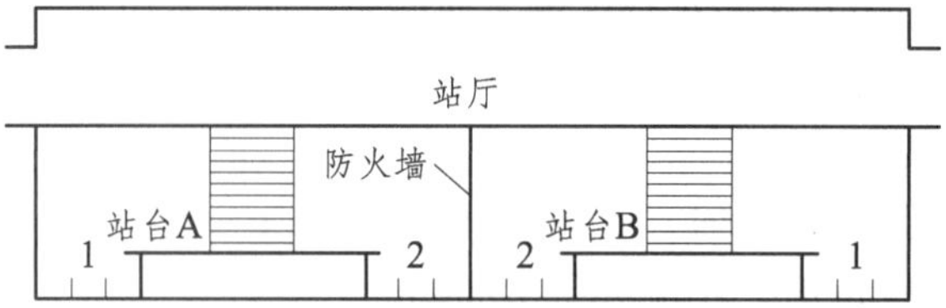

图 5-27　多线同层站台分隔

点式换乘车站站台之间的换乘通道和换乘梯，应在下层站台的开口部位进行防火分隔，通道（梯）口应设置防火卷帘。站台与站台之间的换乘车站，其换乘通道和换乘梯在火灾工况下是不能作为安全出口的。为使 A 站台火灾不影响 B 站台，在下层站台的开口部位进行防火分隔，通道（梯）口设置防火卷帘，火灾时关闭，如图 5-28 所示。

侧式站台与同层站厅换乘车站，站台与同层站厅临界面应进行防火隔断，联通口应设置防火卷帘。当 A 线采用侧式站台与 B 线同层站厅公共区进行换乘时，侧站台与站厅公共区的临界面应进行防火隔断，换乘洞口处应设防火卷帘，火灾时关闭。为使 A 线站台火灾不影响 B 线站厅公共区乘客的疏散，反之相同，如图 5-29 所示。

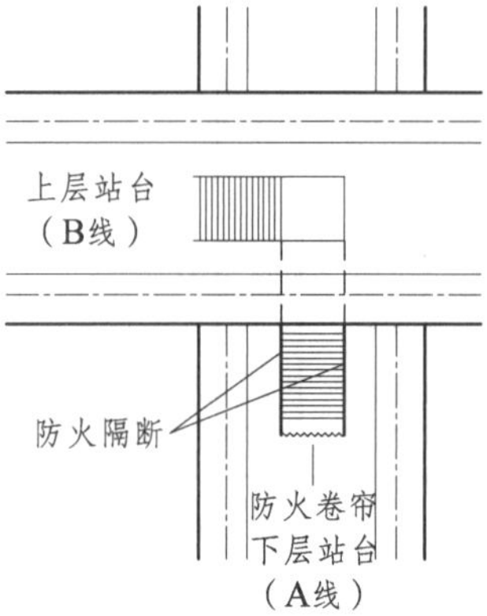

图 5-28　点式换乘车站站台防火分隔

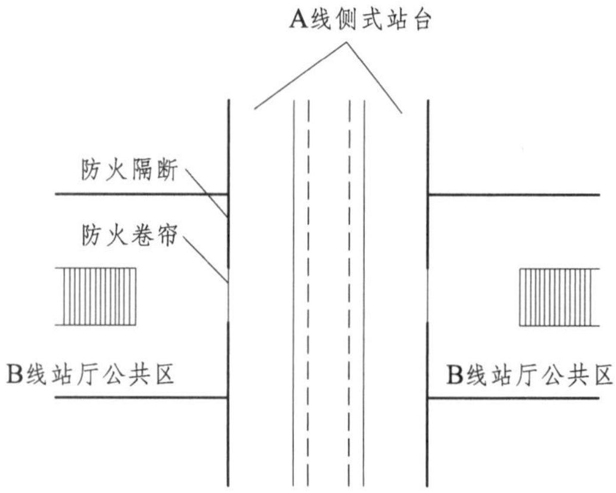

图 5-29　侧式站台与同层站厅换乘车站防火分隔

通道换乘（站厅与站厅之间或站台与站厅之间的换乘）车站的站间换乘通道两侧及两端均应进行防火分隔，当通道两端采用防火卷帘分隔时，应能分线控制。

地下一层侧式站台与同层站厅公共区应划为一个防火分区。此时侧站台与站厅公共区临界面应设防火隔断。

站厅层设于站台层之下时，站厅至站台的楼扶梯，应在站厅层的楼扶梯开口部位进行防火分隔，梯洞口应设置防火卷帘，如图 5-30 所示。站厅层设于站台层之下的地下车站形式很少见，往往出现在出入口通道为避让地下深埋市政管线。站厅至站台的楼扶梯在站厅的开口部位进行防火分隔，梯洞口设防火卷帘，站厅公共区火灾时关闭。

站厅层与站台层之间设置设备层是常见的车站形式。设备层与站厅、站台为不同的防火分区，所以当站台楼扶梯穿越设备层至站厅时，设备层被楼扶梯穿越空间应做防火墙隔断，耐火极限不低于 2.00 h，如图 5-31 所示。

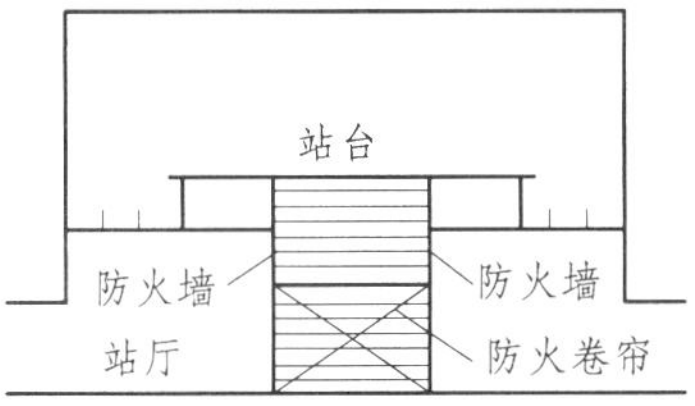

图 5-30　站厅层设于站台层的防火分隔

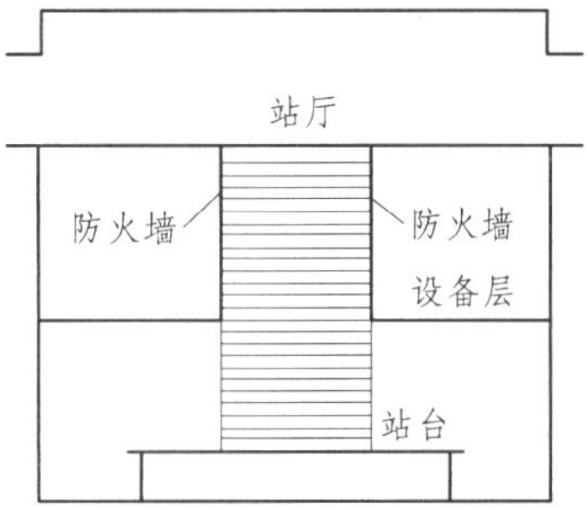

图 5-31　站厅层与站台层之间设置地铁设备层防火分隔

2．防烟分区

站台与站厅层公共区不宜设置上下相连通的中庭。当设置中庭时，应符合现行国家标准《人民防空工程设计防火规范》（GB 50098）的有关规定。

室内地面至顶棚或顶板的高度小于等于 6 m 的场所应划分为防烟分区，并应符合下列规定：

（1）公共区每个防烟分区最大允许建筑面积不应大于 2 000 m^2。

（2）站台至站厅的楼扶梯开口四周的临空部位应设置挡烟垂壁。

（3）地下一层侧式站台与同层站厅公共区临界面门洞部位应设置挡烟垂壁。

（4）设备管理区每个防烟分区最大允许建筑面积不应大于 750 m^2。

（5）车站公共区吊顶与其他场所相连接部位的顶棚或吊顶面高差不足 0.5 m 时，该部位应设置挡烟垂壁；公共区应为独立的防烟分区。当与公共区连接的出入通道口、设备管理用房门洞、公共区内被隔离出作为出入口通道部分，其顶棚或吊顶面与公共区吊顶面之间高差不足 0.5 m，应加设挡烟垂壁，使之高差不小于 0.5 m。

（6）防烟分区不应跨越防火分区。

（三）其他类型地铁建筑

1．控制中心

控制中心建筑与其他建筑合建时，相互之间应采用不开设门窗洞的防火墙隔开。如要相通，应采取满足消防要求的设施（如采用防火隔间、避难走道、防烟楼梯间等）。

2．主变电所

主变电所应独立设置。设置带油电气设备的建（构）筑物与相邻建筑之间的防火间距不符合要求时，应设置防火墙。主变电所的防火分区应符合现行国家标准《火力发电厂与主变电所设计防火规范》（GB 50229）的有关规定。

3．车辆基地

（1）车辆基地内建筑的火灾危险性类别可按下列规定确定：

① 乙炔瓶库、酸性蓄电池充电间，为甲类；

② 油漆库、储存煤油和氧气瓶的库房，为乙类；

③ 调机库、工程车库、变电所，为丙类；

④ 检修库及辅助房屋、空压机间、不落轮镟库、电瓶库，为丁类；

⑤ 运用库、洗车机库、不燃材料库、材料棚、碱性蓄电池室，为戊类。

（2）油漆库、喷漆库及其预处理库宜独立建造。当符合下列条件时，可布置在联合检修库靠外墙一侧：

① 采用耐火极限不低于 3.00 h 的防火墙等分隔；

② 油漆存放间、漆工间、干燥间等房间应采用耐火极限不低于 3.00 h 的防火墙和甲级防火门分隔；

③ 屋面或门、窗的泄压面积符合要求，地面采用不发火花的材料；

④ 库内无办公室、休息室或更衣室等用房；

⑤ 库内设置的检修坑内采取了降低气雾浓度的措施。

（3）酸性蓄电池充电间应独立建造。当与其他建筑合建时，应靠外墙单层设置，并应采用防火墙与其他部位隔开。充电间不应设置与相邻值班室和配电室直通的门、窗。当必须设置时，应采用甲级防火门、窗。

（4）车辆基地的地下列车停车库等场所应单独划分防火分区，防火分区的最大允许建筑面积不应大于 4 000 m^2；当设置自动灭火系统时，其防火分区的最大允许建筑面积可增加一倍。

三、防排烟建筑构造

（1）所有管线（道）穿越防火分隔墙体、楼板、电缆通道和管沟隔墙时，均应采用防火封堵材料紧密填实。当穿越防火分隔墙体、楼板的管线（道）为难燃材质时，应在分隔墙体或楼板两侧的管道上采取防火措施；穿过处的管道保温材料，应采用不燃材料。风管穿越防火分隔墙体或楼板处应设置防火阀。

（2）电缆至建筑物的入口或至配电间、控制室的沟道入口处，以及电缆引至电气柜、盘或控制屏的开孔部位，应采取防火封堵措施。

（3）设于防火墙、防烟楼梯间、避难走道及区间联络通道处的门应采用甲级防火门。防火分隔墙上的门及其他部位的疏散门应采用乙级防火门。管道井的检查门可采用丙级防火门。

（4）疏散门及消防专用出入口、联络通道和区间风井处的防火门，应保证火灾时不需使用钥匙等工具即能向疏散方向开启，并应在显著位置设置标识和使用提示。

（5）设置在变形缝附近的防火门，门扇启闭时不应骑跨变形缝。

（6）地下区间联络通道上及区间风井内的防烟楼梯间的防火门，应在过往列车及隧道通风的正、负压力作用下不会自动开启。

（7）防火墙上的观察窗，应采用固定的甲级防火窗。防火分隔墙上的窗口，应采用固定窗扇的乙级防火窗，当必须开启时，应具备火灾时能自动关闭的功能。

（8）乘客的疏散路径上不应设置防火卷帘。当通道宽度较宽必须设置防火卷帘时，应在防火卷帘两侧分别设置甲级防火门。

（9）防火卷帘应具有防烟性能，与墙、柱、梁和楼板之间的空隙应采用防火封堵材料封堵。

（10）挡烟垂壁应采用不燃烧体，其耐火极限不应低于 0.50 h，其设置应符合下列规定：

① 从顶棚或吊顶面下凸出不应小于 0.5 m，且应伸至结构板底面；

② 挡烟垂壁下缘至楼地面、踏步面的垂直距离不应小于 2.3 m；

③ 活动挡烟垂壁在火灾时应能与火灾探测器联动，并自动下垂至设计位置。

（11）自动扶梯、楼梯间、管道井和纵向疏散平台自动扶梯兼作事故疏散用时，应满足下列条件：

① 按一级负荷供电；

② 采用不燃材料制造；

③ 通向疏散方向的自动扶梯应能保持运行；

④ 事故疏散用自动扶梯的下部空间应设置自动喷水灭火系统或与其他部位进行防火分隔；

⑤ 暴露在室外环境的自动扶梯，应具有防滑措施，位于寒冷地区时，应采取防冰雪积聚和防冻措施。

（12）消防专用楼梯间应为封闭楼梯间，当层数超过二层的地下车站应采用防烟楼梯间。

（13）电缆井、管道井应分别独立设置。井壁应采用耐火极限不低于 1.00 h 的不燃烧体。

（14）区间纵向疏散平台应符合下列规定：

① 单侧临空时，平台的宽度不宜小于 0.6 m；

② 双侧临空面时，平台的宽度不宜小于 0.9 m；

③ 平台的设置高度宜低于车辆地板面 0.10 ~ 0.15 m；

④ 平台临空面应设置无统长扶手的立杆，高度不应小于 0.9 m，立杆之间的净距宜为 0.4 m；

⑤ 靠区间壁的墙上应设置靠墙扶手，高度宜为 0.9 m；

⑥ 纵向疏散平台与联络通道处的高差应采用坡道连接；

⑦ 疏散平台的耐火极限不应低于 1.00 h。

四、防烟与排烟

地铁建筑防烟与排烟设施应遵守《地铁设计防火标准》（GB 51298—2018）的规定，以及现行国家标准《建筑设计防火规范》（GB 50016）、《建筑防烟排烟技术标准》（GB 51251）等的要求。

（1）下列场所应设置排烟设施：

① 地下或封闭车站的站厅、站台公共区；

② 同一个防火分区内的地下车站设备及管理用房的总建筑面积超过 200 m^2，或建筑面积超过 50 m^2，经常有人停留的单个房间；

③ 连续长度大于 300 m 的地下区间和全封闭车道；

④ 长度大于 60 m 的地下通道和出入口通道，长度大于 20 m 的内走道；

⑤ 连续长度大于 60 m 但不大于 300 m 的地下区间和全封闭车道。

（2）防烟、排烟系统的设计应符合下列要求：

① 当对站厅公共区进行排烟时，应能防止烟气进入出入口、换乘通道、站台等邻近区域；

② 当对站台公共区进行排烟时，应能防止烟气进入站厅、地下区间、换乘通道等邻近区域；

③ 当对地下区间进行纵向控烟时，应能控制烟流方向与乘客疏散方向相反，并应能防止烟气逆流和进入相邻车站、区间；

④ 对于设备及管理用房，应具备防烟、排烟功能，并应能满足采用自动灭火系统设备用房的换气功能。

（3）机械防、排烟系统可与正常通风系统合并设置，但应符合下列要求：

① 通风系统应采取可靠的防火措施，符合防烟、排烟系统要求；

② 系统由正常运转模式转为防排烟运转模式的时间不应大于 180 s。

（4）地上车站应采用自然排烟方式。当不具备自然排烟条件时，应设置机械排烟设施。

（5）采用自然排烟的车站或路堑式车站，外墙上方或顶盖上可开启排烟口的有效面积不应小于所在场所地面面积的 5%，且每个自然排烟口距该防烟分区内最远点的距离不应大于 30 m。每个自然排烟口（窗）均应设置方便手动开启的装置。对高窗自然排烟口（窗）应有自动控制。

（6）防烟楼梯间及其前室机械加压送风系统的设计应符合现行国家标准《建筑设计防火规范》（GB 50016）的有关规定。

（7）排烟风机及风管的风量应符合下列要求：

① 排烟量应按各防烟分区的建筑面积不小于 60 $m^3/m^2\cdot h$ 分别计算；

② 当防烟分区中包含轨道区时，应按列车设计火灾计算排烟量；

③ 地下站台的排烟量除满足本条第①、②款要求外，还应保证站厅到站台的楼扶梯口处具有不小于 1.5 m/s 的向下气流；

④ 排烟风机的风量应按所负担各防烟分区中最大一个防烟分区的排烟量、风管（道）的漏风量及其他防烟分区的排烟口或排烟阀的漏风量之和计算；

⑤ 排烟风机的风量不应低于 7 200 m^3/h，当承担通（走）道排烟时，排烟量不应低于 13 000 m^3/h。

（8）机械排烟系统中的排烟口和排烟阀的设置应符合下列要求：

① 排烟口和排烟阀应按防烟分区设置，排烟口应设置在挡烟垂壁的下垂高度内；

② 排烟口距防烟分区最远点的水平距离不应超过 30 m，当室内高度超过 6 m，并具有对流条件时，该水平距离可增加 25%；

③ 排烟口的位置与安全出口的通道口水平距离不应小于 1.5 m；

④ 排烟口的风速不宜大于 10 m/s；

⑤ 排烟口和排烟阀平常为关闭时，火灾应能自动开启；

⑥ 设置机械排烟系统的车站设备及管理用房区，除使用面积大于 50 m^2 且经常有人停留的房间外，排烟口可设置在疏散走道内。

（9）排烟区应考虑补风措施，并应符合下列要求：

① 当补风通路空气总阻力不大于 50 Pa 时，可采用自然补风，且应保证火灾时补风通道畅通；

② 当补风通路空气总阻力大于 50 Pa 时，应设置机械补风系统；

③ 建筑面积小于 100 m^2 的房间，可不设置补风系统；

④ 机械补风系统的风量不应小于排烟风量的 50%，但不应大于排烟量；

⑤ 补风口位置宜设置在空间相通的相邻防烟分区且远离排烟口，补风口水平距离排烟口不应小于 5 m。

（10）采用自动灭火系统的设备房，应符合下列要求：

① 穿越该房间且在该房间内设置风口的通风管上应设置 70 °C 关断的防火阀，并与自动灭火系统联动；

② 灭火时，自动关断风管上风阀，灾后应对房间进行通风换气；

③ 当灭火介质比空气重时，应在房间下部设置排风口。

（11）排烟系统应在风管穿越防火分区的防火墙、不同防烟分区排烟支管及排烟风机入口处的总管上设置当烟气温度超过 280 °C 时能自动关闭的排烟防火阀，机械加压送风防烟管道在穿越防火分区的防火墙处应设置当温度超过 70 °C 能自动关闭的防火阀。

（12）空调与通风系统应在风管穿越防火分区的防火墙、通风空调机房的房间隔墙和楼板处、垂直风管与每层水平风管交接处的水平管段上及穿越防火分隔处的变形缝两侧设置当温度超过 70 °C 能自动关闭的防火阀。

（13）排烟风机应与排烟口（阀）联动，当任何一个排烟口（阀）开启或排风口转为排烟口时，系统应转为排烟状态；当烟气温度大于 280 °C 时，排烟风机应随设置于风机入口处或干管上的防火阀关闭而自动关闭。

（14）地下区间排烟系统宜采用纵向通风控制方式，并符合下列要求：

① 地下区间断面的排烟流速不应小于 2 m/s，且不得大于 11 m/s；

② 正线区间的通风方向应与乘客疏散方向相反，列车出入线、停车线等无载客轨道区间的通风方向宜使烟气尽快排至室外；

③ 采用纵向通风困难的区段，可采用敷设排烟道（管）方式。

（15）地下区间火灾时的通风，应考虑邻近区间的出入线、渡线、联络线对火灾区间气流组织的影响。

（16）地下区间内用于火灾排烟的射流风机宜备用一组。

（17）上、下行载客地下区间排烟风机，应采用互为备用方式。

（18）当正常运行时，两座车站之间地下区间内同时存在两列或两列以上列车同向运行时，应控制烟气流动使非火灾列车处于无烟区。

（19）设置隔声罩的地上区间和路堑式区间，应采用自然排烟；当地下区间具备自然排烟条件时，可采用自然排烟。自然排烟口的设置应符合下列要求：

① 区间外墙上方或顶板上可开启自然排烟口的有效排烟面积不应小于区间水平投影面积的 5%；

② 自然排烟口（窗）应设置开启的装置。

五、防火、防排烟设备及部件

常用的防火、防烟设备与部件主要有防火阀、排烟阀及排烟风机等。常用的防火、防烟部件见表 5-3。

表 5-3　常用的防火、防烟部件

类　别	名　称	性能及用途
防火类	防火调节阀 FVD	70 °C 温度熔断器自动关闭（防火），可输出联动信号，用于空调与通风系统风管内，防止火焰沿风管蔓延
	防火阀 FD	
	防烟防火阀 SFD	靠烟感器控制动作，用电信号通过电磁铁关闭（防烟）；还可用 70 °C 温度熔断器自动关闭（防火），用于空调与通风系统风管内，防止火焰沿风管蔓延
防烟类	加压送风口	靠烟感器控制动作，电信号开启，也可手动（或远距离缆绳）开启；可设 280 °C 温度熔断器重新关闭装置，输出动作电信号；联动送风机开启
	余压阀	防止防烟超压，起卸压作用
排烟类	排烟阀	电信号开启或手动开启；输出开启电信号联动排烟机开启；用于排烟系统风管上
	排烟防火阀	电信号开启或手动开启。280 °C 温度熔断器重新关闭，输出动作电信号，用于排烟机吸入口处管道上
	排烟口	电信号开启，也可用动（或远距离缆绳）开启；输出电信号联动排烟机，用于排烟房间的顶棚和墙壁上，可设 280 °C 温度熔断器重新关闭装置
	排烟窗	靠烟感器控制动作，电信号开启，也可缆绳手动开启；用于自然排烟处的外墙上
分隔类	防火卷帘	划分防火分区，用于不能设置防火墙处，水幕保护
	挡烟垂壁	划分防烟区域，手动或自动控制

（一）防火阀

防火阀的控制方式有热敏元件控制、感烟感温器控制及复合控制等。

采用易熔环时，火灾时易熔环熔断脱落，实现阀门在弹簧力或自重力作用下关闭。

采用热敏电阻、热电偶、双金属等，则是通过传感器及电子元器件控制驱动微型电动机工作将阀门关闭。

感烟感温器控制是通过感烟感温控制设备的输出信号控制执行机构的电磁铁、电动机动作或控制气动执行机构，实现阀门在弹簧力作用下的关闭或电动机转动使阀门关闭。

防火阀的阀门关闭驱动方式有重力式、弹簧力驱动式（或称电磁式）、电机驱动式及气动驱动式等四种。

常用的防火阀有重力式防火阀（见图 5-32）、弹簧式防火阀（见图 5-33）、弹簧式防火调节阀、防火风口、气动式防火阀、电动防火阀和电子自控防烟防火阀。

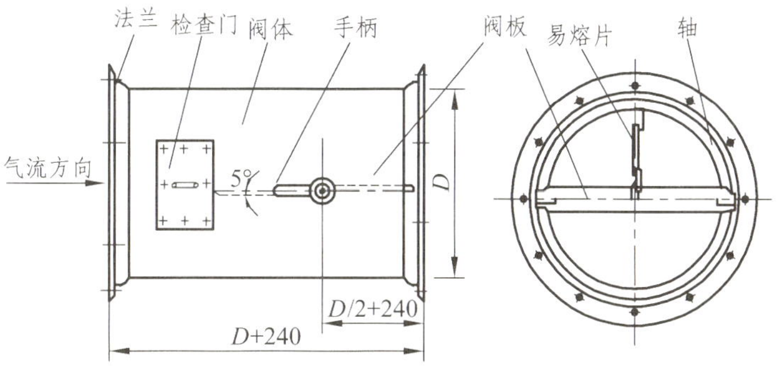

图 5-32　重力式圆形单板防火阀

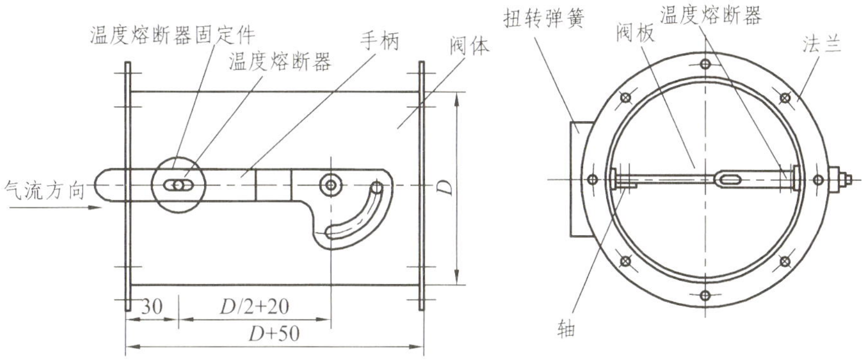

图 5-33　弹簧式圆形防火阀

其中温度熔断器的结构如图 5-34 所示。

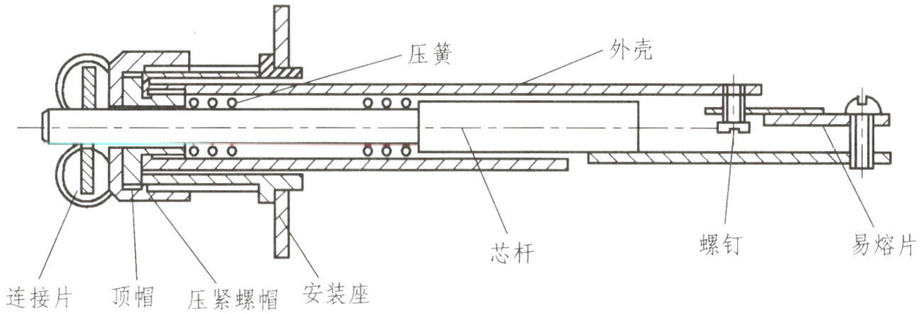

图 5-34　温度熔断器的构造

（二）排烟阀

排烟阀安装在排烟系统中，平时呈关闭状态，发生火灾时，通过控制中心信号来控制执行机构的工作，实现阀门在弹簧力或电动机转矩作用下的开启。

设有温感器装置的排烟阀，在火灾温度达到动作温度时动作，阀门在弹簧力作用下关闭，阻止火灾沿排风管道蔓延。

排烟阀按控制方式，可分为电磁式和电动式两种；按结构形式，可分为装饰型排烟阀、翻板型排烟阀和排烟防火阀三种；按外形，可分为矩形和圆形两种。

常用的防火、防烟部件见表 5-4。

表 5-4 常用的防火、防烟部件

防火、防烟阀门类型	特点及应用	图示
简易防火阀	平时呈常开状态，易熔片熔断温度为 70 °C，当风管内气流温度达到 70 °C 时，易熔片熔断，阀门在弹簧力作用下自动关闭	
防火调节阀	平时呈常开状态，当风管内气流温度达到 70 °C 时，易熔片熔断，阀门自动关闭。可手动开启和关闭，阀门动作后手动复位。阀门有 6 挡调节风量。阀门关闭后输出电信号	
排烟防火阀	平时呈常闭状态，火灾时烟感器通过控制中心发来电气信号（DC 24 V）。执行机构内的电磁铁通电动作，阀门自动开启，并输出开启电信号。阀门可手动开启，阀门动作后手动复位，当温度升到 280 °C 时，熔断器动作，阀门自动关闭	
全自动排烟防火阀	平时呈常闭状态，火灾时烟感器通过控制中心发来电气信号（DC 24 V），执行机构内的电动机通电动作，阀门自动开启，并输出开启电信号。阀门动作后直流电机驱动复位。阀门可手动开启，手动复位。当温度升到 280 °C 时，熔断器动作，阀门自动关闭	
板式排烟口	平时常闭，控制中心发来 DC 24 V 电信号，排烟口迅速开启；远距离手动开启；远距离手动复位；输出开启动作信号，联锁相关设备；板式排烟口不具有打开后烟气温度达 280 °C 时重新关闭的功能	
多叶排烟口	平时呈常开状态，火灾时烟感器通过控制中心发来电气信号（DC 24 V）。执行机构内的电磁铁通电动作，阀门自动开启，并输出开启电信号。阀门可手动开启，阀门动作后手动复位	
超压排气阀	平时呈常开状态，火灾时烟感器通过控制中心发来电气信号（DC 24 V）。执行机构内的电磁铁通电动作，阀门自动开启，并输出开启电信号。阀门可手动开启，阀门动作后手动复位	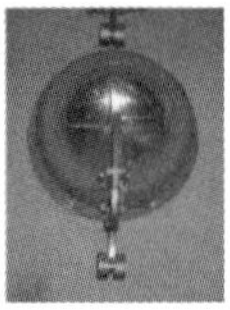
电动多叶防火调节阀	平时呈常开状态，电动开、关，70 °C 熔断关闭，具有输出信号装置，联锁控制。可手动调节风量，火灾时关闭可隔断通风管道散播火源和烟气	

（三）防排烟通风机

防排烟通风机可采用通用风机，也可采用防火排烟专用风机。烟温较低时可长时间运转，烟温较高时可连续运转一定时间，通常有两挡以上的转速。常见的防排烟通风机见表 5-5。

表 5-5　常见的防排烟通风机实物图

名称	实物图	名称	实物图
GZ-B 型消防高温排烟风机		GXF 型系列高效低噪斜流风机	
GH 型消防高温排烟风机		GZ 系列消防高温轴流风机	
GZ 型系列消防高温排烟风机		HL3-2A（PYHL-14A）系列	
TVF 隧道风机		射流风机	

任务小结

能用专业术语描述防排烟系统及其组成部分；能联系实际建筑选择合适的防排烟系统；能联系实际采取正确的防排烟措施；能熟练掌握各种防火设备及部件的名称和作用，能熟练切换通风与防排烟系统各种不同运行模式。

任务 3
通风与防排烟系统的运行管理

任务目标

能进行风机运行工况的调节；能熟练进行各类风机开机、运行检查和定期停机检查；能熟练进行各类风阀的运行检查和定期停机检查。

案例引入

以某地铁实际运行的通风与防排烟系统为例。

案例分析

实际运行通风与防排烟系统中重要的设备和部件是风机、风阀、防火阀等，因此，在运行管理过程中关注的重点就在此。

知识链接

一、风机运行工况调节

（一）风机的性能曲线

在风机的基本性能参数中，转速n是一个常量，扬程H、流量Q、功率N和效率η等性能是相互影响的，参数之间存在函数关系。如以流量Q为横坐标，用曲线绘制函数关系在坐标图上，形成的这些曲线称为风机的性能曲线，如图 5-35 所示。在无损失的理想条件下的曲线称作理想性能曲线，考虑各项损失得到的是实际性能曲线。

风机的性能曲线大致可分为 3 种Q-H曲线，即平坦型、陡降型、驼峰型，如图 5-36 所示。具有平坦型Q-H曲线的风机，当其流量变动很大时能保持基本恒定的压头；陡降型Q-H曲线的风机与平坦型曲线的风机性能相反，当流量变化时，压头的变化相对比较大；驼峰型Q-H曲线的风机，当流量自零开始逐渐增加时，相应的压头先上升，达最高值后下降，这种性能的风机在一定的运行条件下可能会出现不稳定工况。风机的性能曲线全面地反映了其性能。

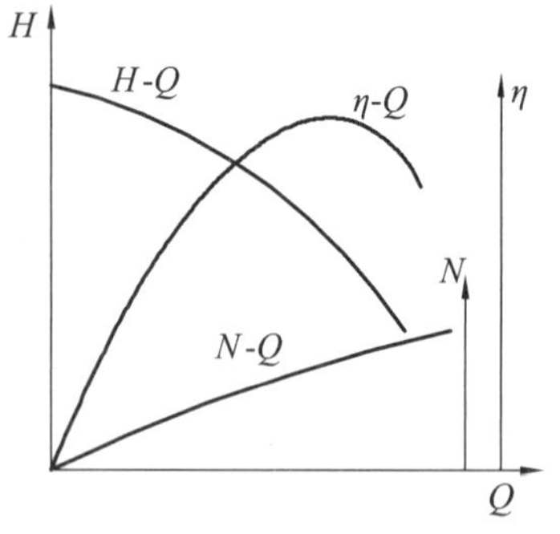

图 5-35 风机的性能曲线

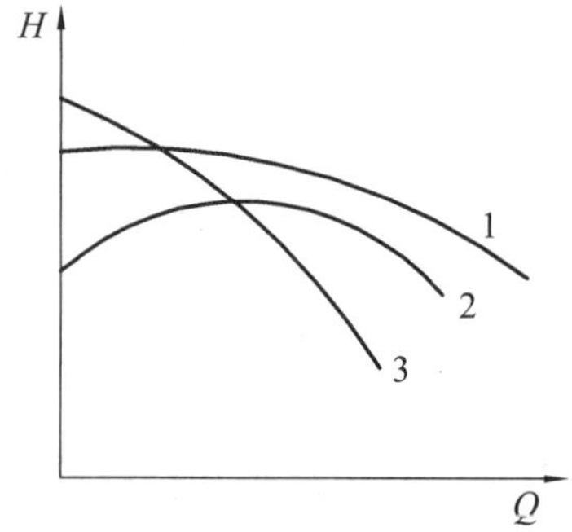

1—平坦型；2—驼峰型；3—陡降型。

图 5-36 3 种不同的Q-H性能曲线

（二）风机的性能换算方法

风机制造厂提供的性能是在标准工况下的性能，在实际运行中，由于其用途的不同，实际工况不同于标准工况，因此实际工作中需要对风机的性能进行换算，以确定实际性能参数。设标准工况下性能参数为 Q_1、H_1、N_1、η_1，当流体密度 ρ、转速 n、叶轮直径 D 发生变化时，可求实际性能参数 Q_2、H_2、N_2、η_2 的变化。其变化关系见表 5-6。

表 5-6　风机的性能换算公式

性能参数	工况变化			
	ρ 变化	n 变化	D 变化	ρ、n、D 同时变化
流量 Q	$Q_2=Q_1$	$\frac{Q_2}{Q_1}=\frac{n_2}{n_1}$	$\frac{Q_2}{Q_1}=\left(\frac{D_2}{D_1}\right)^3$	$\frac{Q_2}{Q_1}=\frac{n_2}{n_1}\times\left(\frac{D_2}{D_1}\right)^3$
全压 H	$\frac{H_2}{H_1}=\frac{\rho_2}{\rho_1}$	$\frac{H_2}{H_1}=\left(\frac{n_2}{n_1}\right)^2$	$\frac{H_2}{H_1}=\left(\frac{D_2}{D_1}\right)^2$	$\frac{H_2}{H_1}=\frac{\rho_2}{\rho_1}\times\left(\frac{n_2}{n_1}\right)^2\times\left(\frac{D_2}{D_1}\right)^2$
功率 N	$\frac{N_2}{N_1}=\frac{\rho_2}{\rho_1}$	$\frac{N_2}{N_1}=\left(\frac{n_2}{n_1}\right)^3$	$\frac{N_2}{N_1}=\left(\frac{D_2}{D_1}\right)^5$	$\frac{N_2}{N_1}=\frac{\rho_2}{\rho_1}\times\left(\frac{n_2}{n_1}\right)^3\times\left(\frac{D_2}{D_1}\right)^5$
效率 η	$\eta_2=\eta_1$	$\eta_2=\eta_1$	$\eta_2=\eta_1$	$\eta_2=\eta_1$

（三）风机在管路系统中工作点的确定

当风机安装在管路系统中，除了需要考虑风机自身性能外，还需综合考虑风管系统的性能，也即管路的特性曲线。当性能曲线与管路特性曲线相交，则交点为风机在管路系统中的实际运行工况。以离心风机为例进行说明。

在风系统中，空气流经空气处理设备、风管、风阀和其他风管部件、送风口，并以一定的风速送出时，需要克服沿程摩擦阻力、局部阻力，还需形成一定风速，这些所消耗的能量称为管网能量（压头）损失。

压头损失与风速的平方成正比，风量为流速与管道横截面积的乘积。因此，风压与风量的函数关系式如下：

$$H=KQ^2 \tag{5-8}$$

式中　H——空气通过空调系统所需的风压，Pa；

Q——空调系统的送风量，m^3/s；

K——根据空调系统内部结构所确定的管网水力特性系数。

【例 5-3】　某空调系统的实测送风量 $Q=65\ 000\ m^3/h$，系统的风压 H 为 294.21 Pa（30 mmH_2O），试绘制管网特性曲线。

解　根据公式 $H=KQ^2$ 求管网水力特性系数 K。

$$K=\frac{H}{Q^2}=\frac{294.21}{\left(\frac{65\ 000}{3\ 600}\right)^2}=0.902\ 5$$

将 $K=0.902\ 5$ 代入式（5-8）中，得出管网特性方程式为

$$H = 0.902\,5Q^2$$

根据上式可求出不同风量时空调管网中的风压，见表 5-7。

表 5-7　风机的风量与风压

风量 Q/（m^3/h）	风压 H/Pa
65 000	294.21
60 000	254.98
50 000	176.53
40 000	112.78
30 000	63.75

将表 5-4 的数据在以 Q 为横坐标、H 为纵坐标的图上标识出来，即为该空调系统的管网特性曲线。该曲线是一条过原点的抛物线。

在管路系统中，风机提供的空气流量即为管路中的流量。空气从风机中获得的能量（全压）即空气在管路中流动时克服阻力所消耗的能量。因此，泵与风机在管路系统中工作必须同时满足风机的性能曲线和管路的特性曲线。其实际工况由风机的性能曲线和管路特性曲线综合确定。将性能 Q-H 曲线与管网特性曲线叠加在一个坐标系中，两曲线的交点 A 即为实际工况条件下的工作点。风机在管路中的工作点如图 5-37 所示。

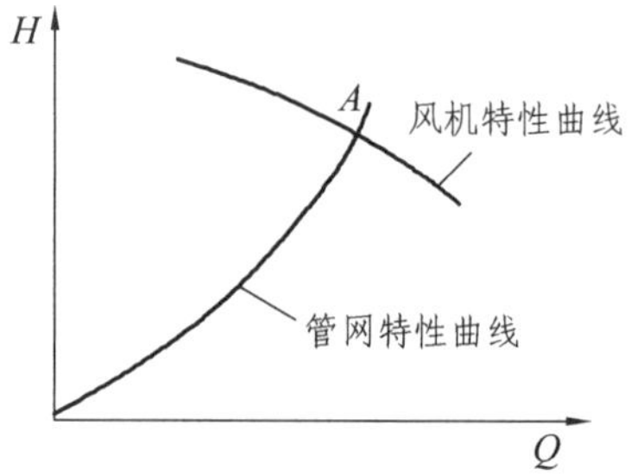

图 5-37　风机在管路中的工作点

（四）风机运行工况调节

在实际运行中，由于制造质量的影响，风机的全压达不到设计性能值；或者由于施工现场的设计变更导致管路系统的阻力大于设计值，使风机的实际工作点偏离设计的最佳工作点。为满足设计的流量，就需对风机的工作点进行调整。

以离心风机为例，如图 5-38 所示，由于在计算管路阻力时，阻力系数选取偏大，或者确定管路阻力时安全系数偏大，会使设计工作点 A 的压力大于实际工作点 B 的压力。为保证风机设计风量，可通过两种方法调整。

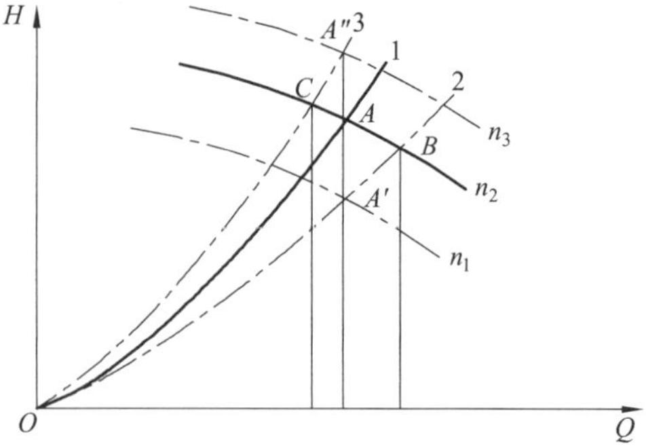

图 5-38　风机在实际运行中的调整

1. 调整管路特性

调节风机的出口风阀、入口风阀或同时调节，也可以调节风管管路中其他阀门的开度，提高管路系统总阻力，使实际管路曲线 2 变为 1，从而使工作点 B 调整到设计工作点 A。

2. 改变风机性能

降低风机转速从 n_1 降至 n_2，则实际管路曲线 2 与风机性能曲线 n_2 相交于 A' 点，使得 $Q'_A = Q_A$，可满足风量要求。

反之，当设计工作点的压力小于实际工作点 C 的压力，则需采取减少管路阻力的措施或提高风机的转速。在提高风机转速调整风量时，需校核风机是否超最高转速和电动机是否过载。

在实际工作中还会遇到两台或以上的风机并联或串联工作的状况，一般是在选择一台无法满足系统要求且流量和压头变化幅度大的情况下出现，但联合使用比单台使用效果差。联合使用的工况调节，可查询相关资料。

（五）轴流风机的性能

1. 轴流风机性能曲线

轴流风机的性能曲线如图 5-39 所示。它具有以下几个特点：

（1）压力性能曲线 H-Q 的右侧陡峭，左侧呈马鞍形，c 点的左侧为不稳定工作区。

（2）当流量减小时，所消耗功率 N 反而增大，当流量 $Q = 0$ 时，功率达到最大值。

（3）最高效率点位置比较接近不稳定工况区的起始点 c。

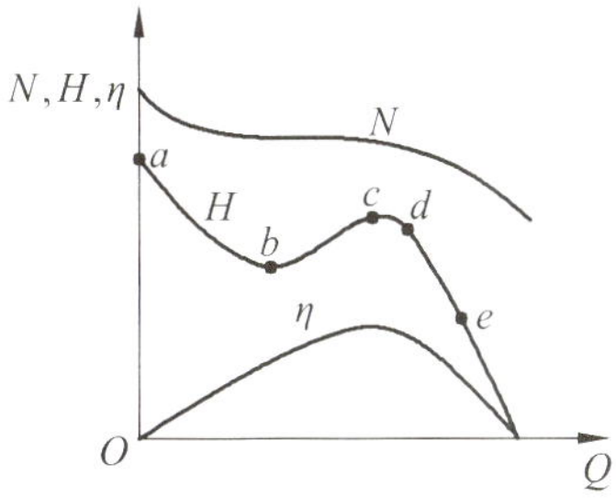

图 5-39 轴流风机的性能曲线

2. 轴流风机的喘振

如果轴流风机在不稳定工况区运行时，就会出现流量的脉动等不正常现象。有时脉动现象相当剧烈，流量 Q 和压力 H 的大幅度波动使运转噪声增大，风机和通风管道也会发生激烈振动，这种现象称为轴流风机的“喘振”。喘振发生的条件有以下几点：

（1）轴流风机处于不稳定工况区运行，且运行点位于压力性能曲线的上升区段。

（2）进出口风道有足够的容积，与风机组合成为一个弹性的空气动力系统，因而在风机的流动工况发生变化时，风道中引起相应的变化，需要一定的适应时间。

（3）系统的振荡频率与气流扰动频率合拍，发生共振。

喘振的特点是喘振的振幅和频率受风道系统容积的支配，但不受形状的影响。系统的容积越大，喘振的振幅也越大，振动也越强烈，但频率越低。因此，可通过缩小系统的容积来减轻喘振的激烈程度。此外，风机的转速越高，喘振的程度越激烈。

3. 轴流风机的旋转脱流

轴流风机的叶片通常是流线型的。在冲角 α_k 为零时，它的阻力主要为表面的摩擦力，而绕翼型的气流仍保持其流线形状。随着冲角 α_k 的增大，在叶片的后缘附近产生涡流，并且气流开始从上表面分离。图 5-40 所示为叶片正常工况和脱流工况情况。当冲角 α_k 很小时，气流分离点接近于后缘。但随着冲角 α_k 增大，分离点向前移动，在升力增加的同时，尾部涡流变宽，阻力急剧增加，压力迅速降低。此现象称为轴流风机叶片的“脱流”或“失速”。此时如果冲角 α_k 再增大，脱流现象将更为严重，甚至出现部分流道阻塞的情况。

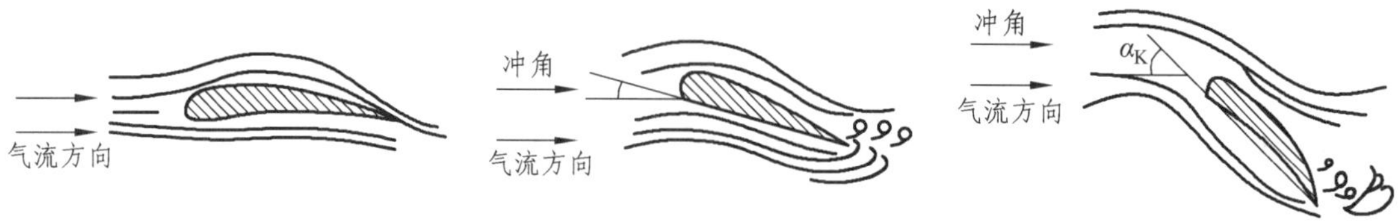

（a）正常工况　（b）冲角增大，尾部出现涡流　（c）脱流工况

图 5-40　叶片的正常工况和脱流工况

旋转脱流具有极大的危害性，当轴流风机进入不稳定工况区运行时，叶片上就有旋转脱流产生。由于旋转脱流造成叶片流道的阻塞而使叶片前后的压力产生变化，改变了叶片原来的受力关系。叶片依次经过脱流失速区，由于受到交变力的作用，这种交变力使叶片产生疲劳。同时，由于叶片本身存在固有的振动频率，叶片每经过一次脱流区就要受到一次激振力的作用，当这一激振力的作用频率与叶片的固有频率相等时，将使叶片发生共振，叶片的切应力显著增加，甚至可达几十倍以上而使叶片很快断裂。如果有一个叶片断裂，轴流风机的其余叶片将可能全部被打断。因此，轴流风机长期在不稳定工况区运行时，易使叶片疲劳断裂，造成严重事故。运行操作人员在运行中应力求避免使轴流风机在不稳定工况区运行，一旦进入不稳定工况区，应迅速脱离而恢复其稳定工况。

二、风机运行管理

（一）各种风机的使用要求

（1）风机外观完好，表面无损伤或变形。

（2）供给电源正常，风机就地和环控室控制箱电源指示灯指示一致。

（3）风机联动风阀和相关调节阀动作灵活，开关到位，并处在正确位置阀要全开。

（4）风机叶轮与机壳无碰撞，机壳内无杂物。

（5）风机地脚螺栓或避振器无松脱、变形等异常。

（6）风机运行时无异响、碰撞或金属摩擦声，振动无异常，防止有不规则振动。

（7）风机叶轮旋向与标志一致，隧道风机、射流风机、推力风机的运转方向符合设计功能要求。

（8）风机运行电流在正常范围内且无异常波动，仪表指示正常。

（9）与风机连接的风管无破损或漏风，送、排风口顺畅。

在运行检查时常用看、听、摸、测检查风机及其相关设备，如电动机的温升情况、风机轴承温升情况（不能超过 60 °C）、轴承润滑情况、噪声情况、振动情况、转速情况及风机与风道软接头完好情况。

（二）风机操作规程

1．相关设备系统的关联

（1）风机从对应的控制箱引入电源。

（2）风机与风阀联锁。

（3）BAS 和 FAS 接口。

2．TVF 风机操作规程要点

（1）开机的必备条件：

① 风路上的各阀门处于正常状态。

② 供电电源的电压在 380×（1±10%）V。

（2）操作顺序：

① 根据 OCC 指令或现场要求按下 TVF 风机的高速正转、低速反转，操作方法为旋转按钮到“正转/反转”后再按红色启动按钮，如图 5-41 所示。

图 5-41　TVF 风机操作按钮

② 按下按钮后，控制柜的 PLC 模块发出开启风阀的信号，风阀打开。

③ 风阀开度到位的信号反馈到 PLC 模块后，PLC 模块输出风机的高速正转、低速反转的运行信号，相应的运行指示灯亮，风机开始按风机的高速正转、低速反转运行。

④ TVF 风机运行正常后，检查电机的三相电流是否平衡并在正常范围内，在正常情况下，风机不应发出异常的声音和振动。

⑤ 在 TVF 风机高正转/低反转运行时，若根据 OCC 指令或现场要求，该风机需要低速反转/高速正转运行，则在控制柜上按下停止按钮，软启动器接收停机信号，风机实行能耗制动，同时关闭联锁风阀，风阀关到位后，再旋转正反转按钮，联锁风阀开到位，相应的运行指示灯亮，风机开始启动运行。

⑥ 停机时，按下 TVF 风机停止按钮，风机停止运行，停止信号灯亮，风阀关到位后，风阀关闭指示灯亮。

⑦ 操作完成后，将控制箱旋钮转换到 BAS 挡。

3．U/O 风机操作规程要点

（1）开机的必备条件：

① 管路上的各阀门处于正常状态。

② 供电电源的电压在 380×（1±10%）V。

（2）操作顺序：

① 将控制箱的“本地/远程”旋钮转换到本地挡。

② 在正常工况时，按下 U/O 风机的启动按钮。

③ 按下按钮后，控制箱的 PLC 模块发出打开风阀的信号，风阀开始打开。

④ U/O 风机采用变频启动，风阀开到位的信号反馈到 PLC 模块后，PLC 模块输出风机启动信号。

⑤ 风机开始运行，频率由调度远程设置。

⑥ U/O 风机运行正常后，检查电机的三相电流是否平衡并在正常范围内，在正常情况下，风机不应发出异常的声音和振动。

⑦ 停机时，按下 U/O 风机的停止按钮，风机停止，停止信号灯亮，风阀关到位后，风

阀关闭指示灯亮。

⑧ 现场控制的操作完成后，将控制箱的“本地/远程”旋钮转换到远程挡。

4. 射流风机操作规程要点

（1）开机的必备条件：

供电电源的电压在 380×（1±10%）V。

（2）操作顺序：

① 将控制箱的“本地/远程”旋钮转换到本地挡。

② 根据 OCC 指令或现场要求按下射流风机的正转或反转按钮。

③ 按下按钮后，相应的运行指示灯亮，风机开始按正转或反转运行。

④ 射流风机运行正常后，检查电机三相电流的平衡，并在正常范围内，风机不发出异常声音和振动。

⑤ 在射流风机正转/反转运行时，若根据 OCC 指令或现场要求，该风机需要反转/正转运行，则按下停止按钮，待 30 s 后，风机叶片停转，按“反转/正转”按钮，风机开始按反转/正转运行。

⑥ 停机时，按下射流风机的停止按钮，风机停止运行，风机停止信号灯亮。

⑦ 现场控制的操作完成后，将控制箱的“本地/远程”旋钮转换到远程挡。

5. 大、小系统风机操作规程要点

（1）开机的必备条件：

① 管路上的各阀门处于正常状态。

② 大、小系统风机风路畅通。

③ 供电电源的电压在 380×（1±10%）V。

（2）操作顺序：

① 将控制箱的“本地/远程”旋钮转换到本地挡。

② 在正常工况时，按下风机的启动/低速启动按钮（有高、低速启动按钮的就按下低速启动按钮）。

③ 按下启动/低速启动按钮后，控制箱的 PLC 模块发出打开风阀的信号，风阀开始打开。

④ 风阀开度到位的信号反馈到 PLC 模块后，PLC 模块输出风机运行/低速运行的信号，运行/低速运行指示灯亮，风机开始运行。

⑤ 回/排风机运行正常后，检查电机的三相电流平衡，并在正常范围内，风机不应发出异常的声音和振动。

⑥ 在火灾工况时，根据 OCC 指令或现场要求：小系统，按下回/排风机的高速启动按钮，高速指示灯亮，风机开始按高速运行；大系统，按下排烟风机的启动按钮，排烟风机启动，开始运行。

⑦ 停机时，按下风机的停止按钮，风机停止信号灯亮，风机停止运行，风阀关到位后，风阀关到位指示灯亮。

⑧ 现场控制的操作完成后，将控制箱的“本地/远程”旋钮转换到远程挡。

三、风阀、电动风阀运行管理

（一）风阀的使用要求

（1）风阀框架无变形，与风管连接紧密，无漏风。

（2）风阀执行器与连杆连接紧密，转动灵活，无松脱或打滑。

（3）风阀执行器动作与环控电控柜指示动作一致。

（4）风阀叶片无松脱、变形，密封胶完好。

（二）组合式风阀操作规程

1．相关设备系统的关联

（1）组合式风阀从对应的控制箱引入电源。

（2）风机与组合式风阀联锁。

2．组合式风阀操作规程要点

（1）开机的必备条件：

供电电源的电压在 220 ×（1 ± 10%）V。

（2）操作顺序：

① 将控制箱柜的“本地/远程”旋钮旋转换到本地挡。

② 按下开启或关闭按钮，接触器吸合后，组合式风阀执行机构开始动作，约 30 s 后执行机构停止动作，相应的状态指示灯亮。

③ 观察检查组合式风阀的动作，发现噪声、堵转等异常现象时采取处理措施。

④ 需要现场就地人工操作时，电机后罩装有手把，将电/手动转换旋钮转到手动位置上，制动盘与制动轮脱开，执行机构可手动操作，将旋钮转到自动位置上时，即可保证电机断电时制动。

⑤ 现场控制的操作完成后，将控制箱的“本地/远程”旋钮转换到远程挡。

（三）电动风阀操作规程

（1）开机的必备条件：

① 供电电源的电压在 220 ×（1 ± 10%）V。

② 阀门叶片没有障碍物。

（2）操作顺序：

① 把电动风阀操作箱“就地/远程”开关转换到“就地”挡，如图 5-42 所示。

图 5-42 电动风阀操作箱

② 旋转到“阀开”处，风阀开启，风阀开启到位后“全开”指示灯亮。

③ 阀门开启需要一定角度时可把按钮打到“阀停”处。

④ 关阀时把旋转按钮打到“阀关”处即可。

四、防火阀、消声器运行管理

（一）防火阀的使用要求

（1）防火阀框架无变形，与风管连接紧密，无漏风。

（2）防火阀叶片无松脱、变形。

（3）当电信号或手动拉绳使其关闭时，可逆时针转动叶片主轴上的复位手柄使其复位。

（4）当易熔断片熔断使其关闭时，则须更换新的易熔断片并重新使其复位。

（5）通过 EMCS（消防报警系统）控制显示器可检查防火阀的开关状态。

（6）发现防火阀关闭应立即进行复位，遇到重要位置（如主风管、风机出入口等）防火阀意外关闭时，立即关闭相应的正在运行的风机或空调机，并对防火阀进行复位。

（二）防火阀操作规程

正常状态下，防火阀为开启状态，如图 5-43（a）所示，当用力向下拉扣环时，阀门关闭，如图 5-43（b）所示。逆时针旋转手柄时可以开启防火阀，如图 5-43（c）所示；当旋转 90° 左右时，会听到咔的一声，阀门开到位，如图 5-43（a）所示。

（a）开启状态的防火阀

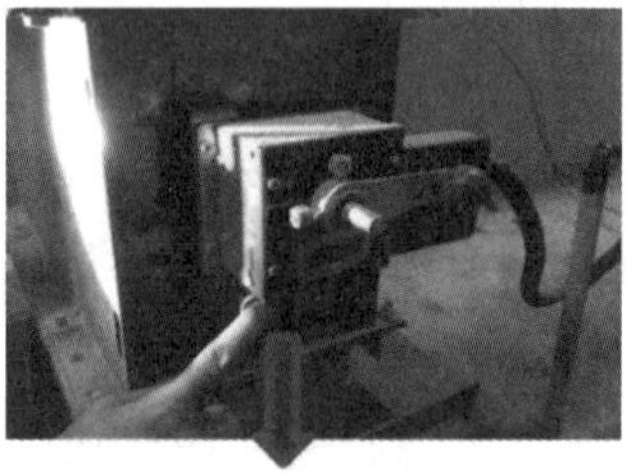

（b）手动关闭防火阀

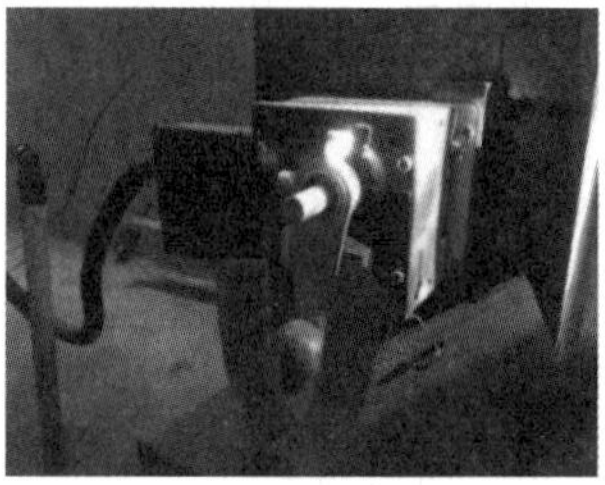

（c）开启防火阀的方法

图 5-43　防火阀

（三）消声器操作规程

对地铁来说，一般采用阵列式消声器，如图 5-44 所示。与土建风道尺寸灵活配合，可提高低频消声效果。

当需要通过风道的消声器时，可以打开消声器的滑动门通过。具体方法如下：扭开滑动门顶端槽钢的螺栓后（见图 5-45），推开滑动门即可通过（见图 5-46）。

图 5-44　阵列式消声器

图 5-45　锁定的滑动门

图 5-46　推开滑动门

任务实施

1. 任务准备

（1）实训设备：通风与防排烟系统中的 TVF 隧道风机、射流风机、各类风阀（包括防火阀）、阵列式消声器；

（2）实训工具：万用表、电工笔、螺丝刀、活动扳手、开口扳手、压线钳子等；

（3）实训资料：教材、地铁操作规程（可参照当地地铁运营公司操作规程）等；

（4）辅助材料：电工绝缘手套、抹布等。

2. 实施步骤（有条件的可以联系当地地铁运营公司现场参观学习）

（1）实训分组；

（2）风机运行操作与拆装（参照当地地铁运营部门操作规程）；

（3）风阀操作与拆装（参照当地地铁运营部门操作规程）；

（4）总结汇报。

3. 实训报告

结束任务后，根据实训内容编制实训报告（格式见附录 E），并提交给指导老师批阅。

任务小结

通过本任务学习，使学生能进行风机运行工况的调节；能熟练进行各类风机开机、运行检查和定期检查；能熟练进行风阀（包括防火、排烟阀等）运行检查和定期检查；能拆装风机和阀门。

任务 4 维修通风与防排烟系统

任务目标

通过本任务学习，能够了解地铁运营管理公司制定的各类风机和风阀（含防火、排烟阀门）、消声器等的检修项目及周期，掌握故障分析方法和判断故障的原因，进而可针对性地进行维修。

案例引入

根据各学校具体情况，可随机选取风机或风阀等的故障，让学生通过查询资料、分析和判断故障产生的原因，了解如何进行具体的维修工作。

案例分析

风机与风阀故障的可能性非常多，学生可以通过“看、摸、听、测”的方法来判断故障类型，有针对性地进行维修。

知识链接

一、风机检修

（一）风机检修项目及周期

地铁空调与通风系统涉及的风机比普通空调会更多、更大型、更复杂，有射流风机、推力风机、TVF 风机、U/O（TEF）风机、大小系统风机，还有事故排风（烟）机、一般排风机等。检修项目及周期见表 5-8 ~ 表 5-11。

表 5-8　射流风机、推力风机检修项目与周期（适用于正线）

修　程	检修工作内容	标　准	周　期
月检	1. 检查振动	运转时无异常振动	每月
	2. 检查噪声	运转时无异常噪声	
	3. 检查功能情况	启停正常，风机正反转运行正常，风机本体标识与 BAS 中显示一致	
	4. 支吊架、预埋件的检查与紧固	牢固，无松脱，无安全隐患	
季检	1. 包含月检全部内容	同月检标准	每季
	2. 检查紧固风叶及其组件	无变形，无断裂，无松动，角度一致无变化	
	3. 手操箱检查	功能正常，接线良好	
	4. 电机绝缘检查	对地绝缘电阻大于 0.5 MΩ	
	5. 电机接线检查	电机接线良好	
	6. 局部除锈、补漆	无锈蚀，美观	
两年检	1. 包含季检全部内容	同季检标准	每两年
	2. 检查紧固螺丝及安全绳（如有所需扭矩要求，见表 4-12）	紧固，无松动	
	3. 风机机械检查及清洁	性能完好	
	4. 检查风机轴承或按注油周期更换润滑油脂	无异常噪声和振动；JET 风机注油周期为两年，注油量为 30 g/次，润滑脂均为 EP2	
	5. 机体、支吊架及预埋件的除锈，补漆	美观，无锈蚀	
	6. 检查风机平衡情况，必要时做动静平衡试验	无异常噪声和振动	
	7. 根据需要检测风量及风压（更换叶片、电机时需测量）	达设计标准（见现场设备铭牌）	

表 5-9　TVF 风机、U/O（TEF）风机、大小系统风机检修项目与周期（适用于正线）

修　程	检修工作内容	标　准	周　期
日检	1. 检查现场状态	控制柜指示正常并处于远控位，风机外观正常，无异常噪声及振动	每日
	2. 外观检查	风机清洁，无杂物	
月检	1. 包含日检全部内容	同日检标准	每月
	2. 运行状态检查	启停正常，启动运转平稳，风向正确，无异常振动与声响，电流满足设备技术要求	
	3. 电机接线检查	电机接线良好	
	4. 控制箱检查	功能正常，接线良好	
	5. 检查紧固地脚螺丝	紧固，无松动	
	6. 风机机械检查	性能完好	
	7. 支吊架、预埋件的检查与紧固	牢固，无松脱，无安全隐患	
季检	1. 包含月检全部内容	同月检标准	每季
	2. 电机绝缘检查	绝缘电阻大于 0.5 MΩ	
	3. 检查风机轴承或按注油周期更换润滑油脂	无日常噪声和振动；TVF 风机注油周期为两年，U/O 风机注油周期为两年，注油量均为 145 g/次	
	4. 检查紧固风叶及其组件	无变形，无断裂，无松动，角度一致无变化	
年检	1. 包含季检全部内容	同季检标准	每年
	2. 检查风机平衡情况，必要时做动静平衡试验	无异常噪声和振动	
	3. 根据需要检查风量和风压（更换叶片、电机时需测量）	达设计标准（见现场设备铭牌）	
	4. 根据需要检查风机叶片的角度（更换叶片时需测量）	角度一致，符合出场要求（各类风机叶片角度不一，需核查合同）	
	5. 转动叶轮，检查其传动情况	叶尖与壳体的径向间隙均匀	
	6. 机体、机吊架及预埋件的除锈、补漆（必要时）	表面油漆无脱落及锈蚀	

表 5-10　车辆段事故排风机检修项目与周期（适用于车辆段）

修　程	检修工作内容	标　准	周　期
日检	1. 检查现场状态	控制柜指示正常并处于远控位，风机外观正常，无异常噪声及振动	每日
	2. 外观检查	风机清洁，无杂物	
月检	1. 包含日检全部内容	同日检标准	每月
	2. 运行状态检查	启停正常，启动运转平稳，风向正确，无异常振动与声响，电流满足设备技术要求	
	3. 电机接线检查	电机接线良好	
	4. 控制箱检查	功能正常，接线良好	

续表

修　程	检修工作内容	标　准	周　期
季检	1. 包含月检全部内容	同月检标准	每季
	2. 电机绝缘检查	绝缘电阻大于 0.5 MΩ	
	3. 检查紧固地脚螺丝	紧固，无松动	
	4. 风机机械检查	机械性能完好	
	5. 支吊架、预埋件的检查与紧固	牢固，无松脱，安全隐患	
	6. 检查紧固风叶及其组件	无变形，无断裂，无松动，角度一致无变化	
年检	1. 包含季检全部内容	同季检标准	每年
	2. 转动叶轮，检查其转动情况	叶尖与壳体的径向间隙均匀	
	3. 检查风机轴承或按注油周期更换润滑油脂（必要时）	无异常噪声和振动	
	4. 机体、支吊架及预埋件的除锈、补漆（必要时）	表面油漆无脱落及锈蚀	

表 5-11　车辆段排风机（不含事故排风机）检修项目与周期（适用于车辆段）

修　程	检修工作内容	标　准	周　期
季检	1. 运行状态检查	启停正常，启动运转平稳，风向正确，无异常振动与声响，电流满足设备技术要求	每季
	2. 电机接线检查	电机接线良好	
	3. 控制箱检查	功能正常，接线良好	
	4. 检查紧固地脚螺丝	紧固，无松动	
	5. 风机机械检查	性能良好	
	6. 电机绝缘检查	绝缘电阻大于 0.5 MΩ	
年检	1. 包含季检全部内容	同季检标准	每年
	2. 转动叶轮，检查其转动情况	叶尖与壳体的径向间隙均匀	
	3. 检查紧固风叶及其组件	无变形，无断裂，无松动，角度一致无变化	
	4. 检查风机轴承或按注油周期更换润滑油脂（必要时）	无异常噪声和振动	
	5. 支吊架、预埋件的检查与紧固	牢固，无松动，无安全隐患	
	6. 机体、支吊架及预埋件的除锈，补漆（必要时）	表面油漆无脱落及锈蚀	

（二）风机常见问题分析

风机运行中的常见问题分析及解决方法见表 5-12。

表 5-12 风机常见问题分析与解决办法

序号	问　题	原因分析	解决方法
1	电动机温升过高	流量超过额定值	关小阀门
		电动机或电源方面有问题	查找电动机和电源方面的原因
2	轴承温升过高	润滑油（脂）不够	适量补充润滑油（脂）
		润滑油（脂）质量不好	清洗轴承后更换合格润滑油(脂)
		风机轴与电动机轴不同轴	调整风机轴与电动机轴的同轴度
		风机的轴承损坏	更换风机的轴承
		风机的两轴承不同轴	调整风机两轴承的同轴度
3	传动带方面的问题	传动带过松（跳动）或过紧	调整电动机的地脚螺栓位置，增加或减小传动带松紧度
3	传动带方面的问题	多条传动带传动时，各传动带松紧不一致	调整或全部更换为新传动带
		传动带经常自动脱落	调整电动机和风机两带轮的平直度
		传动带擦碰传动带保护罩	张紧传动带或调整传动带的保护罩
		传动带磨损严重或脏污	更换传动带
4	噪声过大	叶轮与进风口或机壳摩擦	调整风机叶轮与进风口、机壳间的位置
		轴承部件磨损，造成间隙过大	更换轴承及其附属部件
		风机转速过高	降低风扇电动机转速或更换风机的带轮直径
5	振动过大	风机地脚螺栓或其他连接螺栓的螺母松动	拧紧风机地脚螺栓或其他连接螺栓的螺母
		风机轴承磨损或松动	更换风机轴承或调整轴承与轴承座的间隙
		风机轴与电动机轴不同轴	调整风机轴与电动机轴同轴度
		风机叶轮与轴的连接松动	紧固风机叶轮与轴的松紧度
		风机叶片质量不对称或部分叶片磨损、腐蚀	调整平衡或更换叶片或叶轮
		风机叶片上附有不均匀的附着物	清除风机叶片上的附着物
		风机叶轮上的平衡块质量或位置不对	重新校正平衡块质量或安装位置
		风机与电动机两带轮的轴不平衡	调整风机与电动机两带轮的轴平衡
6	叶轮与进风口或机壳摩擦	轴承在轴承座中松动	紧固轴承与轴承座的配合
		风扇叶轮中心未在进风口中心	调整风扇叶轮中心至进风口中心
		风扇叶轮与轴的连接松动	紧固风扇叶轮与轴的连接
		风扇叶轮变形	更换新的风扇叶轮

续表

序号	问　题	原因分析	解决方法
7	出风量偏小	叶轮旋转方向反了	调换电动机任意两根接线位置
		风道的阀门开度过小	将风道的阀门开度调至合适开度
		风机与电动机两带轮间的传动带过松	调整电动机的地脚螺栓位置，增加或减小传动带松紧度
		风机转速达不到要求	检查电源电压是否欠电压或轴承是否损坏，予以排除
		进风或出风口、管道中堵塞	清除进风或出风口、管道中的堵塞物
		风扇叶轮与轴的连接松动	紧固风扇叶轮与轴的连接

二、风阀、消声器检修

组合风阀、防火阀、防烟防火阀及消声器等风管部件的检修项目与周期参照表 5-13 ~ 表 5-15。

表 5-13　组合式风阀检修项目与周期

修　程	检修工作内容	标　准	周　期
日检	1. 检查现场状态	开闭状态到位，执行机构电机不发热	每日
	2. 检查 BAS 系统状态	现场状态在 BAS 系统上显示正确	
月检	1. 包含日检全部内容	同日检标准	每月
	2. 状态检查	开启与复位操作灵活，关闭时严密；反馈信号正确	
	3. 风阀的清洁	无明显异物	
	4. 检查阀框	牢固	
	5. 手操箱检查	功能正常，接线良好	
	6. 电气接线及开关触点检查	接线与元器件完好	
季检	1. 包含月检全部内容	同月检标准	每季
	2. 执行机构的检修与更换	动作灵敏、可靠	
	3. 传动部位松紧度调校	动作灵敏、可靠	
	4. 电机绝缘检查	对地绝缘电阻大于 0.5 MΩ	
年检	1. 包含季检全部内容	同季检标准	每年
	2. 阀片的修复或更换	坚固、完好	
	3. 密闭度检查	密闭（必要时测量风率≤0.5%）	
	4. 表面除锈、油漆（必要时）	表面油漆无脱落及锈蚀	

表 5-14　防火阀/防烟防火阀检修项目与周期

修　程	检修工作内容	标　准	周　期
月检	1. 检查防火阀 BAS 监控状态	正常，无中间位或状态相反	每月
	2. 阀片是否产生噪声或振动	无异响、小振动	
	3. 状态检查	开启与复位操作灵活，关闭时严密，反馈信号正确	
	4. 阀体的检查	整洁、牢固、完好	
	5. 易熔片的更换（必要时）	性能完好	
年检	1. 包含月检全部内容	同月检标准	每年
	2. 密闭度检查	密闭（必要时测量风率≤0.5%）	
	3. 阀片的修复或更换	坚固、完好	
	4. 表面除锈、油漆（必要时）	表面油漆无脱落及锈蚀	
	5. 支吊架的检查与紧固	牢固、无松动	
	6. 执行机构的检修或更换	动作灵敏、可靠	
	7. 传动部位松紧度调校及润滑（必要时）	动作灵敏、可靠	
	8. 电气接线及开关触点检查	接线与元器件完好	

表 5-15　消声器检修项目与周期（适用于正线、车辆段）

修　程	检修工作内容	标　准	周　期
月检	1. 消声器表面及整体	无变形或位移	每月
	2. 检查声学填料	无损伤、泄漏	
季检	支吊架、预埋件的检查与紧固	牢固、无松动、无安全隐患	每季
年检	1. 包含月检全部内容	同月检标准	每年
	2. 检查消声片形状	表面平直、光滑、无锈蚀	
	3. 检查连接接点	无松动、损坏	
	4. 调整消声片的间距、垂直度	符合原产品安装标注	
	5. 支架的检查、防锈及涂漆处理	牢固、无锈蚀、美观	

任务实施

1. 任务准备

（1）实训设备：地铁通风与防排烟系统中的各类风机、风阀、消声器；

（2）实训工具：万用表、电工笔、扳手、螺丝刀、钳子等；

（3）实训资料：教材、地铁检修规程（可参照当地地铁运营公司检修规程）等；

（4）辅助材料：电工绝缘手套、抹布等。

2. 实施步骤（有条件的可以联系当地地铁运营公司现场参观学习）

（1）实训分组；

（2）风机检修（参照当地地铁运营部门检修规程）；

（3）风阀检修（参照当地地铁运营部门检修规程）；

（4）消声器检修（参照当地地铁运营部门检修规程）；

（5）总结汇报。

3. 实训报告

结束任务后，根据实训内容编制实训报告（格式见附录 E），并提交给指导老师批阅。

任务小结

通过本任务的实施，可让学生掌握风机、风阀、消声器的检修流程、检修项目及周期，学会如何根据现象判断故障类型，熟悉如何进行设备维修。

思考题

1. 通风方式的分类有哪些？
2. 自然通风产生的原因是什么？
3. 机械通风与自然通风相比有什么优缺点？
4. 什么是全面通风？
5. 某房间 600 m^2，层高 6 m，换气次数为 10 次/h，试求该房间所需的全面通风量。
6. 某居住区房间内同时散发苯和甲醛，散发量分别为 5 mg/s、0.6 mg/s，求所需的全面通风量。
7. 什么情况下房间要保持正压？怎么维持？
8. 什么情况下房间要保持负压？怎么维持？
9. 什么是火灾烟气？其主要成分是什么？
10. 火灾烟气有哪些危害？如何控制？
11. 防火分区的目的是什么？如何划分？如何划分防烟分区？
12. 什么是加压送风防烟？适用什么场合？
13. 什么是疏导排烟？目的是什么？
14. 自然排烟和机械排烟的优缺点是什么？

项目 6

空气调节系统运行与维护

【项目导读】

<table>
<tr><td colspan="2">学习任务</td><td>空气调节系统运行与维护</td></tr>
<tr><td colspan="2">建议学时</td><td>12 学时</td></tr>
<tr><td colspan="2">学习内容</td><td>（1）湿空气及其参数；
（2）焓湿图应用；
（3）空调冷、热、湿负荷确定；
（4）空调热湿处理设备分类及原理；
（5）风管系统组成；
（6）空调房间气流组织；
（7）风管系统确定原则；
（8）消声与减振的措施；
（9）空气调节系统分类；
（10）集中式空调系统与半集中式系统的空气处理过程；
（11）空气调节系统运行管理；
（12）空气调节系统维修</td></tr>
<tr><td rowspan="3">目标</td><td>知识目标</td><td>（1）掌握湿空气及其参数的确定；
（2）掌握焓湿图的应用；
（3）熟悉空调房间冷、热、湿负荷的估算方法；
（4）熟悉掌握典型空气热湿处理设备的分类、结构及原理；
（5）掌握风管系统的组成；
（6）掌握空调房间的气流组织确定；
（7）掌握空调系统消声与减振的措施；
（8）掌握空调系统的分类、特点及适用场所；
（9）了解集中式和半集中式空调系统空气处理过程；
（10）熟悉空气调节系统的运行管理；
（11）熟悉空气调节系统维护维修</td></tr>
<tr><td>能力目标</td><td>（1）能应用焓湿图进行空气处理过程的分析；
（2）能对集中式空调系统和半集中式空调系统进行焓湿分析；
（3）能用专业术语描述空气热湿处理设备的结构和原理；
（4）能联系实际建筑判断系统类型；
（5）能根据操作规程进行系统的运行管理；
（6）能根据检修规程进行系统的检修</td></tr>
<tr><td>素质目标</td><td>（1）具有严谨认真、实事求是的科学态度；
（2）能自主学习新知识、新技能；
（3）具有高度的职业责任心和安全意识，遵章守纪、规范操作；
（4）具有较强信息搜集能力，学会查找相关国家标准；
（5）团队协作和吃苦耐劳的精神</td></tr>
<tr><td colspan="2">教学手段与方法</td><td>多媒体教学，并结合实际空调案例进行讲解、分析和实训练习</td></tr>
</table>

任务 1　理解空气调节基础

任务目标

通过对空调基础知识的学习，理解空气处理设备所涉及的参数和过程，能利用焓湿图分析空气处理设备的处理过程。

案例引入

利用焓湿图如何分析不同空气处理设备对湿空气的处理过程。

案例分析

凡涉及空气状态以及空气状态的变化、处理过程均需要借助焓湿图来解决问题，因此需要充分掌握焓湿图的应用。

知识链接

室内环境的舒适有赖于室内的热湿环境、室内空气品质、室内光环境、室内声环境等。其中热湿环境和室内空气品质就是由空气调节技术来保证的。空气调节的定义有很多版本，《采暖通风与空气调节术语标准》（GB/T 50155—2015）对空调的定义为：使房间或封闭空间的空气温度、湿度、洁净度和气流速度等参数，达到给定要求的技术。但通用的定义如下：空气调节（Air Conditioning）是使某一个房间或空间内的空气温度、空气湿度、空气流动速度、洁净度（俗称“四度”）等参数达到给定要求的技术。

国内现代空调技术在最近几十年得到飞速发展。追溯我国真正意义的空调系统产生于1931年上海纺织厂。随后在电影院、餐馆、商场、银行、高档办公楼、车站、机场、体育馆等采用空气调节系统。现在，空调已不是奢侈品，而是提高人们生活质量的必需品。

我国的采暖通风与空气调节设计规范到目前为止，经历了多个版本的变迁。1976年颁布了《工业企业采暖通风与空气调节设计规范》（TJ 19—75）；1989年颁布了《采暖通风与空气调节设计规范》（GBJ 19—87）；2003年颁布了《采暖通风与空气调节设计规范》（GB 50019—2003）；2012年颁布了《民用建筑供暖通风与空气调节设计规范》（GB 50736—2012）；2015年颁布了《工业建筑供暖通风与空气调节设计规范》（GB 50019—2015）。

空气调节概念

一、湿空气认知

（一）湿空气的组成

湿空气是一种混合气体，指含有水蒸气的空气。完全不含水蒸气的空气称为干空气。自然界中的空气或多或少都含一定的水蒸气，因此平时生活中的空气不存在绝对的干空气，都是指湿空气，空调工程中所指的空气环境也是湿空气。湿空气由干空气和水蒸气组成。其中干空气是由氮、氧、氩、二氧化碳、氖、氦及其他微量气体组成的混合气体。

大自然中的水蒸气主要是由江、河、湖、海中的水分蒸发进入空气，而工程上所说的水蒸气一般是由锅炉在定压下对水进行加热而得到的。如水经过预热过程进入饱和水汽化过程然后到饱和蒸汽过热过程而形成水蒸气。水蒸气对人、工艺都有很大的影响。如在南方多雨地区，空气就比较潮湿，湿衣服就不容易干；夏天，会感到身上的汗总是不干，很不舒服；北方的兰州、乌鲁木齐等地区，由于空气干燥，在同样的温度下，就要舒适得多；在纺织车间，湿度小时，纱线变粗、变脆，容易产生飞花和断头，可是空气太潮湿也不行，纱线会黏结，不好加工。

理想气体是一种经过科学抽象的假想气体，必须符合两个假定：① 气体分子是一些弹性的、不占体积的质点；② 分子之间没有相互作用力。因此，常温常压下干空气可视为理想气体，湿空气中的水蒸气可近似视为理想气体。湿空气也遵循理想气体的变化规律，适用以下理想气体状态方程：

$$PV = mRT \text{ 或 } Pv = RT \tag{6-1}$$

式中 P——气体的绝对压力，Pa；

v——气体的比体积，m^3/kg；

T——气体的热力学温度，K；

R——气体常数，J/（kg · K），水蒸气为 461.5 J/（kg · K），空气为 287 J/（kg · K）；

m——气体质量，kg；

V——气体所占的体积，m^3。

理想气体状态方程式表达了压力、密度、含湿量、相对湿度、焓、露点温度等状态参数之间的关系。

（二）湿空气的物理性质

工程中常用的湿空气状态参数有温度、压力、密度、焓湿量、相对湿度、焓、露点温度等。湿空气的物理性质不仅取决于其组成成分，而且与它所处的状态有关。

1．温度

温度是用来表示物体冷热程度的物理量，根据分子运动学说，温度是物质分子热运动激烈程度的标志。温度的高低用温标来衡量，温度不能直接测量，只能通过物体随温度变化的某些特性来间接测量。测量温度的仪表有普通温度计、热电偶温度计、双金属温度计、红外线温度计。

2．压力

根据混合气体道尔顿分压力定律，混合气体的总压力等于各组成气体的分压力之和。

$$p = \sum_{i=1}^{n} p_i \tag{6-2}$$

因此，湿空气的总压力等于水蒸气分压力与干空气分压力之和。

$$P = P_{\mathrm{g}} + P_{\mathrm{q}} \tag{6-3}$$

式中　P——大气压力，Pa；

P_{g}——干空气的分压力，Pa；

P_{q}——水蒸气的分压力，Pa。

地球表面单位面积上的空气压力称为大气压力。用 P 或 B 表示，单位为 Pa 或 kPa。大气压力不是一个定值，它随着各地海拔高度的不同而不同，还随季节、气候的变化而略有不同。在物理学中，把纬度为 45° 海平面（即海拔高度为零）上的常年平均大气压力规定为 1 标准大气压（atm）。此标准大气压为一定值。其值为 1 atm = 760 mm 汞柱 = $1.013\ 25 \times 10^5$ Pa。

海拔越高，大气压力越小；两地的海拔相差越悬殊，其气压差也越大。单位体积内空气的质量越多，其所产生的大气压力也越大，即空气的压力还与密度有关。例如，查《民用建筑供暖通风与空气调节设计规范》可知南京市海拔 8.9 m，夏季大气压力为 100 400 Pa，冬季大气压力为 102 520 Pa；广州市海拔 9.3 m，夏季大气压力为 99 992 Pa，冬季大气压力为 101 325 Pa；拉萨市海拔 3 658 m，夏季大气压力为 65 194 Pa，冬季大气压力为 65 061 Pa。

水蒸气的分压力是湿空气中具有与湿空气相同温度的水蒸气产生的压力，用 P_{q} 表示，单位符号为 Pa 或 kPa。水蒸气分压力大小直接反映了水蒸气含量的多少。

湿空气中的水蒸气通常处于过热状态，即水蒸气的分压力低于当时湿空气的温度（也是水蒸气温度）所对应的水蒸气饱和压力，这种湿空气称为未饱和空气，这是干空气和过热水蒸气的混合物。若湿空气中水蒸气的含量达到最大限度时，这时的湿空气便称为饱和空气，相应的水蒸气分压力称为饱和水蒸气分压力，用 $P_{\mathrm{q,b}}$ 表示。

3．密度

单位容积的空气所具有的质量称为空气的密度，用符号 ρ 表示，单位符号为 m³/kg。根据密度定义可知，湿空气的密度是干空气密度和水蒸气密度之和。湿空气的密度表达式如下：

$$\rho = 0.003\ 48\frac{B}{T} - 0.001\ 32\frac{P_{\mathrm{q}}}{T} \tag{6-4}$$

由式（6-4）可得湿空气的密度随水蒸气的分压力升高而降低，因此湿空气比干空气轻；空气温度越高，空气密度越小，大气压力也越低。因此，同一地区夏季比冬季气压低。在实际工程计算中，可近似取湿空气的密度为 1.2 kg/m³。

4．含湿量

在湿空气中，与 1 kg 干空气同时并存的水蒸气量称为含湿量，用符号 d 表示，单位符号为 g/kg 干空气，即

$$d = 622\frac{P_q}{B - P_q} \tag{6-5}$$

式中　B——当地大气压。

公式表明：当大气压力 B 一定时，水蒸气分压力只取决于含湿量，水蒸气分压力越大，含湿量也越大；当含湿量一定时，水蒸气分压力将随大气压力的增加而增加，随大气压的减少而减少。

5. 相对湿度

相对湿度是指空气中水蒸气分压力与同温度下饱和水蒸气分压力之比，用符号 φ 表示，反映空气接近饱和的程度。

$$\varphi = \frac{P_q}{P_{q,b}} \times 100\% \tag{6-6}$$

式中　P_q——水蒸气分压力；

$P_{q,b}$——饱和水蒸气分压力。

公式表明：φ 越小，则空气饱和程度越小，空气越干燥，吸收水蒸气能力越强；φ 越大，则空气饱和程度越大，空气越湿润，吸收水蒸气能力越弱。$\varphi = 100\%$ 时，湿空气为饱和空气；$\varphi = 0$ 时，湿空气为绝对干空气。

6. 比　焓

焓是热力学上的一个名词，简单地说，湿空气的焓就是湿空气所具有的做功能力（不包括位置势能）。湿空气的质量焓是以 1 kg 干空气为基准来计算，应为 1 kg 干空气的焓和 $10^{-3}d$ kg 的水蒸气的质量焓之和，湿空气的比焓用 h 表达，单位符号为 kJ/kg。

湿空气比焓的表达式如下：

$$h = 1.01t + d(2\,500 + 1.84t) = (1.01 + 1.84d)t + 2\,500d \tag{6-7}$$

根据比焓的定义，有

$$h = h_g + 10^{-3}dh_q$$

一般热力学上取 0 °C 时干空气焓值为 0；0 °C 时水的焓值为 0。

当干空气从 0 °C 加热到 t °C 时的焓差如下：

$$h_g = C_{p,g} \times m_g \times (t - 0) = 1.01t$$

干空气的定压比热容 $C_{p,g} = 1.01\ \text{kJ/kg}\cdot{}^\circ\text{C}$，水蒸气的定压比热容 $C_{p,g} = 1.84\ \text{kJ/kg}\cdot{}^\circ\text{C}$。

0 °C 时水的汽化潜热 2 500 kJ/kg，即 0 °C 的水变成 0 °C 的水蒸气需要吸收的热量。

当 0 °C 水加热变成 t °C 水蒸气时的焓差如下：

$$h_q = 2\,500 + C_{p,g} \times m_q \times (t - 0) = 2\,500 + 1.84t$$

因此，可得湿空气的比焓的表达式。

在空气处理工程中经常要确定状态变化过程中热量的变化。空调工程中湿空气的状态变化属于定压过程，可用空气状态变化前后的焓差来计算空气热量的变化。

7．露点温度

未饱和湿空气在含湿量不变的条件下，使未饱和空气温度降低，达到饱和状态的温度称为露点温度，用t_l表示。形象地说，就是空气中的水蒸气变为露珠时候的温度叫作露点温度。当空气中水汽已达到饱和时，气温与露点温度相同；当水汽未达到饱和时，气温一定高于露点温度。所以，露点与气温的差值可以表示空气中的水汽距离饱和的程度。

未饱和湿空气在达到露点温度后，温度继续下降，则达到饱和的湿空气中的一部分水蒸气凝结成水滴而分离出来，这种现象称结露。如秋天清晨草地的露珠，夏季从冰箱取出冰冻饮料瓶表面的水珠等都是结露现象。是否结露取决于结露表面温度与空气露点温度之间的关系，当物体表面温度低于空气的露点温度，则物体表面产生结露现象；反之则不结露。

现实生活中，我们有时候利用空调冷却的方法使空气温度降到露点温度以下，让空气中的水蒸气析出凝结成水，以达到干燥空气的目的。

8．干湿球温度

用普通温度计测量的空气的温度称为干球温度。湿球温度是在定压绝热条件下，空气与水直接接触达到稳定热湿平衡时的绝热饱和温度，也称热力学湿球温度，用t_s表示。干湿球温度计由两支普通温度计组成，如图 6-1 所示。

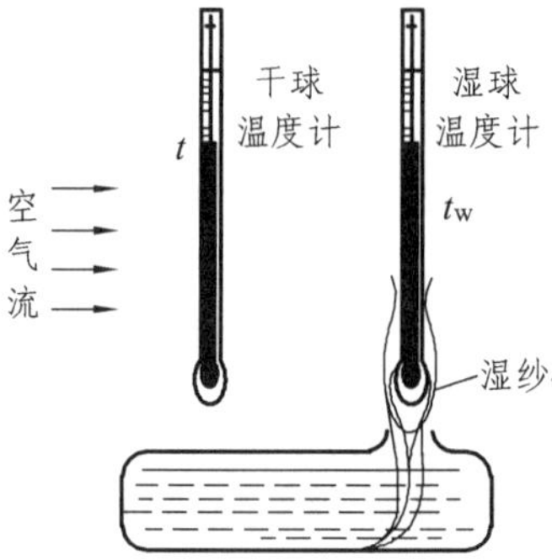

图 6-1　干湿球温度计

一支温度计球部包有潮湿的纱布，纱布的下端浸入盛有水的玻璃杯中，待湿纱布水温保持恒定，达到平衡时温度计所测量的温度称为湿球温度。湿球温度的含义在空调中至关重要。根据干球温度和湿球温度温差可以确定被测空气的相对湿度的大小。相对湿度与干湿球温度的关系如下：

$$P_{bs} - P_q = AB(T - T_s) \tag{6-8}$$

因为　$P_q = \varphi P_b$

所以　$$\varphi = \frac{P_{bs} - AB(T - T_s)}{P_b} \times 100\% \tag{6-9}$$

式中　P_{bs}——温度为湿球温度时的饱和水蒸气分压力，Pa；

P_q——干球温度时空气中的水蒸气分压力，Pa；

A——与风速有关的系数；

B——大气压力，Pa；

T——空气干球温度，°C；

T_s——空气湿球温度，°C；

P_b——温度为干球温度时的饱和水蒸气分压力，Pa。

显然，T 和 T_s 分别对应确定的 P_b 和 P_{bs}，由干湿球温度计读数的差值，即可通过式（6-9）

确定被测空气的相对湿度。干湿球温度计的差值越大，则空气的相对湿度越小；反之，差值越小，空气的相对湿度越大。

二、焓湿图应用

（一）焓湿图的构成

湿空气的主要状态参数有 t、d、B、h、P_q、ρ、φ 等。这些参数可通过各自的公式计算求得，但在进行工程计算时，过程烦琐且易出错。空调工程中涉及的空气状态参数之间的关系除了用公式表达还可以有更直观的表达。将一定的大气压力 B 作用下的 t、d、h、φ、p_q 等湿空气的状态参数之间关系用线算图表示。线算图有焓湿图、温湿图、焓温图等。其中最常用就是焓湿图。

湿空气的焓湿图是在不同的大气压力下，取比焓值作为纵坐标，含湿量值作为横坐标，绘出其他参数的关系线，如图 6-2 所示。h-d 图由下列 5 种线群组成，分别为定 d 线（等湿线）、等 p_q 线（水蒸气分压力线）、定 t 线（等温线）、定 h 线（等焓线）、定 φ 线（等相对湿度线），如图 6-3 所示。

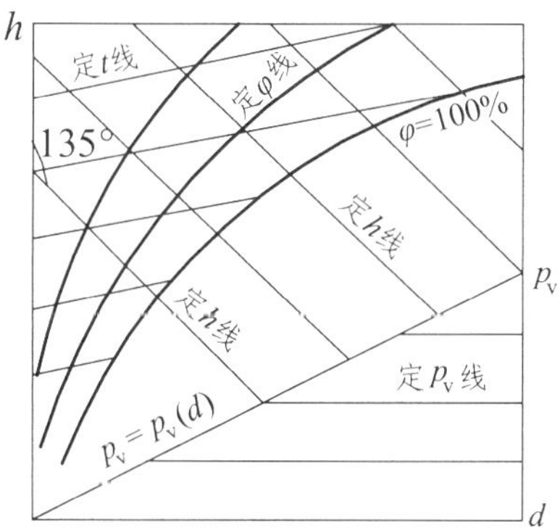

图 6-2　湿空气的焓湿图构成

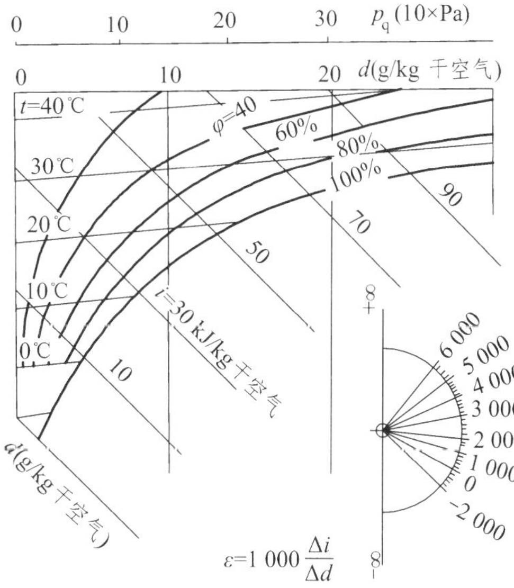

图 6-3　焓湿图

（1）定含湿量线簇（等 d 线）：等 d 线是一垂直线。在一定的总压力下，p_q 与 d 值具有一定函数关系，是一一对应的，因此等 d 线也是等 P_q 线。并且，湿空气的露点温度 t_l 仅确定于蒸气分压力 p_q，因此垂直线簇又是定露点温度线簇。

（2）定焓线簇（等 h 线）：在 h-d 图上以参数 i 为纵坐标，为使图线不致过于密集，定 h 线做成一组与纵坐标轴夹角为 135° 的平行直线。

（3）定温（干球温度）线（等 t 线）：在 h-d 图上定温线是一组斜率为正的斜直线。随着温度值的增大，斜率也逐渐增大。

（4）定相对湿度线（等 φ 线）：定相对湿度线是一组向上凸的曲线。在一定值下随着焓值（或随温度）的增加，湿空气中的含湿量相应增加。在一定的 d 值下，相对湿度 φ 随着温度的降低而增大，因此定 φ 线随相对湿度值增大而位置下移。$\varphi=100\%$ 的定 φ 线处于最下位置，称为饱和空气曲线。在饱和空气曲线上的湿空气的干球湿度 t 、湿球温度 t_s 和露点温度 t_l 是同一个数值，所以在饱和空气曲线上标出的温度值既是露点温度，又是湿球温度，也是干球温度，这是现实中不存在的湿空气状态，因此湿空气状态点都在 $\varphi=100\%$ 饱和曲线的上方。

（5）水蒸气分压力线（等 p_q 线）：在 d 轴上方绘一条水平线，标上 d 值对应的 p_d 值即为水蒸气分压力线。

焓湿图是在一定的大气压力下绘制的，对应于不同的大气压力值下有不同的焓湿图。在 h-d 图上，任意一点就代表空气的一个状态，各种状态参数均可以由图查出。

h-d 图上右下角标注的热湿比线表明空气由一个状态变为另一个状态的热湿变化过程，如图 6-4 所示。假如湿空气由 A 点到 B 点，其状态变化前后的焓差（Δi）和含湿量差（Δd）之比值，称为热湿比，用符号 ε 表示。且 A 点到 B 点在焓湿图上所连直线即为热湿比线，表示空气状态变化过程线，又称为“角系数”。

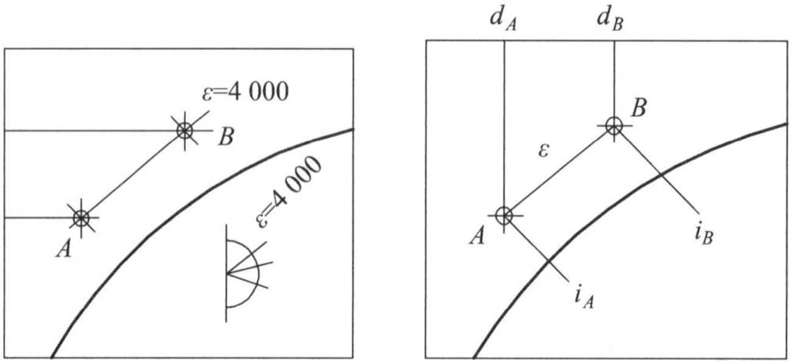

图 6-4　湿空气变化过程焓湿图

$$\varepsilon=\frac{i_B-i_A}{d_B-d_A}=\frac{\Delta i}{\Delta d}=\frac{G\times\Delta i}{G\times\Delta d}=\frac{Q}{W} \tag{6-10}$$

在式（6-10）中，Q、W 分别为湿空气状态变化时吸收（或放出）的热量和湿量。

标准大气压下湿空气的焓湿图见附录 D。

（二）焓湿图的应用

工程中凡涉及空气状态以及空气状态的变化、处理过程均需要借助焓湿图来解决问题。如确定湿空气的状态及状态参数、表示湿空气的状态变化过程、求两种或多种湿空气的混合状态等。

空气状态　　在焓湿图中空气状态参数　　空气处理典型过程

1. 确定湿空气的状态及状态参数

1）确定空气的状态参数

根据湿空气的任意两个独立参数，可在焓湿图上确定湿空气的状态点，并查出其他参数，从而确定湿空气的状态。独立参数是指干球温度、湿球温度、焓值、含湿量、空气的相对湿度。含湿量与水蒸气分压力就不是独立参数。

【例 6-1】 已知大气压力 $B = 101\ 325$ Pa，空气温度 $t = 25$ °C，相对湿度 $\varphi = 60\%$，求该空气的状态参数。

解 在大气压力 $B = 101\ 325$ Pa 的焓湿图上，首先根据温度 $t = 25$ °C 的等温线和相对湿度 $\varphi = 60\%$ 的等相对湿度线的交点，确定空气状态点 A，即为要求的空气状态点，如图 6-5 所示。查出其余状态参数为：

焓值：55.5 kJ/kg；

湿球温度：19.50 °C；

露点温度：16.90 °C；

含湿量：11.80 g/kg；

水蒸气分压力：1 923.11 Pa；

饱和水蒸气分压力：3 205.18 Pa。

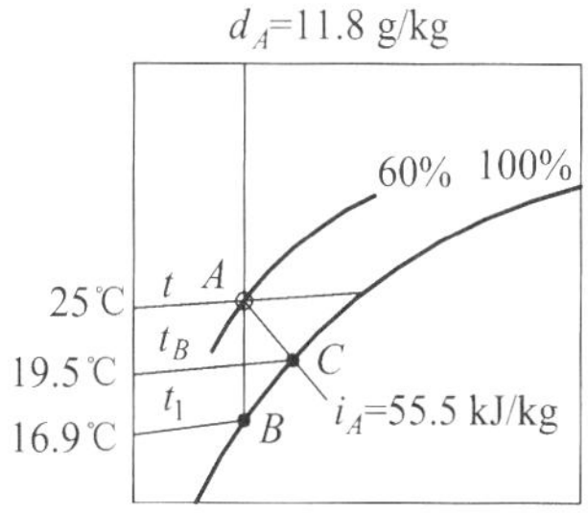

图 6-5 A 点状态参数

2）确定湿空气的露点温度

在空调技术中，露点温度是一个很有用的参数，是空气开始结露的临界温度。如利用低于空气露点温度的水去喷淋热湿空气或让热湿空气流经表面温度低于露点温度的表冷器，都可以达到冷却减湿的效果。露点温度是在一定的水蒸气分压力下的未饱和空气，在含湿量不变的情况下，冷却到相对湿度 100%（即饱和状态）时所对应的温度，称为露点温度。

露点温度的确定方法是先根据已知参数确定该空气状态点 A，过 A 点沿等含湿量线向下与 $\varphi = 100\%$ 相交的交点 B 所对应的温度即 A 状态空气的露点温度。从图 6-6 可知，等含湿量线上的任意点都具有相同的露点温度，含湿量越大，露点温度越高。

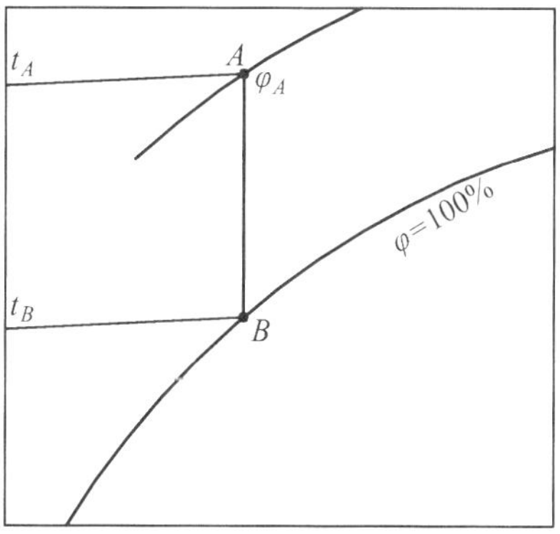

图 6-6 湿空气的露点温度确定

3）确定湿空气的湿球温度

在空调工程中，利用干湿球温度计很容易测量干湿球温度，然后利用干湿球温度就可以在焓湿图上查找到其他的状态参数。干湿球温度计的原理是利用缠有纱布的温度计所测量的温度实际上是反映了纱布上水的温度。如果测量开始时纱布上的水温与空气温度一致，则干球温度计与湿球温度计读数应一致，则表明空气的相对湿度达到 100%，实际上是不存在相对湿度达到 100% 的状况。现实中空气的相对湿度都是小于 100% 的，此时纱布中的水分就会蒸发，吸收汽化热，使纱布上的水温度降低。一旦纱布水温低于空气温度，热量就会从温度高的空气传递给温度低的纱布。当湿球温度计纱布中的水温降低到某一温度时，空气对流的传热量正好等于蒸发水分所需要的汽化热，则达到一种平衡状态，纱布上的水温不再变化，则此时的湿球温度的读数就是该状态空气的湿球温度。

当空气流经湿球温度计时，湿球表面的水与空气存在热湿交换，且空气状态会发生变化，其热湿比为 $\varepsilon \approx \dfrac{\Delta i}{\Delta d} \approx 4.19 t_s$，在焓湿图上，$\varepsilon = 4.19 t_s$ 的过程线即为等湿球温度线。在空调工程中，当湿球温度 $t_s \leqslant 30$ °C 时，热湿比 $\varepsilon = 4.19t_s$ 的过程线与 $\varepsilon = 0$ 的等焓线非常接近，因此在实际工程中，近似地用等焓线代替等湿球温度线，所造成的误差是很小的，如图 6-7 所示。

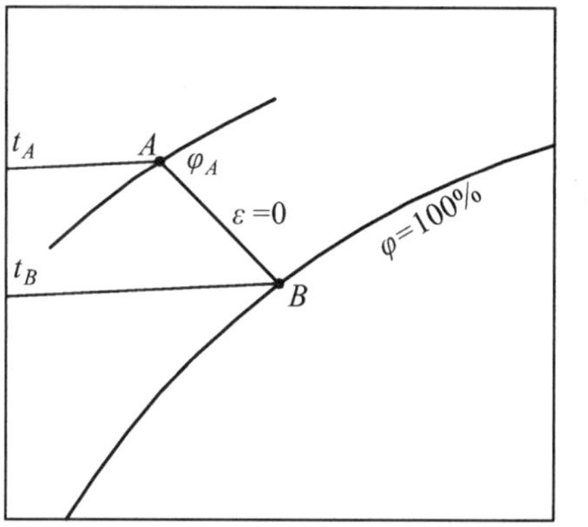

图 6-7　湿球温度的确定

【例 6-2】　已知 $B = 101\ 325$ Pa，用通风干湿球温度计测得 $t = 40$ °C，$t_s = 25$ °C，试确定湿空气的其他状态参数。

解　在 $B = 101\ 325$ Pa 焓湿图上，由 t_s 与 φ=100% 的饱和线相交得 S 点，过 S 点作等焓线与 $t = 40$ °C 的等温线相交于 A 点。该点就是所求的湿空气状态点，由焓湿图所知 A 状态点的其他状态参数 $\varphi_A = 30\%$，$i_A = 76$ kJ/kg，$d_A = 14$ g/kg 干空气。A 点实际是近似状态点。实际状态点是过 S 点作 $\varepsilon = 4.19t_s = 4.19 \times 25$ kJ/kg $= 104.75$ kJ/kg 的热湿比线与 $t = 40$ °C 的等温线相交于 A'点，A'点才是真正的空气状态点，由焓湿图查得的 $\varphi_{A'} = 29.9\%$，$i_{A'} = 75$ kJ/kg，$d_{A'} = 13.8$ g/kg 干空气，如图 6-8 所示。

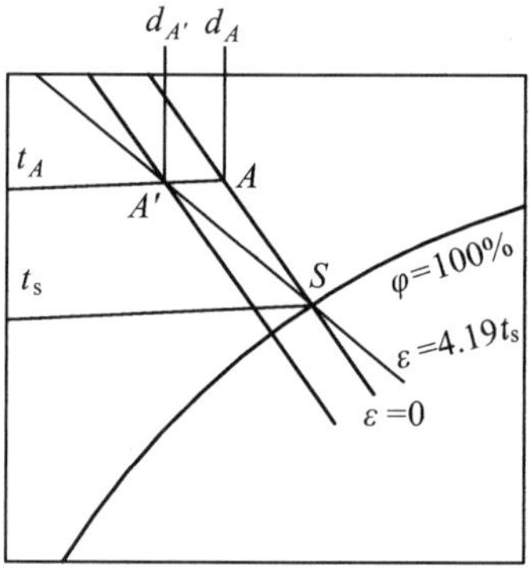

图 6-8　已知干湿球温度确定空气状态

比较结果，两者误差很小，工程上为方便起见，用等焓线近似确定湿球温度即可。

2．湿空气的状态变化过程

焓湿图不仅可以确定空气的状态参数，而且可以表达空气经过加热、加湿、冷却、去湿等处理过程。比较典型的空气处理过程有等湿加热过程、等湿冷却过程、等焓加湿过程、等焓减湿过程、等温加湿过程、减湿冷却（或干燥）过程。

1）等湿加热过程

实际工作中，使湿空气温度升高可采用加热方式，如利用热水、蒸气、电等对空气进行加热，要使湿空气含湿量不变，则热水和蒸气不可以与空气直接接触。若要不直接接触，电加热器满足要求，如图 6-9 所示。而水和蒸气就只有采用表面式换热器的方式，如图 6-10 所示。热水、蒸气与空气之间通过互相不连通但又可以通过热交换的方式达到加热的目的。

表面式加热器是在管内通热媒（热水或蒸气），管外流过空气，通过管壁将热媒的热量传给空气。而电加热器是空气与电阻丝直接接触被加热。空气经空气加热器加热后，温度升高，但含湿量没有改变，是等湿加热过程。

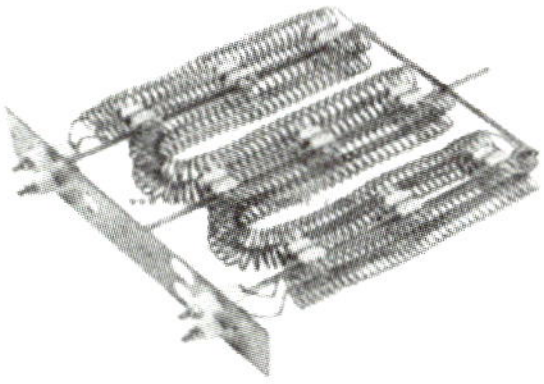

图 6-9　电加热器

图 6-10　表面式换热器

以电加热器的处理过程为例，如图 6-11 中过程线 1—2。

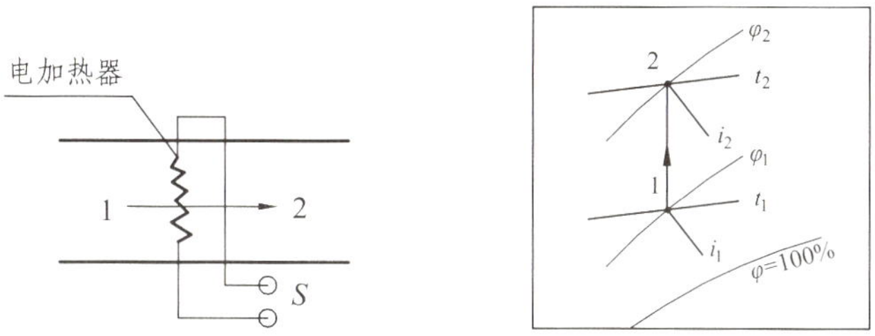

图 6-11　电加热器的处理过程

过程参数变化特点见表 6-1。

表 6-1　等湿加热过程参数变化

加热特点	温度变化	焓值变化	含湿量变化	相对湿度的变化	热湿比
等湿升温	$\Delta t > 0$	$\Delta i > 0$	$\Delta d = 0$	φ减小	$\varepsilon \to +\infty$

2）等湿冷却过程

与等湿加热过程相反，如果要保持湿空气含湿量不变而温度又降低也可以采用表面式冷却器的方式，冷水或冷媒与空气之间通过互相不连通但又可以通过冷表面进行热交换的方式达到降温的目的，如图 6-12 所示。

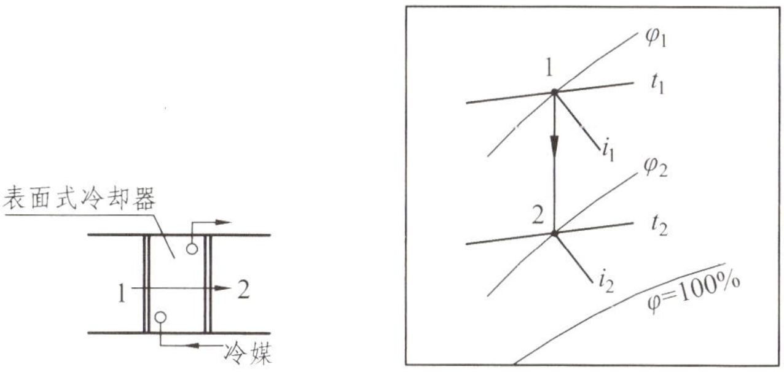

图 6-12　表面式冷却器的处理过程

过程参数变化特点见表 6-2。

表 6-2 等湿冷却过程参数变化

加热特点	冷媒温度	温度变化	焓值变化	含湿量变化	相对湿度的变化	热湿比
等湿升温	$t > t_1$	$\Delta t < 0$	$\Delta i < 0$	$\Delta d = 0$	φ增加	$\varepsilon \to -\infty$

注：表冷器表面温度必须高于或等于湿空气的露点温度，水蒸气不凝结，含湿量才能保持不变。

3）等焓加湿过程

湿空气加湿，意味着增加了水蒸气，也增加了焓，怎么才能保证焓值不变呢？可以采用喷水室循环水处理空气，该过程增加水蒸气，增加的焓值，与湿空气温度降低减少的焓值可以近似抵消。喷水室等焓加湿过程如图 6-13 所示。

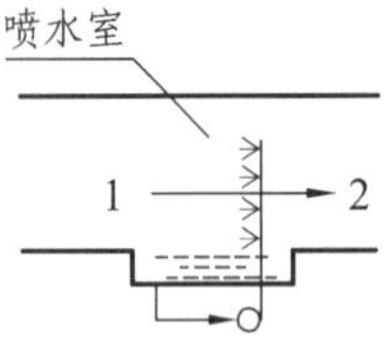

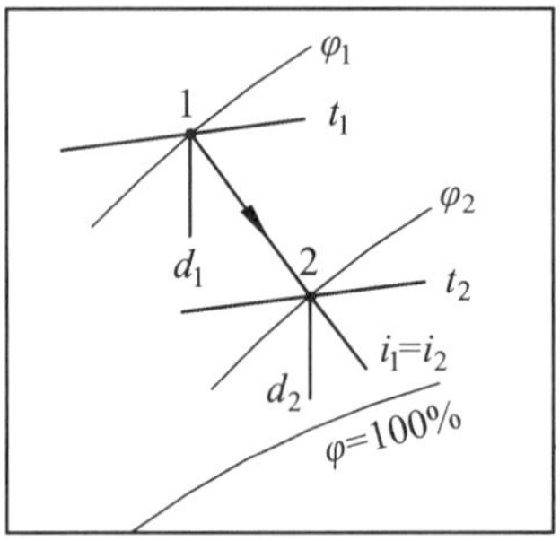

图 6-13 喷水室等焓加湿过程

过程参数变化特点见表 6-3。

表 6-3 等焓加湿过程参数变化

加热特点	温度变化	焓值变化	含湿量变化	相对湿度的变化	热湿比
等焓加湿	降低	$\Delta i \approx 0$	$\Delta d > 0$	φ增加	$\varepsilon = 0$

喷雾加湿空气加湿器也是等焓加湿过程，如图 6-14 所示。喷雾加湿原理是将常温水喷成水雾直接混入空气中，此时空气的状态变化过程和湿球温度计周围空气状态的变化过程十分相似，都是等焓加湿过程。

（a）喷雾加湿器

（b）工业用喷雾加湿风扇

图 6-14 其他喷雾加湿设备

4）等焓减湿过程

用固体吸湿剂（如硅胶、活性炭、分子筛，见图 6-15）处理空气时，空气中的水蒸气被吸附，则空气中的水蒸气含量减少，意味着空气中的焓值降低，含湿量降低，但吸附水蒸气变为液态水会释放汽化热，使空气温度增高，则焓值增加。焓值的降低与增加基本持平，近似不变。焓湿图处理过程如图 6-16 所示。

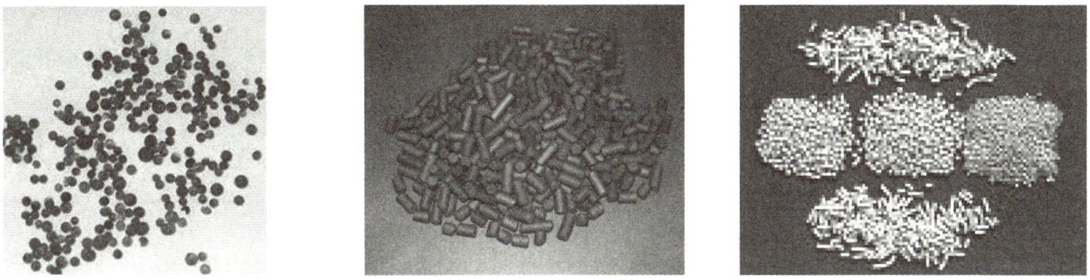

（1）硅胶　　（2）活性炭　　（3）分子筛

图 6-15　固体吸湿剂

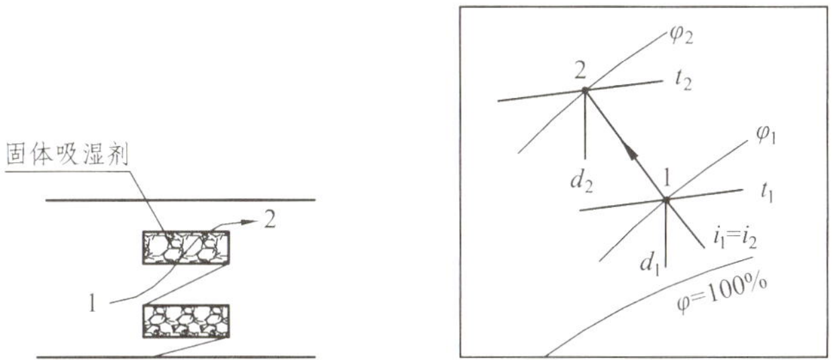

图 6-16　固体吸湿剂等焓减湿过程

过程参数变化特点见表 6-4。

表 6-4　等焓减湿过程参数变化

加热特点	温度变化	焓值变化	含湿量变化	相对湿度的变化	热湿比
等焓减湿	升高	$\Delta i \approx 0$	$\Delta d < 0$	φ减少	$\varepsilon = 0$

5）等温加湿过程

喷蒸气空气加湿器是用多孔管把水蒸气直接喷入被处理的空气中，空气温度保持不变，是等温加湿过程。电加湿器也有同样作用，如图 6-17 所示。

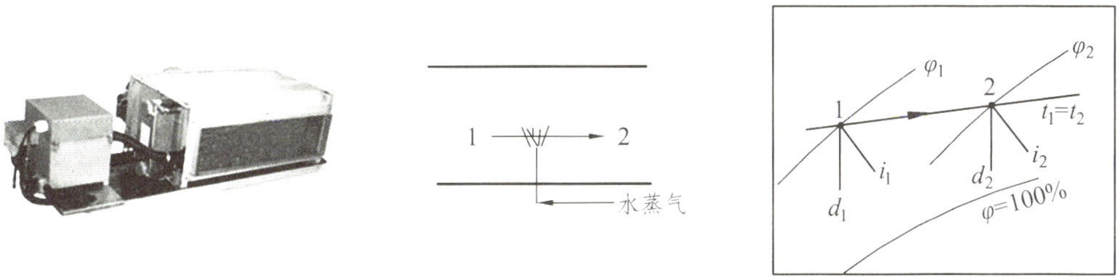

（a）实物图　　（b）原理图　　（c）焓湿图

图 6-17　水蒸气加湿器等温加湿过程

空气增加的焓值为加入的水蒸气的全热量，因此，$\Delta i = \Delta d(2\,500 + 1.84t)$，其中 Δd 为每千克干空气所增加的含湿量。此过程的热湿比为

$$\varepsilon = \frac{\Delta i}{\Delta d} = \frac{\Delta d \times i_q}{\Delta d} = i_q = 2\,500 + 1.84t_q \tag{6-11}$$

如果喷入的水蒸气温度为 100 °C，则 $\varepsilon \approx 2\,690$，在焓湿图上，这样的热湿比与等温线近似平行，所以，在工程上，我们一般认为向空气中喷水蒸气，其状态变化过程近似按等温线进行，因此称为等温加湿过程。过程参数变化特点见表 6-5。

表 6-5　等温加湿过程参数变化

加热特点	温度变化	焓值变化	含湿量变化	相对湿度的变化	热湿比
等温加湿	几乎不变	增加	$\Delta d > 0$	φ增加	$\varepsilon > 0$

6）减湿冷却（或干燥）过程

空气冷却器是在管内通入冷媒，管外流过被冷却空气，如果冷媒温度过低，使空气冷却器表面温度低于空气的露点温度时，空气中的一部分水蒸气就会在冷表面凝结而使空气的含湿量降低，这时对空气的处理是减湿降温过程。液体吸湿剂处理空气的过程也是减湿冷却过程。但液体吸湿剂以减湿为主，如图 6-18 所示。过程参数变化特点见表 6-6。

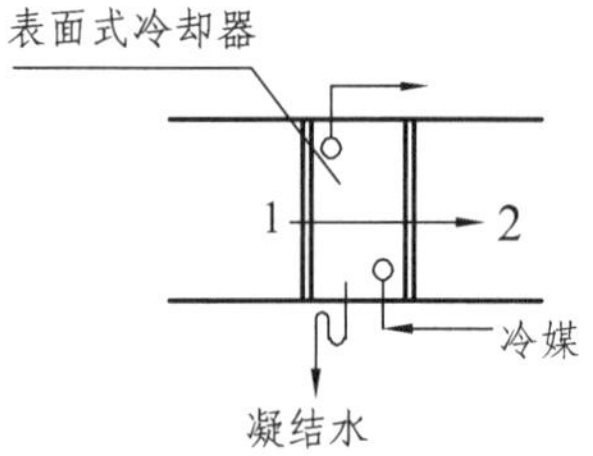

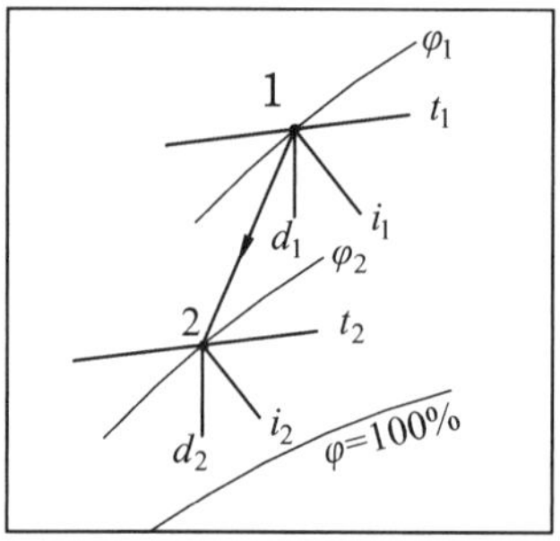

图 6-18　表面式冷却器减湿冷却（或干燥）过程

$$\varepsilon = \frac{i_2 - i_1}{\Delta d} = \frac{-\Delta i}{-\Delta d} > 0 \tag{6-12}$$

表 6-6　减湿冷却（或干燥）过程参数变化

加热特点	冷媒温度	温度变化	焓值变化	含湿量变化	相对湿度的变化	热湿比
减湿降温	$t < t_1$	$\Delta t < 0$	$\Delta i < 0$	$\Delta d < 0$	φ通常降低	$\varepsilon > 0$

上面介绍了 6 种典型空气状态变化过程，总结归纳成图 6-19，从图中可见 h-d 图被 $\varepsilon = \pm\infty$ 和 $\varepsilon = 0$ 两条过程线分成 4 个象限，可每个象限内的空气状态变化过程的特征归纳成表 6-7。

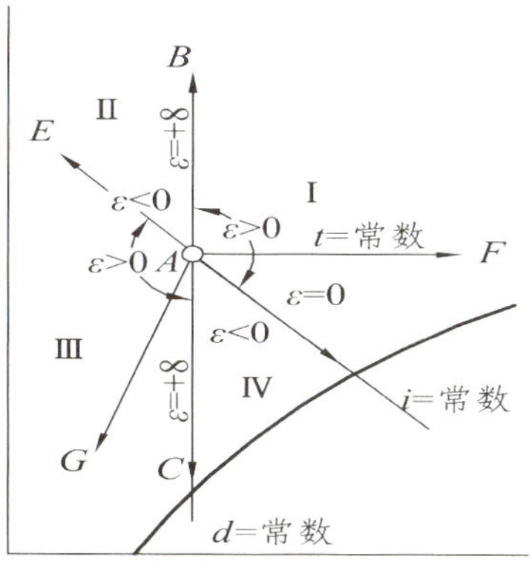

图 6-19　6 种典型空气状态变化过程

表 6-7　空气状态变化的 4 个象限及特征表

象　限	热湿比	状态参数变化趋势			过程特征
		h	d	t	
Ⅰ	ε >0	+	+	±	增焓增湿，喷蒸气可近似实现等湿过程
Ⅱ	ε <0	+	−	+	增焓，减湿，升温
Ⅲ	ε >0	−	−	±	减焓，减湿
Ⅳ	ε <0	−	+	−	减焓，增湿，降温

3．确定两种或多种湿空气混合之后的状态变化

在空调工程中，从节能角度考虑，全部处理室外新风到室内空气参数所消耗的能源较多，因此，在空调房间抽回一部分室内的空气（称为室内回风）与室外新风进行混合后再经过空气处理机组处理，就存在需要确定两种不同状态空气混合后的状态参数。其确定方法有两种，一种是公式法，另一种是图解法。利用焓湿图图解法更方便且直观。

如图 6-20 所示，A 空气与 B 空气混合成 C 状态，如果已知 A、B 空气的质量和状态参数，需要确定混合后 C 空气的状态参数。

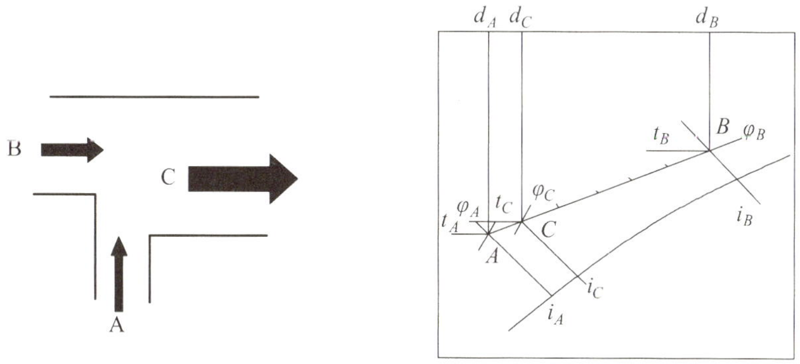

图 6-20　两种空气混合的状态变化过程

根据能量守恒和质量守恒定律，混合前后空气的能量不变，水蒸气的含量不变，有下面的表达式：

$$G_A i_A + G_B i_B = G_C i_C = (G_A + G_B) i_C$$

$$G_A d_A + G_B d_B = G_C d_C = (G_A + G_B) d_C$$

可得

$$\frac{G_A}{G_B} = \frac{i_B - i_C}{i_C - i_A} = \frac{d_B - d_C}{d_C - d_A} \tag{6-13}$$

则

$$\frac{\overline{BC}}{\overline{CA}} = \frac{i_B - i_C}{i_C - i_A} = \frac{d_B - d_C}{d_C - d_A} = \frac{G_A}{G_B} \tag{6-14}$$

根据式（6-14），就可求出 C 点的焓值和含湿量，其他状态参数也就可以查出来。由式（6-14）可知，参与混合的两种空气质量与混合点 C 将线段 AB 分成两段的长度成反比，并且混合点靠近质量大的空气状态一端。

【例 6-3】 某空调系统采用两种状态空气混合，已知 $G_A = 3\,000\ \text{kg/h}$，$t_A = 20\ \text{°C}$，$\varphi_A = 55\%$，$G_B = 600\ \text{kg/h}$，$t_B = 33\ \text{°C}$，$\varphi_B = 80\%$，求混合后空气的状态（当地大气压力 $B = 101\,325\ \text{Pa}$）。

（1）图解法。

解 在 $B = 101\,325\ \text{Pa}$ 的 h-d 图上根据已知条件确定空气状态点 A、B，并连接成直线段。混合点 C 的位置满足下式：

$$\frac{\overline{BC}}{\overline{CA}} = \frac{G_A}{G_B} = \frac{3\,000}{600} = \frac{5}{1}$$

在图上将 AB 线段分成 6 等分，混合点 C 靠近 A 状态一端的一等分处，查图可知混合点 C 的状态参数 $t_C = 22\ \text{°C}$，$\varphi_C = 65\%$，$i_C = 50.3\ \text{kJ/kg}$ 干空气，$d_C = 10.9\ \text{g/kg}$ 干空气。

（2）公式法。

解 先根据已知参数在 h-d 图上查出 i_A、d_A、i_B、d_B，根据下列公式计算：

$$i_C = \frac{G_A i_A + G_B i_B}{G_A + G_B} = 50.3\ \text{kJ/kg}\text{干空气}$$

$$d_C = \frac{G_A d_A + G_B d_B}{G_A + G_B} = 10.9\ \text{g/kg}\text{干空气}$$

其他参数根据焓值与含湿量在焓湿图上查得。

三、空调冷、热、湿负荷确定

（一）室内冷、热、湿负荷来源

建筑物室内环境受很多因素干扰。综合起来，主要有两方面：一是室内因素干扰，如室内生产过程和人所产生的余热、余湿及其他有害物的干扰；二是来自室外因素干扰，如太阳辐射所产生的热作用及外部有害物的干扰。因此，空气调节的目的就是采用合适的技术手段，消除室内外两方面的干扰，达到控制和保持室内适宜环境的目的。

建筑物受各种因素的干扰，形成空调负荷。根据负荷的成因，负荷有热负荷、冷负荷、湿负荷、新风负荷、制冷系统负荷等。

空调房间冷、热、湿负荷来源很多，总结有以下因素：

（1）冷、热负荷来源：

① 通过房间建筑围护结构传入（或传出）室内的热量。

② 建筑外窗进入（传出）房间的太阳热辐射。

③ 房间照明设备的散热量。

④ 房间人体的散热。

⑤ 房间内的电器设备或其他热源的散热。

⑥ 室外空气渗入房间的热量。

⑦ 伴随散湿过程产生的潜热等。

（2）湿负荷来源：

① 房间内人体散湿量。

② 房间设备、器具散湿量。

③ 潮湿物体表面或液体表面散湿量。

④ 各种物料或饮料散湿量。

综合起来，热湿负荷来源分为室内和室外两部分。

（二）空调房间参数的确定

空调根据使用对象的不同可分为舒适性空调和工艺性空调。其中舒适性空调是满足人的需要，而工艺性空调是满足生产工艺要求。地铁建筑是大型公共建筑，使用对象主要是乘客和工作人员，属于舒适性空调范畴，也符合《民用建筑供暖通风与空气调节设计规范》（GB 50736—2016）相关规定。如表 6-8 所示，长期逗留区域空气调节室内参数需按规范选择。

表 6-8　长期逗留区域空气调节室内计算参数

参数	热舒适度等级	温度/°C	相对湿度/%	风速/（m/s）
冬季	Ⅰ级	22 ~ 24	30 ~ 60	≤0.2
	Ⅱ级	18 ~ 21	≤60	≤0.2
夏季	Ⅰ级	24 ~ 26	40 ~ 70	≤0.25
	Ⅱ级	27 ~ 28		

民用建筑短期逗留区域空气调节室内计算参数，可在长期逗留区域参数基础上适当放低要求。夏季空调室内计算温度宜在长期逗留区域基础上提高 2 °C，冬季空调室内计算温度宜在长期逗留区域基础上降低 2 °C。

（三）空调房间的负荷确定方法

空调负荷计算方法很多，如谐波反应法、反应系数法、传递函数法和冷负荷系数法。我国目前常采用谐波反应法和冷负荷系数法的简化计算空调冷负荷。谐波反应法是很多计算机软件计算的基础，而冷负荷系数法比较便于工程上手工计算。本书仅介绍一些空调负荷简便估算方法，如简便计算法、概算指数法。

1．简便计算法

简便计算法是根据建筑物条件，用各维护结构传热的面积与对应的建筑物的系数相乘，即可求出建筑物的维护结构的夏季制冷负荷或冬季供暖负荷。再加上室内热源和换气的冷、热负荷，即可得该空调房间的空调负荷。建筑物的系数由相关的设计手册查得。

2．概算指数法

空调负荷的概算指标，是建筑物中每平方米空调面积所需的夏季制冷系统（或冬季供热系统）的负荷值。

1）综合指标

综合指标是按整幢建筑全部建筑面积折算出的每平方米建筑面积所需的冷负荷，用于粗略估算空调系统冷源设备的安装容量(即制冷系统负荷)。综合指标的具体数据由相关的设计手册查得。用综合指标乘以该幢建筑楼的建筑面积，所得制冷系统的负荷，就是选择冷水机组冷量的参考值。

2）分类指标

宾馆、饭店、大型综合楼等各类建筑，有各种不同使用功能的房间。估算整幢建筑共用的冷源（如冷水机组）及各类房间中的末端空气处理装置（各种非独立式空调器）的安装容量时，可采用按房间使用功能的分类指标计算。具体分类指标的大小由相关的设计手册查得或参照相关表计算。

任务实施

1．任务准备

（1）实训设备：空气处理设备（风柜、组合风柜、风机盘管等）；
（2）实训工具：直尺、铅笔、钢笔等；
（3）实训资料：教材、焓湿图等；
（4）辅助材料：A4 纸张等。

2．实施步骤

（1）实训分组；
（2）用焓湿图表达风柜空气处理过程；
（3）用焓湿图表达组合风柜处理过程；
（4）用焓湿图表达风机盘管处理过程；
（5）总结汇报。

3．实训报告

结束任务后，根据实训内容编制实训报告（格式见附录 E ），并提交给指导老师批阅。

任务小结

本任务通过对空气调节基础知识，如湿空气及其参数、焓湿图的应用以及空调房间冷、热、湿负荷的简单确定方法等的学习，掌握空气处理设备对空气处理过程焓湿图的表达，从而深刻理解空调房间空气中热湿交换的内在原理。

任务 2 空气调节系统的组成

任务目标

能掌握空气热湿处理设备的类型、风管系统的组成、空调房间气流组织的确定及空调风管系统确定的原则。

案例引入

以地铁站厅和站台公共区空气调节系统为例。

案例分析

地铁公共区域空调与通风系统一般以车站中轴线为对称布局，因此，典型车站空调大系统原理仅表示车站的左侧。车站大系统采用定风量双风机全空气系统，空调机房设于车站两端的设备用房内，每端设置一台组合式空调器、一台小新风机、一台回排风机、一台排烟风机和相应的风阀，负担半个车站的空调送风、回排风及排烟。

知识链接

一、空气热湿处理设备

空调工程中，实现空气热湿处理的设备繁多，但主要的处理过程无外乎加热、冷却、加湿、减湿等单独或组合来实现。热湿处理设备结构多样，但大多数是空气与其他介质进行热湿交换。其他介质如水、水蒸气、冰、盐类及其水溶液、制冷剂及其他物质。根据热湿交换设备的不同特点可分为两大类：接触式热湿处理设备和表面式热湿处理设备。

（一）接触式热湿交换设备

其设备特点是与空气进行热湿交换的介质直接与空气接触，包括喷水室、蒸气加湿器、局部补充加湿装置及使用液体吸湿剂的装置等。本书重点介绍使用广泛的喷水室。

1．喷水室的结构

喷水室是应用最广泛的空气与水直接接触的典型设备。其结构形式有卧式与立式、单级与双极、低速与高速之分。一般由喷嘴（雾状水）、管路、前后挡水板（减少水损失）、水池和壳体组成。它具有多种空气处理过程、一定的空气净化能力、耗材少、易加工等优点；缺点是占地大，对水质要求高，水系统复杂，还需定期保养。因此，民用建筑中除特殊场所外，已很少使用，但对湿度要求高的场所，如纺织厂、卷烟厂等仍大量使用。应用最广泛的单级低速喷水室结构如图 6-21 所示。

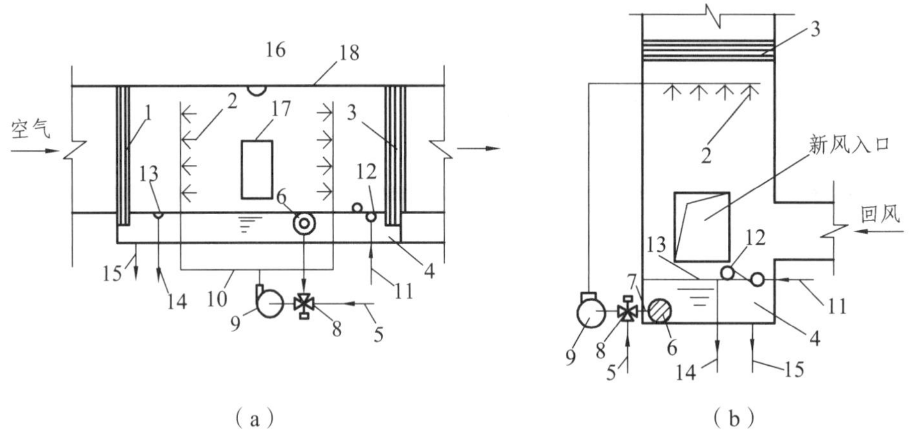

1—前挡水板；2—喷嘴与排管；3—后挡水板；4—底池；5—冷水管；6—滤水器；7—循环水管；8—三通混合阀；9—水泵；10—供水管；11—补水管；12—浮球阀；13—溢水器；14—溢水管；15—泄水管；16—防水灯；17—检查门；18—外壳。

图 6-21　单级低速喷水室的构造

喷水室的工作过程是被处理的空气以一定的速度（一般为 2 ~ 3 m/s）经过前挡水板进入喷水空间，与喷嘴中喷出的水滴相接触进行热湿交换，然后经后挡水板分离所携带的水滴后流出。喷嘴喷出的水滴经过热湿交换，滴入底池中。底池收集喷淋水，经过池中滤水器、循环水管及三通调节阀等组成循环水系统，使喷淋水不断地循环使用。喷淋水循环系统的管路由循环水管、补水管、溢水管、泄水管组成。

（1）循环水管。落入底池的喷淋水通过滤水器与循环水管相连，使落到底池的水能重复使用。滤水器的作用是清除水中杂物，以免喷嘴堵塞。

（2）溢水管。底池喷淋水通过溢水器与溢水管相连，以排除水池中维持一定水位后多余的水。在溢水器的喇叭口上有水封罩，可将喷水室内外空气隔绝，防止喷水室内产生异味。

（3）补水管。当用循环水对空气进行绝热加湿时，底池中的水量将逐渐减少，泄漏等原因也可能引起水位降低。为了保持底池水面高度一定，且略低于溢水口，需设补水管并经浮球阀自动补水。

（4）泄水管。为了检修、清洗和防冻等，在底池的底部需设泄水管，以便在需要泄水时，将池内的水全部泄至下水道。

喷嘴是喷水室最重要的部件，其作用是将水喷成小的水滴和雾滴，喷嘴性能决定着喷水室空气的热湿处理效果。我国曾广泛使用 Y-1 型离心喷嘴。近年来我国从国外引进以及国内研制生产的喷嘴型号及规格较多，国内开发研制的 PX-1 型、PY-1 型和 FD 型大孔径离心式喷嘴已在空调工程中应用。

挡水板是影响喷水室处理空气效果的又一重要部件。它由多折的或波浪形的平行板组成。当夹带水滴的空气通过挡水板的曲折通道时，由于惯性作用，水滴就会与挡水板表面发生碰撞，并聚集在挡水板表面上形成水膜，然后沿挡水板下流到底池。板材一般为玻璃板或塑料板。

2．喷水室的水系统

根据空调系统使用的冷源不同，喷水室的水系统可分为天然冷源供水系统和人工冷源供水系统。

1）天然冷源供水系统

天然冷源供水系统是利用深井泵抽取地下水直接供喷水室使用，用完即排入下水道，系统简单，但缺点明显，长期使用地下水，造成水源紧张，引起地面下沉，很多地方已禁止使用。

2）人工冷源供水系统

人工冷源供水系统是利用制冷主机制备的冷冻水来处理空气，根据制冷主机蒸发器的类型和安装位置以及是否使用辅助水池及水泵等又可分为自流回水方式的供水系统和压力回水方式的供水系统。

（1）自流回水方式。

当蒸发器位置低于喷水室底池，则回水可依靠自流回蒸发器。在蒸发器冷却后再用水泵泵给喷水室使用，如图 6-22 所示。

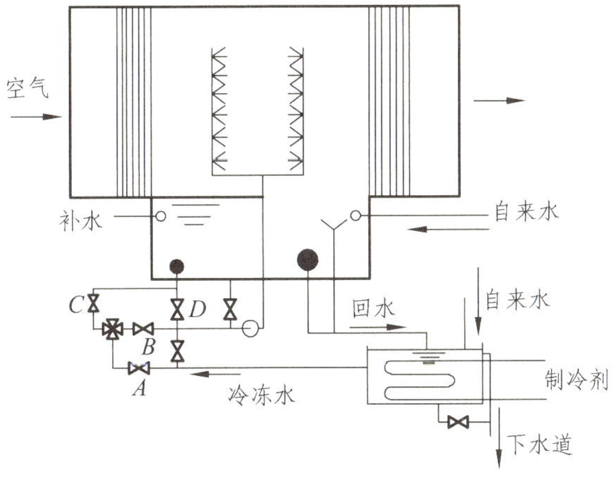

图 6-22　自流回水方式水系统

（2）压力回水方式。

如果蒸发器高于喷水室底池则需要设置回水泵将喷水室回水送回蒸发器，如图 6-23 所示。

实际的喷水室，由于结构特点和空气与水滴接触时间等条件限制，空气状态不可能达到相对湿度 100%。经喷水室处理后，空气达到的终点状态只能达到 $\varphi = 90\% \sim 95\%$，该状态点称为“机器露点”。

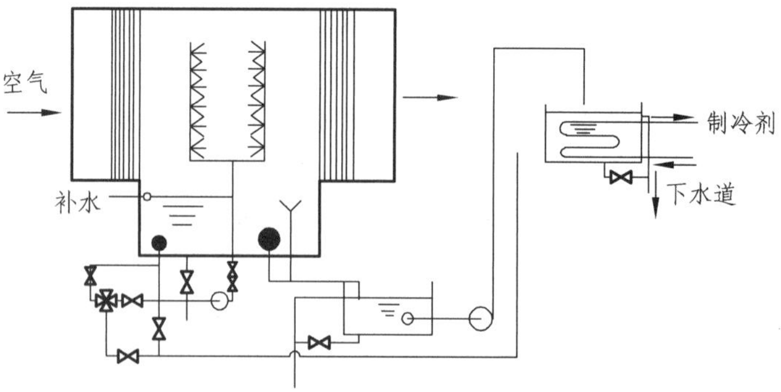

图 6-23　压力回水方式水系统

（二）表面式热湿交换设备

其设备特点是介质与空气之间的热湿交换通过分隔壁面进行，包括光管式空气加热器、肋管式空气加热器、空气冷却器。也有一些空气处理设备兼具接触式和表面式两种设备的特点，如喷水式表面冷却器。本节重点介绍使用广泛的表面式换热器。

典型的表面式热湿交换设备是表面式换热器，常用的表面式换热器包括空气加热器和空气冷却器两类。空气加热器是以热水或蒸气为热媒，加热空气；空气冷却器是以冷水或制冷剂直接蒸发为冷媒的表面式冷却器。

1．空气加热器

1）空气加热器的构造

（1）光管式加热器的构造。

如图 6-24 所示，光管式加热器由联箱（较粗的管子）和焊接在联箱之间的钢管组成。其特点是表面光滑，易于清灰，不易堵塞，空气阻力小，易于加工，适用于灰尘比较大的地方。

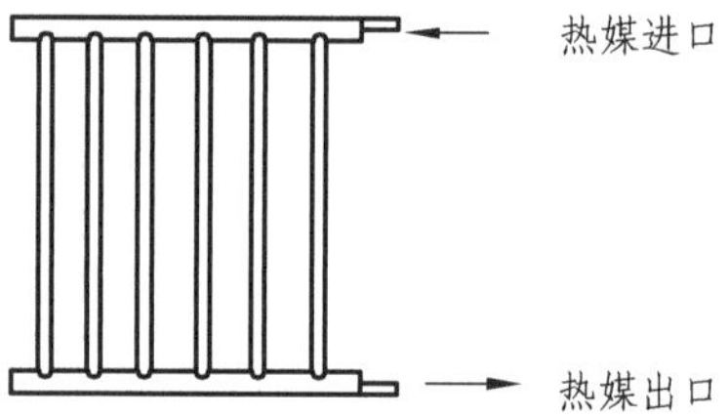

图 6-24　光管式加热器的构造

（2）肋管式加热器的构造。

肋管式加热器的构造如图 6-25 所示。

图 6-25（a）为皱褶螺旋绕片式，它是将狭带状薄金属片用轧皱机沿纵向在狭带的一边轧成皱褶，然后由绕片机按螺旋状绕在管壁上而形成的。图 6-25（b）为光滑绕片式，它是用光滑的薄金属片，绕在管壁上而形成的。图 6-25（c）是将事先冲好管孔的肋片与管束串在一起，经过胀管之后可制成串片管，机械化程度高。图 6-25（d）是用轧片机在光滑的铜管或铝管外表面轧出肋片形成轧片管，肋片与管是一个整体，没有缝隙，传热性能更好，但肋片不能太高，管壁不能太薄。图 6-25（e）是为了增加气流的扰动，提高外表面换热系数，出现了很多新型的片型，如二次翻边片等。

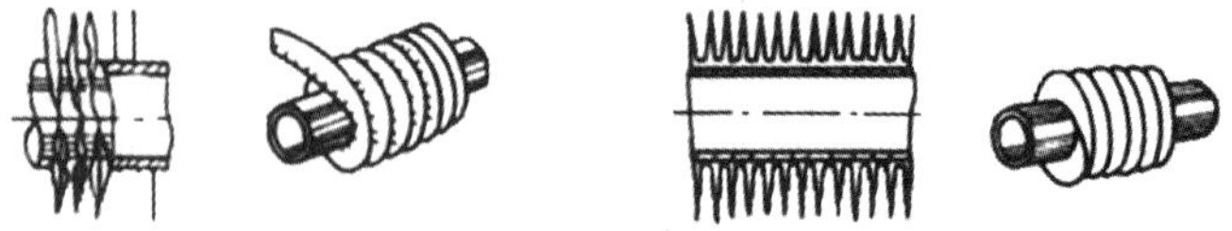

（a）皱褶绕片　　（b）光滑绕片

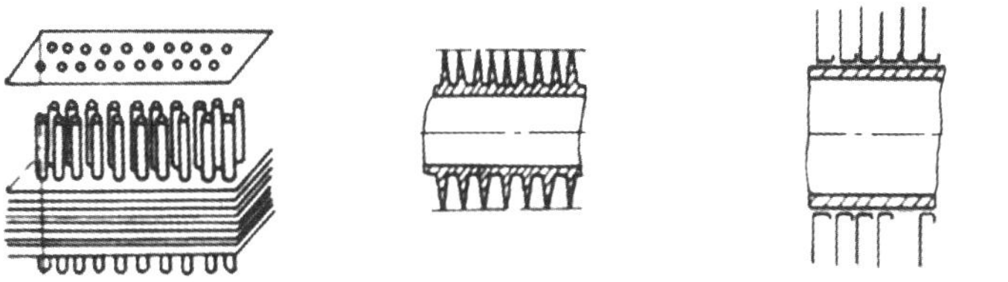

（c）串片　　（d）轧片　　（e）二次翻边片

图 6-25　肋管式换热器的构造

肋管式换热器的特点是传热面积大，金属消耗少，传热系数比光管式换热器小，热稳定性好，但空气阻力大，容易积灰。

2）空气加热器的安装与调节

（1）安装。

空气加热器可根据空调机房的具体情况，水平安装或垂直安装。当加热器的热媒确定之后，在一定的空气状态下，加热器的加热量是一定的。因此，可根据需要的加热量大小与空气所需的温升情况，将加热器并联或串联。蒸气管路与加热器只能采用并联；热水管路与加热器既可并联也可串联。当被处理的空气量较大时可采用并联组合，当被处理的空气要求温升较大时可采用串联组合，如图 6-26（a）所示。图 6-26（b）就是一组两台串联，两台又并联的组合方案。

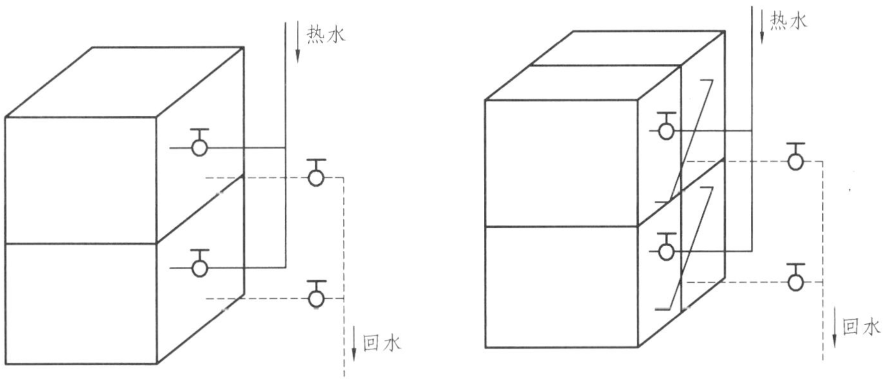

（a）两台串联　　（b）两台串联后并联

图 6-26　空气加热器安装方案

空气加热器的安装的具体要求如下：

① 蒸气加热器的蒸气管入口处应安装压力表和调节阀，在凝结水管路上应设疏水器、截止阀和旁通管，以利于运行中的检修。

② 热水加热器的供、回水管路上应安装调节阀和温度计，并在管路的最高点装设放气阀，最低点设泄水阀。当热水加热器水平安装时，为便于排除凝结水，应考虑 1/100 的坡度。

（2）调节。

空气加热器加热量是在热媒和被处理空气状态参数一定的条件下根据设计工况来确定的，如果室外空气参数发生变化，则必须对加热量进行调节。空气加热器加热量的调节主要有以下几种方法。

① 调节旁通风量。加热器的调节可利用设在加热器上部或侧部的旁通风门来进行，如图 6-27（a）所示，当要求加热量减少时，可打开旁通风门，使部分空气经旁通风门流过，由于流过加热器的空气流量减少，从而减少了传热量。

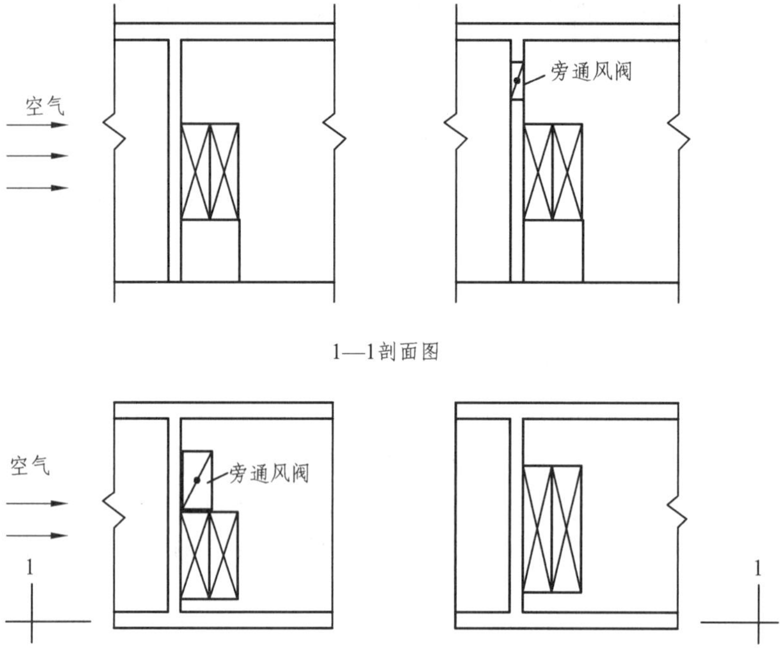

（a）调节旁通风量

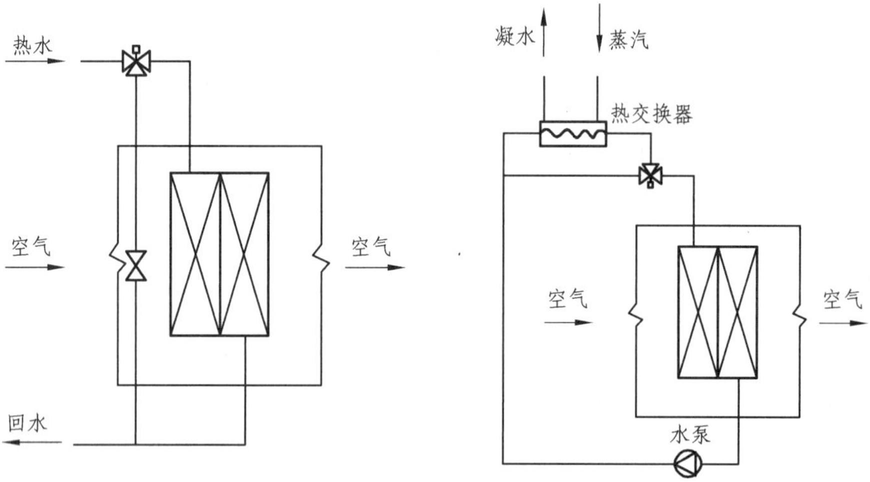

（b）调节热媒量　　（c）调节热媒温度

图 6-27　空气加热器的调节方法

② 调节热媒流量。对于热水加热器，当室外空气温度升高，需要减小加热量时，可采用此方法。如图 6-27（b）所示，利用设在热水管上的三通阀使部分热水由旁通管流过，由于流过加热器的热水流量减少，空气加热量也随之减少，从而达到调节的目的。对于蒸气加

热器的量调节，可随室外温度的升高而适当关小蒸气管路上的阀门，使供给加热器的蒸气量减少，从而达到减少供热量的目的。

③ 调节热媒温度。如图 6-27（c）所示，对于热水加热器，在保持流经加热器的热水流量不变的情况下，通过改变热水温度而达到调节的目的。供水温度的调节是通过改变流经蒸气-水换热器的水量多少，使传热系数和传热温差发生变化而实现的。

2. 表面式冷却器

利用表面式冷却器处理空气，在空调工程中已广泛应用。表面式冷却器分为水冷式和直接蒸发式两种。水冷式表面冷却器利用制冷主机产生的冷冻水为冷媒，直接蒸发式表冷器以制冷剂作为冷媒，靠制冷剂的蒸发吸收外部空气的热量，从而冷却空气。

1）水冷式表面冷却器

（1）构造与种类。

水冷式表冷器由排管和肋片构成，其构造与空气加热器相同，只是管内通的不是热媒而是冷水。目前国产的水冷式表面冷却器，大多可作冷、热两用，即通冷媒时作为冷却器用，通热媒时作为加热器用。有关表面冷却器的规格、尺寸等均可在相关手册中查到。

（2）安装与调节。

表面冷却器根据用途可安装在空调机组内、送风支管上或安装在风机盘管、冷风机等局部处理设备中。表面冷却器可水平安装，也可以垂直安装或倾斜安装。垂直安装时要使肋片保持垂直位置，以利于水滴及时落下，否则将因肋片上存留积水而增加空气侧阻力，降低传热系数。由于表面冷却器工作时，经常有水分从空气中凝结出来，所以在表面冷却器下部应设集水盘和排水管，如图 6-28 所示。

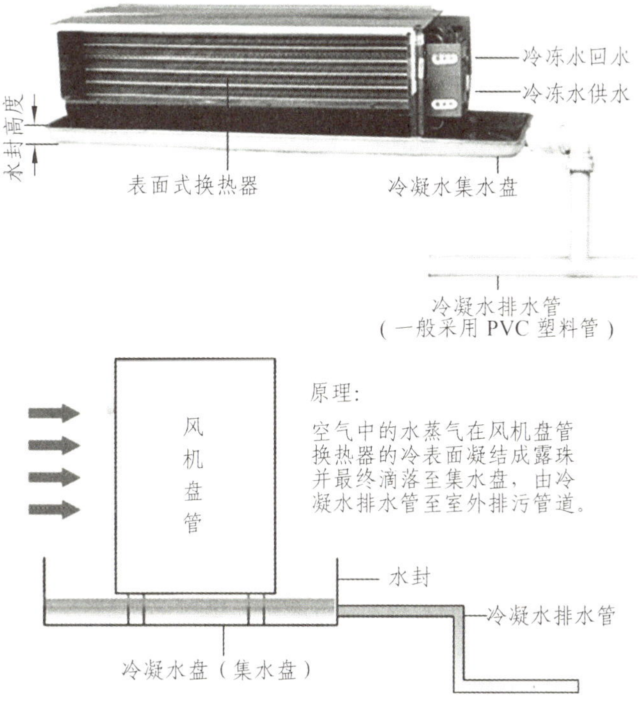

图 6-28　安装在风机盘管中的水冷式表面冷却器

表面冷却器的数量和组合方式与空气加热器一样，可根据被处理的空气量和需要冷量的多少确定。从空气流向看，既可以并联，也可以串联。当被处理的空气量大时，采用并联，以增大空气的流通截面，减少空气侧阻力。当被处理的空气要求温降较大时，则采用串联。

为了使冷水与空气之间有较大的平均温差，提高换热效率，减小表面式冷却器的面积，表面冷却器内外侧的冷水与空气应逆向流动。

表面冷却器管内水流速宜采用 0.6 ~ 0.8 m/s，表面冷却器迎风面的空气流速宜为 2.5 ~ 3.5 m/s，冷水进口温度应比空气的出口干球温度至少低 3.5 °C，冷水温升宜采用 2.5 ~ 6.5 °C。

冷热两用的表面式冷却器，热媒宜采用热水，且热水温度不应太高（一般低于 65 °C），以免因管内积垢过多而降低传热系数。

同空气加热器一样，表面冷却器最高点应设排气阀，最低点设泄水阀，冷水管上安装温度计、调节阀。

水冷式表冷器的调节，与空气加热器的调节一样，也分为空气旁通风量调节、冷水流量调节、冷水温度调节。

2）直接蒸发式表面冷却器

直接蒸发式表面冷却器实质上是制冷循环中的蒸发器。制冷剂在蒸发器中蒸发汽化，吸收汽化潜热。房间空调器、冷风机组等的蒸发器即直接蒸发式表面冷却器，如图 6-29 所示。

图 6-29 挂壁式室内机中的蒸发器

二、风管系统

风道是空气输配系统的主要组成部分之一，其作用是输送、分配空气，形成合理的气流组织，同时还可兼顾防排烟。

对于集中式、半集中式空调系统，风道的尺寸对建筑空间的使用有很大的影响，同时风道内风速的大小及风道的敷设也会影响电力消耗、噪声水平。

在保证风量分配的前提下，合理布置风道的位置，并且计算风道的截面尺寸和系统阻力，为选择风机提供理论依据，使系统的初投资和运行费用最少，是空调风系统设计的核心内容。空调风系统示意图如图 6-30 所示。

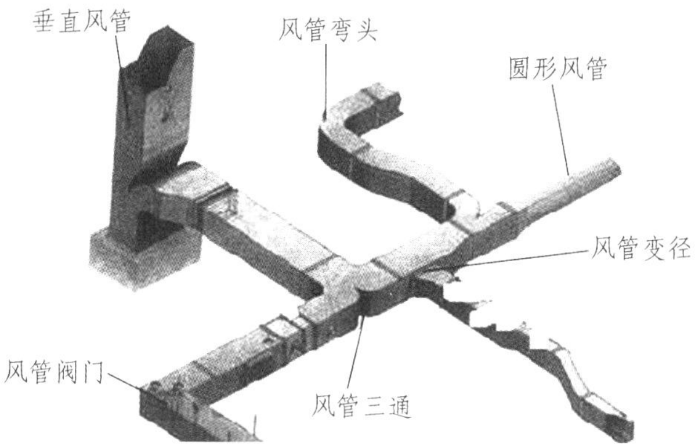

图 6-30　空调风系统示意图

空调风管系统主要由送风机、回风机、风管、风口、风量调节阀、防火阀、排烟阀、消声器、减振器等部件组成。

1．风机

风机是依靠输入的机械能，提高气体压力并排送气体的机械。它是一种从动的流体机械。风机是我国对气体压缩和气体输送机械的习惯简称。

根据风机的工作原理，通常把风机分为叶片式风机、容积式风机和其他类型的风机。

（1）叶片式风机是由装在主轴上的叶轮产生旋转作用对流体做功，从而使流体获得能量。根据流体的流动情况又分为离心式、轴流式、贯流式三种。

（2）容积式风机是靠机械运转时，内部的工作容积不断变化对流体做功，从而使流体获得能量。改变工作容积有往复式和回转式两种，风机中的罗茨鼓风机即属于容积式风机。

（3）除叶片式和容积式以外的风机可列为其他类型，如引射器等。

空调风系统中常用的风机是离心式风机、轴流式风机以及贯流式风机。离心式风机风压高，风量可调节，噪声较低，可实现空气的远距离输送，一般用于中央空调系统送风、新风引入等，如图 6-31（a）所示。轴流式风机风压较低，风量较大，噪声较大，可实现空气短距离的直线输送，一般用于冷凝器散热、冷却塔散热、排风等，如图 6-31（b）所示。贯流式风机风压小，风量较小，噪声小，可实现宽扁型气流的输送，一般用于风机盘管、风幕机、家用空调蒸发器等设备的送风和吸风，如图 6-31（c）所示。

（a）离心式风机

（b）轴流式风机

（c）贯流式风机

图 6-31　常用风机

风机的选型主要根据流量、压头来选择，同时满足安装、噪声等其他要求。一般先选形式，如离心还是轴流；再根据流量、压头、是否要切割叶片，电机选择多大；最后校核噪声等其他要求。

2．风管

1）风管形式

风管的形式主要有圆形和矩形两种。两者相比，在相同断面积时圆形风管的阻力小、材料省，强度也大；圆形风管直径较小时比较容易制造，保温也方便。但是圆形风管管件的放样、制作比矩形风管困难，布置时不易与建筑、结构配合，明装时不易布置得美观，如图 6-32 所示。

当风管中流速较高，风管直径较小时（如高速空调系统）宜采用圆形风管。当风管断面尺寸大时，为了充分利用建筑空间，通常采用矩形风管。一般民用建筑空调风系统都采用矩形风管，如图 6-33 所示。采用矩形风管时，长、短边之比宜小于 4。考虑到最大限度地利用板材，加强建筑安装的工厂化生产，在设计、施工中应尽量按现行设计规范中统一规格选用通风管道。当然风管还有许多的特殊形式如变径管、弯头、三通等风管部件，如图 6-34 所示。

图 6-32　圆形风管

图 6-33　矩形风管

（a）变径管

（b）风管弯头

（c）风管三通

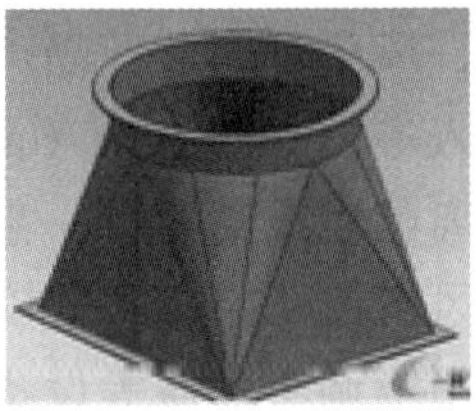

（d）天圆地方

图 6-34　风管部件

2）风管的常用材料

风管材料要求坚固耐用、表面光滑、防腐性能好、易于加工制造和安装以及内表面不产生脱落。应根据使用要求和就地取材的原则选用。

薄钢板是最常用的材料，有普通薄钢板和镀锌薄钢板两种。它们的优点是易于工业化加工制作，安装方便，能承受较高温度。镀锌钢板具有一定的防腐性能，适用于空气湿度较高或室内潮湿的通风、空调系统，有净化要求的空调系统。一般通风系统采用厚度为 0.5 ~ 1.5 mm 的钢板。

硬聚氯乙烯塑料板适用于有腐蚀作用的通风、空调系统。其表面光滑，制作方便，这种材料不耐高温，也不耐寒，只适用于 – 10 ~ + 60 °C，在辐射热作用下容易脆裂。

以砖、混凝土等材料制作风管，主要用于需要与建筑、结构配合的场合。它节省钢材，结合装饰，经久耐用，但阻力较大。在体育馆、地铁建筑等公共建筑的空调工程中，常利用建筑空间组合成通风管道。这种管道的断面较大，使之降低流速，减小阻力；还可以在风管内壁衬贴吸声材料，降低噪声。

3）风管的保温

保温的作用是减少管道能量损失，防止管道表面产生结露现象，保证进入空调房间的空气参数达到设定值。常用保温层结构组成（由里向外）：防腐层、保温层、防潮层、保护层，见表 6-9。

表 6-9　风管保温层结构

保温层结构	常用材料	作　用
防腐层	防腐漆	风管的防腐、防锈
保温层	阻燃性聚苯乙烯或玻璃纤维板、独立气泡聚乙烯泡沫塑料板等	减少风管输送冷（热）风时的能量损失
防潮层	沥青胶、中碱玻璃布、刷防水涂料的玻璃丝布	防止外界水蒸气侵入保温层，使保温层保持良好的保温效果
保护层	薄铝片	保护防潮层、保温层的完好

3．风口

风口一般安装在空调系统的风管上。风口的主要作用有：① 将空调风管内经过处理后的空气按设计要求引入空调房间；② 将空调房间内的空气引回空调系统进行再处理；③ 从室外引入新风；④ 进行空调区的排风排烟。风口按用途可分为送风口、回风口、新风口、排风口、排烟风口等。

1）送风口的形式

常用的送风口有侧送风口（见表 6-10）、散流器（见表 6-11）、孔板（见表 6-12）等。

表 6-10　侧送风口形式

常用风口形式	实物图	适用场合	常用风口形式	实物图	适用场合
单层百叶式		一般空调工程	双层百叶式	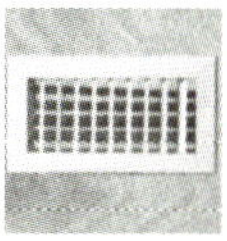	较高精度空调工程
格栅式		一般空调工程	条形风口		可作为风机盘管、诱导器的出风口，适用一般精度的民用建筑空调工程

表 6-11　散流器形式

常用风口形式	实物图	适用场合	常用风口形式	实物图	适用场合
方形散流器		用于高度较低空调房间的空气平送	圆形散流器		用于较大面积空调房间的空气平送

表 6-12　其他送风口形式

常用风口形式	实物图	适用场合	常用风口形式	实物图	适用场合
孔板送风口		用于大面积的室内送风，精度要求高	球形风口		适用于大型体育馆、车站等高大建筑的空调工程
旋流风口	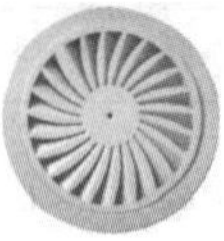	适用于电子计算机房			

2）回风口的形式

回风口附近气流速度衰减很快，对室内气流组织的影响很小，因而构造简单，类型也不多。最简单的是矩形网式回风口、篦板式回风口。此外，如格栅、百叶风口、条缝风口等，均可当回风口用。在空调工程中，风口宜进行风量调节，若风口上无调节装置时，则应在支风管上加以考虑，见表 6-13。

表 6-13　回风口形式

常用风口形式	实物图	适用场合	常用风口形式	实物图	适用场合
百叶窗式	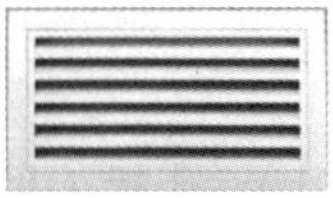	一般空调工程	网格式		用于净化程度要求较高的空调工程
格栅式		一般空调工程	条形风口		一般空调工程

注：① 新风口形式与回风口形式相类似；② 喷口送风是将送、回风口布置在同侧，上送下回，空气以较高的速度、较大的风量集中由少数几个喷口射出，射流行至一定路程后折回，使工作区处于回流之中。

4．风管附件

空调系统常用的风管附件有风量调节阀、方圆罩、泡棉过滤网、尼龙过滤网、铝合金初效过滤网、袋式中效过滤器等。空调工程常用风管附件的特点及图示见表 6-14。

表 6-14　常用风管附件形式

常用附件形式	实物图	特点	常用附件形式	实物图	适用场合
风量调节阀		叶片为人字形开启方法，采用联杆传动，可调整为全开，半开或全闭状态	方圆罩		圆颈凸起部分高 15 cm 左右，便于与软管连接
泡棉过滤网		属初效滤网，安装在风口后面	尼龙过滤网		属初效滤网，安装在风口后面
铝合金初效过滤网		属初效滤网，安装在风口后面	袋式中效过滤器		安装在风口后面。阻率低，容尘量大，效率稳定，耐高温

注：风管附件的规格应配合风管和风口尺寸。

5．风阀

空调系统常用的风阀有手动多叶对开调节阀、电动多叶对开调节阀、矩形单叶调节阀、圆形单叶调节阀、矩形止回阀、圆形止回阀等。空调工程常用风阀的特点及图示见表 6-15。

表 6-15　常用风阀形式

常用附件形式	实物图	特点	常用附件形式	实物图	适用场合
手动多叶对开调节阀		可直接安装在风管上，调节室内风量，使用方便、灵巧	电动多叶对开调节阀		可直接安装在风管上，电动式调节室内风量
矩形单叶调节阀		可直接安装在风管，调节风量，结构灵巧，使用方便	圆形单叶调节阀		可直接安装在风管上，根据风管内风压自动开启或关闭
矩形止回阀		可直接安装在风管上，根据风管内风压自动开启或关闭	圆形止回阀		可直接安装在风管上，调节风量，结构灵巧，使用方便

三、空气调节的气流组织

所谓气流组织，就是在空调房间内合理布置送风口和回风口，对室内空气的流动形态和分布进行合理组织，使得经过净化和热湿处理的空气，由送风口送入室内后，在扩散与混合的过程中，均匀地消除室内余热和余湿，以满足空气调节房间对空气温度、湿度、流速、洁净度以及舒适感等方面的要求。影响气流组织的因素主要有：① 送风口和回风口的位置、形式、大小；② 送入空调房间内气流的流态和运动参数（如送风温差与送风速度等）；③ 空调房间的形式和大小等。

（一）空调工程常用气流组织形式

常见的送风形式有侧送风、散流器送风、条缝送风、喷口送风、孔板送风等。

（1）侧送风：侧板送风是目前常用的气流组织形式。风道位于房间上部，沿墙敷设，在风道的一侧或两侧开送风口。可以上送风，上回风；也可以上送风，下回风。其特点是风口应贴顶布置，形成贴附式射流，回风区进行热交换。回风口设在送风口的同侧，风速为 2～5 m/s。冬季送热风时，调节百叶窗使气流向斜下方射出。

（2）散流器送风：散流器送风可以平送和侧送。它也是在空气回流区进行热交换。射流和回流流程较短，通常沿顶棚形成贴附式射流时效果较好。它适用于设置顶棚的房间。

（3）条缝送风：通过条缝形送风口进行送风，其射程较短。温差和速度变化较快，适用于散热量较大只求降温的房间，如纺织厂、高级公共民用建筑等都有采用条缝送风。

（4）喷口送风：经热、湿处理的空气由房间一侧的多个喷口高速喷出，经过一定的距离后返回，工作区处于回流过程中。这种送风方式风速高，射程远，速度、温度衰减缓慢，温度分布均匀，适用于大型体育馆、礼堂、剧院及高大空间等公共建筑中。

（5）孔板送风：利用顶棚上面的空间作为静压箱。在压力的作用下，空气通过金属板上的小孔进入室内。回风口设在房间下部。孔板送风时，射流的扩散及室内空气混合速度较快，因此，工作区内空气温度和流速都比较稳定，适用于对区域温差和工作区风速要求严格，室温允许波动较小的场合。

房间内合理的气流组织取决于送、回风口形式及风口位置，常用的气流组织形式可分为侧送侧回、上送下回、中送上下回、上送上回、下送上回等形式。

1. 侧送侧回

侧送侧回是空调工程中最常用的一种气流组织方式。送风口和回风口均布置在房间的侧墙上。空气侧送风口宜贴顶布置形成贴附射流，工作区为回流，回风口宜设在送风的同侧。送风出口风速一般为 2～5 m/s，送风口位置高时取较大值。

根据房间跨度大小，可以布置成单侧送单侧回（见图 6-35）和双侧送双侧回（见图 6-36）。

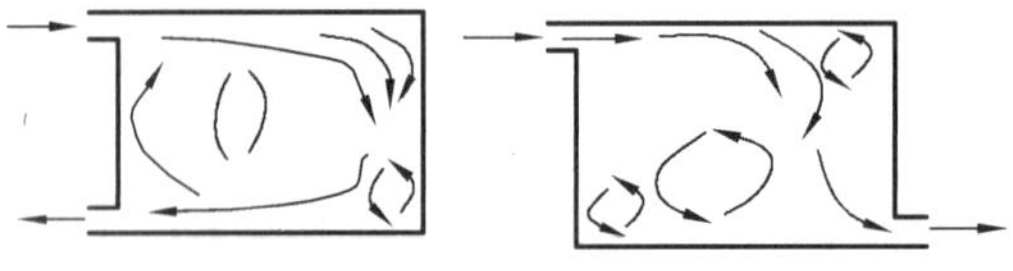

图 6-35　单侧送单侧回

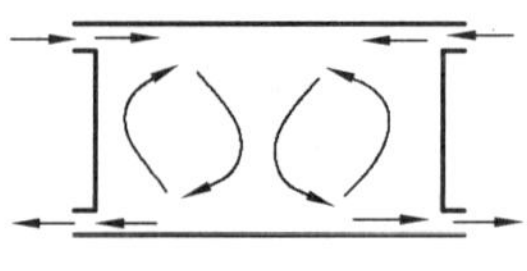

图 6-36　双侧送双侧回

2. 上送下回

孔板送风和散流器送风是常见的上送下回形式，如图 6-37 所示。这种方式可以形成平行流流型，涡流少，断面速度场均匀。对于温湿度要求精度高的房间，特别是洁净度要求很高的房间，上送下回是理想的气流组织形式。

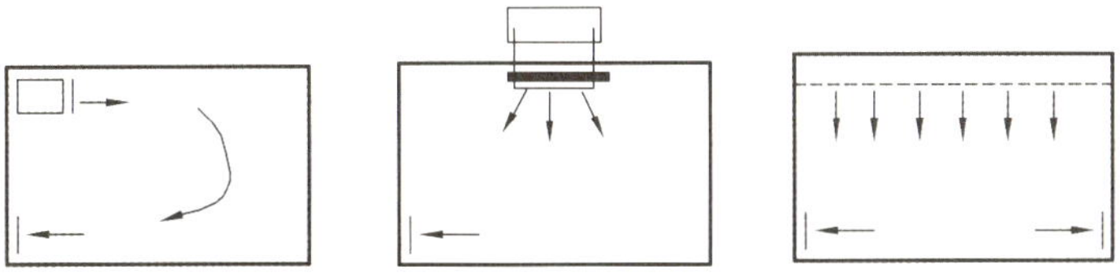

（a）侧送上送风　　（b）散流器送风　　（c）孔板送风

图 6-37　上送下回

3．中送风

对于高大房间来说，送风量往往很大，房间上部和下部的温差也比较大，因此将房间下部视为工作区，上部视为非工作区。采用中部送风，下部的上部同时排风，形成两个气流区，保证下部工作区达到空调设计要求，而上部气流区负担排走非空调区的余热量，如图 6-38 所示。为及时排走上部非空调区的余热，可在顶部设置排风装置，如图 6-39 所示。

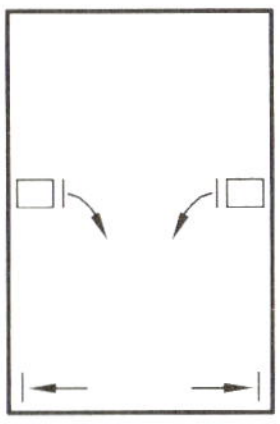

图 6-38　中送下回

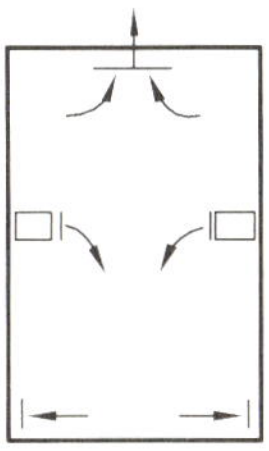

图 6-39　中送上下回

4．上送上回

这种气流组织形式是将送风口和回风口布置在房间上部。对于不能在房间下部布置回风口的场合是相当合适的，但应注意气流短路现象的发生，如图 6-40 所示。

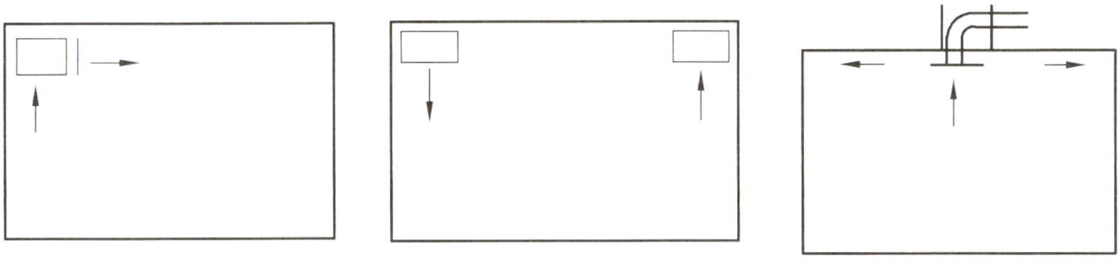

（a）单侧上送上回　　（b）异侧上送上回　　（c）送吸风散流器

图 6-40　上送上回

送回两用散流器的上部设有小静压箱，分别与送风道和回风道相连接。送风射流沿顶部形成贴附射流，工作区为回流，回风则由散流器上的中心管排出。散流器送风一般需设置吊顶或技术夹层。与侧送相比，这种方式投资较高，顶棚上风道布置较复杂。散流器平送宜对称布置，其轴线与侧墙距离不小于 1 m 为宜，散流器出口风速为 2 ~ 5 m/s。

5．下送上回

这种形式的送风口布置在下部，回风口布置在上部，如图 6-41 所示。适用于室内余热量大，特别是热源又靠近顶棚的场合，如计算机房、广播电台的演播大厅等。但是，下部送风温差不能太大。

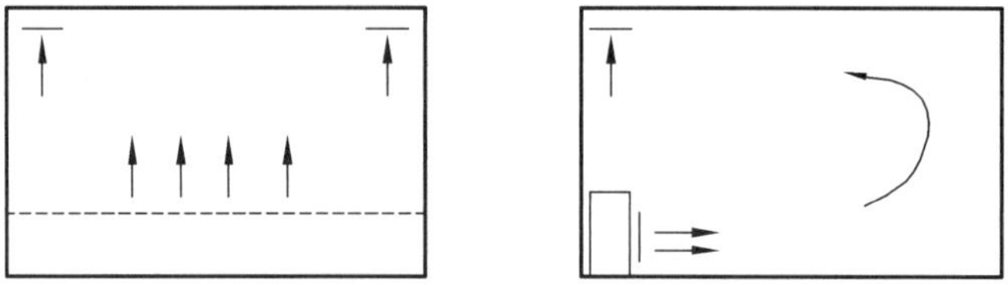

（a）地面均匀送风　　（b）置换式送风

图 6-41　下送上回

（二）送、回风口的位置

送风口和回风口的位置，对室内空气分布影响最大，因此，送、回风口位置布置应注意以下两点：

（1）室内空气没有循环不均的现象。对于射程长的房间应采用轴向型的送风口，对于射程短的房间可采用扩散性能好的风口，要在空气不易流动的场所设置回风口，避免室内形成死区。回风口不应设在射流区内和人员长期停留的地方。

（2）送风气流不易形成短路。当送风口与回风口位置靠近时，送风气流在室内没有充分扩散和融合就被回风口吸入，形成短路。因此，送、回风口的距离应尽量增大或让其处于不同的平面上。采用侧送时，回风口宜设在送风口同侧；采用孔板或散流器下送时，回风口宜设在下部；当室内温湿度精度不高且室内参数相同或相近的系统可采用走廊回风；采用顶棚回风时，回风口与照明灯具可结合成一个整体。

四、空调风管系统的确定

空调风管系统的确定原则，可以从系统划分和风管布置两方面来探讨。

（一）系统划分

由于建筑物内不同地点有不同的送、排风要求，或面积较大、送排风点较多，无论是通风还是空调，都需要分别设置系统。通风系统的划分应该根据建筑物的性质、使用特点、负荷变化、参数要求等，通过技术经济比较确定。应本着运行维护方便、经济可靠为主要原则，通常系统既不宜过大，也不宜过小、过细。系统划分的原则是：

（1）空气处理要求相同、室内参数要求相同的，可划为同一系统。

（2）对下列情况应单独设置排风系统：

① 两种或两种以上的有害物质混合后能引起燃烧或爆炸。

② 两种有害物质混合后能形成毒害更大或腐蚀性的混合物或化合物。

③ 两种有害物质混合后易使蒸气凝结并积聚粉尘。

④ 放散剧毒物质的房间和设备。

⑤ 储存易燃易爆物质的单独房间或有防火防爆要求的单独房间。

（3）如排风量大的排风点位于风机附近，不宜和远处排风量小的排风点共用系统。

（二）风管的布置

风管布置直接关系到通风、空调系统的总体布置，它与工艺、土建、电气、给排水等专业关系密切，应相互配合、协调一致。

（1）风管布置应尽量缩短管线，减少分支管线，避免复杂的局部构件，以节省材料和减小系统阻力。要便于施工和检修，恰当处理与空调水、消防水管道系统及其他管道系统在布置上可能遇到的矛盾。图 6-42 中（a）和（b）为相同房间、相同送风口的两种风管布置形式。对比可知，（a）比（b）的管线要长，分支管线和局部构件也较多，因此（b）优于（a）。减少风管阻力的方法见表 6-16。

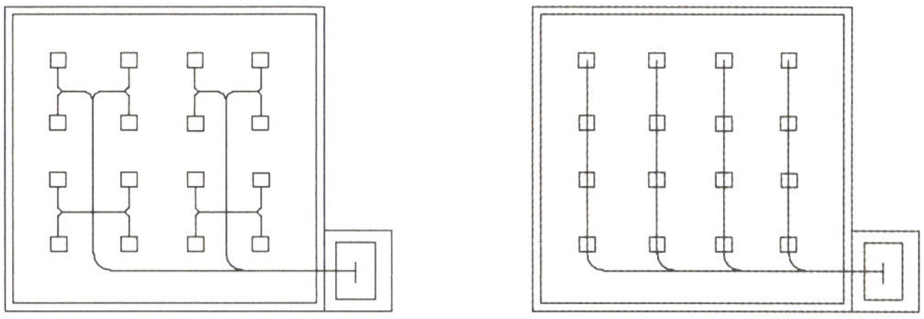

（a）　　（b）

图 6-42　风管布置形式对比

表 6-16　风管局部阻力减少措施

风管部件	减少局部阻力的措施
变径管	管道变径采用渐扩管和渐缩管，而且开口角 $\alpha \leqslant 45°$ 为宜，最好 8°～10°
弯头	管道布置尽量短直，减少弯头。圆形风管弯头的曲率半径一般应大于 1～2 倍管径；矩形风管弯头的长宽比尽量大些，必要时在管道内设导流片
三通	尽量减小支管与干管的夹角，一般≤30°
风管进、出口	风管与风机连接要合理避免流速与流向的突然变化

（2）通风系统应优先考虑使用圆形风管（因为在流量和风速一定的条件下，圆形风管的材料消耗和阻力最小）。可参照表 6-17 选择；当空间不允许或美观上有要求时，可以考虑采用矩形风道，在矩形风道中尽可能地选用正方形管道（因为在流量和风速一定的条件下，正方形风管的材料消耗和阻力比矩形的小），当安装高度有限制时才采用矩形管道。可参照表 6-18 选择。

表 6-17　钢板圆形风管常用规格

ϕ100	ϕ120	ϕ140	ϕ160	ϕ700	ϕ800	ϕ900	ϕ1 000
ϕ180	ϕ200	ϕ220	ϕ250	ϕ1 120	ϕ1 250	ϕ1 400	ϕ1 600
ϕ280	ϕ320	ϕ360	ϕ400	ϕ1 800	ϕ2 000		
ϕ450	ϕ500	ϕ560	ϕ630				

表 6-18　钢板矩形风管常用规格

120×120	160×120	160×160	200×120	800×320	800×400	800×500	800×630
200×160	200×200	250×120	250×160	800×800	1 000×320	1 000×400	1 000×500
250×200	250×250	320×160	320×200	1 000×630	1 000×800	1 000×1 000	1 250×400
320×250	320×320	400×200	400×250	1 250×500	1 250×630	1 250×800	1 250×1 000
400×320	400×400	500×200	500×250	1 600×500	1 600×630	1 600×800	1 600×1 000
500×320	500×400	500×500	630×250	1 600×1 250	2 000×800	2 000×1 000	2 000×1 250
630×320	630×400	630×500	630×630				

（3）风管上应设置必要的调节和测量装置（如阀门、压力表、温度计、风量测定孔和采样孔等）或预留安装测量装置的接口。调节和测量装置应设在便于操作和观察的地点。

（4）根据需要，风管可以采用明装和暗装。暗装不影响美观，但是投资较高。

（5）与风机或振动设备连接的管道，应装设如帆布、橡胶制作的软接头，以减少风机或振动设备对管道的影响。

（6）风管系统应设消声装置。

（7）风管不宜穿过防火墙和变形缝。如必须穿过时，应在穿过防火墙处设防火阀；穿过变形缝处，应在两侧设防火阀。防火阀应既可手动又能自控。穿过防火墙、变形缝的风管两侧各 2 m 范围内的风管保温材料，必须采用非燃烧材料。

（8）主机房必须维持一定的正压。主机房与其他房间、走廊间的压差不应小于 4.9 Pa，与室外静压差不应小于 9.8 Pa。

（9）主机房的空调送风系统，应设初效、中效两级空气过滤器，中效空气过滤器计数效率应大于 80%，末级过滤装置宜设在正压端或送风口。

（10）主机房在冬季需送冷风时，可取室外新风作冷源。

（11）特殊要求房间的压力要求按实际要求确定。

（12）除考虑送风和回风，还必须考虑排风的要求。在卫生条件要求较低的建筑中，可以采用自然排风。但这种方式不稳定，易受干扰，有时会发生倒灌现象，也不能防火。在卫生标准要求较高的高层住宅、宾馆客房、高级写字间等，通常在每一卫生间均装设排风扇和防火阀，通过风道排到屋顶，在屋顶设一台引风机，排风扇与引风机连锁，只要有一台排风扇开启，引风机就启动。很多时候都是采用混合排风，即在每一卫生间均装设排风扇和防火阀，通过风道排到排风竖井，然后通过自然排风。

五、消声与减振

（一）消声

1. 噪声来源

各种不同频率和声强的声音杂乱无章地组合在一起称为噪声。它是一类引起人烦躁或音量过强而危害人体健康的声音，具有声波的一切特性。从环境保护的角度看，凡是影响人们正常学习，工作和休息的声音，凡是人们在某些场合“不需要的声音”，都统称为噪声。

空调系统的噪声来源于运动部件及气流的摩擦等。常见的噪声有空气动力噪声、机械噪声、电磁噪声，见表 6-19。

表 6-19　噪声种类

噪声类型	特　点
空气动力噪声	影响空调房间的主要噪声源是通风机，其产生的高速气流形成空气动力噪声。其他噪声源于冷水机组、水泵等，噪声也是很大的，但它们不与送排风系统直接连通，不会直接以空气动力噪声的形式影响空调房间
机械噪声	是由于机器设备本身或系统中物件的振动产生的，如通风机、电机等的机械振动以及其他机件运转不平衡时产生的噪声
电磁噪声	是由电机的定子与转子之间交变电磁引力、磁致伸缩引起的

噪声产生的主要危害有：① 干扰休息和睡眠、影响工作效率；② 损伤听觉、视觉器官；③ 对人体的生理产生影响。

声音的大小用分贝表示，记为 dB，它是声压级单位。分贝数越大代表所发出的声音越大。分贝在计算上是每增加 10 dB，则声音大小约是原来的 10 倍。也就是说，20 dB 的声音功率是 10 dB 功率的 10 倍，30 dB 的声音功率是 20 dB 声音功率的 10 倍，以此类推。例如，1 dB 到 20 dB 表示音量增加了 100 倍。10 个声源同时发出 10 dB 的声音，那么功率是 10 dB 的 10 倍，也就是 20 dB。

例如，人耳刚刚能听到的声音是 0 ~ 10 dB，人低声耳语约为 30 dB，大声说话为 60 ~ 70 dB。分贝值在 60 以下为无害区，60 ~ 110 为过渡区，110 以上是有害区。汽车噪声为 80 ~ 100 dB，人们长期生活在 85 ~ 90 dB 的噪声环境中，就会得“噪声病”。电锯声是 110 dB，喷气式飞机的声音约为 130 dB。当声音达到 120 dB 时，人耳便感到疼痛。正常的人耳能听到 20 ~ 20 000 Hz 的声音。

2. 噪声的测量

声级计是噪声测量中最基本的仪器。声级计的工作原理是由传声器将声音转换成电信号，再由前置放大器变换阻抗，使传声器与衰减器匹配。放大器将输出信号加到计权网络，对信号进行频率计权（或外接滤波器），然后再经衰减器及放大器将信号放大到一定的幅值，送到有效值检波器（或外按电平记录仪），在指示表头上给出噪声声级的数值。

根据声级计整机灵敏度区分，声级计分类有两类方法：一是普通声级计，特点是对传声器要求不太高，动态范围和频响平直范围较狭，一般不配置带通滤波器相联用；二是精密声级计，其传声器要求频响宽，灵敏度高，长期稳定性好，且能与各种带通滤波器配合使用，放大器输出可直接和电平记录器、录音机相连接，可将噪声信号显示或储存起来。如将精密声级计的传声器取下，换以输入转换器并接加速度计就成为振动计，可做振动测量。

3. 空调系统消声措施

（1）空调与通风系统中的通风机（空调器、送风机、回风机、排风机）、制冷机、锅炉、水泵、冷却塔及整体式空调机等，运行时的噪声相当大，对环境干扰也大，重点考虑这些设备的隔振消声。

（2）设计时必须与建筑工种紧密配合，将噪声源相对集中的机房布置在建筑物合理的位置，尽量远离使用要求安静的功能房间，注意机房相关的进风口、排风口的布置，避免串声引起的噪声污染。

（3）对噪声源相对集中的机房，设计好隔声隔振及围护结构的吸声，对隔墙、楼板及门窗进行隔声隔振的综合治理，孔洞与缝隙等用弹性密封材料填充密实对隔声也是很重要的措施。

（4）注意系统的划分与设备的选型。系统风量不能过大，作用半径不宜太长；风机选型优先考虑高效低噪风机，尽可能采用叶片后倾式离心风机，同时余压值不宜过大。

（5）风道风速不宜过大，否则会造成风道内风噪和振动的加剧，从而使消声器消声量减少。

（6）风机进、出口管道不宜急剧转弯，而且进出口必须做柔性接头隔振，管道支、吊架应采用弹簧或橡胶减振垫。

（7）消声器应根据房间允许的噪声标准，通过科学的消声计算进行选择，计算出各频率应消除的噪声量，主要消除 125 Hz、250 Hz、500 Hz 的噪声，可选用低、中频效果好的抗性或共振消声器，同时必须控制进入消声器的风速应小于 6 m/s。风口消声器和消声百叶窗等也必须根据各自的使用环境选择合适的产品。

（8）空调水系统也必须在设备安装上做好减振措施。例如，减振基础和减振器；水泵的吸入和出水管上装设隔振软管；管道支吊架及穿墙、楼板处填塞隔声减振材料；减少管路水流速度；减少管路的突变与转弯等。

4. 空调系统常用消声器

1）消声器的类型

消声器是安装在空气动力设备（如鼓风机、空压机）的气流通道上或进、排气系统中的降低噪声的装置。消声器能够阻挡声波的传播，允许气流通过，是控制噪声的有效工具。根据消声原理可分为阻性、抗性、共振性和复合型等，见表 6-20。

表 6-20　消声器按消声原理分类

类　型	特　点	图　例	应　用
阻性消声器（吸收式消声器）	利用吸声材料的吸声作用，使沿通道传播的噪声不断被吸收而衰减。对中高频消声效果好、对低频消声效果较差。 常用：管式、片式、格式、折板式、声流式、室式和迷宫式	 折板式阻性消声器  蜂窝式阻性消声器  管式阻性消声器  片式阻性消声器	管式适用：较小的风道，直径一般≤300 mm。 片式和格式适用：断面风道

续表

类　型	特　点	图　例	应　用
抗性消声器（膨胀性消声器）	利用管道内截面的突变，使沿管道传播的声波向声源方向反射回去，而起到消声作用		适用于消除中、低频噪声
宽频带复合型消声器	将阻性与抗性或共振消声原理组合设计在同一个消声器内，具有较宽的消声特性。广泛应用于空调系统的噪声控制		空调系统的噪声控制

除消声器外，还有一些其他形式的消声装置，见表 6-21。

表 6-21　其他形式的消声装置

类　型	特　点	图　例
消声风管	消声腔内填塞厚度为 50 mm 左右的离心玻璃棉，外覆玻璃布及 4 mm 左右孔径多孔板，龙骨为镀锌板	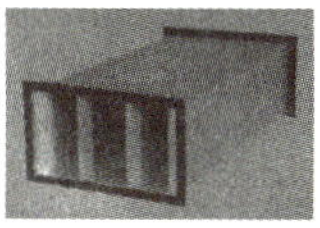
消声弯头	消声腔内填塞厚度为 50 mm 左右的离心玻璃棉，外覆玻璃布及 4 mm 孔径多孔板，龙骨为镀锌板。内有导流片	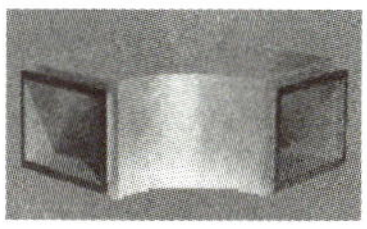
消声百叶	百叶片内填塞离心玻璃棉，背面覆玻璃布及 4 mm 孔径多孔板，正面覆镀锌板	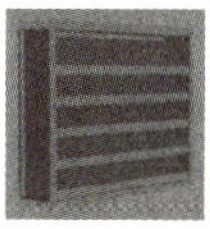

2）消声器的选择与设置

消声器的选择主要考虑消声性能、阻力损失、造价、适用范围等。它宜设置在靠近通风机侧气流稳定的管段上，且不宜设在空调机房内。无论是送风和回风管道，均应设置性能和数量相同的消声器。

3）消声器的安装

（1）接口要牢靠。消声器往往安装在设备或管道上，消声器与设备或管道的连接一定要牢靠，质量大的消声器应支撑在专门的承重架上，若管道为支撑架，必须注意支撑的强度和刚度。

（2）在消声器前后加接变径管。对于风机消声器，为减小机械振动对消声器的影响，消声器不应与风机接口直接连接，而应加设中间管道。一般情况下，该中间管道长度应为风机接口直径的 3 ~ 4 倍。当选用的消声器的接口尺寸与风机接口不同时，可以在消声器前后加接变径管。消声器接口尺寸应大于风机接口尺寸。

（3）应防止其他噪声传入消声器的后端。消声器的机壳或管道辐射的噪声可能传入消声器后端，致使消声效果下降，必要时，可在消声器外壳或部分管道上做隔声处理。消声器法兰和风机法兰连接处应加弹性垫并注意密封，以免漏声、漏气，同时也能减少刚性连接的振动传声。在空调与通风系统中，消声器应尽量安装于靠近使用房间的地方。

（4）消声器片间流速应适当。风机消声器片间平均流速可认为与风机管道流速相等。用于民用建筑，消声器片间流速通常取 3 ~ 12 m/s，工业方面，消声器片间流速通常取 12 ~ 25 m/s，最大不得超过 30 m/s。

（二）减振

空调与通风系统均配置各类运转设备，如风机、水泵、冷水机组等。由于其旋转部件的材质、加工及装配等原因，使质量分布不均匀，且转动中心之间存在着偏心，在做旋转运动时将产生振动，该振动又传至支承结构（楼板或基础）或管道，引起后者振动。这些振动将影响人体健康，影响产品质量，有时还会破坏支承结构。所以运转设备应采取减振措施，目的是消除振动对人体健康及产品质量的影响。一般方法是在设备与支承结构或管道间振动加装弹性构件。

隔振材料种类很多，如软木、玻璃纤维板、毛毡、橡胶、金属弹簧等。在空调工程中，最为常用的隔振材料是橡胶及金属弹簧，或两者合成的隔振装置。常用减振装置有弹簧减振器、橡胶减振器、橡胶减振垫、减振软管，见表 6-22。

表 6-22　减振装置

序号	名称	实物图	特　点
1	弹簧减振器		由单个或数个相同尺寸的弹簧和铸铁（或塑料）护罩所组成。固有频率低、静态压缩量大，承载力高，低频振动的隔振效果好。能抗油、水的侵蚀，而且不受温度的影响，使用年限长。缺点是阻尼比小，容易传递高频振动，并在运转启动时转速通过共振频率会产生共振。水平方向的稳定性较差。弹簧减振器与橡胶组合起来使用，减振效果会更好
2	橡胶减振器		采用经硫化处理的耐油丁腈橡胶，作为它的隔振弹性体，并黏结在内外金属环上受剪切力的作用，因此，全称橡胶剪切隔振器。 特点是自振频率低，仅次于金属弹簧。并有足够的阻尼，隔振效果良好，安装和更换方便，且价格低廉。但有使用多年后易老化的缺点，应定期检查更换
3	橡胶减振垫		是一种简便、经济的减振方法。橡胶隔振垫有单向单面和双面开肋、双向双面开肋等形式。结构简单、安装简便、隔振效果好。但由于橡胶剪切受压，在长期荷载作用下，容易产生疲劳而缩短使用年限
4	减振软管（软接头）	 	各种动力泵连接管道也是一种振动源，为防止管道的固体振动传声，必须在管道上装置隔振软管。目前常用的隔振软管有橡胶软接管和不锈钢波纹软管两种类型。橡胶软接管具有很好的减振效果，缺点是受介质温度、压力的限制，同时不耐腐蚀

任务实施

1．任务准备

（1）实训设备：地铁站台与站厅层公共区空气调节大系统；

（2）实训工具：个人计算机、纸、尺、笔等；

（3）实训资料：教材、地铁空调与通风工程施工图等；

（4）辅助材料：A4 纸张、铅笔、直尺等。

2．实施步骤（有条件的可以联系当地地铁运营公司现场参观学习）

（1）实训分组；

（2）分析系统组成（现场参观学习）；

（3）分析系统运行过程（现场参观学习）；

（4）总结汇报。

3．实训报告

结束任务后，根据实训内容编制实训报告（格式见附录 E），并提交给指导老师批阅。

任务小结

通过本任务的学习，使学生能掌握空气热湿处理设备的分类和空气处理原理；能根据实际建筑形式理解气流组织的概念；熟悉空调系统消声减振的措施。

任务 3 空气调节系统分类

任务目标

掌握空调系统的分类、特点及适用场所；了解集中式和半集中式空调系统空气处理过程。

案例引入

以地铁站厅和站台公共区集中式空调系统为例。

案例分析

从案例中分析出空调系统的各组成部分及适用场合，并掌握不同建筑特点决定了系统形式的选用。

知识链接

空调系统是以空气调节为目的而对空气进行处理、输送、分配，并控制其参数的所有设备、管道及附件、仪器仪表的总和。它一般由空调冷热源、空气处理设备、空调风系统、空调水系统、空调自动控制及调节装置五部分组成。典型水冷式中央空调系统如图 6-43 所示。

水冷式中央空调系统　　空调系统组成

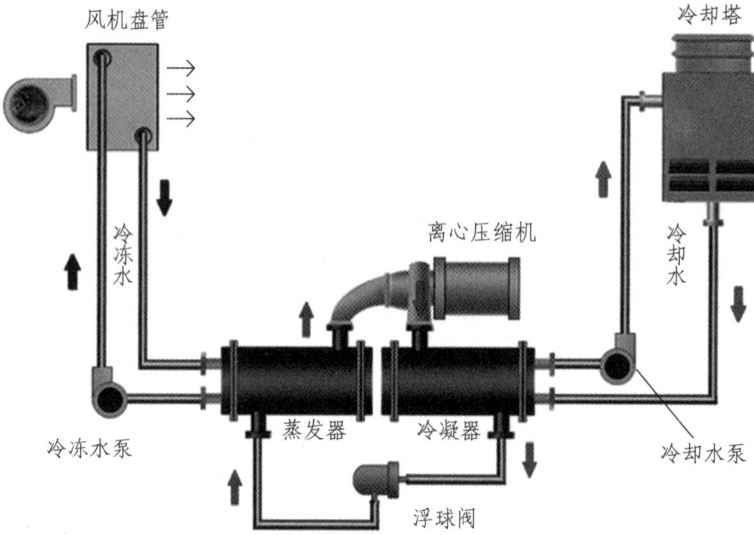

图 6-43　水冷式中央空调系统示意图

一、空调系统的分类

空调系统分类

（1）按空气处理设备的集中程度分类，空调系统可分为表 6-23 所列的几种形式。

工程应用中，集中式、半集中式空调系统都称为中央空调系统。半集中式空调系统应用广泛，其中二次空气处理设备主要指的是布置在空调房间内的风机盘管（为半集中式空调系统的末端装置），它可将空调机组产生的冷水通过换热盘管与空调区内的空气进行冷热交换，实现不同空调房间空气的独立调节。

（2）按负担室内热湿负荷所用的介质分类，空调系统可分为表 6-24 所列的几种形式。

表 6-23　空气处理设备的集中程度分类

空调系统形式	系统特点	工程应用
集中式空调系统	空气处理设备（包括冷却器、加热器、过滤器、加湿器、风机等）集中设置在空调机房内，通过风管输送到空调房间，空调系统设备集中且便于管理	一般的低速集中式单风管空调系统和双风管空调系统、变风量系统属于此类
半集中式空调系统	除设有集中空调机房外，还设有空调房间的分散的空气处理末端装置如风机盘管、诱导器等。送风管道截面积小，节省建筑空间	风机盘管系统、诱导器系统、末端再热系统均属于此类
分散式（局部式、冷剂式）空调系统	又称为局部空调系统或局部机组，将冷热源、空气处理设备、空气输配送装置均集中设置在一套空调机组内，按照需求灵活布置在空调房间或邻室	单元式空调器系统、窗式空调器、分体空调器

表 6-24　负担室内热湿负荷所用的介质分类

空调系统形式	系统特点	工程应用
全空气式空调系统 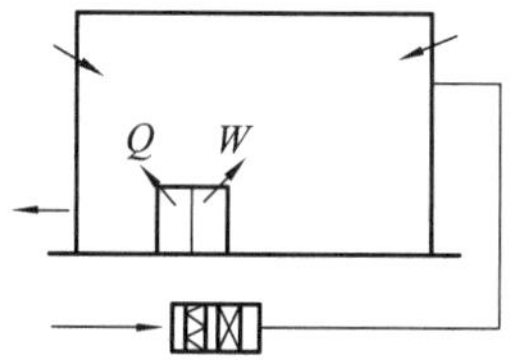	指空调房间的室内负荷全部由处理过的空气来负担。夏季室内热湿负荷为正值，采用低于室内空气焓值的空气送入吸收余热和余湿后排出室外。空气比热小，因此所需空气量大，导致系统风管截面大，占建筑空间大	定风量系统（包括单风管系统、双风管系统）、变风量系统
全水式空调系统 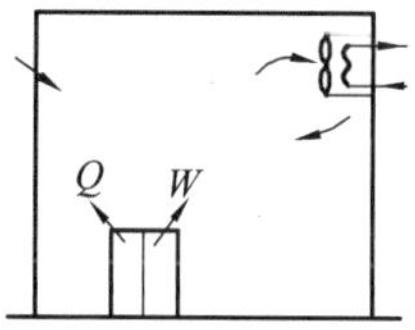	空气调节房间的热湿负荷，全部由集中设备处理过的水负担。水的比热容比空气大，在相同负荷条件下需要的水量相对更少些，因此输送水的管道占建筑空间更小。可以消除余热余湿，但全水系统无法解决通风换气问题，会导致空气品质差，工程上不单独采用此形式	无新风的风机盘管系统、冷辐射板系统等
空气-水式空调系统 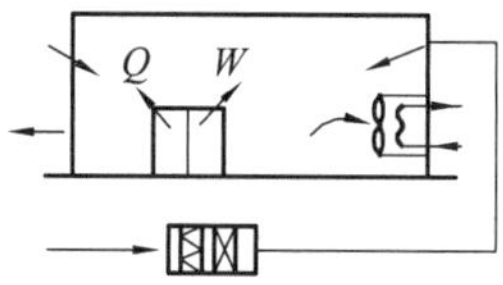	空气调节房间的热湿负荷，由处理过的空气和水共同负担。有效解决全空气系统占建筑空间大和全水系统通风换气问题	独立新风加风机盘管系统、置换通风加冷辐射板系统、再热系统加诱导器系统等
冷剂式空调系统 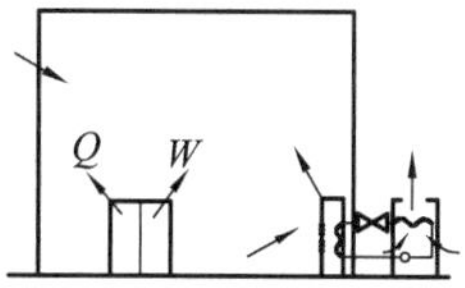	空气调节房间的热湿负荷，全部由空调系统内的制冷剂负担	家用房间空调器、汽车空调、地铁车辆空调等

（3）按系统风量调节方式分类，空调系统可分为表 6-25 所列的两种形式。

表 6-25　系统风量调节方式分类

空调系统形式	系统特点	工程应用
定风量空调系统	保持送风量恒定，靠改变送风参数控制室内空气参数	集中式空调系统应用较多
变风量空调系统	保持送风温度恒定，靠改变送风量控制室内空气参数	集中式空调系统应用较多

（4）按系统风管内风速分类，空调系统可分为表 6-26 所列的两种形式。

表 6-26　系统风管内风速分类

空调系统形式	系统特点	工程应用
低速空调系统	主风管风速： 民用建筑 < 10 m/s 工业建筑 < 15 m/s	应用于居住、办公等噪声要求较小的场所
高速空调系统	主风管风速： 民用建筑 > 12 m/s 工业建筑 > 15 m/s	应用于地下停车场、体育馆等噪声要求不高的场所

（5）全空气系统按被处理空气的来源分类，可分为表 6-27 所列的三种形式。

表 6-27　处理空气来源分类

空调系统形式	系统特点	工程应用
封闭式（或再循环式）空调系统 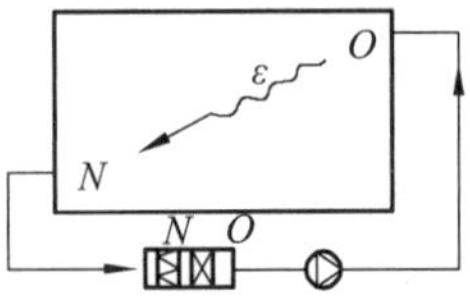	全部使用室内再循环空气，不补充新风。房间与空气处理设备之间是封闭回路。 系统节能，但空调区内空气品质差	工艺设备内部的空调、较少人出入的但对温湿度有要求的仓库等
直流式空调系统 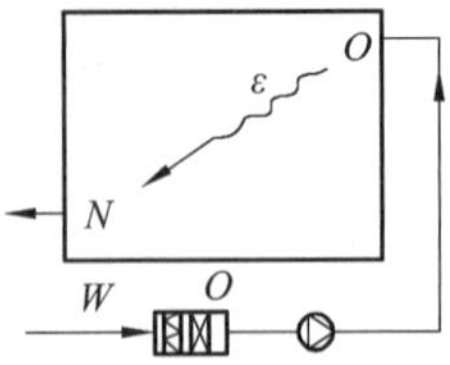	空气全部使用室外新鲜空气，室内空气达到 100% 交换，室内空气品质好，但能耗最大	适用于产生剧毒物质、病菌及散发放射性有害物的空间等
混合式（或回风式）空调系统 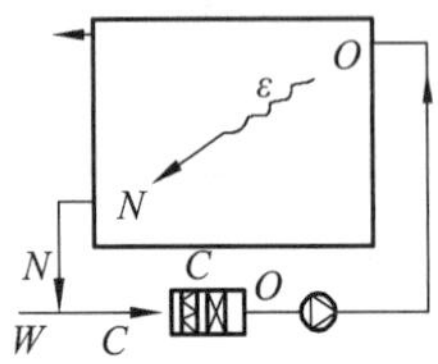	综合封闭式、直流式的特点，部分采用室内再循环空气，部分采用室外新鲜空气，混合后进行热湿处理，再送入空调房间。空气质量能满足卫生，并可实现节能	一次回风系统和二次回风系统

（6）按热量传递的原理分类，空调系统可分为表 6-28 所列的两种形式。

表 6-28　热量传递原理分类

空调系统形式	系统特点	工程应用
对流式空调系统	采用空气对流的方式传递空调区的热量	集中式全空气系统、半集中式空气-水系统、局部式冷剂系统
辐射式空调系统	采用空气辐射的方式传递空调区的热量	冷辐射板加新风系统

综合以上分类方式，各种分类之间的关系如图 6-44 所示。

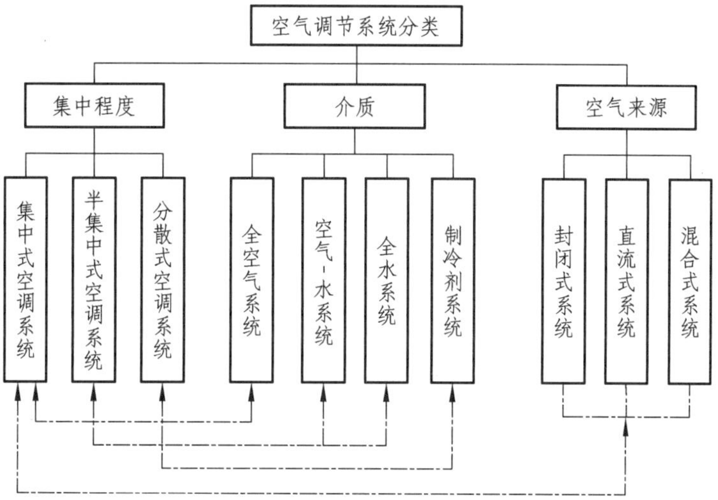

图 6-44　空调系统分类关系示意图

二、集中式空调系统

集中式空气调节系统是最早出现的典型全空气系统，最普通的集中式空气调节系统是低速、单风管、全空气系统，如图 6-45 所示。它处理空气量大，服务区域大，便于集中管理，在一些大型性建筑（如火车站场、地铁车站、航空港、体育场馆、剧场、大型商场等）采用较多。普通的集中式空气调节系统有封闭式、直流式和混合式等多种形式，混合式系统又有一次回风空调系统和二次回风空调系统之分，本书仅就直流式系统和新、回风混合式系统进行详述。

（一）直流式空气调节系统

1. 夏季处理方案

如图 6-46 所示，夏季处理过程可以描述为

$$W \xrightarrow{\text{冷却减湿}} L \xrightarrow{\text{绝热减湿}} O \xrightarrow{\varepsilon} N$$

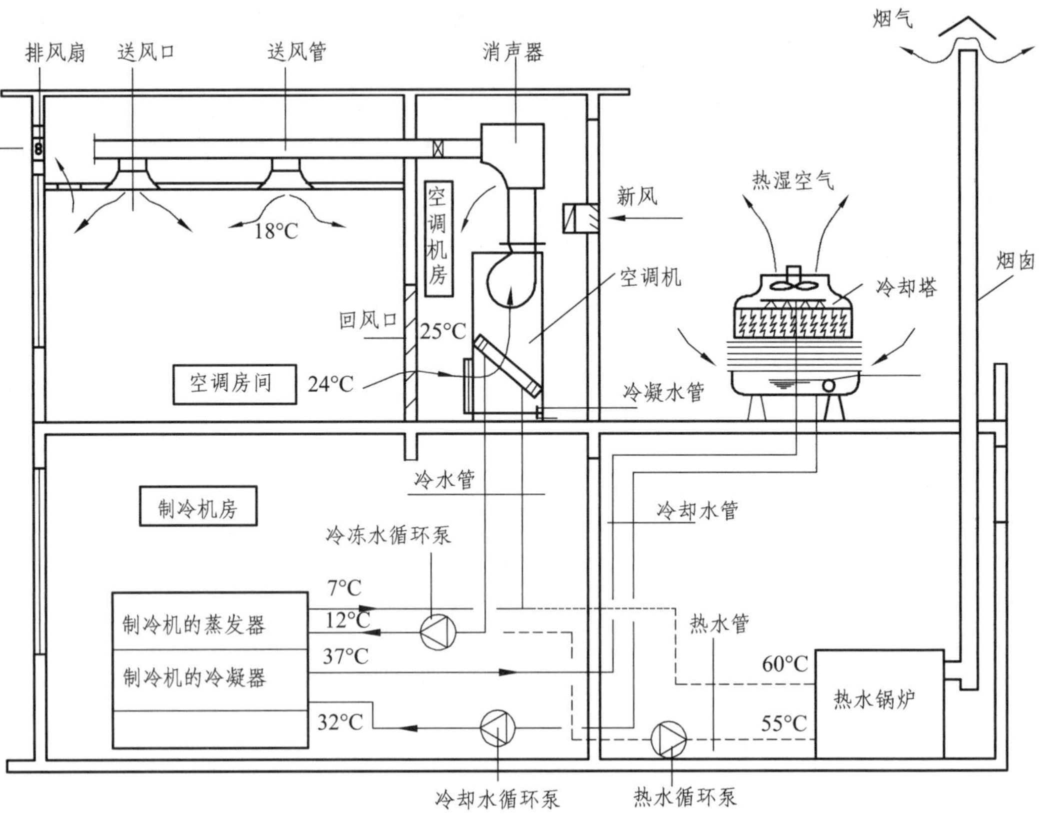

图 6-45　集中式空调系统示意图

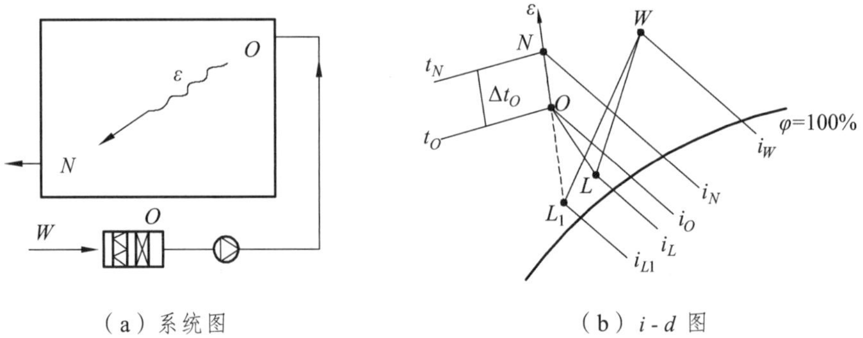

图 6-46　直流式空调系统夏季处理过程

2. 冬季处理方案

如图 6-47 所示，冬季处理过程可以描述为

$$W' \xrightarrow{\text{等湿加热}} W_1' \xrightarrow{\text{等焓加湿}} L' \xrightarrow{\text{等湿加热}} O' \xrightarrow{\varepsilon'} N$$

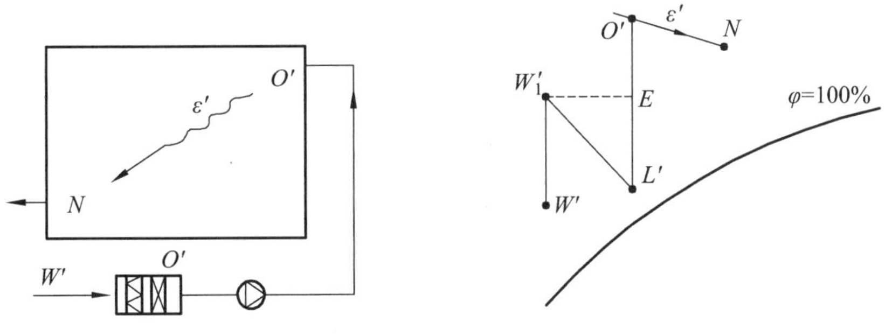

（a）系统图　　　（b）h-d 图

图 6-47　直流式空调系统冬季处理过程

（二）一次回风空气调节系统

1．夏季处理方案

如图 6-48 所示，夏季一次回风处理过程可描述为

$$\left.\begin{matrix}W\\N\end{matrix}\right]\xrightarrow{\text{混合}}C\xrightarrow{\text{冷却减湿}}L\xrightarrow{\text{绝对减湿}}O\xrightarrow{\varepsilon}N$$

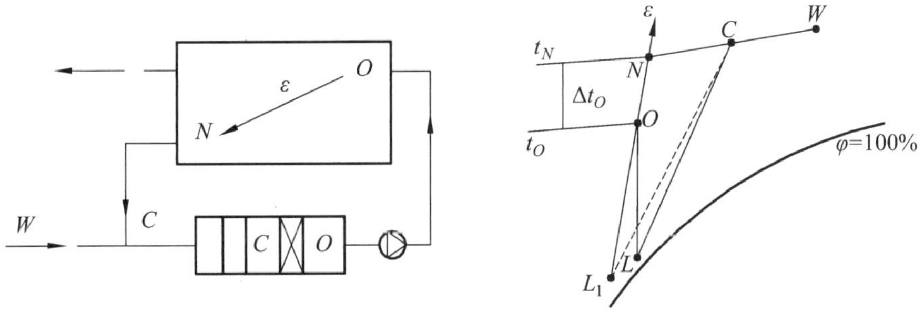

（a）系统图　　　（b）h-d 图

图 6-48　一次回风空调系统夏季处理过程

2．冬季处理方案

冬季处理方案 1 如图 6-49 所示。图中 O'、N、L' 等状态点的位置确定方法和全新风系统相同。采用喷循环水绝热加湿将空气处理到机器露点 L' 点，保证最小新风比的前提下，使新、回风混合后的状态点 C' 正好在 L' 的等焓线上。处理过程按这种要求来确定新回风比例和新风量。处理过程可表述如下：

$$\left.\begin{matrix}W'\\N\end{matrix}\right]\xrightarrow{\text{混合}}C'\xrightarrow{\text{绝热加湿}}L'\xrightarrow{\text{等湿加热}}O'\xrightarrow{\varepsilon'}N$$

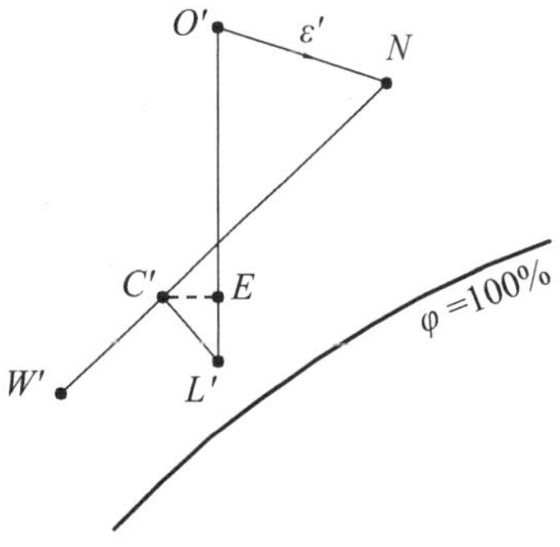

图 6-49　冬季处理方案 1

上述绝热加湿过程改成采用喷蒸汽方法，即从 C' 点等温加湿到 E 点，然后加热到 O' 点（见图中虚线），则处理过程可表述如下：

$$\left.\begin{matrix}W'\\N\end{matrix}\right]\xrightarrow{\text{混合}}C'\xrightarrow{\text{等温加湿}}E\xrightarrow{\text{等湿加热}}O'\xrightarrow{\varepsilon'}N$$

当采用绝热加湿方案时，即使按照最小新风比进行新、回风混合，也存在混合点 C' 的焓值比机器露点 L' 的焓值 $i_{L'}$ 小的情况，处理方法是将混合后的空气状态 C' 预热到机器露点 L' 的等焓线上就可以了。冬季处理方案 2 如图 6-50 所示。

则处理过程可表述如下：

$$\left.\begin{matrix}W'\\N\end{matrix}\right]\xrightarrow{\text{混合}}C'\xrightarrow{\text{等湿加热}}C_1'\xrightarrow{\text{绝热加湿}}L'\xrightarrow{\text{等湿加热}}O'\xrightarrow{\varepsilon'}N$$

在实际工程上，也有采用先将新风加热，然后再与回风混合的处理。处理过程如图 6-51 所示。

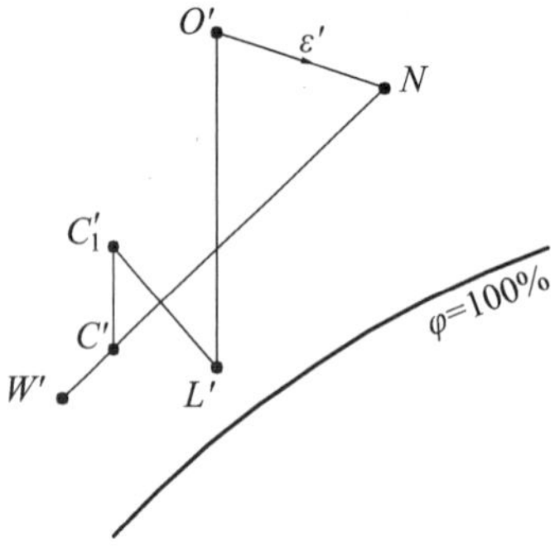

图 6-50　冬季处理方案 2

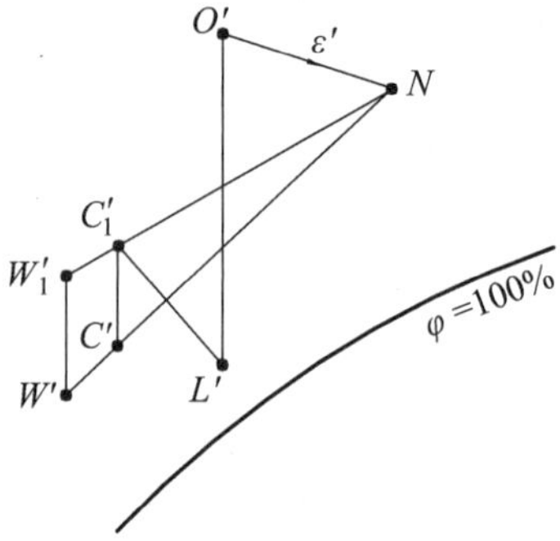

图 6-51　冬季实际处理方案

处理过程可表述如下：

$$W'\xrightarrow{\text{等湿加热}}\left.\begin{matrix}W_1'\\N\end{matrix}\right]\xrightarrow{\text{混合}}C_1'\xrightarrow{\text{绝热加湿}}L'\xrightarrow{\text{等湿加热}}O'\xrightarrow{\varepsilon'}N$$

（三）二次回风空气调节系统

二次回风空调系统如图 6-52 所示。一次回风系统相对全新风系统节能，但仍需要再热器解决送风温差过大的问题，再热能耗会造成冷热量抵消。二次回风系统是在喷水室前后两次引入回风，利用回风代替再热器对空气再加热，可节省冷量和热量。

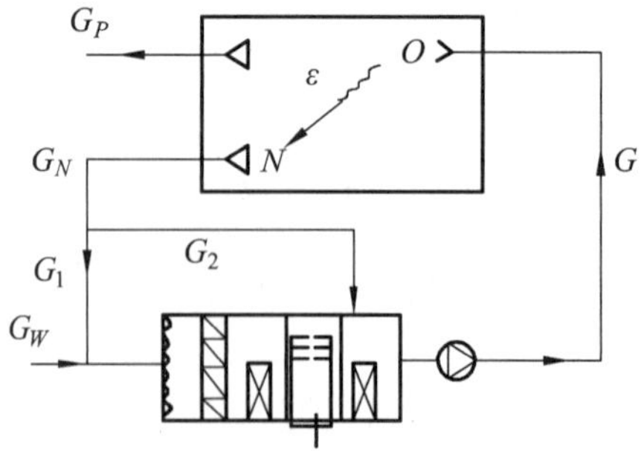

图 6-52　二次回风空调系统示意图

1．夏季处理方案

二次回风系统的总回风量与一次回风系统相同，总回风量等于送风量与新风量之差即 $G_N = G - G_W$，总回风量又分为两部分，一次回风风量为 G_1，与新风在喷水室前混合。二次回风量为 G_2，与经过喷水室处理后的空气混合。

二次回风系统夏季处理过程是室外空气状态 W 与一次回风混合到 C_1 状态点，经喷水室冷却减湿到 L 状态，然后与二次回风混合，使混合后的空气状态 C_2 正好与所需要的夏季送风状态点 O 相吻合。最后，将 O 状态空气送入房间，吸收余热、余湿后，变成室内要求的空气状态 N。

处理过程可表述如下：

$$\left.\begin{matrix}W\\N\end{matrix}\right]\xrightarrow{\text{混合}}C_1\xrightarrow{\text{冷却减湿}}\left.\begin{matrix}L\\N\end{matrix}\right]\xrightarrow{\text{混合}}O\xrightarrow{\varepsilon}N$$

处理过程焓湿图如图 6-53 所示。

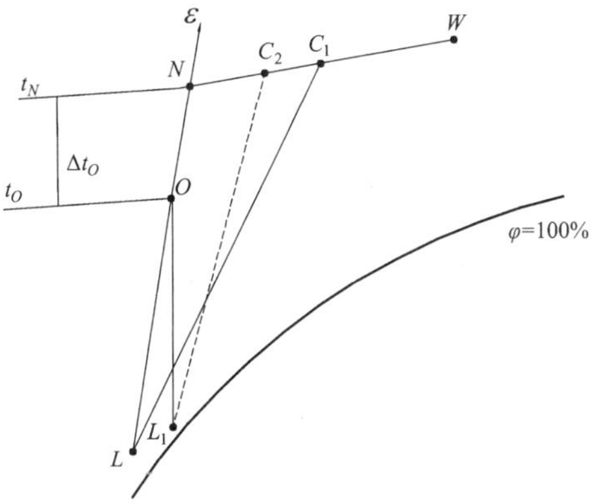

图 6-53　二次回风系统夏季处理过程

2．冬季处理方案

二次回风系统冬季空气处理过程也有两种方案。方案 1 如图 6-54 所示。

处理过程可表述如下：

$$\left.\begin{matrix}W'\\N\end{matrix}\right]\xrightarrow{\text{一次混合}}C'\xrightarrow{\text{绝热加湿}}\left.\begin{matrix}L'\\N\end{matrix}\right]\xrightarrow{\text{二次混合}}O\xrightarrow{\text{等湿加热}}O'\xrightarrow{\varepsilon'}N$$

方案 2 如图 6-55 所示。

处理过程可表述如下：

$$\left.\begin{matrix}W'\\N\end{matrix}\right]\xrightarrow{\text{一次混合}}C'\xrightarrow{\text{等湿加热}}C_1'\xrightarrow{\text{绝热加湿}}\left.\begin{matrix}L'\\N\end{matrix}\right]\xrightarrow{\text{二次混合}}O\xrightarrow{\text{等湿加热}}O'\xrightarrow{\varepsilon'}N$$

方案 2 还有第二种处理途径是先将新风进行预热，如图 6-55 中的虚线处理过程。该处理过程可表述如下：

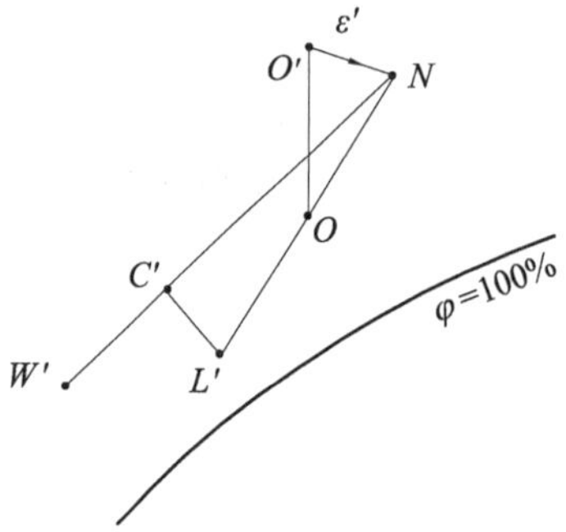

图 6-54 二次回风系统冬季处理过程方案 1

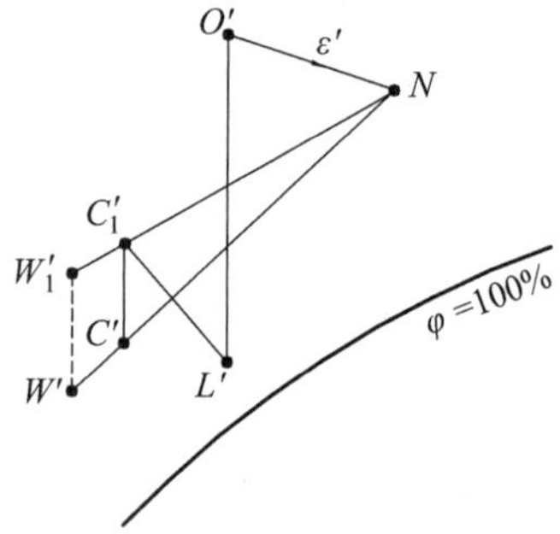

图 6-55 二次回风系统冬季处理过程方案 2

$$W' \xrightarrow{\text{等湿加热}} W_1' \left.\begin{matrix} \\ N \end{matrix}\right] \xrightarrow{\text{一次混合}} C_1' \xrightarrow{\text{绝热加湿}} L' \left.\begin{matrix} \\ N \end{matrix}\right] \xrightarrow{\text{二次混合}} O \xrightarrow{\text{等湿加热}} O' \xrightarrow{\varepsilon'} N$$

综合以上集中式空调系统可知，一次回风和二次回风空调系统在空气处理、运行管理上有优势，能耗介于直流式和封闭式空调系统之间，是应用最广泛的集中式空调系统。

一次回风空调系统的优势是处理流程简单，操作管理简便；缺点是当送风温差有限制时需要再热过程，冷热量抵消，造成能源浪费。一次回风系统适用于舒适性空调。

二次回风空调系统优势是用回风二次混合替代再热过程，节省再热量，节能效果明显；缺点是空气处理过程复杂，运行管理复杂。因此，二次回风系统只用于对室内温度和湿度要求严格、送风温差小、风量大的恒温恒湿或净化空调。

三、半集中式空调系统

半集中式空调系统是发挥集中式和局部式两类空调系统的优点、克服其缺点的基础上发展起来的。它既有集中的冷热源供应系统，也有分散于各个空调区域的末端空气处理设备。该系统克服了集中式空调系统空气处理量大，设备、风管截面大、占用建筑空间大等缺点，同时具有空调房间独立调节控制的优点。半集中式系统主要有风机盘管系统、诱导器系统、辐射板系统。其中舒适性空调中应用最广泛的是风机盘管系统，本书主要介绍该系统。

风机盘管加新风空调系统属于半集中式空调系统，风机盘管直接设置在空调房间内，对室内回风进行处理；新风则由新风机组集中处理然后通过新风管送入室内。系统的冷量由空气和水共同承担，属于空气-水系统，典型风机盘管系统如图 6-56 所示。它具有投资少，使用灵活性高的优点，被广泛应用于各种建筑物空调系统中，尤其是酒店和办公类建筑。

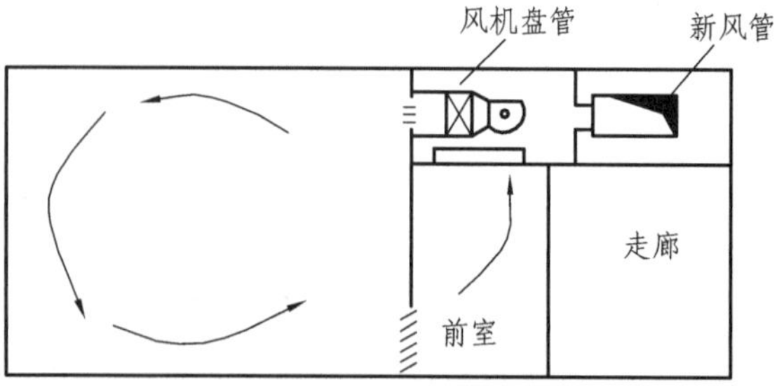

图 6-56 典型风机盘管系统

（一）风机盘管构造、分类及调节

风机盘管由冷热盘管（表面式换热器）和风机（离心式或贯流式风机）组成，是半集中式空调系统的末端设备。按结构形式分为立式、卧式和卡式等，按照安装部位可分为明装和暗装，按供回水管的方向分为左式（面对机组出风口，供回水管在左侧）、右式（面对机组出风口，供回水管在右侧）。其典型构造如图 6-57 所示。

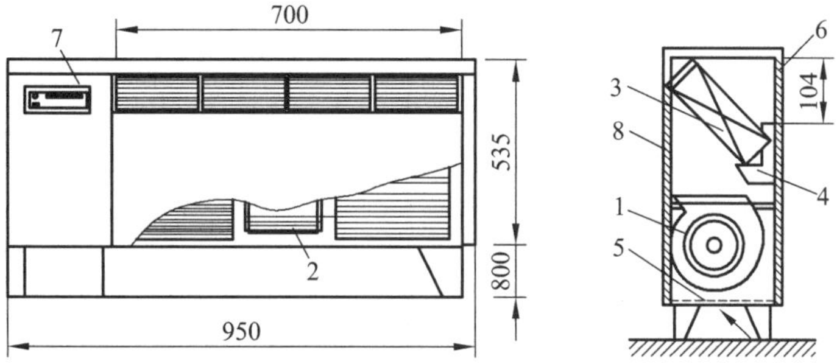

（a）立式风机盘管

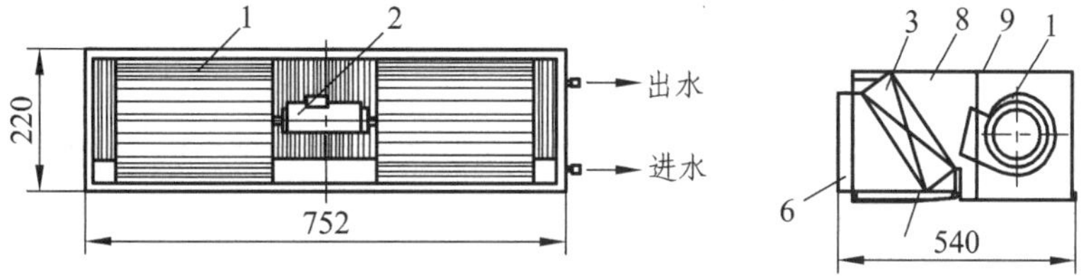

（b）卧式风机盘管

1—风机；2—电机；3—盘管；4—凝结水盘；5—循环风进口及过滤器；6—出风口格栅；7—控制器；8—吸声材料；9—箱体。

图 6-57　风机盘管构造示意图

风机盘管结构　　　　风机盘管接管工程实例

现场安装如图 6-58 所示。为满足不同场合的设计选用，风机盘管有多种类型见表 6-29。

图 6-58　卧式风机盘管安装

表 6-29　风机盘管类型

类型	图例	类型	图例
卧式暗装（带回风箱）风机盘管		立式明装风机盘管	
卧式明装风机盘管		卡式二出风风机盘管	
立式暗装风机盘管		卡式四出风风机盘管	

风机盘管的调节有两种途径，一种是水量调节，另一种是风量调节。常用的是风量调节（三速开关控制）。具有水量调节的双水管风机盘管系统在盘管进水或出水管路上装有水量调节阀，并由室温控制器控制，使室内温度得以自动调节，如图 6-59 所示。它由感温元件、双位调节器和小型电动三通分流阀门构成，在室温敏感元件作用下通过调节器控制水量阀（双位调节阀），向机组断续供水而达到调节室温的目的。供水时流向是 $E—C—A—D—F$，断水时流向是 $E—C—B—D—F$。

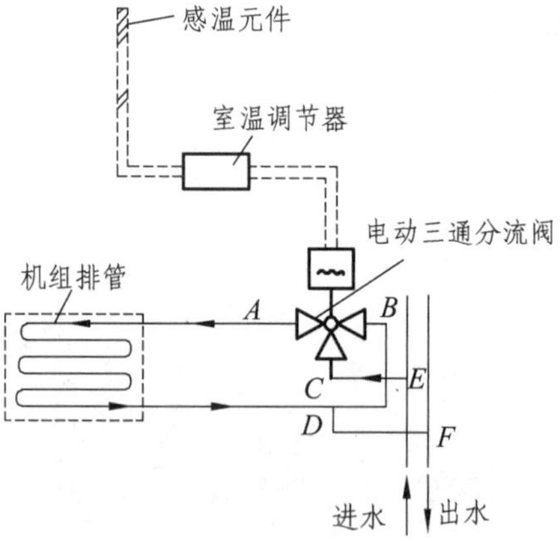

图 6-59　风机盘管温控示意图

风机盘管的优点是：① 布置灵活，容易与装修工程配合；② 各房间可以独立调节室温，当房间无人时可方便地关机而不影响其他房间的使用，有利于节约能量；③ 房间之间空气互不串通；④ 系统占用建筑空间少。其缺点是：① 布置分散，维护管理不方便；② 当机组没有新风系统同时工作时，冬季室内相对湿度偏低，故不能用于全年室内湿度有要求的地方；③ 空气的过滤效果差；④ 必须采用高效低噪声风机；⑤ 通常适合进深小于 6 m 的房间；⑤ 水系统复杂，容易漏水；⑦ 盘管冷热兼用时，容易结垢，不易清洗。

（二）风机盘管新风供给方式

（1）靠渗入室外空气（室内机械排风）补充新风（见图 6-60），机组基本上处理再循环空气。这种方案投资和运行费用经济，但因靠渗透补充新风，受风向、热压等影响，新风量无法控制，清洁度差，室内温湿度分布不均匀，适用于室内人少，旧建筑物增设风机盘管系统及布置新风管困难的情况。

（2）墙洞引入新风直接进入末端空气处理机组（见图 6-61），利用可调节的新风口，冬、夏按最小新风量运行，过渡季节尽量多采用新风。这种方式投资省，节约建筑空间。虽然新风得到比较好的保证，但随着新风负荷的变化，室内参数将直接受到影响，因而这种系统适用于室内参数要求不高的建筑物。而且新风口还会破坏建筑物表面，增加室内污染和噪声，所以要求高的地方也不宜采用。

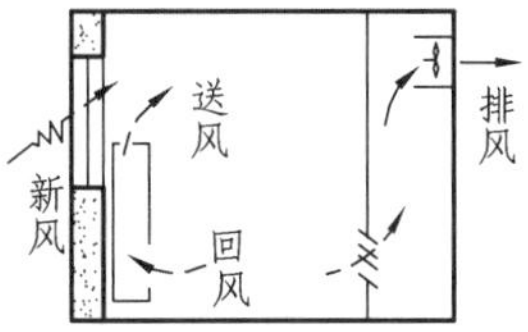

图 6-60　渗入室外空气补充新风

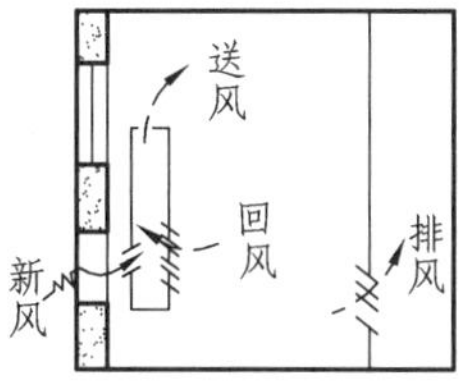

图 6-61　墙洞引入新风

（3）由独立的新风系统提供新风，即把新风处理到一定的参数，由风管系统送入各个房间（见图 6-62）。这种方案既提高了系统的调节和运行的灵活性，且进入风机盘管的供水温度可适当调节，水管的结露现象可得到改善，这种系统目前被广泛采用。独立新风系统引入室内有两种方式。

① 新风管单独接入室内。如图 6-62（a）所示，这时送风口可以紧靠风机盘管的出风口，也可以不在同一地点，但从气流组织的角度来说，两者混合后再送入工作区比较好。

② 新风接入风机盘管机组。如图 6-62（b）所示，新风和回风混合，经风机盘管处理后送入空调房间。这种方法，由于新风经过风机盘管机组，增加了机组风量的负荷，使运行费用增加和噪声增大。此外，由于受热湿比的限制，盘管只能在湿工况下运行。

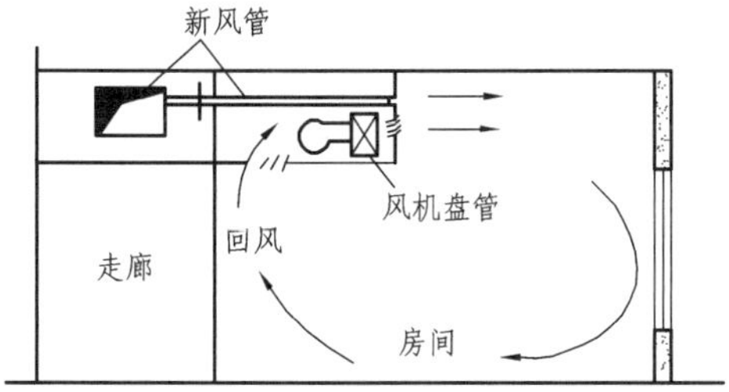

（a）新风直入式

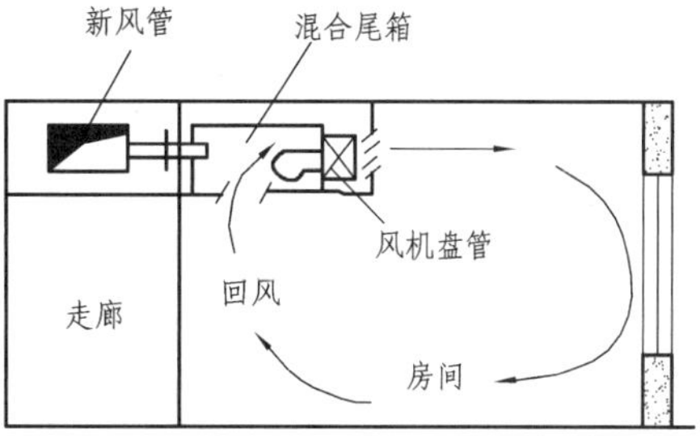

（b）新风串接式

图 6-62　独立的新风系统新风引入方式

四、独立新风系统空气处理过程分析

采用独立新风的风机盘管系统新风引入有两种方式：一种是新风单独送入空调房间，即新风直入式；另一种是新风接入风机盘管，新回风混合再经风机盘管处理送入空调房间，即新风串接式。

1．新风直入式

新风直入式主要有 4 种空气处理途径：① 新风处理到室内干球温度；② 新风处理到室内焓值；③ 新风处理到室内等含湿量线上；④ 新风处理到低于室内含湿量。常用的是处理到室内焓值。分述如下：

（1）新风处理到室内干球温度。如图 6-63 所示，新风由独立新风机组处理到室内空气温度的等温线上，与 $\varphi=90\%\sim95\%$ 相对湿度线的交于机器露点 L，引入到与空调房间末端空气处理设备（风机盘管）冷却减湿处理后的室内空气混合到送风状态点 O，送入室内。这种方式风机盘管机组负担室内冷负荷、部分新风负荷和湿负荷，新风机组承担部分新风负荷和湿负荷。风机盘管机组负荷较大，在湿工况下运行，卫生条件差。

（2）新风处理到室内焓值。如图 6-64 所示，新风由独立新风机组处理到室内空气的等焓线上，与 $\varphi=90\%\sim95\%$ 相对湿度线的交于机器露点 L，引入到与空调房间末端空气处理设备（风机盘管）冷却减湿处理后的室内空气混合到送风状态点 O，送入室内。该方式风机盘管机组承担室内冷负荷、湿负荷和部分新风湿负荷，新风机组承担新风冷负荷和部分新风湿负荷。风机盘管机组在湿工况下运行。

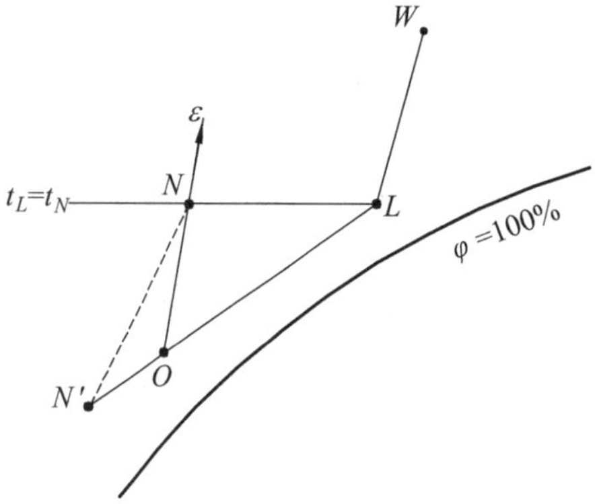

图 6-63　新风处理到室内干球温度

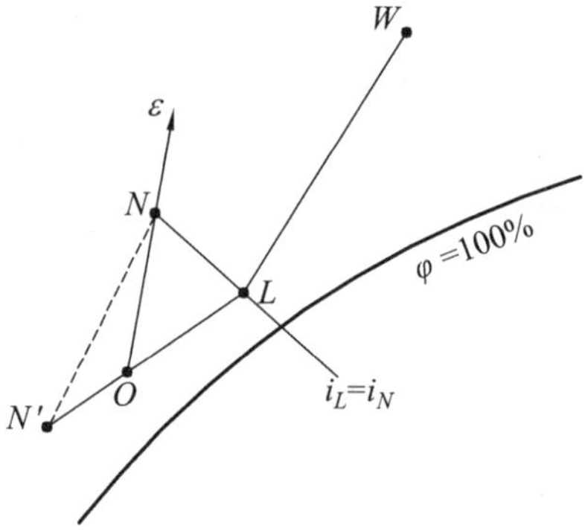

图 6-64　新风处理到室内焓值

（3）新风处理到室内等含湿量线上。如图 6-65 所示，新风由独立新风机组处理到室内空气的等含湿量线上，与 $\varphi=90\%\sim95\%$ 相对湿度线的交于机器露点 L，引入到与空调房间末端空气处理设备（风机盘管）冷却减湿处理后的室内空气混合到送风状态点 O，送入室内。该方式风机盘管承担部分室内冷负荷、湿负荷，新风机组承担新风冷负荷、湿负荷及部分室内冷负荷。盘管在湿工况下运行。

（4）新风处理到低于室内含湿量。如图 6-66 所示，新风由独立新风机组处理到室内空气的等含湿量线的左方上，与 $\varphi=90\%\sim95\%$ 相对湿度线的交于机器露点 L，引入到与空调房间末端空气处理设备（风机盘管）冷却减湿处理后的室内空气混合到送风状态点 O，送入室内。

此方式风机盘管承担室内全部冷负荷，新风机组承担新风负荷和室内湿负荷。风机盘管机组负担负荷小，冷水温度较高，风机盘管在干工况下运行，卫生条件好。但新风机组要求的冷冻水温度低，新风处理焓差大，一般新风机组和表面式冷却器难以满足，此种方式适合室内湿负荷不大的场所。欧美国家使用这种处理方式较多。

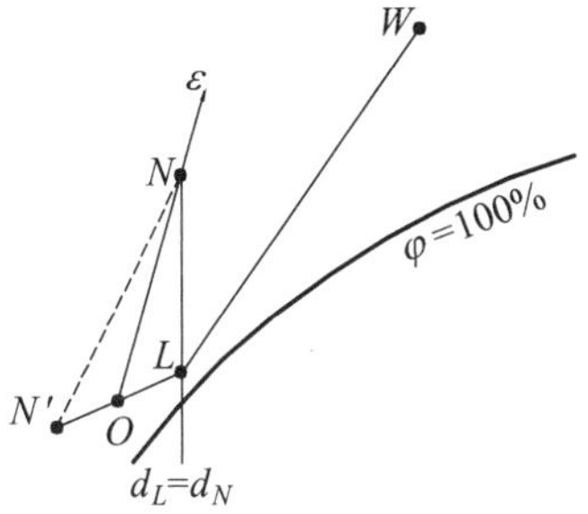

图 6-65　新风处理到室内等含湿量线上

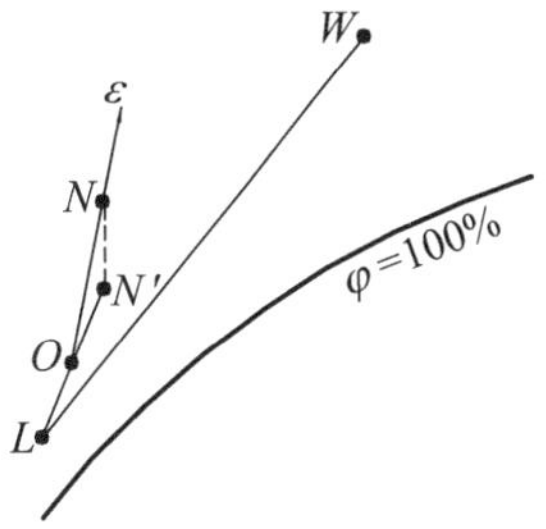

图 6-66　新风处理到低于室内含湿量

2. 新风串接式

空气处理过程是新风先与室内回风混合，再经盘管冷却减湿处理到送风状态点，然后送入空调房间，如图 6-62（b）所示。由于新风经过风机盘管机组，增加机组负荷，使运行费用增加，噪声增大。新风机组和风机盘管风机具有温升，因此，空气处理过程描述为

$$\left.\begin{array}{l} W \xrightarrow{\text{冷却减湿}} L \xrightarrow{\text{新风机温升}} L' \\ N \end{array}\right\} \xrightarrow{\text{混合}} C \xrightarrow{\text{风机盘管温升}} C' \xrightarrow{\text{冷却减湿}} O \xrightarrow{\varepsilon} N$$

风机盘管的选择是根据风机盘管处理风量和所选风机盘管的风量选择风机盘管型号和台数。宜按中挡容量选择机组。

任务小结

通过本任务的学习，使学生能联系实际建筑判断系统类型；能对集中式空调系统和半集中式空调系统进行焓湿分析。

任务 4　空气调节系统的运行管理

任务目标

熟悉系统风量的测定与调整方法；熟悉系统效果测定与调整方法，能熟练进行空气处理设备（组合式空调机组、空气处理机组、风机盘管）的开机、运行检查和定期停机检查。

案例引入

以某地铁实际运行的集中式系统和半集中式空调系统为例。

案例分析

实际空气调节系统中重要的设备是空气处理设备（组合式空调机组、空气处理机组、风机盘管等），因此，在运行管理过程中关注的重点就在此。

知识链接

一、风量的测定及调整

空调与通风系统运行时，可对风管内和送回风口的风量进行测量，对空气的输送和分配进行调整，以达到水力平衡的目的。管内风量的测定一般在送风管道、回风管道、排风和新风管道及各分支管道上采用皮托静压管和微压计配合进行测量；风口风量的测定是利用风速仪进行测量。风量测量可按照图 6-67 所示的流程进行。

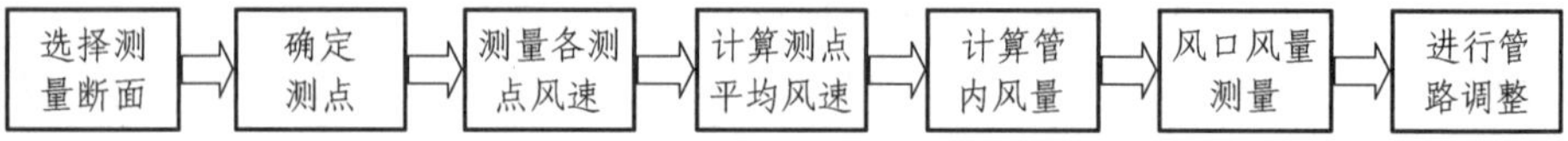

图 6-67　风量测量流程

（一）风管风量测定

1．选择测量断面

测量断面原则上应选择在气流均匀、稳定的直管段上，即尽量选择远离产生涡流的局部构件（如三通阀、风门、弯头、风口等）的地方。按气流方向，一般选在离前一个产生涡流的部件 4 倍以上风管直径（或矩形管道的长边尺寸），距后一个产生涡流的部件 1.5 倍以上风管直径（或矩形管道的长边尺寸）的距离为最好。如实际测量时条件不满足，可适当降低标准，但也应使测定断面到前一个产生涡流部件的距离大于测定断面到后一个产生涡流部件的距离，并适当增加断面上的测点数目。

2．确定测点

管道断面由于内壁与流动空气存在摩擦，导致断面风速分布不均匀，因此，在同一个断面应布置多个测点，分别测得各点动压，求出测点风速，各测点风速相加除以测点数，再求出断面的平均风速。

测点越多，所得结果就越准确，但也不能太多，增加测量工作量。一般根据风管断面的形状和大小，划分成若干个相等的小截面，在每一个小截面的中心布置测点。矩形风管测点位置如图 6-68 所示，一般要求各小截面面积不大于 0.05 m^2（即边长小于 200 mm）。圆形风管根据风管直径的大小，将其划分为若干个面积相等的同心圆环，圆环数由直径大小决定，每一个圆环测 4 个点，并且 4 个测量点应在互相垂直测孔的两个直径上，测点位置如图 6-69 所示。

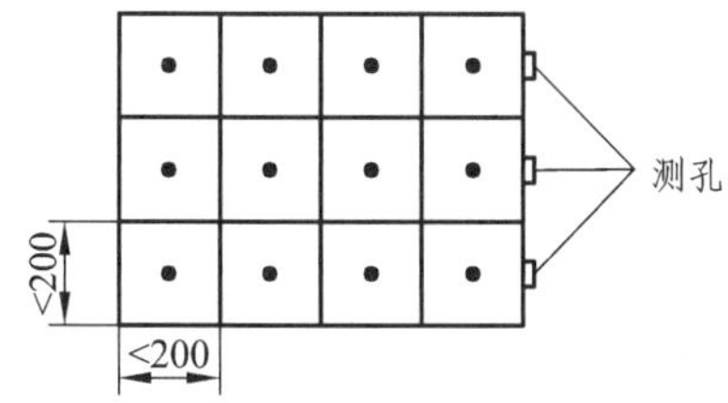

图 6-68　矩形风管的测点位置

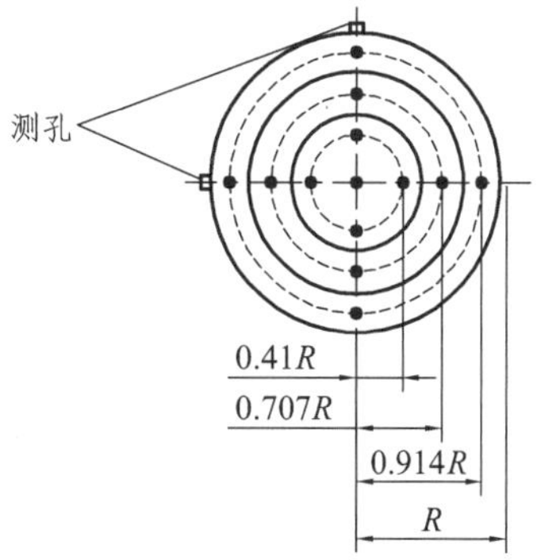

图 6-69　圆形风管的测点位置

圆形风管各测点距圆心的距离按式（6-15）计算：

$$R_n = R\sqrt{\frac{2n-1}{2m}} \tag{6-15}$$

式中　R——风管断面半径，mm；

R_n——从风管中心到第 n 测点的距离，mm；

n——从风管中心算起的测点顺序号；

m——划分的圆环数。

圆形风管划分的圆环数见表 6-30。

表 6-30　圆形风管划分的圆环数

圆形风管直径/mm	200 以下	200 ~ 400	400 ~ 700	700 以上
圆环个数/个	3	4	5	5 ~ 6

3．计算断面平均风速 v_p

在风量测量中，采用皮托管测出的空气动压值，实际上就是流动空气所具有的动能，即

$$p = \frac{\rho v^2}{2g} \tag{6-16}$$

则有

$$v = \sqrt{\frac{2gp}{\rho}} \tag{6-17}$$

式中　v——风速，m/s；

g——重力加速度，一般取 $g = 9.8\ \text{m/s}^2$；

p——风管内气流的动压，kg/m^2；

ρ——风管内空气的密度，常温下空气的密度为 1.2 kg/m^3。

将 g 和 ρ 代入式（6-17），则可简化为

$$v = 4.04\sqrt{p} \tag{6-18}$$

利用式（6-18）求出每个测点的风速后，可求平均风速值 v_p。

断面各测点所测风速的算术平均值，可看作是测量断面的平均风速，即

$$v_p = (v_1 + v_2 + \cdots + v_n) / n \tag{6-19}$$

式中　v_p——断面的平均风速，m/s；

v_1, v_2, …, v_n——各测点的风速，m/s；

n——测点数。

在实际测量中，测量断面可能处于气流不稳定区域。测量仪器在正确使用的前提下，测量的动压可能出现负值，表明某些测点产生了涡流。在一般工程测量中，遇到这种情况，可在计算平均动压时，近似假设负值为零，但测点数不能取消。

4．计算风管风量 L

已知平均风速 v_p，便可计算出通过测量断面的风量。风管内风量的计算式为

$$L = 3\,600 F v_p \tag{6-20}$$

式中　L——风量，m^3/h；

F——风管测定断面的面积，m^2；

v_p——风管测定断面上的平均风速，m/s。

（二）送风口、回风口风量测定

对于空调房间的风量或各个风口的风量，如果无法在各分支管上测定，可以在送、回风口处直接测定风量，一般采用热球式风速仪或叶轮风速仪测定。

当在送风口处测定风量时，由于该处气流比较复杂，通常采用加罩测定法，即在风口外直接加一罩子，罩子与风口的接缝处不得漏风。这样使得气流稳定，便于准确测量。

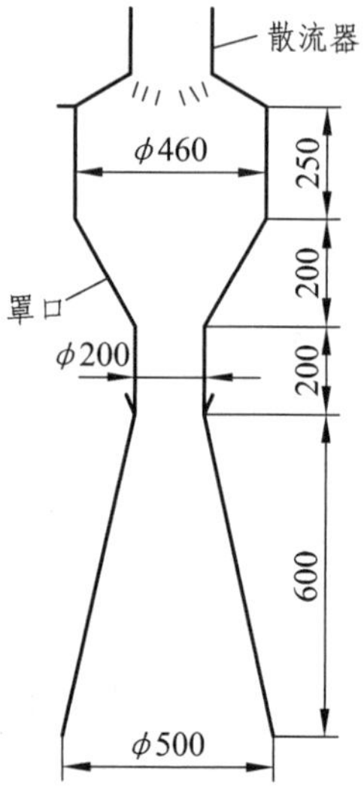

图 6-70　加罩法测定送风口风量

在风口外加罩子会使气流阻力增加，造成所测风量小于实际风量。但对于风管系统阻力较大的场合（如风口加装高效过滤器的系统）影响较小。如果风管系统阻力不大，则应采用图 6-70 所示的罩子。因为这种罩子对风量影响很小，使用简便，又能保证足够的准确性，故在风口风量的测定中常用此法。

回风口处由于气流均匀，所以可以直接在贴近回风口格栅或网格处用测量仪器测量风量。

（三）风量的调整

空调系统风量调整的目的是使经处理后的空气能按设计要求沿着干管、支干管及支管和送风口输送到各空调房间，为空调房间所需要的温度和湿度环境提供保证。

对于正常工作的空调系统来说，各空调房间送风口的实际送风量

的总和应等于总的送风量，回风口吸入的总回风量应等于各空调房间回风口实测的风量之和。在空调系统运行过程中，允许各空调房间全部送风口测得的风量之和与送风机出口处测得的总送风量之和有 ±10% 的误差。

1．风量调整的程序

风量测定和调整一般按下列步骤进行：

（1）初测各干管、支干管、支管及送风口和回风口的风量。

（2）按设计要求调整送风、回风干管、支干管及各送风口和回风口的风量。

（3）在进行送风、回风系统的风量调整时，同时测定与调整新风量，检查系统新风比是否满足要求。

（4）按设计要求调整送风机的总风量。

（5）在系统风量达到平衡后，进一步调整送风机的总风量，使其满足空调系统的设计要求。

（6）调整后，空调系统各部分调节阀不再变动，重新测定各处的风量，作为最终的实测风量。

（7）空调系统风量测定和调整完毕后，用红漆在阀门把柄上做好标记，将阀门位置固定，不随意变动。

2．风量调整的原理

调整空调系统风量是通过改变阀门开度来实现的。调节阀门开度实质上是改变阀门在管网中的阻力特性，进而改变管网中管段的阻力，阻力改变后，风量也随之相应地发生变化。

由流体力学可知，任一管段的阻力 ΔH 与风量之间存在如下关系：

$$\Delta H = KL^2 \tag{6-21}$$

式中　ΔH ——风管系统的阻力，Pa；

L ——风管内的风量，m^3/h；

K ——风管系统的阻力特性系数，K 值与空气性质、风管长度、尺寸、局部管件阻力系数及摩擦阻力系数有关。在给定的管网中，如果只改变风量，其他（包括阀门）都不变，则 K 值基本不变。

如图 6-71 所示的风管系统，管段 1 的风量为 L_1，阻力特性系数为是 K_1，风管阻力为 H_1；管段 2 的风量为 L_2，阻力特性系数为 K_2，风管阻力为 H_2，则有

$$\Delta H_1 = K_1 L_1^2 \tag{6-22}$$

$$\Delta H_2 = K_2 L_2^2 \tag{6-23}$$

由于管段 1 和管段 2 为并联管段，所以 $\Delta H_1 = \Delta H_2$，即

$$K_1 L_1^2 = K_2 L_2^2 \tag{6-24}$$

$$\frac{K_1}{K_2} = \frac{L_2^2}{L_1^2} \tag{6-25}$$

若图中 A 点处的三通调节阀的位置不变，即 K_1、K_2 不变，仅改变送风机出口处的总调节阀；使总风量改变，则管段 1 和管段 2 的风量相应地变化为 $L_{1'}^2$ 和 $L_{2'}^2$，应符合

$$\frac{K_1}{K_2}=\frac{L_{2'}^2}{L_{1'}^2} \tag{6-26}$$

综合式（6-25）和式（6-26）有

$$\frac{L_2^2}{L_1^2}=\frac{L_{2'}^2}{L_{1'}^2} \tag{6-27}$$

则

$$\frac{L_2}{L_1}=\frac{L_{2'}}{L_{1'}} \tag{6-28}$$

上式表明，只要三通调节阀的位置不变，即系统阻力特性系数 K 不变，无论总风量如何变化，管段 1 和管段 2 的风量总是按固定比例进行分配的。也就是说，若已知各风口的设计风量的比值，就可以不管此时总风量是否满足设计要求，只要调整好各风口的实际风量，使它们的比值与设计风量的比值相等，然后调整总风量达到要求值，则各风口的送风量必然会按设计比值分配，并等于各风口的设计风量。

3．风量的调整方法

空调系统风量的调整应从最远空调房间的送风支管开始，逐步向风机出口调整，如图 6-72 所示。风量的调整步骤如下：

（1）调整 L_1 与 L_2 、L_3 与 L_4 、L_7 与 L_8，使它们分别等于对应的设计风量之比。

（2）调整 L_5 与 L_6，使之等于对应的设计风量之比。

（3）调整 L_9 与 L_{10}，使之等于对应的设计风量之比。

（4）调整 L_{11} 使其等于设计的总风量。

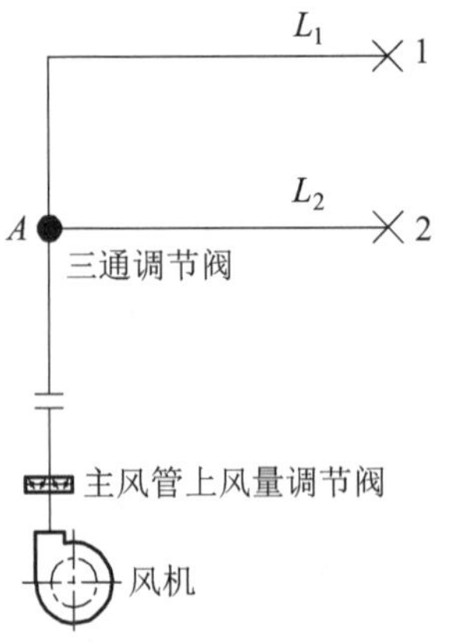

图 6-71　风管风量分配示意图

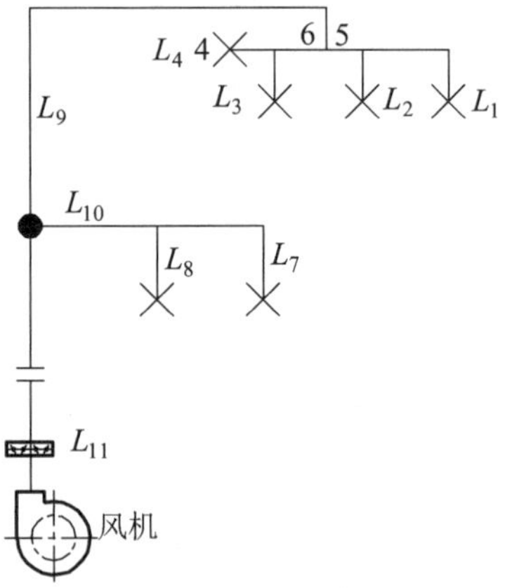

图 6-72　送风支管示意图

（四）常见问题及解决方法

风量测量和调整过程中常见问题分析和解决方法见表 6-31。

表 6-31 风量测量常见问题分析与解决办法

序号	问题	原因分析	解决办法
1	实测风量大于设计风量	系统的实际阻力小于设计阻力	有条件时可改变风机的转速
		设计选用风机容量偏大	关小风量调节阀，降低风量
		运行工况比设计工况风压低	进行节流调节，增加管路阻力
2	实测风量小于设计风量	系统的实际阻力大于设计阻力	加大断面尺寸，减小系统阻力
		系统阻塞（如滤网脏堵）	拆洗滤网
		系统漏风	堵漏（管路接口处，测孔等）
		风机出力不足（如风机达不到设计能力或叶轮旋转方向不对，传动带打滑等）	检查，排除影响因素

二、系统效果测定与调整

（一）室内温度和相对湿度的测定与调整

室内温度和相对湿度的测定，可以使用水银玻璃温度计（分度为 0.1 °C，量程为 0 ~ 50 °C 即可）、热电偶温度计、通风干湿球温度计等测量仪器。

测点的选择如下：

（1）精度高的空调房间，要沿房间高度选择几个有代表性的横断面测点和沿房间宽度选择几个纵断面测点。如对于恒温恒湿房间测点应布置在离房间围护结构 0.5 m，离地高度 0.5 ~ 1.5 m 的范围内，纵断面上的测点间隔一般为 0.5 m，横断面上的测点按面积等分格（每分格常为 1 m）。系统运行稳定后，分别测定纵、横断面上的温度和相对湿度值，并按断面绘制温度和相对湿度分布图。

（2）一般空调房间，测点要选择在工作区和工作面及人员经常活动的范围内。

（3）无条件按测点分布测量时，一般在回风口处测定温度和相对湿度。空调区域均为回流区，因此，可将回风口的空气参数作为室内空气的平均参数。

测定时系统必须连续稳定运行，每隔 0.5 ~ 1 h 测定一次，连续测量 12 ~ 24 h。

温度和相对湿度测量常见问题分析与解决办法见表 6-32。

表 6-32 温度和相对湿度测量常见问题分析与解决办法

问题	原因分析	解决办法
室内温度、相对湿度均偏高	制冷系统产冷量不足	检修制冷系统
	通过空气处理设备的风量过大、热湿交换不良	调节处理设备的风量使风速正常
	回风量大于送风量，室外空气渗入	调节回风量，使室内正压
	送风量不足（可能过滤器堵塞）	清理过滤器使送风量正常
	表冷器结霜，造成堵塞	调节蒸发温度，防止结霜

（二）室内气流组织的测定与调整

室内气流组织的测定包括室内气流速度和气流流型的测定。气流速度一般采用热球式风速仪测定。气流流型测定一般用轻细的纤维丝或烟雾来观察气流的方向，然后人工描绘下来（测定时人要远离气流流动方向）。测定完毕后，将测定结果绘制成速度分布图和气流流型图，根据测定结果进行分析，可全面评估室内气流组织的合理性。气流组织测量常见问题分析与解决办法见表 6-33。

表 6-33　气流组织测量常见问题分析与解决办法

问题	原因分析	解决办法
气流速度过大	送风口速度过大	增大风口面积或增加风口数
	总送风量过大	降低总送风量
	送风口的型式不合适	改变送风口形式，增加紊流系数
气流组织不合理	气流组织设计考虑不周	调整送风口位置或增加送风口数量
	送风口风量不均匀	调整送风口风量

（三）室内正压的测定与调整

室内正压值是指室内的压力应高于室外压力的数值，宜采用微压计测定；一般空调房间应有 5 ~ 10 Pa 的正压值。正压测定应在系统送、回风量调整完毕后进行。测定时把被测房间的门窗关闭，将微压计的正、负压接口用橡皮管接至室内和室外（应避免管口迎风），此时通过微压计的压差值即为室内外压差值。若正压值不满足要求，一般通过调整房间回风口的风门（调整回风量）来调整室内正压值。

（四）室内噪声的测定与调整

噪声测量宜在室内工作区进行，用声级计测量，一般在房间中心区域离地 1.2 m 标高处选择测点。面积大的民用建筑测点需按照相应的设计要求确定。噪声测量常见问题分析与解决办法见表 6-34。

表 6-34　噪声测量常见问题分析与解决办法

问题	原因分析	解决办法
室内噪声大于设计要求	风机噪声高于额定值	改进风机的减震降噪措施
	风管内风速过大	减小风速，降低风噪
	局部风管构件引起噪声	改进风管构件
	消声器质量问题	修理或更换消声器

三、组合式空调机组运行管理

（一）组合式空调机组正常使用要求

（1）机组外观无变形，支座弹簧平衡，风机和各部件紧固。

（2）空调机组各功能段内部清洁、干净、无杂物。

（3）空调机组的检修门不漏风、变形。

（4）空调机组尘网干净，每 15 日清洗一次，无压差报警。

（5）风机叶轮运转灵活，无碰撞蜗壳现象。

（6）传动带无过松、过紧或打滑现象。

（7）机组的进出风风阀处在开启状态，空调季节空调机组冷冻水进出管路上阀门处于开启状态。二通阀能受 EMCS 控制。

（8）设备运行时无异常响声或振动。如有异常，应立即停车检查，严禁机组“带病”运行。

（9）风机运行时电流在正常范围内，不应超过额定电流。

（10）空调季节接水盘冷凝水排水顺畅、无积水，风机段无飞水现象。

（11）空调季节进出水压力、压差和进出水温差在正常范围内。

（二）组合式空调机组操作规程

1. 相关设备系统的关联

（1）组合式空调机组从控制箱引入电源。

（2）出口风阀实现内部联锁。

（3）BAS 或 EMCS 接口。

2. 组合空调箱操作规程要点

（1）开机的必备条件：

① 管路上的各阀门处于正常状态，如图 6-73 所示。

② 组合空调机组水路畅通。

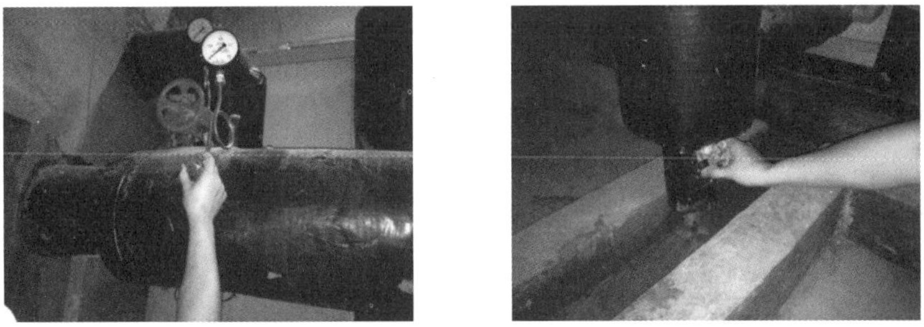

图 6-73　各类阀门处于正常状态

③ 组合空调机组风路畅通，打开照明开关，打开检修门，查看内部情况，如图 6-74 所示。

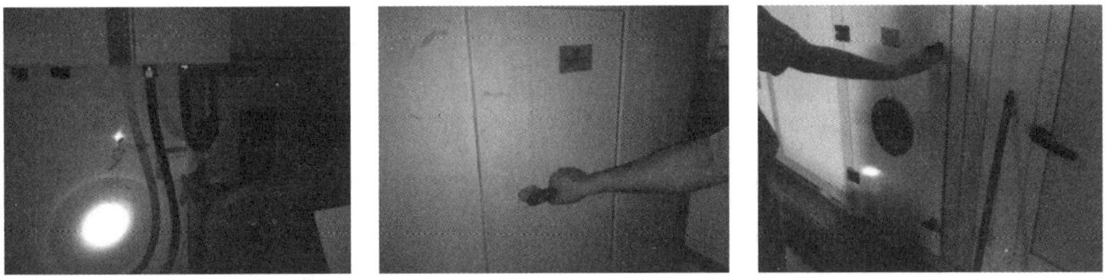

图 6-74　查看组合式空调机内部情况

④ 供电电源的电压在 380 ×（1 ± 10%）V。

（2）操作顺序：

① 将控制箱的“本地/远程”旋钮转换到本地挡，如图 6-75 所示。

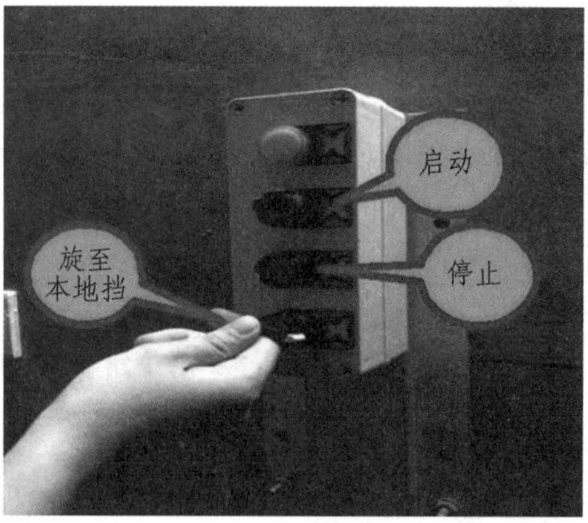

图 6-75 启动组合式空调机组

② 按下启动按钮，联锁电动风阀开到位后，组合式空调机开始工作，同时运行指示灯亮，如图 6-75 所示。

③ 机组运行正常后，检查电机的运行电流是否在正常范围内，三相电流是否平衡。

④ 观察机组的运行状况，在正常运行过程中，机组不会出现异常的振动和噪声。

⑤ 检查过滤段的压差检测装置的检测值，在正常情况下，该值为 0 ~ 150 Pa。

⑥ 检查机组整体无漏风现象。

⑦ 停机时，按下停止按钮，机组停止运行，同时运行指示灯灭，停止指示灯亮，电动风阀关闭。

⑧ 现场控制的操作完成后，将控制箱的“本地/远程”按钮换到远程挡。

四、空气处理机组运行管理

本任务所述的空气处理机组主要指空调柜机、吊顶空调器等，不包含组合式空调机组。

（一）柜式、吊式空调器正常使用要求

（1）空调器安装牢靠，部件无松脱。

（2）空气过滤网定期清洗、干净，无堵塞。

（3）空调器检修门不漏风、变形。

（4）空调器风机的转向正确，进、出风管风阀打开，风路顺畅。

（5）空调运行时柜内无异常响声或振动。

（6）电动机运行时电流在正常范围内，电流不超过额定电流，发现异常立即停机。

（7）空调季节接水盘冷凝水排水顺畅、无积水，风机段不飞水。

（8）空调季节要求进出水压力、压差和进出水温差在正常范围内。

（二）空气处理机操作规程

1. 相关设备系统的关联

（1）空气处理机从对应的控制箱柜引入电源。

（2）出口风阀实现内部联锁。

（3）BAS 或 EMCS 接口。

2. 空气处理机操作规程要点

（1）开机的必备条件：

① 管路上的各阀门处于正常状态。

② 空调箱各水路畅通。

③ 空调箱风路畅通。

④ 供电电源的电压在 380 ×（1 ± 10%）V。

（2）操作顺序：

① 将控制箱的“本地/远程”旋钮转换到本地挡。

② 按下启动按钮，联锁电动风阀开到位后，空气处理机开始工作，同时，运行指示灯亮。

③ 机组运行正常后，风机的运行电流是否在正常范围内，三相电流是否平衡。

④ 观察机组的运行状况，在正常运行过程中，机组不会出现异常的振动和噪声。

⑤ 停机时，按下停机按钮，机组停止运行，同时运行指示灯灭，停止指示灯亮，电动风阀关闭。

⑥ 现场控制的操作完成后，将控制箱的“本地/远程”旋钮转换到远程挡。

五、风机盘管运行管理

1. 相关设备系统的关联

（1）风机盘管的电控柜从对应的低压配电柜引入电源。

（2）受三速开关控制。

2. 风机盘管操作规程要点

（1）开机的必备条件：

① 水路畅通。

② 供电电源的电压在 220 ×（1 ± 10%）V。

（2）操作顺序：

① 检查风机盘管安装附近的地板和天花有无漏水现象。

② 将三速温控器的启停开关拨至“ON”位置，如图 6-76 所示，风机盘管开始运行。

③ 运行后，仔细确认风机有无异常声音。

④ 根据房间温度的需要，选择风速“1”“2”“3”（有些温控器采用“H”“M”“L”）三速风速挡中一挡。

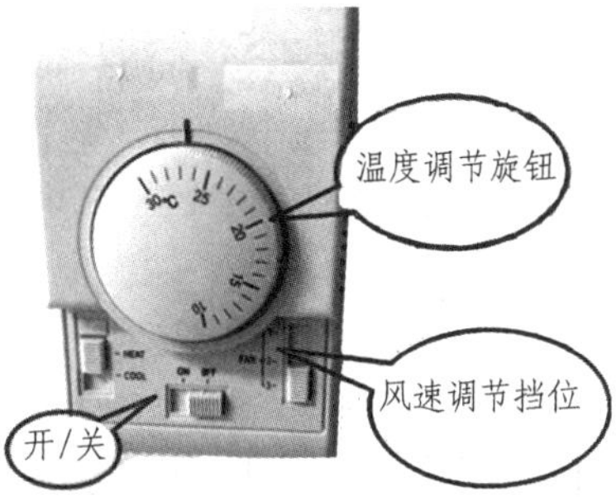

图 6-76　温控器控制

⑤ 检查送风口的送风量，在相应风速挡下，是否会出现风量过小或无风送出现象。

⑥ 根据房间温度的需要，将温控器旋钮调至该温度值。温控器将按需求控制房间温度。

⑦ 停机时，将三速温控器的启停开关拨至“OFF”位置，风机盘管停止运行。

任务实施

1. 任务准备

（1）实训设备：空气调节系统中的组合式空调机组、空气处理机组、风机盘管等；

（2）实训工具：万用表、电工笔、扳手、螺丝刀等；

（3）实训资料：教材、地铁操作规程（可参照当地地铁运营公司操作规程）等；

（4）辅助材料：电工绝缘手套、抹布等。

2. 实施步骤（有条件的可以联系当地地铁运营公司现场参观学习）

（1）实训分组；

（2）组合式空气处理机组运行操作（参照当地地铁运营部门操作规程）；

（3）空气处理机组操作（参照当地地铁运营部门操作规程）；

（4）风机盘管操作（参照当地地铁运营部门操作规程）；

（5）总结汇报。

3. 实训报告

结束任务后，根据实训内容编制实训报告（格式见附录 E），并提交给指导老师批阅。

任务小结

通过本任务的学习，使学生熟悉系统风量的测定与调整方法；熟悉系统效果测定与调整方法，能熟练进行空气处理设备（组合式空调机组、空气处理机组、风机盘管）的开机、运行检查和定期停机检查。

任务 5 维修空气调节系统

任务目标

通过本任务学习，能够了解地铁运营管理公司制定的各类空气处理设备的检修项目及周期，掌握故障分析方法和判断故障的原因，进而可针对性地进行维修。

案例引入

根据各学校具体情况，可随机选取空气处理设备的故障，让学生通过查询资料、分析和判断故障产生的原因，了解如何进行具体的维修工作。

案例分析

空气调节系统维修的关键在于空气处理设备检修，学生可以通过“看、摸、听、测”的方法来判断故障类型，有针对性地进行维修。

知识链接

空气处理设备包括组合式空调风柜、空调风柜和风机盘管等，各自的检修项目及周期有所不同，见表 6-35 ~ 表 6-37。

表 6-35　组合式空调风柜检修项目与周期（适用于正线）

修程	检修工作内容	标准	周期
日检	1. 检查现场状态	控制柜指示正常并处于远控位，设备外观正常，无异常噪声及振动	每日
	2. 检修门的密封性检查	无漏风	
	3. 底盘漏水检查及清洁	无漏水	
	4. 机体变形检查	无变形	
	5. 积水槽积水检查	排水通畅、干净	
月检	1. 包含日检全部内容	同日检标准	每月
	2. 滤网的清洁及更换（只对过滤网、机内进行清洗）	阻力小于 150 Pa	
	3. 运行状态检查	运控启停正常；启动运转平稳，风向正确，无异常振动与声响，运行电流满足设备技术要求	
	4. 内部照明装置的检修	照明正常	
月检	5. 风机运行情况检查	电流满足设备技术要求，无异常噪声（见现场设备铭牌）	
	6. 电机接线检查	电机接线良好、无松动	
	7. 手操箱检查	功能正常，接线良好	
	8. 皮带张紧度检查、调整、更换	下压位移约 1 cm；皮带无裂纹、磨损及开层	
	9. 风机段积水检查	无积水	
	10. 风机及内部环境的清洁	整洁	
	11. 各紧固件的检查	牢固（力矩要求见表 4-12）	

续表

修程	检修工作内容	标准	周期
季检	1. 包括月检全部内容	同月检标准	每季
	2. 电机绝缘检查	对地绝缘电阻大于 0.5 MΩ	
	3. 风机段检查	软接无破损、机座减振器无偏移	
	4. 挡水板清洗	干净	
	5. 空气净化消毒装置检查及清洗	送电后电源指示灯亮，设备干净	
	6. 清洁表冷器表面积尘	无尘	
	7. 消声器检查	清洁、完整	
	8. 风机和电机轴承的检查及润滑油的更换	无异常噪声和振动；注油周期为半年，润滑脂为 EP2，注油量为 45 g/次	
	9. 支吊架、预埋件的检查与紧固，必要时除锈、补漆	牢固，无松脱，无锈蚀，无安全隐患	
年检	1. 包括季检全部内容	同季检标准	每年
	2. 表冷器的检查及翅片清洗	干净	

表 6-36　空调风柜检修项目与周期

修程	检查工作内容	标准	周期
日检	1. 检查现场状态（空调机房）	控制柜指示正常并处于远控位，设备外观正常，无异常噪声及振动	每日
	2. 检修门的密封性检查（空调机房）	无漏风	
	3. 底盘漏水检查及清洁（空调机房）	无漏水	
	4. 机体变形检查（空调机房）	无变形	
	5. 积水槽积水检查（空调机房）	排水通畅、干净	
月检	1. 包含日检全部内容	同日检标准	每月
	2. 滤网的清洁（空调机房）	清洁	
月检	3. 运行状态检查	运控启停正常：启动运转平稳，风向正确，无异常振动与声响，运行电流满足设备技术要求	
	4. 风机运行情况检查	电流满足设备技术要求，无异常噪声（见现场设备铭牌）	
	5. 电机接线检查	电机接线良好	
	6. 手操箱检查	功能正常，接线良好	
	7. 皮带松紧度检查、调整、更换	下压位移约 1 cm：皮带无裂痕、磨损及开层	
	8. 风机及内部环境的清洁	清洁	
	9. 各紧固件的检查	牢固（力矩要求见表 4-12）	

续表

修程	检查工作内容	标准	周期
季检	1. 包括月检全部内容	同月检标准	每季
	2. 电机绝缘检查	对地绝缘电阻大于 0.5 MΩ	
	3. 滤网的清洁	清洁	
	4. 风机和电机轴承的检查及润滑油的更换	无异常噪声和振动；注油周期为半年	
	5. 支吊架、预埋件的检查与紧固，必要时除锈、补漆	牢固，无松脱，无锈蚀，无安全隐患	
年检	1. 包括季检全部内容	同季检标准	每年
	2. 表冷器的检查及翅片清洗（必要时）	清洁	
	3. 系统末端风口风速检查	送风风速≤7 m/s	
	4. 表面除锈，油漆（必要时）	表面油漆无脱落及锈蚀	

表 6-37　风机盘管检修项目与周期（适用于正线、车辆段）

修程	检修工作内容	标　准	周期
季检	1. 温度调节器检查	功能完好	每季
	2. 风机轴承的检查及润滑油的更换	轴承无异常噪声	
	3. 表冷器表面积尘的清洁	清洁	
	4. 电气完全性能检查	性能良好	
	5. 导水槽的检查	排水畅通，干净	
年检	1. 包含季检全部内容	同季检标准	每年
	2. 表冷器内部的清洁	内部清洁	
	3. 机体的防锈处理	无锈蚀	
	4. 机体结构的加固和稳定	结构稳定	

任务实施

1. 任务准备

（1）实训设备：地铁公共区空调大系统和设备与管理用房空调小系统中的各类空气处理设备；

（2）实训工具：万用表、电工笔、扳手、螺丝刀、钳子等；

（3）实训资料：教材、地铁检修规程（可参照当地地铁运营公司检修规程）等；

（4）辅助材料：电工绝缘手套、抹布等。

2．实施步骤（有条件的可以联系当地地铁运营公司现场参观学习）

（1）实训分组；

（2）组合式空调机组检修（参照当地地铁运营部门检修规程）；

（3）空气处理机组检修（参照当地地铁运营部门检修规程）；

（4）风机盘管检修（参照当地地铁运营部门检修规程）；

（5）总结汇报。

3．实训报告

结束任务后，根据实训内容编制实训报告（格式见附录 E），并提交给指导老师批阅。

任务小结

通过本任务的实施，可让学生掌握各类空气处理设备的检修流程、检修项目及周期，学会如何根据现象判断故障类型，熟悉如何进行设备维修。

思考题

1. 空气热湿处理设备有哪些分类？

2. 什么情况下加热器采用串联？什么情况下采用并联？

3. 表面式冷却器处理空气能实现哪些过程？

4. 喷水室处理空气能实现哪些过程？

5. 对 $t=10$ °C， $t_{sh}=5$ °C的室外空气用循环水喷雾，开始时水池中是 20 °C 自来水，试问最终水温会变成多少？

6. 用 i-d 图表示表面式冷却器处理空气的过程。

7. 用 i-d 图表示电加热器处理空气的过程。

8. 按照空气处理设备的设置情况，空气调节系统可分为哪几类？各类的特点是什么？

9. 按照负担室内负荷所用的介质种类，空气调节系统可分为哪几类？各类的特点是什么？

10. 按照所处理空气的来源，普通集中式空气调节系统可分为哪几类？各类的特点是什么？

11. 试绘出一次回风空调系统的简图及夏季工况空气处理过程的 i-d 图，并简单介绍其处理过程。

12. 普通集中式空调系统的划分原则是什么？

13. 风机盘管空调系统有哪几种新风供给方式？

14. 湿空气组成是什么？

15. 相对湿度和含湿量有什么区别与联系？

16. 为什么浴室夏天不像冬天一样雾气腾腾？

17. 冬季供暖期，人为什么感觉干燥？有什么方法解决干燥问题？

18. 已知空气大气压力为 $B = 101\ 325$ Pa，试利用焓湿图确定其他状态参数：

（1）$t = 22$ °C，$\varphi = 60\%$。

（2）$i = 60$ kJ/kg，$d = 11$ g/kg。

（3）$t = 30$ °C，$t_1 = 20$ °C。

（4）$t = 34$ °C，$t_s = 23$ °C。

19. 舒适性空调与工艺性空调有什么区别？

20. 通风管道截面形状有几种？优先采用哪种形状？

21. 什么是空调房间的气流组织？

22. 常用的送风口和回风口有哪些？

23. 空间的气流分布形式有哪些？

项目 7

地铁通风与空调系统运行管理制度

【项目导读】

<table>
<tr><td colspan="2">学习任务</td><td>地铁通风与空调系统运行管理制度</td></tr>
<tr><td colspan="2">建议学时</td><td>2 学时</td></tr>
<tr><td colspan="2">学习内容</td><td>（1）运行管理的组织及职责；
（2）值班及交接班制度；
（3）设备巡检制度；
（4）维护保养制度；
（5）设备检修制度；
（6）运行与检修记录制度；
（7）机房管理制度；
（8）安全操作规定</td></tr>
<tr><td rowspan="3">目标</td><td>知识目标</td><td>熟悉运行管理各项规章制度</td></tr>
<tr><td>能力目标</td><td>能在工作过程中严格执行规章制度</td></tr>
<tr><td>素质目标</td><td>（1）具有严谨认真、实事求是的科学态度；
（2）能自主学习新知识、新技能；
（3）具有高度的职业责任心和安全意识，遵章守纪、规范操作；
（4）具有较强信息搜集能力，学会查找相关国家标准；
（5）团队协作和吃苦耐劳的精神</td></tr>
<tr><td colspan="2">教学手段与方法</td><td>多媒体教学，并结合实际空调案例进行讲解、分析和实训练习</td></tr>
</table>

地铁是较为特殊的建筑系统，一般由车站和区间隧道组成，车站又由站厅层、站台层及站台板下层三部分组成，从功能上车站又可分为旅客公共区和设备管理用房两部分。因此，地铁建筑具有面积大、空间广、区域应用的功能比较复杂、区域间无隔断、人员流动性大等特征。不同的建筑功能区域有多种发热源，如人体散热、站设备散热、列车散热、外界空气带入热量等，负荷通常处于较快变化状态；空气中的粉尘、有害物质及人员呼出的二氧化碳必须进行过滤和排放；在火灾等特殊紧急情况需及时提供通风排烟作用。因此，地铁环境特性就会使得地铁通风与空调系统在实际的运行之中通常会出现诸多的问题，如局部负荷突变、负荷跨区域变化、区段实际使用功能变更、存在调节的空间死角等。与普通建筑相比，运行管理和检修程序更加多变化和复杂。

地铁通风与空调系统运行管理的主要任务是负责城市轨道交通所属范围内所有建筑物的通风系统、制冷系统设备的运行管理。通过对环控设备、设施的巡视、操作、保养和维修，使之能持续、高效运行，不因通风与空调系统设备、设施出现故障导致城市轨道交通受到影响。为保证运行管理的任务，一般城市的轨道交通运营管理部门会根据自身管辖的地铁运营线路特点制定各自的运行管理制度、环控系统操作规程及检修规程。

任务
地铁通风与空调系统运行管理制度

一、运行管理的组织

通风与空调系统运行管理一般由运营分公司维修工程部负责，涉及技术管理人员、工班长、环控检修工三级人员。各自的岗位职责如下：

1. 技术管理人员岗位职责

（1）接受上级的领导，负责本专业技术和技术管理工作。

（2）负责制定、组织、实施本专业工作目标和生产计划，并检查完成情况。

（3）负责本专业维修文本、规章、制度等编制、修订、完善工作。

（4）负责本专业技术资料、图样等收集、整理、核对、修改、完善工作。

（5）负责解决本专业生产中的技术难题，为维修人员提供技术支援，协调专业接口关系。

（6）负责检查本专业安全生产情况。

（7）负责对本专业维修人员和其他相关人员进行技术和管理培训。

（8）组织实施技术改造、国产化技改立项、委外项目立项等工作。

（9）密切关注本专业新技术、新设备、新材料的应用与发展趋势。

2. 工班长工作岗位职责

（1）接受上级的领导，服从专业工程师的工作安排。

（2）负责协助协调不同专业、工班之间的工作。

（3）执行下达的检修计划，负责安排本工班员工工作。

（4）负责本工班班组工器具、维修材料及元器件领用、借用和保管。

（5）负责向上级提供本工班检修、故障处理等生产报表。

（6）负责向车间、技术管理人员汇报本班组工作情况，收集和向上反映本工班员工的意见和建议。

（7）担任本工班安全生产责任人，负责本工班员工人身安全和生产安全。

（8）负责组织本工班员工学习和参加各项活动。

（9）负责本工班员工工作考评，带教本工班新员工熟悉本职岗位工作。

3．环控检修工岗位职责

（1）接受工班长的领导和工作安排。

（2）做好本专业所辖设备的维护、保养、巡视工作，填写相关报表和记录。

（3）领用、保管个人工器具。

（4）按要求做好安全生产工作。

（5）钻研业务，接受培训。

（6）参加公司、本专业、本工班组织的学习和活动。

（7）向上级、本专业、本工班组提出、反映本人对环控设备的合理建议和意见。

二、值班及交接班

1．值班制度

系统运行时，必须有人值班监护。影响运行质量的因素很多，如系统与设备的状况、空调运行工的责任心和技术水平、值班质量等。为了保证值班质量，必须有相应的制度来配合，其基本内容应规定相关人员在值班期间应该做什么、不能做什么等。

（1）要按规定的班次值班，不能迟到、早退、无故缺勤，不能私自调班、顶班，因故不能值班者必须向主管领导请假。

（2）要了解值班期间的室外气象情况和室内负荷情况，从安全、经济的角度，参照有关规定拟出值班期间的运行调节方案，并认真实施，努力使空调区域的温湿度控制在符合要求的数值范围内。

（3）系统开机前要对有关设备与装置进行检查，做好运行前的准备工作，如无异常情况，准备工作也已就绪才可开机。

（4）开机要严格按照有关规程规定的操作程序认真、正确地进行操作，严禁违章操作，各设备启动后应马上巡视一次，观察设备运转是否正常。

（5）需手动停止系统运行时，要严格按照有关规程规定的操作程序认真、正确地进行操作，停机后还要进行必要的检查，消除安全隐患。

（6）当多台（套）同类设备只需要部分投入运行时，要注意合理搭配、轮流运行。

（7）认真做好每两小时一次的运行记录，读数要准确，填写要清楚，写错了只能重写，不能涂改。

（8）按照巡回检查制度的要求，对中央空调系统的各设备、装置进行巡回检查。

（9）不能擅离职守，不能睡觉，不能做与值班工作无关的事情；要勤巡视、勤检查、勤调节；注意倾听运转设备的声音，感测设备的温度，观察仪表的指示情况，发现问题或故障要及时处理，并在运行记录表上做好详细记录，重大的及处理不了的问题和故障要立即向上级主管报告。

（10）出了事故，首先要防止事故蔓延，然后按照有关条例的规定进行处理。

（11）负责值班期间整个中央空调系统和机房的管理，来人参观必须有主管部门人员的陪同，并做好相关记录。

（12）必须搞好环境卫生，保持值班室和机房的整洁，并按规定做好系统的维护保养工作。

（13）值班期间不得饮酒，不准在值班室和机房内吸烟。

（14）要严格按交接班制度进行交接班。

2. 交接班制度

当系统连续运行 1 个工班（8 小时计），运行管理人员需要多人多班轮换上岗值班。通常上一工班运行的情况往往会影响到下一工班的运行质量，因此做好交接班工作就显得十分重要。为了在换人不停机的情况下，能把上下工班的工作衔接好，不出现纰漏、扯皮和推诿现象，责任分明，必须有一个相关的交接班制度来保证，其基本内容应规定怎样交接班，什么情况下不能交接班等。某中央空调运行管理交接班制度如下：

（1）交接班工作应在下一工班正式上班时间前 10 ~ 15 min 内进行。

（2）按职责范围，交接双方共同巡视、检查主要设备，核对交班前的最后一次记录数据。

（3）交接班双方要在交接班记录表上签字，接班人员有不同意见可当场写明，未对交班人员申明而在本班发生（现）问题，由接班人员负责。

（4）交接班时间以前发生的问题或故障未处理完不能交接班，由交班人员负责继续处理，接班人员配合，处理完后方可进行交接班。

（5）交接班过程中如发现问题或故障，双方应共同处理，待处理完后再办理交接班手续。

（6）对交班人员的要求：

① 做好交班准备工作，认真填写交接班记录表上的“本班运行情况及特别留言”。

② 要向接班人员简要介绍本班运行情况、应注意的问题和需要继续进行的工作并须明确回答接班人员提出的问题，办完交接检查并在交接班记录表上签字后，方可下班。

③ 接班人员未到之前不能离岗，并要及时向主管领导报告。

④ 发现接班人员有醉酒现象或其他神志不清的表现不能交班，并立即报告主管领导，听候处理意见文。

（7）对接班人员的要求：

① 上班前不能饮酒，要在规定的接班时间前到达接班地点。

② 因故不能上班或要迟到，应提前请假或通知交班人员。

③ 要认真听取交班人员的情况介绍，进行交接检查，在交接班记录表上签字后即开始上班。

④ 发现交班人员未认真完成有关工作或在交接检查中发现问题，应向交班人员提出询问，如交班人员不能给予明确回答或可能造成不良后果，接班人员可拒绝接班，并立即报主管领导处理。

三、设备巡检

中央空调系统涉及的设备种类和数量较多，安装地点也比较分散，特别是夏季供冷运行时，对水系统来说，冷水机组、二次泵、冷却塔、膨胀水箱、空气处理装置（如风柜）等通常分设多处。地铁建筑，由于技术上或使用上的特殊要求，设置了集中冷站机房和车站制冷机房，而人员配备上并非每个机房都需设值班人员。此时，为了保证系统安全正常的运行，就需要运行维护人员和检修人员定时或定期地进行巡回检查，以预防为主，发现故障和问题及时处理。

巡回检查制度包括巡回检查的时间、内容和要求等，对有特殊要求的还应规定巡回检查的路线和必须做的记录内容，一般巡回制度如下：

（1）需要做运行记录的设备就由运行值班人员结合抄表进行巡回检查，其他设备一个班次巡回检查一次（对连续运行的设备，在运行中检查不了的内容则要定期停机检查），对新设备和修理过的设备要酌情增加检查次数。

（2）作为经常性的检查内容主要是检查设备是否有不正常的振动、噪声、过热、结露、泄漏，过滤材料是否需要清洗或更换，各种阀门的位置是否正确，动作是否灵活，保温层是否有损坏，风机皮带松紧是否合适等。

（3）运行值班人员的检查主要通过看、听、摸、嗅的形式来进行，一般不做拆卸检查；维修人员则主要借助仪器、仪表或进行必要的拆卸来做定期检查。

（4）巡回检查中发现的问题要立即处理，处理不了的要及时向班（组）长或空调工程师（主管）汇报，并做好有关记录。

（5）对冷水机组、水泵、柜式风机盘管（风柜）、冷却塔、膨胀水箱等设备及相关运行参数必须重点巡检。

（6）在巡回检查时，要注意观察各种仪表读数是否处于正常范围内，如果不正常，要及时查明是仪表原因还是非仪表原因，并进行针对性的处理。

四、维护保养

中央空调系统和设备自身良好的工作状态是其安全经济运行、延长使用寿命、保证供冷（热）质量的基础，而有针对性地做好各项维护保养工作是中央空调系统和设备保持良好工作状态的重要条件之一。维护保养工作是一项预防性的、有计划进行的经常性工作，其主要内容是根据维护保养制度进行必要的加油、清洁、清洗、易损材料与零件的更换等工作，以及视具体情况而进行的紧固、调整、小修小补等工作。忽视这些琐碎而繁杂的维护保养工作，往往是系统和设备运行不正常、故障频繁发生的主要原因之一。

由于各种设备和装置的构造、性能、所起的作用以及工作环境不同，因此维护保养的内容和要求也会有差别，需要根据制造厂商的使用说明书或维护保养手册，结合使用场合的实际情况制定出各自的维护保养规程（具体见“环控系统操作规程”）。

为了使维护保养工作不仅制度落实，而且工作落实，便于督促、检查，也为了原始资料的积累，便于以后总结与参考，各主要设备还应有必要的维护保养记录，把每一次维护保养工作的内容都记录在案备查。

五、设备检修

系统加强维护保养，只能降低设备的损坏速度，设备不出现故障或不发生部件损坏是不可能的。中央空调系统在运行一定时间后，运动部件都会出现磨损、疲劳、间隙增大，甚至丧失工作能力；而静止的部件和管道也会产生堵塞、腐蚀、结垢、松动等现象，使设备的技术性能、系统的工作状况发生改变，甚至发生事故，影响到中央空调系统的正常运行和空调的使用效果。因此，必须定期对系统和设备进行检验和测量，以便根据检测情况及时采取相应的预防性或恢复性的修理措施。通过及时发现、消除系统和设备存在的问题和潜在的事故隐患，来提高中央空调系统的“健康水平”，保证中央空调系统安全经济运行，防止意外事故的发生，延长其使用寿命。当前常用的检修方式有以下四种：

1. 定期检修

定期检修通常也称为计划检修，是按照一定周期进行检修的传统方式。优点是可以有计划地利用设备中长期停机时进行检修，人力、备件均可以有充分的准备时间。

2. 视情检修

视情检修通常也称为状态检修，是根据设备运行时检测出的数据表明必须进行检修时才安排有针对性的检修。故障状态可以通过检测数据预先判断，因此能提前做好检修计划和准备，提高检修效率，减少检修的停机时间。

3. 事后检修

事后检修即出了故障再修，不坏不修。因为通过检测的方式不可能把所有的故障隐患都发现。此外，这种方式要求低、花费少，适用于构造简单或不重要的设备。

4. 改进检修

改进检修也称改善检修，是对设备进行改造，弥补设备的先天不足或改进设备的性能，提高设备的先进性、可靠性与使用寿命。

一般通风与空调系统检修流程可参考图 7-1。

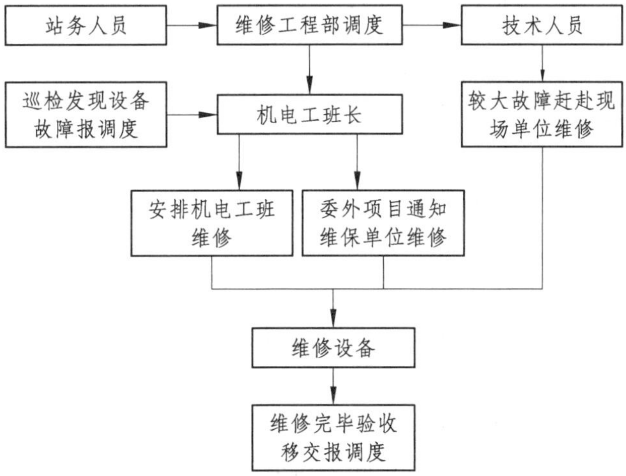

图 7-1　通风与空调系统检修流程

检修规程没有统一的格式和条文内容，需要各运管单位结合自己的实际情况，灵活制定。有些设备还应根据制造厂商的使用说明书或维修手册单独制定检修理规程。

六、运行与检修记录

环控系统的原始技术资料包括空调系统设计、施工、安装图纸和说明书，各种设备的安装、使用说明书，系统和设备安装竣工及验收记录等，分别由设计、设备制造、工程安装单位提供，是在中央空调系统正式投入运行前就形成的。而运行和检修记录则是在中央空调系统投入运行后形成并不断积累起来的。通过这些记录，可以使运行和管理人员掌握系统和设备的运行情况和现状，一方面可以防止因为情况不明、盲目使用而发生问题；另一方面还可以从这些记录中找出一些规律性的东西，经过总结、提炼后，再用于工作实际中，使管理和操作检修水平不断提高。因此，运行与检修记录是设备技术档案的重要组成部分之一。

一般各机组运行记录表格均是按一台机组运行数据单独编制的，当实际运行机组多于一台时，也可以参照相应表格形式将数台机组运行参数按机组编号排序，全部记录在一张大记录表上。

为了便于记录、对比数据和保存记录表，通常将空调水系统的冷冻水泵、冷却水泵及冷却塔的有关运行数据与机组的运行数据记录在同一张运行记录表上，这种综合性的表格是各相对独立的设备运行记录表的有机组合，有利于掌握系统整体运行状况。此外，在各设备运行记录表中设置“备注”一栏是为了记录设备运行期间发生的、需要备案的一些情况，如发现异常情况的现象与时间、出现故障的部位（件）及时间、采取的措施和排除情况等。

七、机房管理

机房指安装运行设备的专用房间，中央空调系统的机房一般有制冷机房、空调机房、新风机房、二次泵房、锅炉房等，多数为单独设置的专用机房。在某些建筑中，也有将中央空调系统的一些设备直接安放在设备层里与其他系统的机电设备混合布置的情况。为了保证设备的运行安全，同时避免非专业人员受到无意伤害，同时保证设备有良好的工作环境，必须制定机房管理制度。内容应包括机房的进入、设备的操作、环境的要求等内容，如：

（1）非工作人员进入机房须经主管批准，并由机房管理人员或运行值班人员陪同。

（2）机房内的设备由运行值班人员负责操作，其他人员不得擅自操作。

（3）不得擅自更改机房内的各种设备、管道、线路，如需改动，必须报请主管部门审批。

（4）保持机房干净、整洁、无积尘，通风、照明良好，门窗开启灵活，消防设施完备。

（5）机房内不准堆放易燃易爆品和杂物，不准吸烟。

八、安全操作

（1）凡不符合安全生产规定要求的，员工应向上级报告。遇有严重危及生命安全、生产安全的情况，应立即停止作业，并及时报告、处理。

（2）上班前应穿戴好劳动保护用品。

（3）文明生产，保持办公场所、设备间和通道整齐、清洁、畅通无阻。

（4）设备在运行中严禁清扫、擦拭和润滑机器的旋转、移动部位。只有在转动部位对操作人员确无危险时，在有人监护的情况下方可允许使用专用工器具加油。

（5）工作范围内如发现有破损电线和开关、电线外露、电线落地现象，应做好必要的防护措施后再通知机电维修人员及时处理。

（6）不允许用湿布擦带电设备的外壳，更不能用湿手去触摸带电设备。不准把水洒到带电设备上。

（7）设备未完全停止运行时，不得对设备进行检修工作。修理前，检修人员应在通知站务人员后关闭设备电源，并在设备的就地控制按钮处、闸刀或开关上挂“有人工作，严禁合闸”警示牌，确认无误后才能进行检修。警示牌必须谁挂谁取。

（8）设备的金属外壳、吊车轨道及使用电动工具、移动式风机等工具均要接地或接零，否则不准开动。

（9）设备开机前，操作人员必须确认设备上无人工作后才能送电。联动设备开机前，必须发出信号，得到对方的确切回答后才能开机。

（10）设备上面及附近不准堆置衣服、布、棉纱等杂物。

（11）冷水机组运行时，如发生泄压阀动作，应立即停机检查水系统。

附　录

附录 A　R22 压焓图

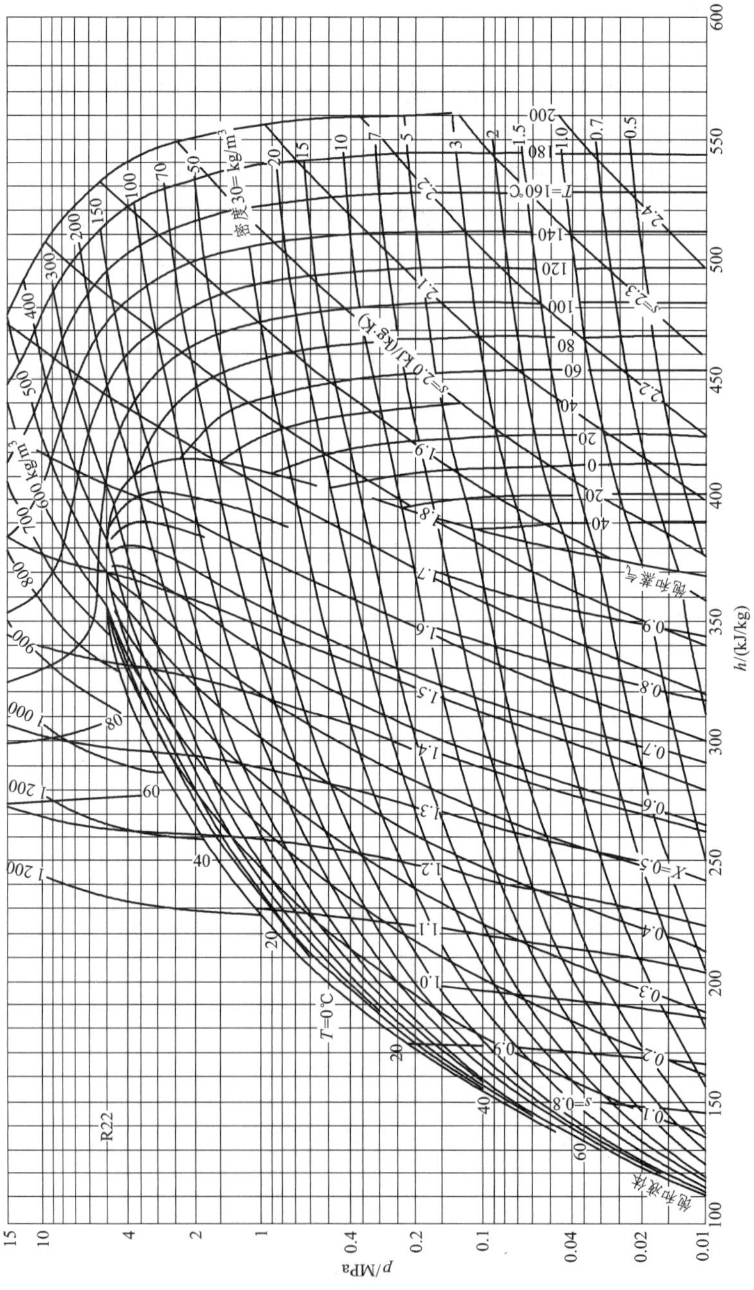

附录 B　R134a 压焓图

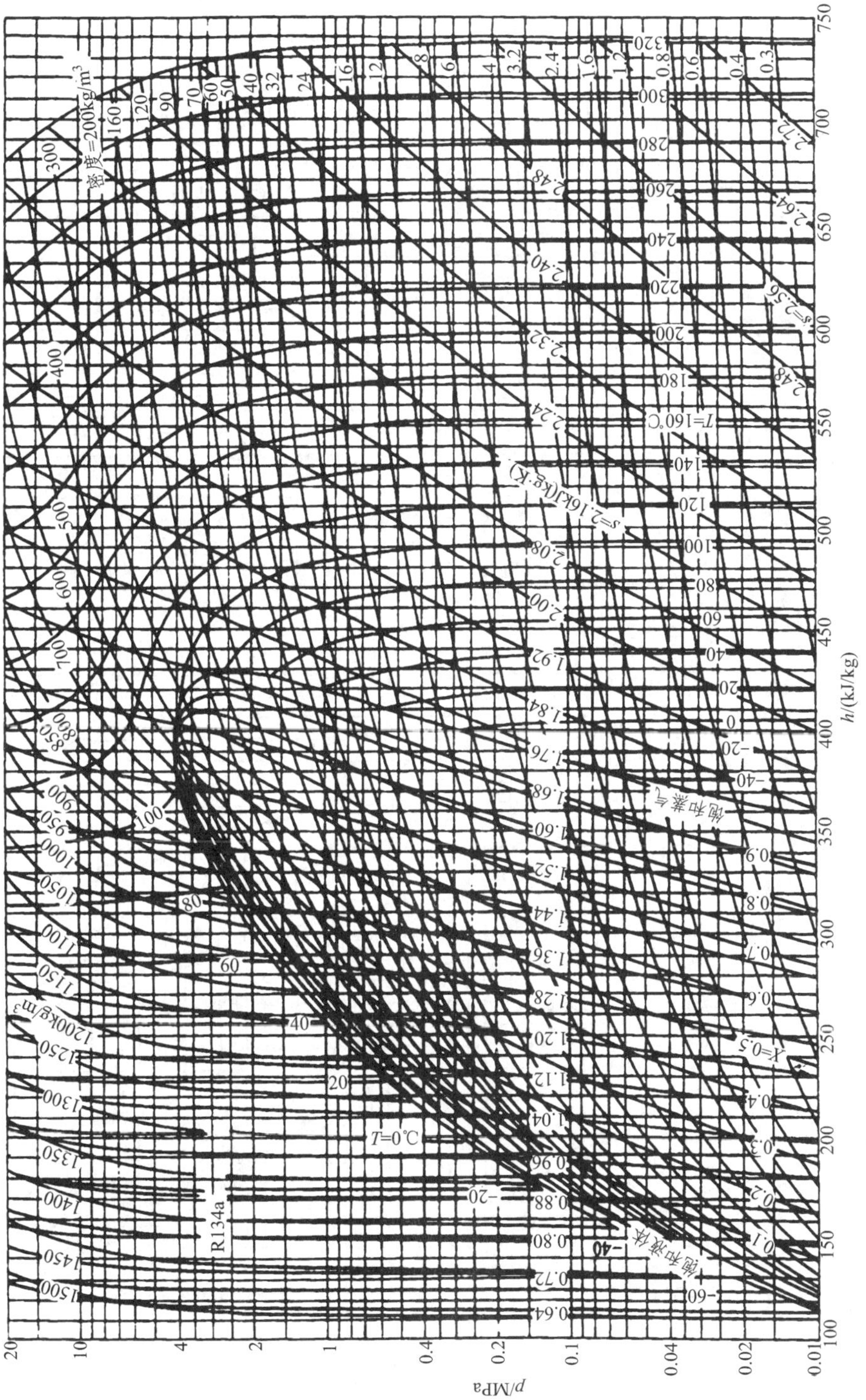

附录 C　R717 压焓图

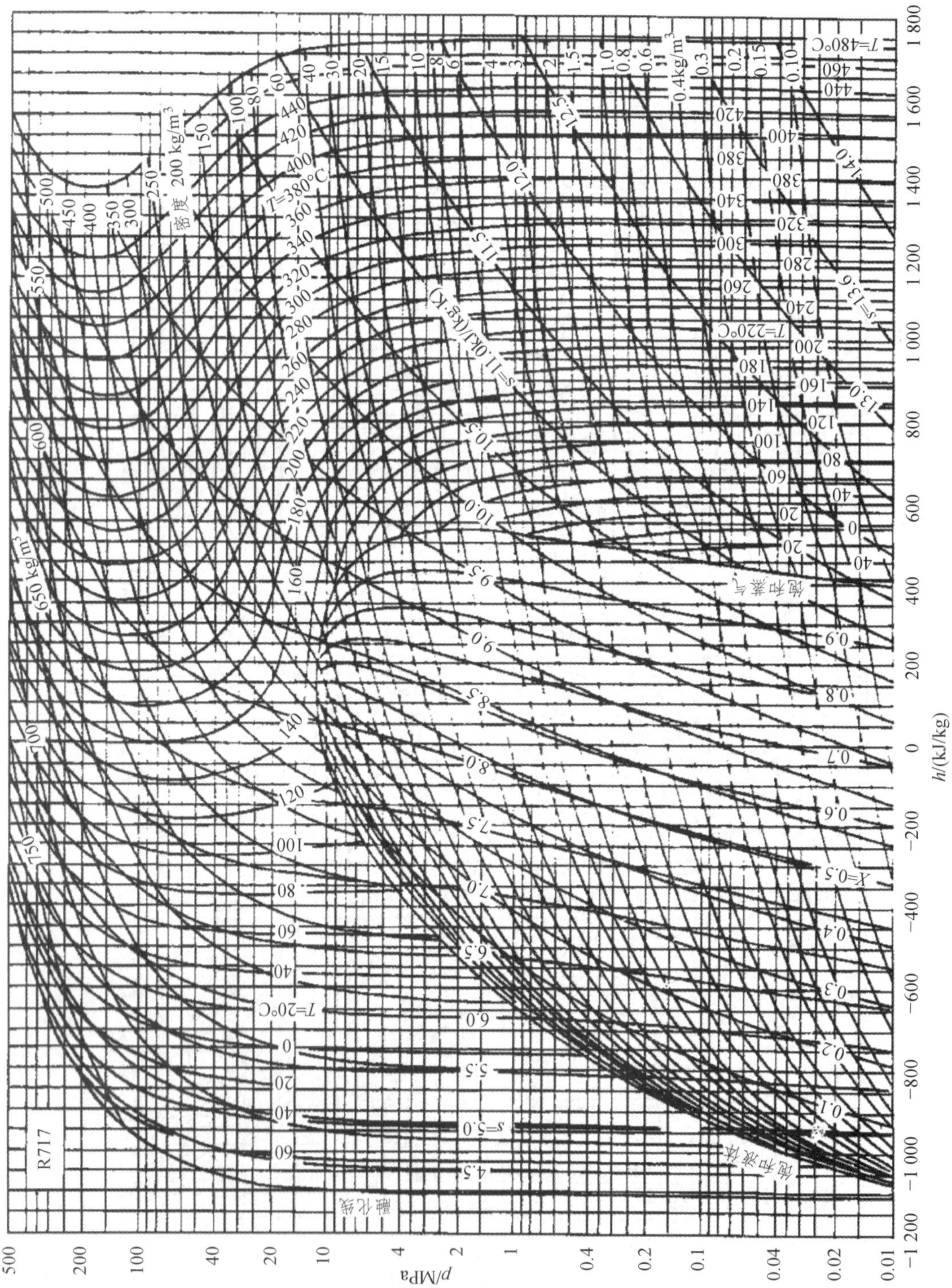

R717
p/MPa
h/(kJ/kg)
饱和液体
饱和蒸气
融化线
密度 200 kg/m3
s=11.0kJ/(kg·K)
T=380°C
T=220°C
T=480°C
T=20°C
X=0.5

附录 D　湿空气焓湿图

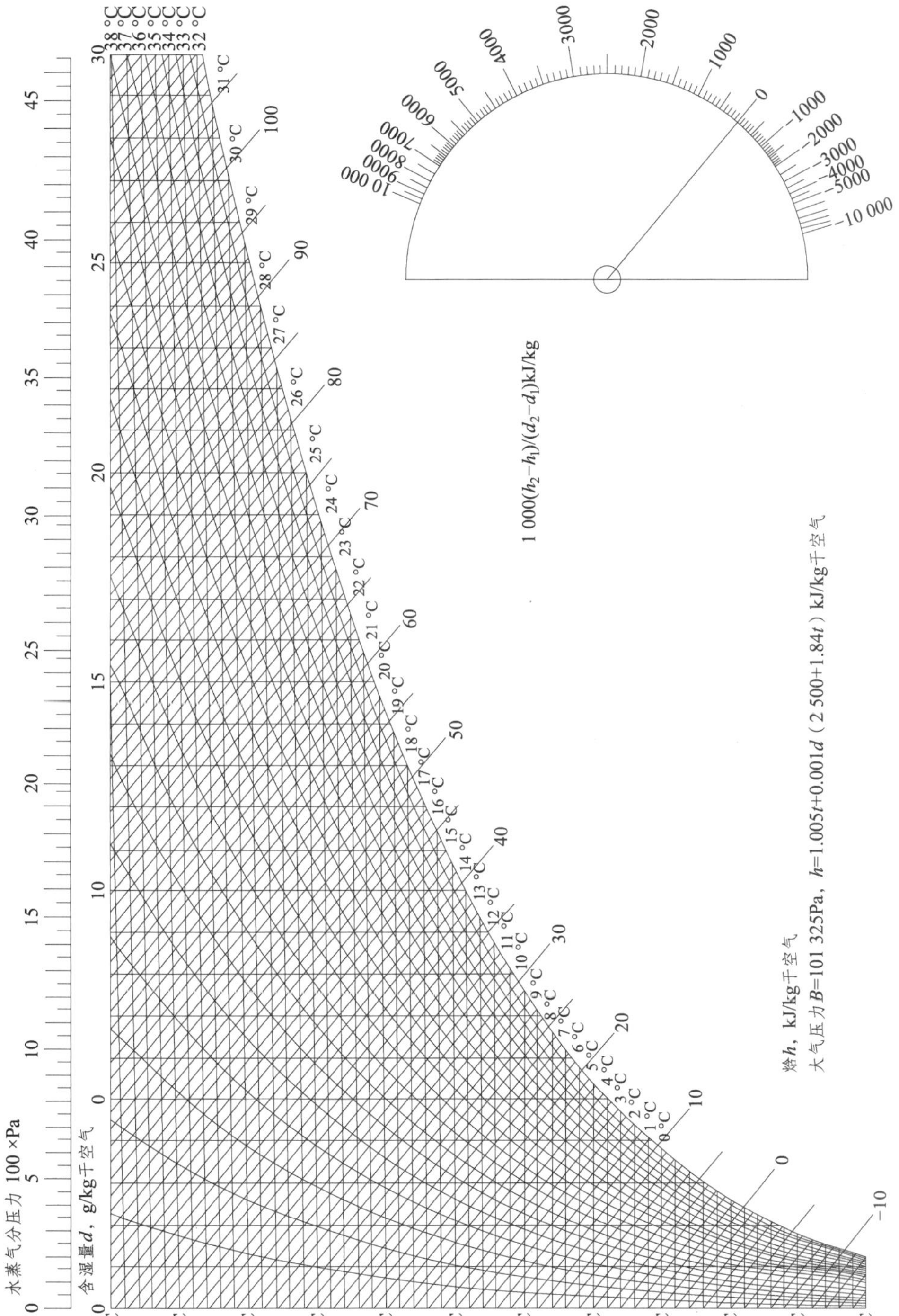

水蒸气分压力 100 ×Pa
含湿量d，g/kg干空气
焓h，kJ/kg干空气
大气压力B=101 325Pa，h=1.005t+0.001d（2 500+1.84t）kJ/kg干空气
1 000(h2−h1)/(d2−d1)kJ/kg

附录 E　实训报告

实训名称________________________________ 组别________________________________

专业班级 ________________________________ 姓名 ________________ 学号________________

指导教师 ________________ 成绩 ________________ 时间________________________________

一、实训目的 　　实训目的要明确，要抓住重点，可以从理论和实践两个方面考虑。
二、实训内容 　　根据实训记录进行整理，实训、实习的内容应能反映出本次实训、实习的目的。 　（不够可另加页）
三、实训总结 　　这是实训报告极其重要的内容。将平时的基本理论和专业理论与实训、实习内容结合起来，写出深度。可就某一感受最深的问题进行分析、总结。 　（不够可另加页）
四、检查与评估

续表

评估参考标准	小组评分	教师评分
1. 工作任务（满分10分）		
① 明确工作任务，理解任务的重要性（9～10分）		
② 明确工作任务，了解任务的重要性（8分）		
③ 了解工作任务，了解任务的重要性（7分）		
④ 基本了解工作任务，基本了解任务的重要性（6分）		
⑤ 不了解工作任务，不了解任务的重要性（1～5分）		
2. 工作计划（满分10分）		
① 根据工作任务制订详细的工作计划（9～10分）		
② 根据工作任务制订较详细的工作计划（8分）		
③ 根据工作任务制订可执行的工作计划（7分）		
④ 根据工作任务制订一般的工作计划（6分）		
⑤ 工作计划不全（1～5分）		
3. 任务实施（满分70分）		
① 操作规范、过程完整、数据正确（63～70分）		
② 操作规范、过程完整、数据基本正确（56～63分）		
③ 操作规范、过程较完整、数据基本正确（49～56分）		
④ 操作基本规范、过程基本完整、数据基本正确（42～49分）		
⑤ 操作不规范、过程不完整、数据基本正确（1～42分）		
4. 自我评价（满分10分）		

小组评分（40%）	评分人	教师评分（60%）	评分人	平均得分	统分人

参考文献

[1] 北京市规划委员会. 地铁设计规范：GB 50157—2013[S]. 北京：中国建筑工业出版社，2013.

[2] 中华人民共和国住房和城乡建设部. 地铁设计防火标准：GB 51298—2018[S]. 北京：中国计划出版社，2018.

[3] 中华人民共和国住房和城乡建设部. 民用建筑供暖通风与空气调节设计规范：GB 50736—2012[S]. 北京：中国建筑工业出版社，2012.

[4] 中华人民共和国住房和城乡建设部. 建筑给水排水设计标准：GB 50015—2019[S]. 北京：中国计划出版社，2019.

[5] 中华人民共和国住房和城乡建设部. 通风与空调工程施工质量及验收规范：GB 50243—2016[S]. 北京：中国计划出版社，2016.

[6] 中华人民共和国住房和城乡建设部. 城市轨道交通技术规范：GB 50490—2009[S]. 北京：中国建筑工业出版社，2009.

[7] 中华人民共和国住房和城乡建设部. 建筑设计防火规范：GB 50016—2014（2018 修订版）[S]. 北京：中国计划出版社，2018.

[8] 中华人民共和国住房和城乡建设部. 暖通空调制图标准：GB/T 50114—2010[S]. 北京：中国计划出版社，2010.

[9] 中华人民共和国住房和城乡建设部. 公共建筑节能设计标准：GB 500189—2015[S]. 北京：中国计划出版社，2015.

[10] 王晓刚，严如珏，陈一鸣. 智能楼宇管理师（城轨车站）（三级）[M]. 北京：中国劳动社会保障出版社，2016.

[11] 车轮飞. 地铁暖通空调工程常见问题及分析[M]. 北京：中国建筑工业出版社，2016.

[12] 李晓东. 制冷原理与设备[M]. 北京：机械工业出版社，2016.

[13] 李志生. 中央空调设计与审图[M]. 北京：机械工业出版社，2012.

[14] 上海申通地铁集团有限公司轨道交通培训中心. 城市轨道交通车站机电设备[M]. 北京：中国铁道出版社，2016.